1 MONTH OF
FREE
READING

at
www.ForgottenBooks.com

By purchasing this book you are eligible for one month membership to ForgottenBooks.com, giving you unlimited access to our entire collection of over 1,000,000 titles via our web site and mobile apps.

To claim your free month visit:
www.forgottenbooks.com/free1339985

ISBN 978-0-365-08795-3
PIBN 11339985

R. P. FR. MARCELINO GANUZA

AGUSTINO RECÓLETO

MONOGRAFIA

DE

MISIONES CANDELARIAS

MCMXXI (1921)

Vol. III

MONOGRAFIA DE LAS MISIONES VIVAS

DE AGUSTINOS RECOLETOS (CANDELARIOS)

EN COLOMBIA—SIGLO. XVII—XX

TOMO III

OBRAS PUBLICADAS
del mismo autor:

I. «El Manifiesto republicano y el problema religioso» (en Colombia.)

II. «Refutación del folleto del General Rafael Uribe Uribe, intitulado; «Cómo el liberalismo colombiano no es pecado.»

III. «Civilización moderna o liberal y civilización cristiana.» Publicado el primer volumen en España y sin publicar los restantes por la carestía de la impresión, que sobrevino por causa de la conflagración europea.

IV. *Monografía* de las misiones vivas de los Padres Agustinos Recoletos (Candelarios) en Colombia desde el siglo XVII hasta el presente. En cuatro volúmenes, publicados el 1.º, 2.º y 3.º El 4.º en preparación.

M. R. P. Marcelino Ganuza, A. R.
Provincial:

R. P. Fr. MARCELINO GANUZA

AGUSTINO RECOLETO

MONOGRAFIA

de las Misiones vivas de Agustinos Recoletos (Candelarios) en Colombia Siglo XVII=XX

TOMO III

In dispensatione plenitudinis tempororum instaurare omnia in Christo.

Para restaurar en Cristo todas las cosas en la dispensación del cumplimiento de los tiempos.—Ad Philip. I. 10.

———

Fides ex auditu, auditus autem per verbum Christi.

La fe es por el oído, y el oído por la palabra de Cristo.—Ad Rom. x. 17.

———

CON LAS DEBIDAS LICENCIAS

———

INDICE

CAPITULO III

Primera Misión de España a Colombia y restauración de la Provincia de la Candelaria.

. CAPITULO IV

Proyectos del Gobierno Nacional en orden a restaurar las Misiones antiguas en los territorios de tribus infieles.

para la historia y de un folleto del Padre Casas.—El ensayo de la Gramática *Hispano-Goahiva* y la expedición del R. P. Manuel Fernández a *Cuiloto*.—Fracasa el intento de restauración del Convento de la Popa y las Misiones de Urabá.—Feliz resultado de las gestiones hechas ante la Santa Sede por el señor Delegado Apostólico acerca de la erección del territorio de Casanare en Vicariato Apostólico. El Gobierno Nacional lo secunda creando además la Intendencia Nacional de Casanare. Página 241.

CAPITULO VIII

Erección del Vicariato Apostólico de Casanare.

SUMARIO: Comunicación del Emmo. Cardenal Rampolla.—Breve de Su Santidad el Papa León XIII.—Satisfacción y angustia del Padre Moreno.—Breve Pontificio del Santo Padre al mismo por el cual le constituye Obispo titular de Pinara y Vicario Apostólico de Casanare.—Llegada de la quinta Misión de España. Página 250.

CAPITULO IX

Ejecutorial del Breve Pontificio o entrega del Vicariato Apostólico de Casanare al cuidado de los Padres Agustinos Recoletos (candelarios).

SUMARIO: Efemérides eternamente memorables en los gloriosos anales de la Provincia de la Candelaria.—Decreto del señor Delegado Apostólico Monseñor Sabatucci.—Acta de la entrega y aceptación del Vicariato Apostólico de Casanare, hecha por Notario Apostólico. — Reflexiones. Página 260.

CAPITULO X

Consagración Episcopal del R. P. Fray Ezequiel Moreno, y su viaje a Támara.

SUMARIO: Un acontecimiento glorioso.—Artículo laudatorio tomado de *El Telegrama.*—Otro id. de *El Heraldo.*—

CAPITULO XIV

Notable auge y acrecentamiento consolador que reciben las Misiones de Los Llanos mediante el celo apostólico y dirección sabia del Ilustrísimo Padre Casas.

SUMARIO: Su primera y hermosísima Carta-Pastoral.— Completa y perfecciona la organización anterior del Vicariáto.—Estudio y actividad asombrosos en sus visitas y excursiones por los pueblos.—Un testimonio elocuente y autorizado de ello.—Varios extractos de cartas de los Padres Misioneros que lo corroboran.—Segunda Carta-Pastoral rebosante de gozo por el adelanto espiritual de las Misiones.—La Virgen mañareña y Orocué.—Más cartas de los Padres Misioneros entonando el mismo himno de alabanzas al Padre de las misericordias y Dios de toda consolación. Arribo de una misión de treinta religiosos. Página 391.

Apéndice.

INDICE DE LOS FOTOGRABADOS

A guisa de introducción. ˎ

Judicia tua abysus multa: tus juicios, Señor, son un abismo profundo, canta el salmista, y el Apóstol añade, son incomprensibles, e inapeables además los caminos y trazas de Dios en sus obras. Esta reflexión sugiere a cualquiera que, después de haber leído el volumen anterior de la *Monografía* de nuestras misiones en esta República de Colombia, ponga los ojos en las páginas del presente y, comparando uno con otro, aun cuando no juzgue sino con el sentido común y la simple razón natural, observe el cambio fundamental, la trasformación completa que se ha verificado de una época a otra en el país.

¡Quién había de decirles a los autores de la desamortización y proscripción de las comunidades religiosas en 1861, en esta Nación de Sur América, que, después de haberlas despojado de todos sus bienes, arrojado de sus pacíficas moradas entre los insultos y sarcasmos de la soldadesca, y proscripto inhumanamente del país para que perecieran en climas mortíferos, o afligidas de hambre en playas inhospitalarias y salvajes; a la vuelta de algunos años se restaurarían todas ellas, y sin la ayuda de aquellos cuantiosos bienes que bajo pretexto de amortizar la deuda nacional les robaban violenta y miserablemente!

Al observar en el tomo anterior cómo fueron decayendo paulatinamente las misiones de los Llanos, desde que la guerra de la Independencia les arrebató las grandes haciendas con que venían sosteniéndose y prosperando durante los siglos XVII y XVIII, hasta su completa ruina causada por tántos trastornos, pero señaladamente por la gran revolución del año de 1860, que llenó de dolor el corazón del Padre de los fieles y supremo Jefe del Catolicismo, el inmortal Pío IX; imposible de todo punto parecería que antes de finalizar el siglo XIX volverían a reflorecer con tanto y aun más vigor y lozanía que ostentaron en los días de su mayor auge y esplendor.

Los que conocieron y trataron a los miembros dispersos que sobrevivieron de aquellas ¡comunidades religiosas, extinguidas por el feroz tirano, perseguidos cruelmente por los esbirros de un Gobierno dictatorial y sectario, habitando en lóbregos sótanos, como los primitivos cristianos en las catacumbas de Roma, y ocultándose al espionaje bárbaro y sagaz que los perseguía para delatarlos y ponerlos en manos del despótico dictador: ¡imposible! dirían para sus adentros que se restablezcan ya jamás en Colombia los extinguidos conventos, trasformados en cuarteles, en oficinas de gobierno, o en otras cosas peores y más indecorosas.

«¡Quién se lo dijera a los hombres de la revolución del General Tomás Cipriano Mosquera, a los autores de la constitución de Rionegro, etc., que no había de pasar medio siglo antes que renaciesen y prosperasen en Colombia los institutos religiosos, apesar de lo mucho que trabajaron para que se perdiese hasta su memoria! diremos parodiando al insigne filósofo Balmes. «No es posible, dirían ellos; si esto llega a suceder, será porque la revolución que nosotros estamos haciendo, no habrá llegado a triunfar; será que España nos habrá sojuzgado imponiéndonos de nuevo las cadenas del despotismo: entonces y sólo entonces, será dable que se vean en Colombia, en Bogotá, en esta capital, la Atenas de Sudamérica, nuevos establecimientos de institutos religiosos, de esos legados de superstición y fanatismo, trasmitidos hasta nosotros por ideas y costumbres de tiempos que pasaron para no volver más.»

¡Insensatos! Vuestra revolución triunfó. Los Estados federales de Nueva Granada fueron vencidos y arrollados por vosotros; los antiguos principios político-religiosos de 'la Constitución Granadina se borraron de la legislación, de las instituciones, de las costumbres; la espada de Mosquera paseó triunfantes por toda la Nación vuestras doctrinas revolucionarias, disminuyéndoles la negrura con el brillo de sus victorias. Vuestros principios, todos vuestros recuerdos triunfaron de nuevo 'más adelante, y se conservan todavía pujantes, orgullosos, personificados en muchos hombres, que se envanecen de ser los herederos de aquella revolución nefasta.

Sinembargo, apesar de tántos triunfos, apesar de que vuestra revolución no ha retrocedido más de lo necesario para asegurar mejor sus conquistas, los institutos religiosos han vuelto a renacer, se extienden, se propagan por todas partes, y ocupan un puesto señalado en los anales de la época presente. Para impedir este renacimiento era necesario extirpar la religión, no bastaba perseguirla; la fe había quedado como un germen precioso cubierto de piedras y espinas; la Providencia le hizo llegar un rayo de aquel astro divino, que ablanda y fecunda la nada; y el árbol volvió a levantarse lozano, apesar de las malezas que embarazaban su crecimiento y desarrollo; y en sus ramas se han visto retoñar desde luego como hermosas flores esos institutos que vosotros creíais anonadados para siempre (1). Porque preguntar, como algunos quieren, «si puede haber catolicismo sin comunidades religiosas, es lo mismo que preguntar, si donde hay sol que esparce en todas direcciones el calor y la luz, si donde hay una tierra feraz, regada por abundante lluvia, puede faltar vegetación; preguntar si las comunidades religiosas pueden morir para siempre, es preguntar si

_____

(1). *El Protestantismo....*, tomo 3.°, c. 1.°

los huracanes transitorios que devastan las campiñas,
pueden impedir que la vegetación renazca, que los árboles florezcan de nuevo, que los campos se cubran
de mieses (1). Esto no sucede ni sucederá jamás, pues,
según el sapientísimo Leon XIII, «En todas partes en-
que la Iglesia se ha encontrado en posesión de su libertad, en todas partes en que ha sido respetado el
derecho natural de todo ciudadano de elegir el género
de vida que estima más conveniente con sus gustos y
con su perfección moral, allí también las Ordenes religiosas han surgido como una producción espontánea
del suelo católico» (2).

Volviendo, pues, ahora a lo de los juicios y trazas
maravillosas de Dios, hé aquí lo primero que forzosa-
mente ha de notar el lecctor que abra y se éntre por
las páginas del presente volumen, y vea los caminos
tan imprevistos y admirables por donde condujo la divina Providencia los sucesos que determinaron la venida de nuestros misioneros a esta República, con el
fin de restaurar la ruina de nuestro Instituto recoleto,
próximo a extinguirse en esta Nación por arte y obra
de la catástrofe revolucionaria del año 1861: *là alteza
y profundidad de las riquezas de la sabiduría y ciencia
de Dios.*

Pero cuando observe qué, merced a las garantías
y apoyo que brindaba la feliz trasformación que se
había realizado en las leyes, instituciones y costumbres
de Colombia; al cambio fundamental y favorable de
las relaciones entre la Iglesia y el Estado, el cual no
solamente reconocía los derechos divinos de aquélla,
sino que se obligaba a protegerla; a los primeros misioneros suceden luégo otros y otros, y mediante este

(1) Cartas a un escéptico.
(2) Al Cardenal Richard.

refuerzo es restaurada la Provincia religiosa de Nues--
tra Señora de la Candelaria, y se reanudan también,
las misiones de los Llanos, las cuales erigidas por la
Santa Sede en Vicariato Apostólico, y encargadas oficialmente a nuestro Instituto, se ponen bajo la sabia y
apostólica dirección de un Vicario adornado del caracter episcopal, y aunados los esfuerzos y celo infatigables de éste con los de nuestros abnegados religiosos,
que se dirigen a Casanare, casi *more apostolorum,* con
la cruz en una mano y el breviario en la otra, y cru-
zando sus caudalosos ríos y extensas y caldeadas *sabanas* (pampas), penetran por los pueblos, visitan los
hatos (haciendas) y hasta los más apartados caseríos
por conquistar para el Crucificado aquellas almas por·
tánto tiempo privadas de sacerdote y de sacramentos,
consiguen que a los pocos años pudiera decirse con
fundamento y sin hipérbole, que en ningún tiempo
había estado Casanare tan bien atendido en lo religioso y espiritual como lo estaba por esos días bajo la
dirección del Ilustrísimo Padre Fr: Nicolás Casas, son-
riéndoles un estado de adelanto y bienestar tan sóli-
dos y halagadores así para la religión como para la
patria, que daban por bien empleados todos sus sacrificios y sudores los misioneros: veráse forzado a confesar con el sabio: que no hay sabiduría, que no hay
prudencia, que no hay consejo que puedan prevalecer
contra Dios (1). Que si se sirve de sus enemigos algunas veces para azotar a sus escogidos, procede como·
el padre que castiga a su hijo indómito, arrojando después del castigo el azote al fuego; y a semejanza del
agricultor que poda inmisericorde los árboles de su
predio, empero para que 'luégo se vistan de más fron-·

---

(1) Prov. XXI. 30.

doso ramaje y regalen la vista con sus copiosos y opimos frutos, según lo demuestran elocuentemente el celo y abnegación apostólicos con que trabajan en Casanare los nuevos misioneros, dignos émulos de sus antiguos hermanos de hábito, y animados del mismo espíritu de sacrificio para impulsar el progreso y civilización cristianos en favor de los Llanos.

Todo esto y mucho más que en gracia de la brevedad omitimos, tendrá ocasión de admirar y ponderar el lector que tome en sus manos el presente volumen de nuestras misiones candelarias en Colombia, y lea imparcialmente y sin prejuicios los capítulos de historia contemporánea que le ofrece, los cuales, si por una parte no tienen el interés del anterior para los aficionados a documentos inéditos del tiempo de la Colonia, en cambio despertará mucho mayor en aquellos otros que gustan de recordar cosas en que intervinieron o leyeron con gusto en tiempos ya algo lejanos.

Pero no concluiremos sin cumplir con un deber que llamaremos de justicia, y es confesar que, si para componer el volumen anterior tuvimos necesidad de registrar archivos y bibliotecas, desenterrar documentos indescifrables e imponernos otros trabajos no menos improbos e ingratos; para el presente casi lo encontramos todo hecho, en los *Apuntes* del Padre Matute, reduciéndose la mayor parte de nuestra labor a entresacar de ellos la narración de los hechos, y a colocarlos en orden y en su lugar respectivo; dándonos esto margen para poder apreciar mejor la importancia y utilidad que tienen para la historia, y cuánto facilitan el trabajo al historiador los datos que suministran día por día, y año por año.

EL AUTOR.

TERCERA PARTE

RESTAURACION
de las Misiones Candelarias en Colombia.

CAPITULO I

Reincorporación de la Provincia de Nuestra Señora de la Candelaria a la Congregación General de Agustinos Recoletos de España e Indias.

En la brillante refutación jurídica que don Juan Pablo Restrepo hace de los decretos expedidos por los Generales José Hilario López y Tomás C. de Mosquera contra las comunidades religiosas, léese entre otros el siguiente notabilísimo acápite: «¿Quedarán sin reparación tántas iniquidades cometidas contra los más grandes benefactores de la Patria, los miembros de las Ordenes religiosas? Plegue a Dios que no, porque la ingratitud es el más repugnante de los vicios que pueden anidarse, ya sea en el corazón de un hombre, ya en el seno de una nación. Un hombre ingrato merece el desprecio de todos sus conciudadanos; una nación ingrata, el anatema de la humanidad.

«Pero no desesperemos: un día, tal vez no muy
lejano, las pasiones calmarán, la verdad se abrirá paso
al través de las sombras que los errores y las preo-
cupaciones mantienen aun hoy día, y los méritos inmensos de esas comunidades, cuna de multitud de
egregios varones, serán reconocidos y proclamados por
todos los que sientan latir en sus pechos corazones
nobles y generosos....

Esperemos!!!»

El católico ferviente que esto escribía, es forzoso
decir que no solamente su gran fe le hacía esperar ese
saludable y próximo cambio sino también que con su
vasta y profunda instrucción leía en los acontecimientos
político-religiosos que se iban realizando en el país la
gran transformación que a los pocos años se efectuó
para inmenso consuelo de la Religión y bienestar ina-
preciable de la Patria colombiana.

Porque gracias a Dios, ese día feliz y venturoso
que predecía el profundo autor de «La Iglesia y del
Estado,» se realizó ya há más de seis lustros, y debido
a ese glorioso suceso, la Iglesia recobró el puesto de
honor y primacía que de toda justicia le corresponde
en todo Estado que no sea ateo, mereciendo que en
la Constitución política de la Nación fuese consignada
a modo de profesión católica lo que sigue: «La Religión Católica, Apostólica y Romana, es la de Colombia;
los Poderes públicos la consideran como elemento *esencial* del orden social, y se obligan a protegerla y hacerla
respetar, lo mismo que a sus ministros, conservándola,
a lá vez, en el pleno goce de sus derechos y prerro-
gativas.» Lás comunidades religiosas pudieron también
reorganizarse, y a la sombra del orden y la paz ga-
rantizados por las nuevas instituciones cristianas, bien
pronto surgió la iniciativa restauradora de las antiguas

Misiones interrumpidas desde años atrás por las vicisitudes y turbulencias político-religiosas ya referidas.

A la cabeza de este movimiento restaurador misionero figuran nuestras misiones de los Llanos; mas por ser éstas resultado natural y principalísimo de la *reincorporación* de la Provincia de la Candelaria a la Congregación Agustino-recoleta de España y de su *restauración*, hácese forzoso referir antes, aunque sea a grandes rasgos, cómo y por quiénes fueron realizadas dichas reincorporación y restauración de nuestra Provincia.

Combatida por la más recia y continua persecución la Agustiniana Descalcez; fundada en «El Desierto de la Candelaria» por nuestro V. P. Fray Mateo de los Angeles Delgado en los primeros años del siglo décimo séptimo, a la sazón cabalmente en que principiaba a florecer y prosperaba extraordinariamente idéntica institución en España; habiendo ensayado pero sin ningun resultado cuantos medios pudieron los angustiados Recoletos de América, para conjurarla, dirigieron sus miradas a la Madre patria; y atendida benignamente por la Santidad del Papa Urbano octavo la solicitud que en representación de los conventos de Recoletos del Desierto, de Cartagena y de Panamá, le presentó el Procurador General de éstos, Padre Fray Francisco de la Resurrección, suplicándole se dignara unirlos e incorporarlos a los Agustinos Recoletos de España: en dieciseis días del mes de julio del año de 1629, el Papa expidió el Breve *Universalis Ecclesiae regimini* mandando que los religiosos Agustinos Descalzos de América constituyeran con los de España un solo cuerpo o entidad y una sola y misma congregación bajo unas mismas leyes, constituciones y derechos y sin ninguna diferencia entre unos y otros, debiendo conformarse los de América con los de España y prestar obediencia y

debido respeto en todo, así al Vicario General como
al Comisario que éste nombrara para el régimen y
gobierno de los conventos dichos que representaba el
citado P. Fray Francisco. Añadiendo además que con
autoridad apostólica unía e incorporaba *in perpetuum*
los de. Colombia a los de España y expresando también
que gozarían de todos y de cada uno de los privilegios
indultos, favores, exenciones, libertades, inmunidades,
indulgencias, concesiones y gracias que los de España
gozaban por derecho, uso, costumbre, privilegio o por
cualquier otro título, sin ninguna diferencia, y como
si estuvieran unidos e incorporados desde el principio
de dicha Congregación. Y presentado este Breve al
año siguiente por el P. Fray Francisco al Capítulo General de Talavera, fue obedecido por todos los capitulares
sin réplica ninguna.

Esta feliz unión e incorporación de los Recoletos,
que perduró por espacio de dos siglos sin otra interrupción ni tropiezo que el causado a los pocos años
por las intrigas y maquinaciones ambiciosas del Padre
Fray Juan Ramírez, pero que ante las súplicas del citado P. Francisco apresuróse a zanjar el Reverendo P.
Fray Gabriel de Santiago, Vicario General de la Recolección, con su Venerable Definitorio en 1644; fue la
que contribuyó eficaz y principalmente a la paz y sosiego de que principiaron luego a disfrutar los religiosos
y casas de la Descalcez en América. Por ella recibió
ésta en diferentes ocasiones beneméritos y escogidos
sujetos salidos de las Provincias de la Congregación
de España, de la de Castilla y de la de Andalucía señaladamente, los cuales robustecieron extraordinariamente la
disciplina regular, y reencendieron el celo apostólico del
Instituto recoleto, ilustrándolo con sus heroicas virtudes
y manteniendo su observancia durante dos siglos sin jamás

decaer, a pesar de los muchos y graves inconvenientes que no dejaron de presentarse, como es natural e inevitable en lo humano, según lo testifica y subraya en documentos auténticos e irrecusables la historia de nuestra Provincia de la Candelaria.

Gracias a ese poderoso apoyo y al moral influjo de la Descalcez española conservó siempre esta Provincia el espíritu religioso, y floreció continuamente en el Reino de la Nueva Granada a la altura de las comunidades más ejemplares y beneméritas de la Iglesia.

Empero, «el espíritu de tinieblas, siempre pronto a desordenar la obra del Señor, léese en un manuscrito del Padre Fray Victorino Rocha, logró independizar las Américas del legítimo Soberano, y con esa independencia la de las Ordenes religiosas de este Continente de sus respectivos Generales; y de aquí, a no caber duda, la relajación de las costumbres en toda la Nación y el espantoso cataclismo que sufre la Iglesia....»

Lo cual se explica perfectamente, sí se tiene en cuenta que el personal del Instituto recoleto componíase en su totalidad por entonces de hispanoamericanos, realistas en su mayor parte al principio de la guerra, pero patriotas después todos en fuerza de los acontecimientos que fuéronse desarrollando, y señaladamente por hallarse completamente incomunicados con la Madre Patria y en imposibilidad moral de continuar en relación y bajo la dependencia de los Superiores Generales de España.

Lo raro y admirable es que en esas circunstancias no se disolviera la Provincia, y más todavía de admirarse que pudiera continuar en su observancia regular en medio de tántas dificultades y obstáculos y por espacio de bastante tiempo pudiendo presentar en número considerable religiosos notables que ilustraron la librea recoleta en los consejos de los magnates, en las ciencias y en el sagrado ministerio singularmente, sin más di-rección ni otro apoyo que el deparado por la Santa Sede nombrando a los señores Arzobispos de Santafé, a contar desde el Ilustrísimo señor Mosquera, Visita-dores Apostólicos de los Regulares.

Empero llegó entre tanto la revolución del año de 1860, y ante vendaval tan recio y desolador la comu-nidad Agustino descalza no pudo resistir más, porque la sacudida fue por extremo violenta y el edificio recoleto al igual que los restantes de Colombia desplomóse y se vino al suelo.

Como palomas en día de terrible tempestad, y como espigas de hermoso y dorado trigal tronchadas y des-pedazadas por un devastador pedrisco, quedó la ob-servante Provincia de Nuestra Señora de la Candelaria con la persecución vandálica y cruel que declaró con-tra las Corporaciones Religiosas el triunfo revoluciona-rio en Nueva Granada del General Mosquera.

«La injustificable rebelión del partido radical, dice un historiador de Colombia, hizo subir al poder al libe-ralismo en el año de 1861. Los bienes de la Iglesia fueron repartidos como botín de guerra; las Comuni-dades religiosas de ambos sexos fueron echadas de sus conventos y despojadas de sus bienes, y el fanatismo del Jefe, que hizo traición al partido que le había pro-digado honores y recompensas, afirmó en el credo po-lítico del partido liberal el odio salvaje a la dulce y santa religión de Jesucristo.

«Desde luego se comprenderá, agrega el P. Fray Santiago Matute, la situación en que se verían los Re-ligiosos, sin local donde reunirse, dispersados cual ban-dada de aves perseguidas por el fiero y cruel halcón, desterrados unos, escondidos otros, y todos sin el sa-

grado recinto, del claustro en donde Dios los reuniera
para que se santificaran y santificasen las almas de sus
prójimos.

«Verdaderamente que en todo pecho donde se anida
algún celo por la causa de Dios, se siente hervir la
ira, aquella ira de que habla el gran Profeta, en el
salmo 4, v. 5.°, y repite el Apóstol en su carta a los
de Efeso, Cap. 4, v. 26, al mirar el triunfo del infierno,
y ver cómo se gozan los perversos en la destrucción
y ruina del pueblo del Señor» (1).

Empero, ¡designios inexcrutables de Dios!, que si
permite el triunfo del mal, es porque sabe sacar mayores bienes de los mismos males, al decir del gran
Obispo de Hipona. ¡Maravilloso poder el de la adver-
sidad para acrisolar la virtud y esclarecer la inteligencia de los espíritus elevados, así como para abatir y
confundir a los bajos y pervertidos!

Dura fue ciertamente la prueba que sufrieron los
religiosos de esa época de triste recordación; brusco,
fatal el golpe descargado por el liberalismo triunfante
en virtud de la espada anarquizadora de Mosquera contra
la existencia de las Ordenes religiosas en Colombia. Mas,
cuando los ojos hállanse arrasados en lágrimas, al cielo es
forzoso mirar; porque no solamente con esto se purifica
el corazón, sino que además se esclarece la vista, y el
alma se abre a los dulces y consoladores sentimientos
de la esperanza, como vemos sucedió realmente en los
afligidos hijos de la Provincia de Nuestra Señora de la
Candelaria.

El himno triunfal de las armas victoriosas de Boyacá y Ayacucho los fascinó indudablemente, y fasci-
nándolos, los hizo olvidar todo cuanto había hecho la

_____

(1) *Apuntes para la historia*, Cap. 1. Par. 1.

Congregación Agustino-recoleta en favor de su hija
menor la Provincia americana, durante dos centurias,
y en tántas y en tan dolorosas pruebas que le habían
sucedido desde los primeros pasos de su existencia religiosa. Bien podía distinguir entre la independencia
civil y la regular o monástica, y aun manteniéndose
sumisa y adherida a la Congregación General, alegrarse,
a fuer de patriota, y disfrutar de la primera. Mas,
el triunfo patriótico la deslumbró, el azote sangriento
de la persecución liberal la hizo despertar y abrir los
ojos a la verdad y al reconocimiento, conforme se patentiza en el siguiente documento:

«Convento extinguido de Agustinos Descalzos.—
Reverendísimo Padre Nuéstro Vicario General.—El espíritu de tinieblas siempre pronto a desordenar la
obra del Señor, logró independizar las Américas del
legítimo Soberano, y con esa independencia la de las
Ordenes religiosas de este Continente de sus respectivos Generales, y de aquí, a no caber duda, la relajación de las costumbres en toda la Nación, y el espantoso cataclismo que sufre la Iglesia, cuyos males arrancan
lágrimas y suspiros a los verdaderos católicos que
contemplan el hondo abismo que han abierto las sociedades secretas, de donde parten los Decretos de exterminio contra nuestra augusta Religión. Bien sé, Reverendísimo Padre, que los lastimosos ayes de la Iglesia
granadina han llegado a los oídos de Vuestra Reverencia; que la noticia de nuestros templos profanados unos,
cerrados los más; las vírgenes arrojadas de sus asilos
y mendigando el pan; los sacerdotes, unos habitando
con las fieras en nuestros bosques, ya que los hombres
los persiguen, y otros desterrados; los miembros de las
Corporaciones religiosas dispersados, y los Pastores
separados de su rebaño, habrán arrancado lágrimas de

compasión a Vuestra Reverencia. Pero tal vez la consideración de Vuestra Reverencia no se ha fijado de un
modo particular en la suerte de los desgraciados hijos
de Vuestra, Reverencia, miembros de este Convento de
Descalzos de Nuestro Padre San Agustín, cuya destrucción me ha tocado presenciar; pues por los altísimos e
insondables juicios de la Divina Providencia me ha tocado gobernar en las circunstancias más críticas; y es
para reanudar la obediencia que nos liga a Vuestra Reverencia que me animo a dirigirle esta nota, valiéndo-
me de nuestras críticas circunstancias, para pedir a
Nuestro Padre General se compadezca de sus hijos.

«En efecto, Reverendísimo Padre, los Religiosos de
nuestros conventos han huído a ocultarse por temor de
verse en manos de los que tienen el poder que da la
fuerza, y verse obligados a obrar lo que no deben;
pero aunque errantes están animados del espíritu de
caridad, y sirven a las necesidades de los fieles. Mas
la soledad de nuestros Claustros que pronto veremos
convertidos en cuarteles, como ya lo están los de las
Religiosas, la desaparición de todos nuestros bienes, la
cesación del culto público, son objetos que, sin duda,
me llevarán al sepulcro; pues me arrancan los alientos
vitales de instante en instante, y ¿cuál será la suerte de
mis hermanos los Religiosos que la Providencia puso a
mi cuidado? ¿Cómo reunirlos y sujetarlos al exacto
cumplimiento de nuestras reglas? ¡Ah, Reverendo Padre! qué terrible es la situación de un padre de familia que ve separados del hogar a sus hijos, que éstos
extienden sus manos descarnadas para pedir su bendición y el consuelo, y ese padre se halla en la imposibilidad de poderles socorrer!

«Antes ocurríamos en nuestras dudas a los Delegados Apostólicos, y hoy no tenemos a quién volver

nuestros ojos. ¡Bendita sea la Providencia! Empero, el Evangélio me ha dado en la parábola del hijo pródigo el consejo de lo que debo hacer. Sí, Padre Reverendísimo, la revolución del año de 1810 nos hizo olvidar nuestra dependencia de nuestro Padre celestial; pero la revolución de 1860, cuyas funestas consecuencias nos circundan, espero que sea el medio de que Dios se valga para que nuestro Convento reconozca en Vuestra Reverencia el Superior, cuyos consejos oigamos, cuya voz nos consuele y cuyas oraciones nos salven. Si antes de descender al sepulcro tiene vuestro hijo que suscribe el gozo de ver letras de Vuestra Reverencia en que con su bendición nos mande lo que debemos hacer en las críticas circunstancias en que nos hallamos, y toma mis conventuales bajo el mando de su caridad, Dios Nuestro Señor reciba en paz mi alma, porque han visto mis ojos el consuelo de mis tribulaciones.—Dios guarde a Vuestra Reverencia.—Su humilde y obediente hijo que su mano besa.—*Fray Victorino Rocha de San Luis Gonzaga.*»

Esta carta, que debió escribirse en Bogotá hacia el año de 1863, es digna de guardarse como oro en paño, tanto por la situación moral que describe tan sentida como gráficamente, pero singularmente por los sentimientos de humildad y religiosidad edificantes que rebosa desde el principio hasta el fin. No obstante, su fervoroso y atribulado autor no tuvo el consuelo de recibir contestación. Se extravió, sin duda alguna; no llegó, como tampoco llegaron otras del mismo tenor al poder del R. P. Fr. Gabino Sánchez de la Concepción, Comisario Apostólico a la sazón de los Agustinos Recoletos de España e Indias. Nuestro Señor en sus sapientísimos e inexcrutables designios quería que los Religiosos de la Provincia de Nuestra Señora de la Candelaria apurasen hasta el fondo el amargo cáliz de la persecución y de la aflicción.

En vista de esto, y persuadido cada vez más el R. P. Fr. Victorino Rocha de la necesidad de contar con el apoyo y ayuda de la Congregación General Agustino Recoleta española, para que no pereciera en tan dura prueba la Provincia, sino que resurgiese más pura, fuerte y vigorosa, comunicó a los demás PP. la feliz idea de enviar a Madrid y a Roma un religioso que recabara de los Superiores lo que todos ellos anhelaban. Así el R. P. Provincial como todos los demás pensaron que el llamado para desempeñar esta comisión, tan importante para la Provincia, era el P. Fr. Juan Nepomuceno Bustamante.

No erraron en la elección; puesto que, habiendo partido del Convento de El Desierto, en los primeros meses de 1876 el Padre Juan, bien documentado, auxiliado con los modestos haberes que le proporcionaron el P. Provincial y los Religiosos, pero confiado principalmente en la protección de la Santisima Virgen de la Candelaria, se embarcó para Europa, visitó primeramente los Santos Lugares de Palestina, confortando en ellos su espíritu, al repasar devotamente los dolorosos misterios de la pasión de Jesucristo, dirigiéndose después a Roma, «donde tuvo la fortuna de hallar de Procurador General de los Agustinos Recoletos al fervoroso y prudente Padre Fray Manuel María Martínez de San Bernardo, quien le obtuvo del Padre Santo favores no pequeños en pro de la Iglesia de El Desierto, abundantes y preciosas reliquias y luégo le recomendó a los Superiores de España con cartas de presentación y ruego. A fines del año pasó a Madrid el Padre Bustamante, y fue recibido por el Padre Comisario General Apostólico, Fr. Gabino Sánchez de la Concepción, con expresiones del más sincero y acendrado cariño, porque uno de los cuidados más vehementes que embargaban su ánimo era restaurar esta Provincia.»

No consiguió ciertamente, a pesar de las buenas intenciones de unos y otros, cuanto deseaba, y señaladamente lo que se le había encomendado con grande interés y encarecimiento: el personal suficiente de Profesores o Catedráticos que regentasen en Colombia el Colegio Noviciado, que tánto anhelaban los Religiosos, y que claramente urgía establecer para formar personal religioso joven en la Provincia. Empero, dejó bien dispuesto y preparado el terreno; y, por de pronto, alcanzó cuanto solicitada de la Santa Sede, y en gran parte también lo que pedía al Rvdmo. P. General, conforme se desprende de los siguientes documentos:

· Beatissime Pater:

Frater Victorinus a sancto Aloysio Gonzaga (Rocha) Provincialis Provinciae Americanae Sanctae Mariae, vulgo de la Candelaria, Congregationis Augustinianorum Discalceatorum Hispaniae et Indiarum, ad Sanctitatis Vestrae pedes magna cum reverentia postratus, humillime a Sanctitate Vestra postulat sequentes facultates:

1.ª Ad emendum caenobium dictum del Desierto de Candelaria, situm in Republica Novae Granatae, ab eis cui venditum fuit a Gubernio, ita tamen ut instrumentum publicum fiat in favorem duorum Religiosorum, non ut talium, sed ut particularium. Hoc caénobium pertinebat olim ad eundem Ordinem Augustinianorum Excalceatorum.

2.ª Instituendi in dicto caenobio communitatem dictorum Religiosorum, eorum praecipue qui ferventioris spiritus sint, quique ad vitae communis observantiam sese obligent. Hoc tamen non obstante precatur Oratro·

Sanctitatem Vestram ut omnibus concedere dignetur
facultatem testandi in favorem Communitatis de his bonis
qui ab eorum parentibus, vel ab aliis, habere possint;
et specialiter illis duobus quorum nomine emptum fuit
caenobium, ut illud trasmittere valeant per testamentum
in alios duos Religiosos dictae Commnunitatis; absque
his cautionibus periculum imminens est·quod Guber-
nium, legibus Reipublicae innixum, manus suas injiciat
in memorata bona.

3.ª Aperiendi novitiatum in quo juvenes probatae
vitae recipiantur, qui postquam professionem religiosam
emisserint, et dum ibi omnia disponantur ut studiis
vacare possint, in aliquod seminarium mittantur, ubi,
absque spiritus religiosi detrimento, scientiis ecclesiasticis dent operam.

4.ª Quod omnes Religiosi dictae Provinciae subjecti
sint eorum legitimo Praesuli Superiori, nempe, Generali
in Hispania degenti, et quod a jurisdictione Ordinariorum
declarentur a Sanctitate Vestra omnino immunes.

Et Deus, etc.

———

Infrascriptus Commisarius Apostolicus Ordinis Ere-
mitarum Excalceatorum Sancti Augustini in universa
Hispaniae ditione, visis et mature perpensis, quae Reverendo Patre Victorino praecedunt exposita, ad lucem et
meliorem ei notitiam permittitur sequentia notanda.

Provincia Augustiniana B. M. MARIAE de Candelaria, alias Terrae Firmae, zelo, opere et patientia VV.
PP. Matheo Delgado, Ildefonso a Cruce et Vincentii Ma-
llol de familia Augustiniana Religiosorum Discalceatorum
Congregationis Hispaniae et Indiarum, fundata et eidem
Congregationi a Sanctissimo Pontifice Urbano VIII per
suas litteras UNIVERSALIS ECCLESIAE datas in forma

Brevis die decima sexta Juiii anno millesimo sexcen-
tesimo decimo nono, in perpetuum annexa et unita;
semper extitit et sine interruptione permansit sub jurisdictione Reverendissimi Patris Vicarii Generalis Su-
perioris omnium Provinciarum memoratae Congregationis
Hispaniae et Indiarum.

Suppressis vero civiliter Institutis Monasticis in
Hispania per decretum sui Gubernii datum die octava Julii anno millesimo octingentesimo trigesimo sexto
et religiosis a suis caenobiis expulsis, exceptis tantum
illis qui ad administrationem spiritualem Insularum Phi-
lipinarum pertinent, Provincia Terrae Firmae, tunc ab
Hispania emancipata et in relatione difficile cum suo
capite et Superiore totius Congregationis Reverendo
Patre Vicario Generali, ad suum Provincialem et Pre-
latos redacta est.

Insuper, rebus in Hispania sic stantibus, Sanctissimus Pater Gregorius Papa XVI sollicitus pro bono universalis Ecclesiae et praecipue Institutionum Monachalium
de plenitudine Auctoritatis suae, per Brevem datum Romae die decima nona Maii anno millesimo octingentesimo
trigesimo quinto, benigne indulsit ac Illustrissimo Domino
Emmanueli Josefo Mosquera Archiepiscopo de Sancta Fe
de Bogota, facultatem concessit visitandi caenobia Or-
dinum Regularium in sua Archidioecesi erecta et fundata
quam et Summus Pontifex Pius Papa IX, actualis Ecclesiae
caput, defuncto Illustrissimo Domino Mosquera, concedere et impertire dignatus est, continenti succesione,
Reverendissimis Domino Antonio Herran et Domino
Vincentio Arbelaez, memoratae Archidiocesis Superioribus
ac Praesulibus.

Hodie Reverendissimus Pater Provincialis Terrae
Firmae Frater Victorinus Rocha a Sancto Aloysio Gonzaga, antiquae Matris Congregationis Hispaniae memor

ac de bono et prosperitate suae provinciae consulens; humillime adjunctas preces Sanctitati Vestrae mittit, in quibus etsi contraria aliqua appareant praescriptionibus nostrarum sacrarum constitutionum illis praecipue quae ad votum paupertatis referentur, attentis tamen praesentibus circunstantiis illius Reipublicae, in qua leges civiles Institutis Monasticis minime favent, si illam nostram Provinciam, paene extinctam, ad novam vitam revocare cupimus, mea conscientia judico, quod omnia ab Oratore a Sanctitate Vestra petita, benigne illi concedi possunt; similiter et ea quae ad studia spectant circa quae, si mihi posibile est, mittere illuc ex Hispania curabo aliquos Religiosos bene instructores qui juvenes illos Religiosos scientiam et pietatem intra claustra docebunt. Nihil dicam de illorum Religiosorum a legitimo Praesule dependentia, quae absque dubio utilitati et convenientiae ipsius Provinciae maxime congruens erit. Quare juxta exposita precatur etiam infrascriptus, salvo meliori judicio, Sanctitati Vestrae, cujus pedes humilliter deosculor. Matriti die vigesima prima Novembris anno millesimo octingentesimo septuagesimo sexto.

FRATER GAVINUS SANCHEZ A CONCEPTIONE

EX AUDIENTIA SANCTISSIMI

Die 15 decembris 1876.

Sanctissimus Dominus Noster divina Providentia Pius Papa IX referente me infrascripto Sacrae Congregationis Negotiis Ecclesiasticis extraordinariis praepositae Secretario, attentis expositis, et voto Reverendissimi Patris Commissarii Apostolici, benigne annuit pro gratia juxta petita contrariis quibuscumque minime, obfuturis.

Datum Romae e Secretaria ejusdem Sacrae Congregationis die, mense et anno praedictis.

A. JACOBINI, Secrius.

(Gratis omnino)

———

«Santa Fe de Bogotá, 15 de agosto de 1877.

«*Reverendísimo Padre Nuéstro Vicario General.*

«Hoy he tenido la gran felicidad, Reverendísimo Padre Nuéstro, de elevar por tercera vez a Vuestra Reverencia después de haber ocurrido por segunda vez con fecha 15 de enero del año pasado, cuya carta he sabido ha llegado a las manos de Vuestra Reverencia, pero seguramente no se atreyió a ocurrir a Su Santidad con respecto a los negocios que se contenían en dicha carta por razón de que ha tenido noticias Vuestra Reverencia de que el Ilustrísimo señor Arzobispo, Nuestro Prelado, estaba facultado por Su Santidad para dirigir los asuntos de los Regulares; mas como dicho señor Arzobispo no ha manifestado hasta hoy sus letras, ni nos lo ha hecho saber oficialmente, he tenido que ocurrir a Su Santidad, por medio del Reverendo Padre Procurador General, el Reverendísimo Padre Fray Manuel Ibáñez, residente en Roma. En efecto, el Reverendísimo Padre representó en mi nombre lo siguiente:

«1.º Para poder comprar nuestro convento de El Desierto de la Candelaria;

«2.º Para que los Religiosos que quieran constituirse bajo la vida común en dicho convento puedan verificarlo;

«3.º Para abrir el Noviciado, si fuese posible, y educar a los jóvenes que pretendan hacer su profesión religiosa, y

«4.º Para que todos los Religiosos de Nuestra Provincia estemos sujetos a Nuestro legítimo. Prelado Superior, conviene a saber: a Nuestro Reverendísimo Vicario General residente en España, y que se declaren los
Religiosos exentos y libres de todo de la jurisdicción
de los Ordinarios.

«En efecto, Su Santidad, con fecha 15 de diciembre de 1876, benignamente concedió todo lo pedido en
dichos artículos, como el Reverendísimo Padre Procurador General ya habrá informado a Vuestra Reverencia,
de todo su contenido.

«Por tanto, pues, yo como Provincial de Agustinos
Descalzos existente en esta República y a nombre de
todos los Religiosos de Nuestra Provincia que la constituyen, con lo mayor humildad, reverencia y placer
rendimos la obediencia a Vuestra Reverencia, sujetán-
donos a todas las disposiciones que emanen de lá autoridad de Vuestra Reverencia.

«Deseamos todos la salud y vida de Vuestra Reverencia para bien de nuestra Congregación.

«Su humilde y obediente hijo que su mano besa,

«FRAY J. VICTORINO DE SAN LUIS GONZAGA, ROCHA.»

———

«M. R. P. Provincial Fr. Victorino de San Luis Gonzaga,
Rocha.

Madrid, 4 de diciembre de 1877.

Mi muy amado hermano: dolorosas pérdidas de
familia no me han permitido dar contestación, tan pronta
y cumplida como deseaba, a la amable de Vuestra Reverencia de 14 de agosto último, que leí con grande
satisfacción.—Desde el momento en que tuve noticia
por el R. P. Procurador General nuestro en Roma, de

la resolución de Vuestra Reverencia de sacudir el yugo
de la jurisdicción ordinaria para volver a unirse con
toda su Provincia, a su Madre natural la Congregación
de España, vengo haciendo votos por este importante
pensamiento que hoy veo realizado con mucha alegría,
de mi alma.—V. R. en su indicada carta, haciendo uso
de la autorización Pontificia que le asiste y elevando
su mirada a mi humilde persona, como Provincial que
es de Agustinos Descalzos existente en esa República,
y a nombre de todos los Religiosos de su Provincia
que la constituyen, con la mayor humildad, reverencia
y placer, rinde obediencia y se somete al cumplimiento
de toda disposición que emane de mi autoridad de Comisario Apostólico que soy, aunque sin merecerlo, de
la Congregación de Agustinos Descalzos de España e
Indias.—¡Quién me diera, hermano mío, teneros a mi
vista o poder trasladarme a esa remota Provincia para
daros y a todos vuestros súbditos un abrazo estrecho,
y fraternal tan íntimo que os confundiera en mi corazón!—Mas ya que la distancia no lo permite, realícese
en p u, y conste siempre que si V. R. y súbditos
se proponen, y resueltos están a acatar y cumplir
las órdenes de mi autoridad, como dignos hijos, yo,
con el auxilio de Dios, probaré con hechos positvos,
que no en vano he recibido vuestra sumisión y sincero
reconocimiento.—Adjuntos acompañan con caracter de
duplicado el Acta del Definitorio General y un Decreto
de mi autoridad, que me prometo y espero sean bien
recibidos y cumplidos en todas sus partes, supuesto que
tienden al mayor bien espiritual y temporal de esa amada Provincia.....Concluyo, rogando al Cielo por la
importante salud de V. R. y de todos nuestros hermanos, quienes, no dudo me encomendarán en la oración
y en el tremendo Sacrificio de la Misa como el más

necesitado.—Se repite de todos afectísimo hermano en Jesús y María.—*Fr. Gabino Sánchez de la Concepción.*»

El Acta y Decreto mencionados son la reincorporación de la Provincia a la Congregación General de España, en los cuales se lee: «En la Villa y Corte de Madrid, día veinticuatro de noviembre de mil ochocientos setenta y siete, Nuestro Reverendo Padre Fr. Gabino Sánchez de la Purísima Concepción, Comisario Apostólico de Agustinos Descalzos de la Congregación de España e Indias, en virtud de las facultades anexas al cargo y de las especiales que le asisten por Delegación Apostólica, reunió en su casa-habitación en sesión de Definitorio pleno, a los Reverendos Padres Definidores Generales Fray Angel Barra de Santa Bárbara, Fr. Eugenio Gómez de San José, Fray Francisco Gutiérrez de San Pascual Bailón y Fray Guillermo Agudo de San Antonio de Padua, para tratar asuntos útiles a la Congregación. *Christi nomine invocato,* Nuestro Padre Comisario Apostólico presentó, entre otros documentos, cuatro referentes a la Provincia americana de Agustinos Descalzos de Santa María, vulgo Candelaria, que fueron leídos en el orden siguiente:

«1.º—Una súplica elevada a Su Santidad por el Reverendo Padre Fray Victorino de San Luis Gonzaga, Rocha, Provincial de la indicada Provincia americana, en solicitud de las gracias que en la misma se expresan.

«2.º—El informe que al pie de dicha súplica extendió Nuestro Padre Comisario Apostólico recomendando ésta, y encareciendo las ventajas que a la Orden resultarian de la concesión de la misma.

«3.º—El Decreto Pontificio por el que consta que Su Santidad concede bondadoso cuanto comprende la citada súplica.

«4.º y último, una carta del R. P. Fray Victorino de San Luis Gonzaga, Rocha, fecha en Santafé de Bogotá, quince de agosto último, dirigida a Nuestro Padre Comisario Apostólico, por la que dicho Padre Victorino como Provincial de la citada Provincia americana Agustiniana y·en representación de todos los religiosos Agustinos Descalzos que la componen, reconoce humilde y reverentemente por su Prelado legítimo al que actualmente lo es por nombramiento Pontificio, de la Congregación de Agustinos Descalzos de España e Indias, ʼReverendo Padre. Fray Gabino Sánchez de la Purísima Concepción, sometiéndose al cumplimiento y observancia de cuantas disposiciones emanen de esta autoridad.

«Los Reverendos Padres Definidores Generales bien enterados de la importancia de los documentos de que se hizo mérito, que van unidos a la presente acta con los números 1, 2, 3 y 4; considerando llegado el momento, dispuesto por la Providencia, de incorporar y anexionar a la Congregación Agustiniana de España e Indias una Provincia por largo tiempo separada de su jurisdicción, aunque contra su voluntad y en fuerza de las vicisitudes dolorosas por que pasaron los Institutos monásticos; inspirados en la verdadera confraternidad que une los espíritus en Dios y hacen las delicias de la vida del Religioso, habiendo conferenciado brevemente, acordaron por unanimidad presentar y presentaron a la aprobación de Nuestro Padre Comisario Apostólico las resoluciones siguientes:

«1.ª Que nuestra Provincia Agustiniana de Santa María, título de la Candelaria en América, al reanudar hoy sus relaciones y constituírse hoy bajo la jurisdicción y filial dependencia de su Matriz, éntre y funcione en ella con todos sus derechos, voces, acciones, y demás

que le conceden Nuestras Leyes, Bulas Pontificias y
Capítulos Generales de Nuestra Congregación.

«2.ª—Que Nuestro Padre Comisario Apostólico haciendo uso de las facultades ordinarias y extraordinarias,
que por la Santa Sede le están delegadas para nombrar
fuera del Capítulo todos los cargos de la Congregación
en España e Indias, confirme en el de Provincial de
la citada Nuestra Provincia de Santa María de Candelaria al Reverendo Padre Fray Victorino de San Luis
Gonzaga, Rocha, subdelegándole todas las facultades
que crea necesarias para la mejor organización y gobierno de aquella remota Provincia.

«3.ª—Que a propuesta en terna del expresado
R. P. Provincial Fray Victorino, la cual formará en
conciencia y bajo su más estrecha responsabilidad, Nuestro Padre Comisario Apostólico nombre el Definitorio
Provincial de dicha Provincia, el Prior de la Casa Madre,
Maestro de Novicios y cualesquiera otros cargos que
en su alta penetración crea convenir al incremento y
bien espiritual y temporal de la misma.

«Madrid, fecha ut supra.

«Fray Gabino Sánchez de la Concepción.—Fray
Francisco Gutiérrez de San Pascual, Definidor General.
Fray Angel Barra de Santa Bárbara, Definidor General.
Fray Guillermo Agudo de San Antonio, Definidor Ge-
neral.—Fray Eugenio Gómez de San José, Definidor
General.»

A continuación siguen los documentos mencionados,
y que pueden verse en *Restauración de la Provincia
de la Candelaria* por el Padre Fray Pedro Fabo del
Corazón de María, religioso de la misma Provincia,
para pasar al siguiente *Decreto*.

«Primero. Resultando de los documentos que ante-
ceden que el Reverendo Padre Provincial de Nuestra

Provincia americana de Santa María de Candelaria, Fray Victorino de San Luis Gonzaga, antes de recurrir a la Santa Sede tomó nuestra venia conforme a lo mandado y ordenado por Bulas Pontificias y acordado en nuestros Capítulos Generales, remitiéndonos la súplica, y rogándonos reverentemente que viniésemos en confirmarla y recomendarla, como lo hicimos con el mayor interés.

«Segundo. Que el Reverendo Padre Fray Victorino en el acto de reconocer con su Provincia e individuos que la constituyen nuestra autoridad y jurisdicción lo hace espontánaemente y procede en virtud de la concesión Pontificia consignada en el artículo cuarto de la súplica.

«Considerando: Que la Provincia Agustiniana de Santa María de Candelaria, fundada por Padres Agustinos Descalzos, procedentes de la Congregación de España, e incorporada para siempre desde su instalación a la misma Congregación en virtud de Bulas Pontificias funcionó a su lado sin alteración de ninguna clase, y que de su actual anexión, lejos de surgir obstáculos, han de resultar, esperamos en Dios, grandes ventajas a la Orden en general, a la Congregación, a la dicha Provincia americana y a todos y cada uno de aquellos nuestros amados súbditos.

«Considerando: Que la demora en proveer a la susodicha nuestra Provincia de Prelados y representación digna pudiera entorpecer su organización y progresos, y aun inutilizar todo lo actuado con detrimento de nuestra propia conciencia.

«Ultimamente: Visto el parecer unánime y acuerdos tomados por los Reverendos Padres Definidores Generales en sesión de Definitorio pleno en este día, que hacemos propios.

«Nós que honrados y elevados, sin méritos de nuestra parte, por Nuestro Santisimo Padre ·Pío IX, gran Pontífice reinante, por su Decreto de 28 de marzo de 1862, al cargo de. Comisario Apostólico de Nuestra Congregación de Agustinos Descalzos de España e Indias, hemos velado por el Sagrado depósito que nos ha sido confiado sosteniendo la doctrina pura de ·la Iglesia, orando sin intermisión y procurando por· todos los medios el incremento de la Congregación y bien espiritual y temporal de todos nuestros súbditos: Por el presente Decreto y haciendo uso de las facultades ordinarias y extraordinarias que por delegación apostólica nos. están delegadas, venimos en acordar y decretar y acordamos y decretamos las disposiciones siguientes:

«1.ª Acogemos y aceptamos amorosa y paternalmente el reconocimiento y filial sumisión con que el Reverendo Padre Fray Victorino de San Luis Gonzaga, Rocha, como representante de la Provincia de su cargo y en nombre de todos los Religiosos Agustinos Descalzos que la constituyen, reconoce nuestra autoridad y jurisdicción prometiendo acatar y cumplir nuestras disposiciones al presente y en lo sucesivo; por tanto, le incorporamos con todos nuestros amados súbditos de dicha nuestra Provincia de Santa María de Candelaria a su Matriz la Congregación Agustiniana Descalza de España e Indias, para ·siempre y con los derechos, privilegios y goces que a los mismos conceden nuestras Sagradas Leyes, Disposiciones Pontificias y Acuerdos de los Capítulos Generales de la Congregación.

«2.ª Autorizamos. y confirmamos al expresado ·Reverendo Padre Fray Victorino de San Luis Gonzaga en el cargo de Provincial de nuestra Provincia americana de Santa María ·de·Candelaria, y le confirmamos con.todas las exenciones, facultades y derechos que ·disfrutaron

los de su clase, subdelegándole además, como lo subdelegamos, todas nuestras facultades, en la forma que
podemos a mayor gloria de Dios, bien de la Congregación, de la Próvincia que le confiamos y amados
súbditos.

«3.ª Ordenamos y mandamos al Reverendo Padre
Provinciál Fray Victorino que con toda brevedad forme
y pase de oficio a nuestra autoridad la propuesta en
terna de candidatos para los nombramientos de Padres
Definidores, Provinciales, Prior de la Casa Madre, Maestro de Novicios y demás que crea necesario, procurando
figuren en dicha propuesta aquellos Religiosos de su
Provincia que reúnan mayores condiciones de virtud,
ciencia, prudencia y gobierno.

«4.ª Así mismo ordenamos y mandamos al referido
Padre Provincial de nuestra Provincia americana que
igualmente forme y nos remita un estado géneral del
personal de sus súbditos, expresando en casillas separadas y sin confusión los nombres y apellidos del siglo
y de la Orden, edad, antigüedad de hábito, cargos ho-
noríficos que desempeñaron y cuanto conduzca al cabal
conocimiento del mérito y circunstancias de cada uno.

«5.ª A la vez dicho Reverendo Padre Provincial
nos dará cuenta de los emolumentos y recursos de que
puede disponer y plan que se propusiere para la organización, desarrollo e incremento de su Provincia, y
también del uso que hiciere de las amplias facultades
con que le investimos, consultándonos si la índole de
los asuntos lo consintiere, en los muy árduos y cuya
resolución sea necesaria, la intervención de nuestro Definitorio General.

«Ultimamente: Ordenamos y mandamos en virtud
de saludable obediencia, a todos nuestros súbditos que
reciban, acojan con respeto, guarden y cumplan cuan-

'tas disposiciones contiene y dejamos consignadas en este nuestro Decreto sobre lo que les oneramos la conciencia.

«Dado, firmado de nuestra mano, sellado con el de nuestro oficio y refrendado por nuestro Pro-Secretario, en Madrid, a veinticuatro días del mes de noviembre del año de mil ochocientos setenta y siete.

Fray Gabino Sánchez de la Purísima Concepción.

«Por mandado de Nuestro Padre Comisario Apostólico, *Fray Eugenio Gómez de San José*, Definidor y Pro-Secretario General.»

Con este Decreto del Reverendísimo Padre Comisario Apostólico, premio justamente alcanzado por la constancia tesonera del R. P. Rocha y las gestiones hechas por el Padre Bustamante en su primer viaje a Europa, no solamente fue reincorporada a la Congregación esta nuestra Provincia de la Candelaria, sino también se dieron las disposiciones convenientes para su reorganización y resurgimiento monástico.

Empero, reflexionando más tarde Nuestro Reverendísimo Padre Comisario Apostólico sobre esas mismas disposiciones, y viendo que pudieran originar alguna duda y ofrecer dificultades su pronta y puntual ejecución, agregó después estas otras:

«Nós Fray Gabino Sánchez de la Concepción, Comisario Apostólico de la Congregación de Agustinos Descalzos de España e Indias, etc.

«Habiendo expedido un Decreto con fecha 24 de noviembre del año próximo pasado, por el cual, en uso de las facultades que nos están concedidas por la Santa Sede y de acuerdo con nuestro Venerable Definitorio General, autorizamos y confirmamos en el cargo de Provincial de nuestra Provincia americana de Nuestra Señora de la Candelaria al R. P. Fray Victorino de San

Luis Gonzaga, Rocha: Considerando que aquel nuestro Decreto pudo ser interpretado en sentido más restrictivo del que al expedirlo nos propusimos: Teniendo en cuenta que por falta de personal, aquella Provincia reincorporada de una manera solemne y canónica a nuestra autoridad, no puede aún reorganizarse en la forma prescrita por nuestras Sagradas Leyes, dándole su Definitorio, y demás cargos religiosos que llevan consigo el derecho a proveerse de Superiores con nuestra ulterior y necesaria aprobación: A fin de poner asunto de tánta trascendencia en la mayor claridad posible, atendiendo a las circuntancias, con asentimiento unánime de nuestro Definitorio General, y en uso de nuestras facultades ordinarias y extraordinarias que nos están concedidas por la Santa Sede:

«Nombramos por el tiempo de nuestra voluntad, Provincial de nuestra Provincia americana de Agustinos Descalzos de Nuestra Señora de la Candelaria al R. P. Fr. Victorino de San Luis Gonzaga, Rocha, con toda la acción y privilegios que conceden nuestras constituciones a los de su clase, subdelegándole además como le subdelegamos todas nuestras facultades en la forma que podemos a mayor gloria de Dios, bien de la Congregación, de la Provincia, cuyo régimen le confiamos y de nuestros amados súbditos: Y ordenamos y mandamos a todos nuestros Religiosos que lo sean o fueren de la expresada Provincia que como tal Provincial hayan, tengan y obédezcan al referido Padre Fray Victorino de San Luis Gonzaga, Rocha.

«Dado, firmado de nuestra mano, sellado con el de nuestro oficio y refrendado por Nuestro Pro-Secretario, en Madrid a veinte y tres días del mes de diciembre del año de mil ochocientos setenta y ocho.—*Fray Gabino Sánchez de la Concepción.*

Por mandado de Nuestro Padre Comisario Apostólico—*Fr. Toribio Minguella de la Merced,* Pro-Secretario.»

Todavía fue más previsiva la disposición dada en la misma fecha que la anterior.

«Nós Fr. Gabino Sánchez de la Concepción, Comisario Apostólico de la Congregación de Agustinos Delcalzos de España e Indias, etc., etc.

«Siendo uno de los deberes más extrictos de nuestra autoridad el atender al buen régimen de las Provincias religiosas que constituyen nuestra Congregación, de la que, por la misericordia de Dios y benevolencia de la Santa Sede, somos el Prelado, cuyo cargo nos impone la obligación no sólo de proveer en el presente, sino también de atender en cuanto podamos al porvenir; a fin de evitar que nuestra amada Provincia de Nuestra Señora de la Candelaria en América quede huérfana de inmediato Prelado ni siquiera un momento; constándonos como nos consta por informes fidedignos la religiosidad, celo por la Orden y aptitud del Padre Fr. Juan Nepomuceno Bustamante de San José (?), de acuerdo con nuestro Definitorio General y en uso de nuestras facultades ordinarias y extraordinarias que nos concede la Santa Sede, venimos en decretar y decretamos lo siguiente:

«En caso de *imposibilidad física o moral, muerte,* o cualquier otro accidente, que no permita al actual Provincial de Nuestra Província Americana de Nuestra Señora de la Candelaria, Fr. Victorino de San Luis Gonzaga, Rocha, desempeñar el cargo para que está nombrado, desde ahora para entonces, nombramos para sustituírle al Padre Fray Juan Nepomuceno Bustamante de San José con toda la acción, facultades y derechos de Vicario Provincial, que ejercerá mientras no proveamos en otra forma, para lo cual deberá dársenos inmediato conocimiento del caso que ponga en vigor nuestro presente Decreto.

«Dado, firmado, de nuestra mano, sellado con el de nuestro oficio, y refrendado por Nuestro Pro-Secretario, en Madrid a veinte y tres días del mes de diciembre del año de mil ochocientos setenta y ocho.—*Fray Gabino Sánchez de la Concepción.*

«Por mandado de Nuestro Padre Comisario Apostólico, *Fr. Toribo Minguella, de la Merced*, Pro-Secretario.»

No satisfecho aún con esto el celo y la prudencia de tan benévolo y celoso Prelado, en carta privada dirigida al dicho Padre Provincial Fr. Victorino Rocha, fechada el mismo día, mes y año, dábale las siguientes intrucciones paternales.

«Yo apruebo, con toda mi alma, le decía, los trabajos y esfuerzos hechos, especialmente por Vuestra Reverencia y por el Padre Juan, para la resurrección de esa Província religiosa, y les exhorto en el Señor a no cejar en sus buenos propósitos, poniendo nuestra confianza en Dios y en la Virgen Santisima, y haciendo todos de nuestra parte cuanto podamos para que esa santa Provincia, hija tan querida y tan amante de nuestra Congregación, llegue a la robustez de vida que en otro tiempo tuvo, para honor y gloria de Nuestro Señor y bién de las almas. Grandes dificultades habrá que vencer hasta llegar a conseguir nuestros fines: pero Dios nos ayudará.

«Por desgracia, el personal con que hoy cuenta esa Provincia y las circunstancias aciagas porque ha pasado y pasa todavía, no permiten organizarla desde luego en la manera y en la forma que piden nuestras Sagradas Consti-tuciones. Por consiguiente desisto del nombramiento de Definitorio y otros cargos, contentándome por ahora con el de V. R. para Provincial, como verá por el adjunto decreto. El que expedi en 24 de noviembre del año ppdo. no tenia el carácter de provisional, ni era mi intención que dejase de tener efecto en mayo del año entrante. Para mayor claridad y abundamiento envio el de esta fecha que, como verá, no tiene limitación de tiempo.

«Es preciso ante todo, mi muy amado hermano, que tratemos de dar vida a la Provincia, y para eso es indis-pensable que se admitan novicios atendiéndose a lo que permitan las circunstancias, bien dolorosas por cierto en sentido religioso, por las que atraviesan esos países. Cua-tro, seis u ocho que hiciesen sus estudios en Roma, serían la mejor base para el porvenir de la Provincia. Mas como yo no sé los recursos materiales de que puedan VV. RR. disponer para llevar a cabo este pensamiento, lo dejo a su prudencia, recomendándoselo como un medio excelente en mi concepto para dar cima a nuestros deseos.»

En vista de estos documentos tan precisos y tan claros, no nos explicamos el proceder del señor J. B. Agnossi, Delegado Apostólico, que obligó a los Padres de la Candelaria a que se reunieran en Capitulo en la casa de habitación del mismo, con el objeto de nom-brar nuevo Prelado y Definidores, el 8 de febrero de 1883, según consta de una Acta publicada en la obra citada del Padre Fabo *La Restauración*, y que pro-cedieran a la elección de esos cargos. Pero nos sor-prende aún más encontrar estas palabras del Padre Fabo en esa obra, página 91: «Pasó el cuatrenio del Provincialato desempeñado por el Padre Rocha, y bien sea porque hizo renuncia de su cargo (¿ante quién?), bien sea porque en Madrid creyeron conveniente que rigiese los destinos de la Provincia el Padre Nepomuceno, es el caso que Nuestro Padre Comisario General Apostólico expidió el nombramiento de Provincial en favor de éste.» Puesto que no hemos hallado otro nombramiento expedido a favor del Padre Juan Nepomuceno Bustamante por Nuestro Reverendísimo Padre Gabino que el que hemos insertado antes; y en él no puede estar más clara y determinada la intención y el sentido con que fue expedido cuando se dice: «En caso de imposibilidad física o moral, muerte o cualquier otro accidente que no permita al actual Provincial de Nuestra Señora de la Candelaria, a Fr. Victorino de San Luis Gonzaga, Rocha, desempeñar el cargo para que está nombrado, desde ahora para entonces nombramos, *para substituírle*, al P. Fr. Juan Nepomuceno....»

¡Fenómenos síquicos! que diría el otro.

A esas instrucciones, disposiciones y derechos seguirían otros, y éstos y aquéllos se juntaban con las continuas circulares del señor Agnossi ordenando y mandando a los religiosos tornaran a la vida conventual, hasta fulminando contra ellos que si no lo hacían, los secularizaba y despojaba el hábito regular.

Empero, si todo eso, singularmente las primeras servían para encender y avivar más y más el espíritu religioso, principalmente en las almas como la del Padre Victorino, que se esforzaba cuanto podía para ver de establecer el Noviciado y reorganizar la Provincia de la Candelaria, les era imposible salir del círculo vicioso en que los había puesto la desamortización y extinción civil del General Mosquera, cuando los despojó completamente y los condenó a proporcionarse lo necesario con el sudor de su frente donde pudieran. ¿De dónde sacaban recursos, ni con qué contaban para una empresa que los demandaba y no pequeños? Si el personal, por cierto bien reducido, que había sobre-

RVMO. PADRE FR. GABINO SÁNCHEZ
de la Concepción, A. R.

Superior General de la Orden y principal
restaurador de la **Provincia** de la
Candelaria en Colombia.

vivido a la fatal catástrofe del 61, volvia al convento ¿con qué se sostenía? No había solución posible: el plan de la masonería que ejecutó el Dictador contra las Ordenes Religiosas, no pudo ser mejor combinado. Más adelante veremos cómo lo desbarató Nuestro Señor, haciendo astillas la vara con que azotó a sus escogidos, y arrojándola después al fuego.

La única solución que había para todos esos tan árduos y difíciles problemas, era la que adoptaron nuestros atribulados Padres Candelarios: comisionar de nuevo al Padre Bustamante para que se embarcara con dirección a España, y expusiera todo esto a Nuestro Reverendísimo Padre Comisario Apostólico, suplicándole encarecidamente le diera personal que resolviera y venciese las dificultades que se oponían al resurgimiento de la Provincia, y que ellos no podían allanar con sus solas fuerzas, como se habían suficientemente persuadido.

CAPITULO II

Segundo viaje del Padre Fray Juan Nepomuceno Bustamante a España, y venida a Colombia del Padre Fray Enrique Pérez de la Sagrada Familia en ealidad de Visitador General.

En los comienzos del año de 1884 emprendió viaje por segunda vez a España el Padre Fray Juan Nepomuceno Bustamante comisionado por el Padre Fray Victorino Rocha y con el apoyo de los demás Padres de la Provincia a fin de recabar del Reverendísimo Padre General de la Congregación Agustino-recoleta celosos operarios evangélicos que ayudaran a restaurar en Colombia el Instituto Recoleto.

«Llegado que hubo a Madrid, y después de repetidas conferencias con los Padres del Definitorio General, el Padre Bustamante vio en parte cumplida su misión y satisfechos sus deseos; he dicho en parte, porque no dos o tres como él pedía y queria, sino sólo un Padre le fue concedido, y éste en calidad de Visitador, para que a su regreso informase, pero con la esperanza de que un poco más tarde quedarían por completo satisfechas sus aspiraciones.

«Para el caso habia indudablemente que echar mano de un Padre bueno a toda prueba y de absoluta confianza, y se fijaron en el Padre Fray Enrique Pérez, a quien mandaron ir a Madrid para recibir tan delicada misión.

«Desempeñaba a la sazón el Padre Enrique la cura de almas en el pueblo de San Millán de la Cogolla con tino y celo verdaderamente apostólicos, cuando fue llamado por orden superior a la real y coronada Villa.... Fue el dia 9 de agosto de 1884 cuando el Padre Pérez salió para Madrid, en donde, reunido con nuestro Padre Vicario general y con el entonces Provincial que por enfermedad había ido

a España, recibió el nombramiento de Visitador de la Pro--
vincia de la Candelaria en Colombia con todas las facultades del Comisario Apostólico respecto de los miembros
de aquella Provincia, y la orden de ir en compañía del
Padre Bustamante, para examinar y estudiar sobre el terreno
el plan de conducta que podía seguirse en la restauración
de la misma, con la condición de que regresase a la Corte
de España, para rendir informe de su comisión, y en su
consecuencia deliberar el Definitorio General lo que con-
venia hacer para el complemento de la obra.

«Aceptada por el Padre Enrique la delicada misión
que se le confiaba, honrado con ella y recibida la bendición de sus Prelados, salió de Madrid para reunirse con
el Padre Bustamante en nuestro Colegio de Monteagudo,
y partir de allí a la Costa para tomar el vapor que había
de conducirlos a Colombia.

«Innecesario es decir de qué prendas morales estaba
dotado el Padre Enrique, pues las denuncia la elección de
sus Superiores, que tenían bien probada y experimentada
su virtud y sus talentos» (1). A la energia de su carácter,
afirma un Padre Cronista, unía una prudencia sometida a
toda prueba.»

«Realizado con relativa felicidad el viaje, llegó el Padre Visitador a Bogotá, y el 26 de noviembre declaró
abierta la Santa Visita, estando presentes en la casa-
residencia el Padre Provincial Fr. Victorino Rocha de
San Luis Gonzaga, Fr. José Mogollón de San Antonio de
Padua, Ex-Provincial, Fr. Martín Diaz de Santo Domingo,
Ex-Definidor y Lector, y Fr. León Caicedo de San Juan
Bautista. En calidad de Secretario asoció así el Padre Visitador al Padre Martín» (2).

El estado de la Provincia de la Candelaria a la
llegada del Padre Enrique a Colombia, nos la pinta
así el Padre Matute:

(1) Padre Matute, *Apuntes para la historia.*
(2) Padre Pedro Fabo, *Restauración.*

«Bello y hermoso campo en el que abundaban
doradas mieses que eran la esperanza del porvenir
más halagüeño, a la vez que el fruto de los sudores y
fatigas de cuantos en ella y por ella trabajaron, era la
Provincia de la Candelaria antes de que estallara la
fatal, nefanda revolución del 60. Negro nubarrón fue
ésta, que entre el estampido del cañón y el fragor de
la batalla, descargó sobre aquel campo todo el odio,
todo el encono que pudo, para sembrar en la viña del
Señor la desolación y la ruina, de tal manera que después de la tormenta sólo aparecían uno que otro
miembro del cuerpo moral, que el infierno quiso des-
truír, y éstos, a semejanza de las espigas en el campo
desolado, cabizbajos y tristes, como deplorando la
suerte de aquella madre querida, la Provincia, que los
acogiera con tánto cariño en su regazo, y a fuerza de
tántos desvelos y cuidados, se esmerara en darles educación y proporcionales generosas fuentes de virtud y
santidad. Este era el estado en que halló en Colombia el Padre Pérez la Provincia de Padres Agustinos
recoletos, llamados en el país Candelarios, por la Virgen de la Candelaria, que es la Patrona de la Provincia. Ibidem.»

Mas, por el auto de Visita que va fechado el 27 de
dicho mes, se desprende que era muy satisfactorio en
orden a su restauración. Pues termina así ese auto:

«Damos al Reverendo Padre Provincial las debidas
gracias por el celo que ha desplegado en los muchos años
que lleva de Provincial y Capellán de esta igesia en la
defensa de la misma, en la conservación y aumento del
culto de Dios Nuestro Señor y señaladamente en el culto
del Santisimo Sacramento.»

«No fueron pocos ni pequeños los trabajos y sufrimientos que el Padre Visitador tuvo que soportar en

el cumplimiento de su cometido, añade el Padre Matute; pues hubo de luchar con muchos inconvenientes que se presentaron y que eran poderoso obstáculo a que su comisión fuese de alguna utilidad y provecho; empero su exquisito tacto y su fina prudencia obró de tal manera en tan delicado asunto, que logró, al fin, preparar y disponer el terreno para que no fuesen infecundos posteriores esfuerzos en rehabilitar la Provincia.»

«Durante su permanencia en la capital de la República el Padre Pérez relacionóse con los personajes más conspicuos, seglares y eclesiásticos, orientó sus visuales por todos los órdenes de cosas, examinó el teatro de operaciones de los Religiosos, estudió las costumbres del País, su política, su sociedad, combinó múltiples planes de redención, carteóse con los Religiosos ausentes, defendió briosamente los derechos de su Comunidad, y a fin de completar sus fórmulas de análisis, retiróse al Convento de El Desierto en el cual permaneció algunos meses» (1) estudiando y meditando en el abstruso y complicado problema de la restauración de la Provincia de Candelaria.

Y no hay duda sino que en ese Convento venerando, que evocaría a su mente el recuerdo de tántos y tan excelentes religiosos como en él resplandecieron, profanado y desamortizado a la sazón por la revolución y el espíritu de tinieblas, encontraría la clave o secreto, para resolverlo, como lo resolvió con el acierto que claramente se patentizó al poco tiempo, cuando nuestra Congregación de España envió a Colombia la primera misión de evangélicos operarios.

Nos lo demuestra también esto mismo la hermosa

(1) Padre Fabo. Ibidem.

Circular y disposiciones que expidió en Bogotá, para los Religiosos con fecha 10 de septiembre de 1885, y que de toda justicia merece insertarse en esta Monografia.

Su tenor literal, previo el encabezamiento, es el siguiente:

«Un año está próximo a cumplirse, RR. PP., desde mi venida a esta República, y en este tiempo he tenido ocasión de ver, examinar y conocer el estado de esta Provincia y de los escasos miembros que la componen, las esperanzas que para la restauración de la misma ofrece la marcha de las cosas públicas, y los medios más oportunos que se deben adoptar para efectuar esta dificil empresa; y antes de regresar a España a dar cuenta de mi comisión y a practicar las diligencias necesarias para la obra, deseo dirigir a VV. RR. algunas palabras fraternales, para que recordando los deberes que como Religiosos, hijos del Gran Padre San Agustin, tienen ante Dios, ante su Orden y ante la Sociedad, se interesen de veras y coadyuven prácticamente a esta obra, que ha de redundar en gloria divina, en provecho de las almas y crédito de nuestra Sagrada Religión.

«La tempestad que en este siglo se ha desencadenado contra la Santa Iglesia, no podía perdonar a las Corporaciones Religiosas, y éstas se han visto perseguidas en todos los puntos del globo, y sus miembros dispersos y privados hasta de los medios de subsistencia, y arrojados al ludibrio de la sociedad. Pero si las Ordenes Religiosas tienen la gloria de ser perseguidas juntamente con la Iglesia, de la que son parte integrante, participan también de la prerrogativa de la perpetuidad que a la Iglesia prometió Jesucristo su divino Fundador, y cuando se vean ya destruídas, aniquilidas, cuando ya en lo humano hayan desaparecido hasta la más remota sombra dé esperanza, las Corporaciones Religiosas se levantarán de sus cenizas, y añadirán nuevos triunfos a los que conquistaron en los pasados siglos.

«Nuestra Província de la Candelaria, VV. RR. lo saben mejor que yo, tiene timbres muy gloriosos, y la historia de Colombia ha consagrado páginas muy brillantes a nuestros hermanos, ora a los que regaron con su sangre y sudor los campos del Darién y Casánare, ora a los que brillaron en la Sagrada cátedra y en la tribuna parlamentaria, ora a los que ilustraron las ciencias en esta parte del mundo. Al recordar tan glorioso pasado y al compararlo con un presente tan lamentable, confieso, mis amados PP: que se me oprime el corazón y las lágrimas brotan de mis ojos; pero me sirve de consuelo la idea de que esta gloriosa Orden bien que casi moribunda y agonizante, no está muerta aún, sino que incorporada hoy canónicamente, como lo estuvo hasta principios de este siglo, a la Congregación General de España e Indias, tengo la firmísima esperanza de que con el favor de Dios y de Maria Inmaculada, con la solicitud paternal de N. M. R. P. Comisario General Apostólico y con el auxilio de su hermana la Provincia de San Nicolás de Tolentino, llegará a restablecerse, si los miembros que de ella han quedado se prestan de buena voluntad a coadyuvar cuanto esté de su parte.

«La Divina Provincia, que todo lo dispone sabiamente, ha hecho que a pesar de los furibundos ataques de este siglo descreído contra las Ordenes Religiosas de Colombia, todavía queden algunos, bien que pocos Religiosos en quienes hoy subsiste la Provincia de la Candelaria, nos ha conservado el Convento de El Desierto, para que sea el principio de restauración, como antes fue la cuna de la Provincia, y contamos además con algunos locales de nuestro antiguo Colegio de esta ciudad anexos a la Iglesia que también poseemos. Hoy son VV. RR. un eslabón que une las antiguas glorias de esta Provincia al porvenir de la misma, tal vez menos glorioso para el mundo, pero muy grato a Dios y provechoso para las almas. Sobre VV. RR. pesa el grave compromiso de abrazar uno de estos dos extremos: o dejar que con la vida de VV. RR. se acabe para siempre esta Provincia Religiosa, o hacer algún esfuerzo para conservarla y restaurarla. Yo por mi parte he resuelto consagrar mi vida y 'mis fuerzas a esta empresa, en la que vengo trabajando desde hace un año, y con este intento recabaré en España que la Provincia de San Nicolás ceda a esta su hermana algunos Religiosos, en cuya compañía confío que estaré de regreso para el mes de febrero del año de 1886. Estos Padres secundados por los de esta Provincia, que tengan voluntad para ello, servirán para echar los cimientos de la restauración en nuestro Convento de El Desierto, en donde serán admitidos y educados jóvenes que a su tiempo serán nuestros sucesores en la conservación de esta Provincia Religiosa, y continuadores de nuestras antiguas misiones de Casanare y el Darién.

«Pero debiendo ausentarme siquiera sea por pocos meses, he tenido por conveniente dictar algunas disposiciones para el buen orden de la Corporación, y para que los miembros que a ella pertenecen observen los preceptos de nuestra Santa Regla y Constituciones, en cuanto lo permita el estado anormal en que se hallan:

«1.ª—Señalamos nuestro Convento de El Desierto de la Candelaria, distrito de Ráquira, Diócesis de Tunja, para que sea casa de Noviciado y Colegio de Estudios de esta nuestra Provincia de Nuestra Señora de la Candelaria, según fue concedido por Su Santidad Pío IX, en 15 de diciembre de 1876, y mandamos que en dicho Convento se guarden y observen con fidelidad las Constituciones de Nuestra Orden en la forma que se previene en la 4.ª parte de las mismas, relativa a los Colegios: a su tiempo daremos las disposiciones convenientes para el buen orden y gobierno de la observancia religiosa, plan de estudios, y demás que sea necesario.

«2.ª—Nombramos para el tiempo de nuestra ausencia Pro-Comisario General al R. P. Fr. Ildefonso Moya de San

Agustín, en quien delegamos toda nuestra autoridad, en virtud de la facultad que para ello nos dio N. M. R. P. Comisario General Apostólico en 21 de agosto de 1884. Y mandamos en virtud de santa obediencia, bajo de precepto formal, so pena de excomunión mayor *latae sententiae una pro trina canonica monitione* a todos los Religiosos súbditos nuéstros de esta Provincia de la Candelaria, que admitan, veneren y obedezcan a dicho R. P. Fr. Ildefonso Moya, como a tal Pro-Comisario General.

«3.ª—Declaramos aqui, como lo hicimos en el Acta de ñuestra Visita General, que el R. P. Fr. Victorino Rocha de San Luis Gonzaga es Provincial propio y legítimo de esta Provincia, en virtud del nombramiento hecho por N. M. R. P. Comisario General Apostólico, quien en uso de las facultades extraordinarias que tiene recibidas de Su Santidad lo nombró como tal Provincial por el tiempo de su voluntad:

«Declaramos también que dicho P. N. Comisario Apostólico designó al R. P. Fr. Juan Bustamante como sucesor del R. P. Provincial para el caso de que éste cese en su cargo por cualquiera causa que esto suceda. Mandamos al referido R. P. Bustamante que llegado el caso, acepte el cargo de Provincial, y a todos nuestros súbditos mandamos también que como tal lo reconozcan y veneren.

«4.ª—En conformidad con la Acta del Capitulo General de 24 de mayo 1770, mandamos que todos nuestros Religiosos que tengan oficio *cum cura animarum* hagan ejercicios espirituales una vez en cada año: lo mismo mandamos a todos los demás Religiosos aunque no tengan cura de almas. Y deseando poner desde luego en ejecución este precepto, y ya que el estado de las cosas públicas no nos ha permitido realizar nuestro proyecto de conocer a los RR. PP. para hacer los ejercicios en esta ciudad, desde ahora los convocamos para hacerlos tan pronto como regresemos de España: al efecto daremos las órdenes oportunas al R. P. Provincial, y desde luégo man-

damos a nuestros Religiosos que tan pronto como reciban
aviso del R. P. Provincial, se pongan en camino para Bogotá a fin de practicar los ejercicios.

«5.ª—Considerando que el estado en que hoy se hallan los Religiosos por anormal y violento que sea no los
exime de la obligación de observar la Regla y Constituciones, ni los hace exentos de los tres votos religiosos,
exhortamos en el Señor a los RR. PP. que obedezcan, veneren y respeten al R. P. Provincial y demás Superiores:
que siempre que hubieren de cambiar de residencia lo
pongan en conocimiento del R. P. Provincial; y que sin
licencia del mismo ninguno éntre a servir Curato ni deje
el que se halle sirviendo.

«Ygualmente les recomendamos que en su vida así
pública como privada se guarden con suma diligencia de
dar escándalo o motivo de murmuración a los fieles: que
no tengan en sus casas personas, especialmente mujeres,
que sirvan de motivo o pretexto a la murmuración, ni tampoco frecuenten las casas de tales personas, que vivan enteramente apartados de la política, pues de lo contrario
sólo se siguen odios, enemistades y escándalos.

«Recordamos también a nuestros Religiosos que en
virtud del voto de pobreza que hicieron, y no obstante no
haberse practicado la vida común, no pueden sin faltar a
la conciencia, disponer de los bienes que tengan adquiridos con su industria y trabajo, y si bien el fuero externo
civil autoriza y reconoce a los Religiosos como partícula-
res el derecho de disponer de tales bienes: el derecho Canónico y las leyes de la conciencia les obligan a resignar
todos sus bienes en las manos de sus Prelados Regulares
para beneficio de su Orden.........

«Encargamos también a los Religiosos que desempe-
ñan algún Curato, que contribuyan periódicamente con
alguna cantidad, a fin de ayudar a los gastos que son indispensables para el sostenimiento del Convento de la
Candelaria en El Desierto. Al efecto, deseamos que nos

·manifieste· cada uno la cántidad que puede ofrecer y el
modo más fácil de hacerla efectiva: esta cuota comenzará
a correr desde el primer día del año próximo venidero.
Entre tanto, esperamos también que todos aquellos a quienes sus recursos se lo permitan consignarán alguna suma
en calidad de donativo, cómo ya lo han hecho algunos de
los RR. PP., y apelamos al celo de nuestros Religiosos
esperando que, no .obstante el estado de la penuria actual,
harán algún sacrificio pecuniario én favor de su Provincia.

«6.ª—Recordamos a nuestros Religiosos el precepto de
nuestras Constituciones, parte 3.ª, Cap. 16, *Decernimus insuper*, que manda que ningún Religioso acuse a otro ante
Tribunal alguno de fuera de la Orden, y si alguno lo hiciese
incurrirá en las penas que allí se expresan.

«7.ª—Mandamos que los Religiosos Sacerdotes lleven
cuenta exacta de las misas que se reciban y cumplan, y en
atención a la penuria en que se hallan los Religiosos, les
dispensamos de la obligación de aplicar las misas que señalan nuestras Constituciones por los Religiosos difuntos,
y solamente les imponemos la obligación de aplicar una
misa por cada Religioso que fallezca; pero en nuestras
iglesias de Bogotá y de El Desierto se celebrarán los ani-
versarios de la Orden; y además cuando se tenga noticia
de haber fallecido algún Religioso se cantará una vigilia y
una misa de difuntos en sufragio de su alma.

8.ª—Establecemos una residencia en los locales anexos
a nuestra iglesia de Bogotá y en ella se reunirán los RR.
PP. que voluntariamente se han ofrecido.

Siguen las reglas que deberán observar éstos, y
concluye así:

«Estas son, mis amados PP. las disposiciones que dejo
establecidas; y confío que VV. RR. las acatarán y las obe-
decerán convencidos de la necesidad de hacer algún sacrificio para reanimar el espiritu religioso. Yo sé muy bien,
mis amados hermanos, que en 25 años de exclaustración
VV. RR. se han acostumbrado a otro género de vida, y

·estoy convencido de que para algunos será un verdadero
sacrificio el restituírse a la vida de comunidad; pero creo
que VV. RR. harán gustosos este sacrificio al considerar
que de ello depende la vida o la muerte de la Provincia a
·que pertenecen. Yo por mi parte les prometo hacer cuanto
pueda para que la vida religiosa no les sea pesada, y la
gracia divina se la hará suave y gustosa si VV. RR. co-
óperan a esa misma gracia.

«Entre, tanto, mis amados hermanos, me encomiendo
etc. y me repito su atento hermano en el Señor.

«Dado en Bogotá, el día de San Nicolás de Tolentino,
a 10 de septiembre de 1885.—*Fr. Enrique Pérez de la Sagrada Familia.*—Por mandado de ·N. M. R. P. Comisario
General.—*Fr. Martín Díaz de Santo Domingo*, Secretario.»

Muy de admirar es en esta Circular tan bien pen-
sada del R. P. Visitador el perfecto conocimiento que
·revela en toda ella del estado y necesidades de la Provincia; y además el estudio tan concienzudo que hizo en
·el espacio de menos de un año sobre los medios que
debieran adoptarse y poner en práctica en orden a su
reorganización, única posible con los elementos de que
·se componía por ese tiempo, como se ve por las ati-
·nadas y sabias disposiciones que dictó en ella. Hecho
lo cual, lo lógico y natural era cumplir la segunda
parte de la ardua y grave comisión que la obediencia
le había encomendado: rendír personalmente al Superior el informe respectivo de ·lo que había visto y conocido, y de lo que convenía hacer para restaurar la moribunda Provincia de Nuestra Señora de la Candelaria.

Empero, por esos días estalló la revolución del 85,
·y a los inconvenientes y contratiempos inherentes a un
·viaje de esa índole había que añadir los muchos y muy
penosos que causa el trastorno de la guerra civil, bastantes
·unos y otros juntos para poner miedo y hacer desistir

a cualquiera que no poseyera los arrestos y energías del Padre Enrique Pérez, el cual sobreponiéndose a todos ellos, emprendió él regreso a la Madre Patria en cumplimiento de un deber, que con el tiempo y sin pasar muchos años devolvería la vida, el lustre y esplendor más gloriosos al Instituto recoleto en la República de Colombia.

Así sucedió, gracias a Dios Nuestro Señor, que tan admirable es en su Providencia para con su Iglesia Santa, y también con sus Instituciones y organismos religiosos con que la dotó al fundaria para su conservación y defensa, a través de los siglos y contra todos sus adversarios.

Solamente hallábase encerrado en ella, y nadie se imaginaria que, no obstante haber dado el R. P. Visitador su Informe bien satisfactorio por cierto, y manifestarse tan bien animado y dispuesto a volver a Colombia para dar cima a la empresa de la restauración candelaria, luégo que conferenciase con Nuestro Padre Comisario Apostólico en Madrid y le declarara sus planes restauradores, Nuestro Señor tenía determinado confiarle otra muy diferente. Porque estimando nuestro Padre Gábino que convenía esperar a que se acentuara la paz en Colombia bajo un Gobierno que diese garantías a la Religión Católica, y su régimen y apoyo le permitiera realizar lo que con tánto interés anhelaba desde mucho tiempo atrás; anotó cuidadosamente cuanto el Padre Enrique le informó sobre el particular, entre tanto le ordenó volver a encargarse de la Parroquia de San Millán y, habiendo fallecido en Roma a los dos años, en 1887, el M. R. P. Procurador General ante la Santa Sede, Fr. Manuel María Martinez, el designado para sucederle en un cargo tan honroso como delicado, fué el Padre Enrique Pérez; y desde

REVERENDO PADRE FRAY ENRIQUE PEREZ
de la Sagrada Familia, A. R.
Visitador de la Provincia de la Candelaria
en Colombia el año de 1884.

ese día no fue Bogotá sino Roma la residencia que le
señaló la obediencia; pues estaba decretado en los consejos eternos de Dios Nuestro Señor que el siervo de
Dios, R. P. Fr. Ezequiel Moreno de la Virgen del Rosario, fuese el restaurador de la Provincia de Nuestra
Señora de la Candelaria en Colombia y de las Misiones de Casanare.

CAPITULO III

Primera Misión de España a Colombia y Restauración de la Provincia de la Candelaria

Grande sería la tristeza y aflicción de los PP. Candelarios cuando viéron partir para España al Reverendo Padre Visitador, que en el breve espacio de tiempo que estuvo con ellos, sintieron renacer en su alma y aquilatarse el espíritu religioso y el deseo vivísimo de restaurar la Provincia. Empero, la esperanza de su pronto regreso con más religiosos que coadyuvaran en tan gloriosa obra, según les había prometido en repetidas ocasiones, endulzaría no poco su pena y les ayudaría a sobrellevarla con alegría.

Mas ¿qué pasaría en ellos, al tener noticia de que ni regresaba el P. Enrique, ni venían Religiosos de España? A buen seguro que principiaron a vacilar en su esperanza, y a desconfiar de las promesas, y aun a recordar tal vez la historia del copero de Faraón.

Sin embargo, no habia fundamento para ello: la resolución de nuestro Padre Gabino de esperar a que se cumplieran ciertos presentimientos basados en el informe que recibió del Padre Enriqué acerca de la situación político-religiosa de Colombia, no pudo ser más acertada y prudente.

Efectivamente, el partido conservador triunfó el año de 1886 contra el liberalismo en los campos de batalla, singularmente en los de la Humareda; mediante tan glorioso y espléndido triunfo subió al Poder, y dueño del gobierno de la República, su primera y más notable labor fue arrojar al fuego la Constitución atea y anárquica de Rionegro, expidiendo otra en su lugar que no solamente garantizara el bienestar material de la Nación, sino también y en primer término protegiera los intereses religiosos, recociendo al Supremo Hacedor como *fuente suprema de toda autoridad*, y a la Religión católica ser la de Colombia, y como elemento esencial del orden social la consideraran los Poderes públicos, obligándose además a protegerla y hacerla respetar, lo mismo que a sus ministros.

Con esto la Iglesia de Colombia respiró y comenzó a disfrutar del sol esplendoroso de la libertad al cabo de veinticinco años de dura servidumbre y esclavitud; se celebró un Concordato con la Santa Sede, se verificaron otros sucesos de carácter político-religioso no menos favorables a los intereses de la Iglesia; y el Reverendísimo Padre Comisario General Apostólico de la Congregación General de Agustinos Delcazos o Recoletos de España e Indias, que desde Madrid observaba todo esto con la más grata complacencia y vivo interés, exclamaría para sí: es llegado el momento de realizar mi sueño dorado, manos a la obra, y a organizar la primera Misión a Colombia, y aunque convenía que los Religiosos de la Misión que se dispusiera fuesen voluntarios, no forzados, no fue difícil hallarlos. El siervo de Dios P. Fr. Ezequiel Moreno, Rector del Colegio de Monteagudo, en España, Provincia de Navarra, había terminado el cargo, y solamente esperaba la llegada del nuevo elegido por el Capítulo Provincial de Manila para entregarlo: en las mismas circunstancias se encontraba el· P. Fr. Ramón Miramón, Maestro de Novicios de la dicha casa.

Así que tan pronto como les manifestó su deseo Nuestro Reverendísimo Padre Gabino, al instante se ofrecieron muy de su grado a cumplir la voluntad de Dios Nuestro Señor, siguiéndoles luego el Padre Fr. Santiago Matute, Lector de Filosofía, el Padre Fr. Gregorio Segura, el Padre Fr. Anacleto Jiménez y los hermanos coadjutores Fr. Luis Sáenz y Fr. Isidoro Sáinz, todos ellos residentes en el Colegio Noviciado susodicho, y cuya organización y viaje a Colombia nos refiere donosa y primorosamente el P. Fr. Santiago Matute en sus *Apuntes para la historia,* donde dice:

I

«Constante nuestro Padre Gabino en la idea de mandar Misioneros a Colombia, trató el asunto con el Definitorio general, y de común acuerdo todos los Padres que entonces lo componían, resólvieron comisionar al muy Reverendo Padre Fr. Toribio Minguella de la Merced, Comisario Provincial en aquel tiempo de la Provincia de San Nicolás de las Filipinas, residente en Madrid, para que recorriendo los Colegios de Misioneros que la citada Provincia tiene en España, eligiera personal apto y voluntario, y organizase la primera Misión para Colombia.

«Y fue el día 11 de agosto de 1888 cuando el Reverendo Padre Minguella, llegado a nuestro Colegio de Monteagudo en Navarra, llamó a su celda al Reverendo Padre Fr. Ezequiel Moreno, Rector de dicho Colegio, y le comunicó, de orden de Nuestro Padre Vicario general, el objeto de su visita. Trataron del asunto, y como el Padre Moreno estaba para hacer entrega de su Rectorado por haber terminado su trienio, y estar ya otro nombrado por el Capitulo Provincial celebrado en Manila en abril del mismo año, fue el primero que se ofreció voluntariamente para Misionero de Colombia. Lo mismo hizo el Padre Maestro de Novicios, quien relativamente se encontraba en igual caso que el Padre Moreno, y con ambos contó ya desde aquel día el Padre Toribio para organizar

4

la misión; pero necesitaba más personal, y por lo que toca a mi humilde persona, copio de mi Diario o Memorandum cómo sucedió el caso.

«Al día siguiente, 12 de agosto, recibí orden de presentarme en la celda-habitación de nuestro Padre Comisario, Fr. Toribio Minguella de la Merced; explicaba o leía yo entonces Filosofía en el Colegio ya citado de Monteagudo, y en su cumplimiento (de la orden recibida), me personé en la dicha celda de nuestro Padre, quien, sin mucho preámbulo me propuso la idea de tomar parte en la misión que pronto iba a salir para Colombia; haciéndome observar que nuestro Padre Vicario general deseaba contar con la libre y espontánea voluntad de aquellos que se creyeran inclinados y con vocación para la dicha misión: contesté a nuestro Padre que desde que el Reverendo Padre Bustamante hizo su primer viaje con el objeto de llevarse misioneros a Colombia, me había sentido con inclinación, aunque no con aptitud, para esa empresa; que seguía entusiasmado con la idea, pero que temía hacer en ello una voluntad que ya no era propia, puesto que toda ella pertenecía y estaba a la disposición de mis Superiores. Y fue esto suficiente para que figurase mi nombre, como tercero, en la lista de los Misioneros para Colombia.

«Satisfecho el Padre Comisionado salió del Colegio de Monteagudo, dirigiéndose a Marcilla y San Millán de la Cogolla con el objeto de proponer a otros Padres la misma idea; pero nada consiguió. Era, sin duda, voluntad de Dios, que todos los misioneros de la primera tanda saliesen de la Casa-madre de Monteagudo, como luégo veremos que sucedió.

«De regreso nuestro Padre Toribio en Madrid, dio cuenta del resultado de su comisión a nuestro Padre

Gabino, y pocos dias después se puso éste en camino para activar el asunto personalmente y a su placer. Llegó nuestro Padre Vicario a Monteagudo, y reunidos con él en su celda los tres Padres Misioneros de Colombia, hablámos largamente del asunto, complaciéndonos en gran manera el trato, la dulzura y cordialidad con que nos distinguió tan bondadoso Padre, en cuyo semblante se veía irradiar santa y pura alegría y verdadero amor paterno. Si en nuestras voluntades hubiera habido algo de frialdad o indiferencia por la empresa, hubiera entonces, desaparecido por completo. Manifestónos nuestro Padre el deseo de que fueran siete los misioneros que formasen la primera misión, cinco Padres y dos Hermanos Legos, por lo menos; y en cumplimiento de sus deseos fueron elegidos de común acuerdo entre nosotros y aceptaron voluntariamente y gustosos, los Padres Fr. Gregorio Segura del Carmen y Fr. Anacleto Jiménez del Burgo, y los Hermanos Legos Fr. Luis Sáez de Valvanera y Fr. Isidoro Sáinz de San Nicolás de Tolentino. Así quedó formado el personal de la primera misión para Colombia y satisfecho y contento el buen Padre Gabino.

II

«Como yá queda escrito en el parágrafo anterior, el personal de la primera misión para Colombia, en la época a que se refiere la presente Crónica, fue el siguiente: Reverendo Padre Fr. Ezequiel Moreno del Rosario, quien fue nombrado Presidente de la Misión; Padre Fr. Ramón Miramón de la Concepción; Padre L. Fr. Santiago Matute del Santisimo Cristo de la 3.ª Orden; Padre Fr. Gregorio Segura del Carmen; Padre Fr. Anacleto Jiménez del Burgo y los dos Hermanos de obediencia arriba citados.

III

«Diéronse por la autoridad competente unos días
de vacaciones a los Misisneros para que se despidie-
ran de sus padres, parientes y amigos, teniendo orden
todos de reunirse en el Colegio de Marcilla, para salir
de allí a Madrid, y así se hizo, estando todos reunidos
en dicho Colegio el día 18 de noviembre de 1888. Al
día siguiente, 19, salió el Reverendo Padre Fr. Ezequiel con el Padre Ramón y el Hermano Luis, y el 21
los restantes. Copio de mi Diario lo que sigue:

«Después de dar mi abrazo de despedida a mi
querida madre y hermanos, y estampar un tierno beso
en la candorosa frente de un ángel (sobrinito de dos
años); después de haberme despedido de mis parientes, paisanos y amigos, y de haber recibido cariñoso
y apretado abrazo de mis hermanos de hábito que moran en los tres Colegios de España, muchos de ellos
discípulos míos, sali con los Padres Gregorio y Anacleto y el Hermano Isidoro, del Colegio de Marcilla
(Navarra), el día 21 de noviembre de 1888, con dirección a la Corte (Madrid). En una de las estaciones del
trayecto encontrámos al Reverendo Padre Rector del
Colegio de Monteagudo, que en compañía de algunos
amigos nos esperaban para darnos el último abrazo.
¡Cuánto valor y fortaleza da el Señor al humano y
débil corazón, pues de no ser así, en esos casos el natural sentimiento se dejaría sentir con una intensidad que
bien podría redundar en desdoro de intereses más altos
y elevados; pero al hacer tales sacrificios por Dios,
Este ayuda y conforta las almas hasta el extremo de
hacerles casi insensible el mismo sacrificio o sacrificios
a El ofrecidos y en aras de su amor y de su gloria
consumados.

R. P., FRAY EZEQUIEL MORENO

Superior de la primera Misión Agustino-recoleta de España
a Colombia, en enero de 1889.

«El día 22 del mismo noviembre a las ocho de la mañana llegámos sin novedad a la real y coronada Villa de Madrid, y yá un Hermano de los que están al servicio de nuestro Padre Comisario nos esperaba en la Estación con un carruaje, en el que fuimos conducidos a la casa de nuestro Padre Vicario General. Un padre lleno de amor, ternura y cariño hacia sus hijos, no podría haber manifestado más grata impresión que la que vimos retratada en el semblante de nuestro Padre Cabino. Veia yá realizado su dorado sueño, tenía en torno suyo los siete Misioneros que iban a partir para Colombia, y, antes de que llegase el momento de la partida, quería tenerlos en su compañía para bendencirlos, animarlos y entusiasmarlos más y más por la gloria de la empresa: y ¿quién no habría de entusiasmarse y disponerse a trabajar, luchar y sufrir, como él nos decía, oyendo su evangélica palabra? De mucho consuelo y de gratísimas esperanzas se llenaron nuestros corazones, y el celo por la causa de Dios se inflamó de tal suerte en nuestras almas, que se nos hacía largo el tiempo que aún nos separaba del día en que habíamos de pisar las costas del Nuevo Mundo.

«El día 23, a las diez de la mañana, reunidos en la Nunciatura los siete Misioneros de Colombia, recibíamos en Madrid, puestos de rodillas, la bendición de Mr. di Pietro, Nuncio de Su Santidad León XIII, quien nos dijo frases de imperecedera memoria y nos animó más, si cabe, para dar hasta la vida por ganar almas para quien las redimió a costa de su divina sangre.

«Era la primera vez que la mayor parte de nosotros, los Misioneros, visitábamos la Corte de los Reyes de nuestra patria, y autorizados por nuestros superiores tratámos de aprovechar los ratos que nos quedaban libres, en ver y visitar los Templos y Museos en donde se ostentan las bellezas del arte en todo su esplendor. No he de expresar aquí mis impresiones al contemplar tánta maravilla, ni mucho menos he de exponer mi pobre juicio sobre las diversas cosas que llamaron mi atención; lo primero, porque tal vez es ajeno a la crónica que estoy escribiendo, y lo segundo, porque de nada vale y en nada estimo mi apreciación particular; bendije, sin embargo, a Dios; y lo mismo hicieron mis compañeros, porque El es quien da al hombre inteligencia e ingenio para hacer maravillas en el arte, a fin de que, al contemplarlas, se eleve nuestro pensamiento a más altas regiones, y de las cosas visibles y materiales, como dice el Apóstol de las gentes subamos a la contemplación de las invisibles y sobrenaturales. Mucha verdad es, que las frases que se escapan de los labios, fielmente copiadas de lo que siente el corazón, son éstas: si esto es en la tierra, ¿qué será el Cielo?........

«Y debió ser, sin duda, cosa estudiada el que nuestros superiores nós llevaran a visitar los Conventos de Religiosas, especialmente el de nuestras Hermanas de la Encarnación, para interesarlas en nuestro favor y para que pidiesen por el buen éxito de nuestra empresa, accediendo nosotros gustosos al deseo que todas nos manifestaron de cantar nuestra Salve a canto llano, de los sábados, en sus iglesias. Muy reconocidas quedaron, y por nuestra parte agradecimos en mucho la singular atención y especial aprecio con que nos distinguieron las fervorosas Religiosas de la Encarnación, dirigidas espiritualmente por nuestro Padre Gábino, y no menos les agradecimos los regalos que nos hicieron para los indios salvajes, y las oraciones que nos prometieron.

«Igualmente merecieron nuestra sincera gratitud las finas atenciones de que fuimos objeto por parte de nuestro Padre Comisario, Fr. Juan Santesteban, que había sustituido en el cargo a nuestro Padre Toribio; de éste y en particular de nuestro Padre Iñigo Narro, Definidor general y Secretario de nuestro Padre Gabino. Todos se esmeraron en cuidarnos y atendernos, movidos y alentados por nuestro Padre Vicario General, quien, a pesar de su edad avanzada y múltiples quebaceres, parecía multiplicarse para prodigarnos, generoso, sus servicios. Un ¡Dios se lo pague! salido del corazón, fue lo único con que pudimos, por entonces, manifestarles nuestro reconocimiento, e hijo de éste es el recuerdo que ahora dejo, en nombre de todos, consignado aquí.

IV

«En la tarde del día 25, después de recibir instrucciones y la bendición de nuestro Padre Vicario, salimos en coche para la Estación del tren, en la que, despidiéndonos de los que tuvieron la bondad de acompañarnos, que fueron: nuestro Padre Gabino, los Padres Iñigo, Juan y Toribio, y los dos Hermanos legos que estaban al servicio del Padre Comisario, con otras personas afectas y unos parientes que yo tengo en Madrid, entrámos en el tren que había de conducirnos a la costa o puerto de Santander.

«Partimos de Madrid a las ocho y media de la noche, friísima por cierto, y después de un viaje de veintiuna horas de tren por montañas y túneles, llegamos a Santander a las cinco de la tarde del día 26: allí nos esperaba un buen amigo, don Simón Gómez, Presbítero, quien nos condujo al hotel que de antemano nos había buscado para hospedaje. Debíamos embarcarnos al día siguiente y, aunque cansados del viaje, tuvimos que salir para hacer algunas diligencias relativas a nuestro embarque. Más que natural era que, no obstante ser muy corta nuestra permanencia en Santander, visitásemos al señor Obispo, y lo hicimos teniendo el gusto de recibir su bendición y facultades para el ejercicio de nuestro ministerio a bordo del vapor.

«Esperábamos al día siguiente el vapor francés *Saint Laurent*, de la Compañía Trasatlántica, que, procedente de Saint-Nazaire, hacía escala en Santander, para seguir el mismo día su rumbo a las Antillas y América del Sur, pero esperámos en vano; yá todo dispuesto para el embarque, tuvimos que esperar hasta el día siguiente en que llegó el vapor. Aprovechámos el día viendo parte de la población y contemplando el puerto, que por cierto, dejaba mucho qué desear en cuanto a calma y tranquilidad; de ser otro el objeto de nuestro viaje, de no ir en busca de trabajos y penalidades para ganar almas, almas redimidas con la sangre de todo un Dios, sin duda hubiera cundido el espanto entre los que por vez primera veíamos el mar, alborotado y capaz de infundir miedo a quien nunca se hubiera embarcado, golpeando fuertemente con sus encrespadas olas los muros del muelle y levantando unas veces, hundiendo otras, las embarcaciones que estaban atracadas en el puerto; pero era la gloria de Dios, era una causa justa y santa la que nos arrancaba de los lares patrios, y el *omnia possum in eo qui me confortat*, del Apóstol, infundía en cada uno de nosotros ese valor que sabe dar la fe, y esperábamos en Aquél que impera y manda a los elementos, que nos había de auxiliar y socorrer en cualquier peligro que corriesen nuestras vidas durante el curso de la navegación.

«Así, tranquilos y esperanzados, dejámos que llegara el momento de hacernos a la vela, mirando con im-
pavidez el mar imponente y agitado, que intérprete
acaso del enemigo común de las almas, se alzaba en
són de protesta contra nuestra santa empresa. Y sonó
estridente el pito del vapor, señal de embarque para
los viajeros, haciéndonos prorrumpir en aquella frase de
los Reyes Magos: *Hoc signum magni Regis est, eamus...*

V

«El día 28 de noviembre, a las doce del día nos
hallábamos ya a bordo del vapor *Saint Laurent*. Al
flotar sobre las espumantes aguas del mar, todos, quien
más, quien menos, empezamos a sentir los efectos del
mareo; por cierto que no es cosa agradable, pero acaso
lo hubiera sido menos sin la grata compañía que tuvimos la fortuna de encontrar a bordo: eran cuatro colombianos, dos de ellos sacerdotes, quienes, al saber
que íbamos a su pais, intimaron con nosotros y ame-
nizaron con su natural jovialidad y franqueza hasta
aquellos incidentes del viaje que podían habernos proporcionado alguna molestia. ¡Cómo sabe Dios Nuestro
Señor disponerlo todo para ir pagando, yá acá en la tierra,
aquel *cien doblado*, que en el sagrado Evangelio promete a
los suyos! Naturalmente impresionados por la separación
de lo más caro al humano corazón, necesitábamos alguna distracción, y ésta nos la proporcionaron con creces los compañeros de viaje que el Cielo nos deparó
bondadoso; ávidos, por otra parte, de noticias relativas
al pais en que íbamos a sentar nuestros reales y que
nos iba a servir de campo y centro de nuestras apostólicas tareas, encontramos en los mismos compañeros
instruidos cicerones que, a maravilla, satisficieron

nuestros deseos. No dejaría Nuestro Señor de escuchar, benigno y piadoso, la acción de gracias que le elevamos hasta su trono, y de bendecir a los que le sirvieron de instrumento para hacer a nuestros corazones menos sensible el sacrificio, y menos dolorosa la partida.

«Algún tanto picado el mar, bogamos el primer día sin perder de vista las costas de nuestra patria, pero poco a poco iban alejándose a nuestra vista, y llegaba el momento de despedirnos con un adiós, quizá el postrero, y para este trance yá estaban nuestras almas preparadas y templadas en el horno ardiente de la caridad de Cristo, por cuya honra y gloria hacíamos el sacrificio.

VI

«Indudablemente hay quien cree que aquellos a quienes Dios llama para sí al dulce retiro del claustro y al ejercicio de una vida entera y exclusivamente consagrada a su servicio, no sienten los efectos que la carne y la sangre producen en el corazón en ciertos y determinados trances de la vida; como si fuera posible hacer desaparecer del individuo aquello que le es innato y natural! Verdad es que en la escuela de la virtud se aprende a refrenar el apasionamiento y amortiguar el afecto desordenado, aun a quien por títulos de carne y sangre se lo merece; pero si con semblante sereno y secos los ojos se ve que uno de esos seres, favorecidos por Dios con la vocación religiosa, soporta tranquilo una desgracia ocurrida en el seno de su familia o la total separación de ella, del suelo que le vio nacer, de sus amigos, etc., no es esto efecto de su insensibilidad, lo es de su virtud, o mejor, es efecto de la gracia del Señor, que lo fortalece y anima; por lo demás, su corazón es tan de carne como en los demás, y no se hace impenetrable a los dardos con que lo hiere el rompimiento de los estrechos vínculos que lo unen con lo que en el hombre es natural. Hago notar esto en oposición a esa falsa creencia que nos supone insensibles e ingratos, y para que, apreciando en su justo valor nuestro sacrificio, resulte mayor gloria para Dios, de quien procede toda la virtud de los actos heroicos que el hombre hace, mediante su santa gracia.

«Al perder, pues, de vista los litorales de nuestra cara España, hubimos de contener los latidos que el corazón sentido daba como protestando, y permitir que en el ara del sacrificio ardiese y se quemase hasta el último átomo del natural sentimiento que el alma sentía; y tranquilos y sosegados dimos el último *adiós* a la patria, en donde quedaban recuerdos de imperecedera memoria y seres queridos, con quienes un día compartimos los goces de la infancia.

VII

«En los primeros días de diciembre estábamos yá en alta mar. Cielo y agua era lo único que se presentaba a nuestra vista, y daba materia abundante a nuestra meditación. Dice un adagio vulgar que 'quien quiera aprender a orar que éntre en la mar,' y aunque principalmente haga referencia a los peligros extraordinarios que puedan acontecer por efecto de una tempestad, incendio u otra causa, tiene su aplicación aun en el curso ordinario de las cosas. Es verdaderamente imponente morar en un palacio, pues ni otra cosa parecía el magnífico y lujoso vapor que nos servía de hospedaje, que, flotante en el centro de un mundo de agua, sufre los vaivenes de gigantescas olas, que ocultan un abismo naturalmente aterrador. Una de las causa indicadas podía hacernos encontrar en el seno del océano nuestro sepulcro! empero, no era ésta ni otras lúgubres ideas

las que se enseñoreaban de la loca de la casa, como
Santa Teresa llama a la fantasía o imaginación; quédense tales pensamientos de terror para quien teme,
más que todo, la muerte; nosotros habíamos retado a
la misma muerte desde el momento en que, puestas
nuestras vidas en manos del Señor, para su servicio,
la íbamos a desafiar en el campo en que se presenta-
se: esto presente, no nos intimidaban los peligros, y
mirábamos sin temor el hondo abismo que teníamos a
los pies, no viendo en la casi inmensidad de los mares
sino algo como el retrato de la infinita grandeza del
Criador; y a la salida majestuosa del astro rey, como
a la puesta del mismo, y en la noche, al contemplar el
azulado firmamento tachonado de brillantes y esplendo-
rosas estrellas, haciendo la corte al argentado disco de
la luna, prorrumpíamos en tantos versículos de los Sal-
mos de David, como son los que alaban y ensalzan la
grandeza del Señor, nuestro Dios.

«Una pena, sin embargo, nos atormentaba, y era
no poder ofrecer a Dios el sacrosanto sacrificio de la
Misa, ni el día tan memorable y solemne para nosotros,
de la Inmaculada Concepción de Nuestra Señora la
Santísima Virgen Maria. Por falta de previsión, tal vez,
no llevámos con nosotros las cosas necesarias para celebrar, y a bordo tampoco había. No dejó de ser para
nosotros pequeño sacrificio, que le ofrecimos a Nuestro
Señor, pues hubiera sido verdaderamente consolador
para nuestras almas, el no omitir la celebración de la
santa Misa para recibir el raudal de gracias y de bendiciones que Dios comunica por su medio. Indudablemente aceptó nuestros buenos deseos y no dejó de
comunicarnos, generoso de otra manera, tantas como
necesitaba nuestro espíritu.

VIII

«Llevábamos yá nueve días de navegación sin nin- gún incidente desagradable, y la misma monotonía de la vida a bordo encendía en nosotros los deseos de ver tierra. Nos aseguraron que al día siguiente (10 de diciembre), llegaríamos a las Antillas, y nuestros ánimos se llenaron de contento ante la realidad de una perspectiva encantadora y casi fantástica. Ah! ¡qué de ideas surgieron a nuestra mente al ver realizarse el pronóstico y admirar, pasmados, montañas cubiertas de hermoso verdor, islas de maravillosa vegetación y, entre árboles gigantescos, lindísima población que semejaba juguete fantástico meciéndose sobre un pedestal de verde alfombra, de donde se destacaban preciosos y bellos edificios, construídos con todo el gusto y las reglas de un estilo sencillo, pero encantador! He de confesar por mi parte, y creo que lo mismo podrían decir mis compañeros de viaje, que mis impresiones en aquellos momentos fueron agradabilísimas, y que me hicieron recordar las que sentiría el inmortal genio del Conquistador genovés y toda su tripulación, cuando vieron por vez primera en el Nuevo Mundo, que yo admiraba, la bandera de Castilla coronada con la Cruz bendita del Crucificado!

«Empero, haciendo contraste con la naturaleza fértil y fecunda del pais que teníamos a la vista, estaban la mayor parte de sus moradores, indios y negros, casi desnudos los unos, harapientos y miserables otros, de facciones demacradas y sumamente desaseados en cuanto al cuerpo; y en cuanto al alma..... ¡pobres infelices! hé aqui, nos decíamos, hé aqui una gente que necesita de la instrucción cristiana para que sepan siquiera que en algo se diferencian de los brutos, para que apren-

dan que tienen una alma racional y dotada de inmor-
talidad. Ah! nos daba lástima y compasión la miseria,
la abyección y la ignorancia de tánta gente, como tuvimos ocasión de ver en las distintas islas donde atracó
el vapor, y tan triste y desconsolador cuadro encendía
en nuestros pechos más y más la llama del celo por
conquistar almas para Cristo, arrancando al poder de
Satanás tántas como gimen en las tinieblas de la ignorancia, y en la negra noche del pecado. Se nos hacia
largo yá el viaje, nos parecía muy larga la distancia
que aún nos faltaba que recorrer para llegar al término, y empezar nuestras tareas y trabajos en la viña
del Señor; pero había que esperar y tener paciencia:
entretanto elevábamos fervorosas plegarias al Cielo en
favor de las ovejas descarriadas, para que de algún
modo se les facilitase la entrada en el redil del Divino Pastor.

«Puerto Cabello fue el único punto en donde echa-
mos pie a tierra, por quedar el vapor en el mismo muelle del puerto, y haber llegado a hora oportunísima y
en circunstancias de poder celebrar el santo sacrificio
de la Misa. Nos dirigimos a la iglesia, y allí tuvimos
el positivo placer e indecible consuelo de oír la Misa
de nuestro Superior, ya que todos no podíamos celebrar por la premura del tiempo, y de orar ante el ara
santa donde se ofreció el Santo Sacrificio, en los solemnes momentos en que, elevando la Hostia sacrosánta,
adorámos rendidamente la Majestad del Dios humanado, allí realmente presente. Fortalecidas nuéstras almas
por tan grata satisfacción, salimos de la iglesia, y nos
encontramos con el Ilustrísimo Señor Arzobispo de Ca-
racas (Venezuela), quien nos dio su bendición y celebró
nuestro encuentro, suplicándonos encarecidamente que,
por lo menos, dos de nosotros nos fuésemos con él,

poniendo ante nuestra vista, para obligarnos, la escasez
de clero que tenía, y las muchas necesidades de los
fieles, que no podia satisfacer por no tener operarios.
¡Con qué buena voluntad le hubiera complacido el Padre Moreno, nuestro Superior; pero era imposible, atendida nuestra misión y las órdenes que teníamos de nuestro Padre Vicario General! Eramos todos necesarios en
Colombia; hacíamos falta para dar vida a nuestra Provincia de La Candelaria, y no hubo remedio, no fue
dado complacer a Su Señoría Ilustrísima, si bien le
prometimos oraciones en favor del aumento de operarios en la viña que Dios Nuestro Señor encomendaba
a su cuidado.

IX

«Salimos de Puerto Cabello el día 16, con rumbo a
Sabanilla, última estación de nuestro viaje marítimo, y
pasado el mar Caribe, algo agitado, llegámos frente a
Salgar, punto de partida en tren para Barranquilla.
Habíamos llegado, por consiguiente, al término de nuestro viaje por mar, y era oportuno el momento de dar
cariñoso adiós a los que durante el viaje habian sido
nuestros compañeros y compartido con nosotros los
azares de la navegación. ¡Nuevo sacrificio! pero había
que añadirlo a la lista de los que exigía nuestro destino, y lo hicímos, ofreciéndoselo a Nuestro Señor.

«Era el día 17 de diciembre cuando abandonámos
el vapor que nos había servido de morada veinte días
consecutivos, y pisámos tierra colombiana a la una de
la tarde. Ardiente era el sol; casi insoportable el calor,
y tuvimos que esperar unas horas la salida del tren.
Al llegar a Barranquilla y hospedarnos, fue nuestra
primera diligencia enterarnos de la salida de los vapo-

res del río Magdalena; sabiendo que al día siguiente salía el papor *Cometa*, creímos que nos sería imposible embarcarnos por la dificultad de que despachasen en la Aduana el equipaje; pero, gracias a la actividad y servicios de uno de los compañeros de viaje, colombiano, se alistó todo para poder emprender la navegación fluvial al día siguiente.

«No nos faltó qué ofrecer a Dios en el hotel que nos servía de hospedaje, pues la falta de servidumbre, por haberse ido casi todos los criados, precisamente el día en que nosotros llegámos, nos hizo esperar mucho más tiempo del que apetecían nuestros cuerpos cansados y rendidós por el excesivo calor, no pudiéndonos acostar sino muy tarde de la noche por no estar arreglados los cuartos o habitaciones destinados para nosotros. Como todo lo dispone el Señor para nuestro aprovechamiento, y el mérito de la virtud consiste en la violencia que cada uno tenga que hacerse para practicarla, procuramos sacar el mejor partido posible de las circunstancias, sufriendo resignados aquel contratiempo, que no dejaría de enriquecer de méritos para el Cielo a nuestras almas.

«Se pasó la noche, no sin dejar de ser atormentados por los mosquitos, plaga indestructible en tierra caliente, y llegó el día y la hora de embarcarnos en el río Magdalena. No conocimos la población de Barranquilla, pero sí tuvimos el gusto de estrechar la mano del señor Cura, doctor Valiente, que con justicia según supimos, llevaba tal apellido, por su laboriosidad y celo apostólico en el ejercicio de sus funciones de su sagrado ministerio.

X

" «Por un camino cargado de arena, fuimos conducidos al puerto o embarcadero, donde esperaba el vapor
Cometa, y en él entramos a las once y media a. m.,
empezando nuestra marcha por el río media hora después. En medio del calor sofocante, aunque algún tanto
atenuado por la brisa del río, nos complacimos en contemplar el bellísimo aspecto que ofrecía la naturaleza
exuberante en el horizonte que se descubría a nuestra
vista. Hermosa campiña tapizaba las márgenes de la
caudalosa arteria que con sus aguas riega aquellos
campos cubiertos de perpetuo verdor; el cultivo del
maíz, del arroz, de la caña de azúcar, formaba gracioso
contraste con la parte rústica o no cultivada, donde la
naturaleza se exhibía en flores salvajes y corpulentos
árboles, revestidos de bejucos enredados artísticamente
al parecer entre sus ramas, que a la par servían de
morada a infinidad de pájaros de bello plumaje, que
llenaban el espacio con trinos y gorjeos melodiosos;
todo esto embellecido, amenizado por la luz clarísima
y fecunda del rubicundo Febo, por la abundancia de las
aguas, por la bonita vista y hermoso panorama que
presenta la población de Barranquilla, antes de per-
derla de vista, hacía que elevásemos nuestra mente
a Dios y allá en el interior de nuestras almas excla-
másemos con el Profeta Rey: *Domine Dominus noster,
quam admirabile est nomen tuum in universa terra.*
Sí, en toda tierra es admirable el nombre del Señor,
porque escrito está su poder, esculpida su sabiduría
con las maravillas de la naturaleza; pero en la tierra
que teníamos a la vista crecía de punto nuestro pasmo,
porque los caracteres con que nos parecía ver escrito
su Nombre bendito en lo hermoso del panorama, que

-admirábamos, eran a nuestro parecer más grandiosos y magnificos. ¡Cuán desgraciados nos parecen aquellos que no pueden contemplar las bellezas y encantos de la naturaleza, sin elevar su corazón a Dios que los hizo y los conserva!

XI

«Y viendo y admirando, tales maravillas, cada vez con mayor fruición, con más entusiasmo, porque cada vez crecía más el interés por alguna novedad que se ofrecía a nuestra vista, fuimos río arriba sin que un solo momento perdiéramos de vista el magnifico panorama que ofrecen sus márgenes, realzado por la noche con ese tinte de poesia fantástica que da la luz de la luna, reflejándose a una con las estrellas, en el espejo de las aguas, a todo paisaje natural. No obstante, tuvimos que ofrecer algo, y aun algos a Nuestro Señor, pues teníamos que dormir al sereno, y varias tormentas que, desencadenadas se desataron en furioso viento y fuerte llovizna, nos hicieron pasar noches bien poco agradables, por más que no dejara de haber también en eso su poesía: añádase a esto el vernos precisados a respirar un ambiente impregnado de miasmas deletéreos, efecto de la putrefacción en que entraban, por el excesivo calor, las materias orgánicas que arrastraban las terrosas aguas del río y la mortificación de los moscos, que hacían pagar a nuestros rostros y manos su contingente de sangre. Ninguna novedad, sin embargo, tuvimos en la salud, debido, indudablemente, a la infinita bondad de Dios, que oía las fervorosas oraciones que en favor nuéstro hacían tántas almas, según nos prometieron, al salir incólumes de tántos peligros como amenazaban nuestra vida. ¡Sea El bendito!

«Con la hermosura que la natura ostenta, en todo el curso de la navegación hacen contraste los ranchitos de los indios y los pueblecitos que se encuentran en las márgenes del Magdalena. Pobres éstos, albergue de gente pobrísima en su mayor parte, mueven a lástima y compasión. Uno de esos pueblecitos es Nare, a donde llegamos en la noche de Navidad. ¡Noche de imperecederos recuerdos! por lo que nos .demuestra el relativo amor de Dios para con nosotros, y por las alegrias que su celebración trasmite a las almas. Pensábamos estar tristes, sumidos en la mar de esos recuerdos venturosos, pero el Cielo iba de alguna manera a proporcionarnos un rato de positivo placer. Deliciosa estaba la noche, y en su elocuente silencio hirieron nuestros oídos los acordes de especial música que salía de entre el ramaje; eran los vecinos de Nare que, a su modo, celebraban la noche de Navidad: los cohetes endian los aires, en tanto que un acordión, hábilmente manejado por un negro, acompañado de bandolas, clarinete y tambor, alegraba con sus armonías nuestros ánimos y nos daban un rato de solaz, tanto más agradabie cuanto menos lo esperábamos. Permitió el capitán del vapor, en su bondad, que subieran los músicos a la cubierta, y, arrodillados, besaron la mano a los sacerdotes, suplicándonos que les diéramos la bendición. Siguieron tocando muy bonitas piezas, y no sabiendo nosotros cómo corresponder a aquel obsequio, creímos que se darían por bien remunerados, atendida su sencillez y piedad, con algunos regalitos de los que llevábamos para los indios. Dímosles en efecto, algunos escapularios y medallas; uno de los dos sacerdotes colombianos que nos acompañaba, les dio algunos rosarios, y, contentos y satisfechos, se retiraron a las diez de la noche; también nosotros nos fuimos a descansar, no sin dar antes a Dios Nuestro Señor rendidas gracias porque de alguna manera nos había dejado participar de las alegrías de una noche en la que la Iglesia, nuestra madre, y nosotros sus hijos, conmemoramos el nacimiento de Jesucristo Nuestro Señor.

XII

«Después de admirar una vez más las bellezas que ostenta la naturaleza en las márgenes del río, llegamos a Yeguas, término de nuestra navegación fluvial, y saltamos a tierra para tomar el tren que lleva a Honda.

«Providencialmente, sin duda, no encontramos listas las bestias para seguir nuestro viaje, y tuvimos que demorarlo cuatro días, durante los cuales algunos de los Padres ejercieron en el hospital las funciones de su sagrado ministerio auxiliando a algunos enfermos de fiebre amarilla, quienes, ausente el Cura, hubieran acaso muerto sin Sacramentos, cosa por cierto muy providencial. Llegó por fin el Padre Bustamante con las bestias, y emprendimos el viaje más penoso, que es el de Honda a la Sabana, donde se encuentra Bogotá.

«Pasámos el río en barca, expuestos a los rayos de un sol tropical; volvimos a tomar nuestras cabalgaduras y empezamos la ascensión al monte por unos caminos que no merecen el nombre de táles, por lo escarpados y mal acondicionados, no obstante haber tenido la fortuna de encontrarlos secos, pues el viaje es de lo peor en invierno, cuando están convertidos en fangales, donde es frecuente queden enterradas las bestias y las cargas. De manera que toda pintura aparece pálida ante la realidad, al querer describir lo pésimo de la vía en cuestión. Tortuosidades angostas, mal sembradas de toscas piedras, que servían de escala para subir empinadas crestas; a veces, trechos

de camino llenos de abrasadora arena que caldeaba el
ambiente por la refracción del calor solar; otras, pendientes en que había inminente riesgo de despeñarse
bestia y jinete, y para consuelo de tántas contrariedades,
montábamos unas mulas yá rendidas, que apenas podían
dar un paso más. En fin, después de subir y bajar
montes, cubiertos de polvo y sudor, más muertos que
vivos, a pesar de un corto refrigerio y pequeño descanso que tomámos en una casa situada a la vera del
camino, llamada *Consuelo*, llegamos, ya de noche, a la
ciudad de Guaduas, donde nos dieron generosa hospitalidad.

«¡Cuántos trabajos y penalidades, en que no paran
mientes los mundanos que desprecian al Misionero!
Hubiéranse de fijar ésos que, apellidándose espíritus
fuertes, rebajan al Ministro de Dios, y sólo estudian
la manera de insultarlo cobarde y vilmente, en las ocul-
tas penalidades que soporta no para recibir pingües
ganancias ni merecer nada del mundo, sino para dar
gloria a Dios y ganar almas para el Cielo,

«Empero, no habíamos terminado nuestro viaje; al
día siguiente lo volvimos a continuar, y no hay por
qué repetir que siguieron las incomodidades de un viaje
penoso al cual ninguno de nosotros estaba acostumbrado:
así llegamos a Villeta, donde pernoctamos, para volver
a la misma cosa al otro día, y después de éste, otro,
que sí fue el último, pues llegamos a Facatativá, en
donde tuvimos el gusto de dar estrecho abrazo a los Padres que allí nos esperaban, hospedándonos en casa del
Muy Reverendo Padre Pedro Salazar, Agustino calzado
y Provincial de su Orden, quien desempeñaba el curato
de la citada ciudad. Con él estaban, y en su compañía
partimos de Facatativá, nuestro Padre Provincial Fray
Victorino Rocha de San Luis Gonzaga y el Padre León

Caicedo de San Juan Bautista, que habían salido a
recibirnos.

«Altamente complacidos quedamos del buen trato
con que nos distinguió el Reverendo Padre Salazar, y
de las atenciones de que fuimos objeto. Veíamos ya la
extensa y dilatada sabana en que se encuentra la capital de la República, y después de los sufrimientos
de una jornada como la que habíamos hecho desde
Honda, no podíamos menos de dar gracias al Todopoderoso, que nos había cuidado con solicitud verdaderamente paternal y nos había conservado la vida para
emplearla en su servicio,

«Sin embargo tuvimos otra pena: la de la separación! Por disposición de los Superiores, parte de los
Misioneros tuvieron que partir para nuestro Convento
de El Desierto, y el Padre Ezequiel, con el que esto escribe, para Bogotá. Nos separámos, pues, ofreciendo a
Dios Nuestro Señor el sentimiento natural que estos actos producen siempre.

«El día 2 de enero de 1889, nuestro Padre Ezequiel y yo entrábamos a la capital de la República.

XIII

«En la capital nos hospedamos en la pequeña casa
del Reverendo Padre Victorino, contigua a nuestra iglesia de La Candelaria; era un palmo de terreno perteneciente a la iglesia y aprovechado por el Padre citado
por no abandonar la casa de Dios.

«Lo primero que hicimos fue visitar la iglesia y
dar gracias al Omnipotente por haber permitido que
llegásemos sanos y salvos; nos agradó en gran manera
la iglesia en su conjunto; recogida, bañada por esa luz
tibia que convida a la oración y llena del ambiente
perfumado que dejan el incienso y las flores; sin em

bargo, no resonaban, como en otro tiempo las preces
de David; no se oía el nutrido coro de voces que alli
cantaron las alabanzas del Señor, y esto no dejó de
hacer honda impresión de tristeza en nuestras almas,
tristeza que fue en aquellos momentos como la negra
nube que empaña el claro azul de los cielos: empero,
disipóse pronto con la idea de que nosotros veníamos
precisamente a hacer revivir aquellos tiempos en que
el esplendor del culto católico en la casa de Dios pre-
ludía para las almas buenas las armonías, goces y alegrías inefables del gran templo del Paraiso celestial,
en donde gozan los bienaventurados de la visión bea-
tifica del Eterno Jehová.

«Al día siguiente, y después de celebrar el santo
sacrificio de la Misa, nos ocupamos en revisar papeles
de interés en los restos de la biblioteca que se salvaron
del naufragio de la revolución, a fin de ponernos al
corriente de los trámites porque habían pasado ciertos
asuntos que tendríamos que ventilar, y luégo, en hora
oportuna y competente, fue nuestro primer cuidado visitar a las autoridades eclesiástica y civil.

«En ausencia del Ilustrísimo señor Paúl, entonces
Arzobispo de Bogotá, visitamos al señor doctor don Patricio Plata, Vicario General de la Arquidiócesis, y al señor
doctor don Joaquín Pardo Vergara, Secretario del señor
Arzobispo: nos recibieron con muestras de singular cariño, y mutua y recíprocamente nos ofrecimos para todo
lo concerniente a nuestros asuntos.

«Nos dirigimos después al palacio del Vicepresidente
de la República, doctor don Carlos Holguin, quien luégo
de cambiar el saludo con nosotros se nos ofreció como
jefe del Poder Civil, y como particular, manifestándole
por nuestra parte reconocimiento y gratitud, y signifi-
cándole el objeto de nuestra misión en Colombia, como

-operarios én la Viña del Señor. Palabras dignas de todo
encomio tuvo el señor Holguín para aplaudir el motivo de
nuestra separación de la patria que nos vio nacer, y no
hay duda que produjeron en nuestro ánimo la mejor
impresión. Cuantos en aquella ocasión rodeaban al señor
Vicepresidente de la República se hicieron eco de sus
palabras, y a todos agradecimos las valiosas promesas
que nos hicieron en favor de la santa y gloriosa causa
que nos trajera a este país.

«Traiamos varias cartas de recomendación, y con
motivo de entregarlas, tuvimos ocasión de relacionarnos
con personas y familias honorables de la capital, y no
dejó de sorprendernos agradablemente la nobleza de
sentimientos, la afabilidad del trato, lo culto de sus
maneras a la par que la franqueza, caractertstica de
nuestros paisanos, que observámos en cuantas personas tratámos. ¡Ventaja inmensa es la comunión de
idioma, que nos permitió desde los primeros momentos
comunicarnos, entendernos y relacionarnos con la gente
de un país nuevo y desconocido para nosotros!

«Estaba a la sazón ausente en Anapoima el Ilustrísimo señor doctor don Telésforo Paúl, dignísimo
Arzobispo de Bogotá, a donde por prescripción médica
había ido en busca de reposición para su quebrantada
salud. Allí le dirigió nuestro Padre Moreno un telegrama
en el que lo saludaba y le anunciaba nuestra llegada.
No se hizo esperar mucho la respuesta, en la cual se
dejaba entrever la genial dulzura y característica bondad
del Prelado de la Arquidiócesis. En vista de que sólo
distaba un día de camino el pueblo de Anapoima,
nuestro Padre Superior dispuso viaje para ir a visitar
y presentarnos al señor Arzobispo. De esta entrevista
trata el siguiente parágrafo.

XIV

«La línea férrea de Bogotá a Facatativá no estaba aún terminada, y este fue el motivo que nos obligó a ir en carruaje hasta Tres-esquinas, en donde tomamos el tren hasta Madrid (Serrezuela). Nos proporcionaron allí bestias y emprendimos, o mejor, continuamos nuestro viaje a Anapoima. Nada de particular ofrece al viajero el camino hasta Barroblanco o lo que llaman Boca del monte; allí empieza el descenso y se observa ya la vegetación asombrosa de tierra caliente. Paisajes bellos se presentan en todo el trayecto que hay hasta El Tambo, lugar en donde nos vimos precisados a pernoctar en la casa que allí hay, siendo recibidos con una bondad que nos llenó de consuelo y verdadera satisfacción.

«Despues de celebrar el santo sacrificio de la Misa en el Oratorio que tienen los dueños de la posada de El Tambo, y de agradecer sobremanera la generosa y gratuita hospitalidad con que nos obsequiaron, seguimos para La Mesa, pasando por el pueblo de San Antonio de Tena, admirando la belleza de sus campos y recreando nuestros sentidos con los encantos de la naturaleza, pródiga, en todo lo que aparecía a nuestra vista, en magnificencia y grandiosidad. Serían las once a. m., cuando hacíamos nuestra entrada en La Mesa, y nos fuimos a hospedar en casa del señor Cura del pueblo, que a la sazón era el doctor don Isaac Guerrero, quien nos recibió con el cariño propio de hermanos en el sacerdocio, y nos trató con cordialidad, que agradecimos en el alma. Alli almorzamos, y el dicho señor Cura, a indicación nuéstra y con el mayor gusto y buena voluntad, nos proporcionó otras bestias, pues las que llevábamos iban muy cansadas y con ellas no podíamos prometernos llegar a Anapoima aquella misma tarde.

«Continuamos, pues, el viaje con buenos caballos- y en menos de dos horas nos pusimos en la casa-hacienda de San José, residencia del ilustre enfermo. No estaba en la casa porque habia salido de paseo a caballo hasta el pueblo de Anapoima, distante un cuarto de hora de allí, pero poco tuvimos que esperar para tener el gusto de verlo. Llegó de su paseo pocos minutos después que nosotros, y experimentamos de cerca la dulzura de su carácter y la afabilidad de su trato. Mostróse muy contento y satisfecho con nuestra venida a Colombia, y se nos ofreció incondicionalmente. Hizo que nos sirvieran el refresco, que verdaderamente apetecíamos, y pasada más de una hora en la agradable compañía del Ilustrísimo señor Paúl nos dimos estrecho y cordial abrazo de despedida (¡quien había de pensar que era eterna!) y nos volvimos a La Mesa, en donde pernoctamos, para seguir al día siguiente nuestro viaje de regreso a Bogotá, como lo hicimos, llegando a la capital en la tarde del día 11 de enero de 1889.»

Habiendo regresado a Bogotá los Padres Moreno y Matute, parecía lógico y natural que inmediatamente y sin demora ninguna dieran comienzo en la capital de la República a su labor apostólica, desplegando el gran celo y caridad de que se hallaban animados, y manifestando también las revelantes dotes oratorias que poseían.

Pero no, la prudencia más consumada guiaba siempre los pasos del Padre Ezequiel, el cual bien persuadido de que el encargo que principalmente se le habia dado en Madrid era la restauración religiosa de la Provincia, tan pronto como creyó haber cumplido en Bogotá con los deberes sociales más perentorios, partió luégo en compañía del Padre Santiago para el convento

PADRES DE LA PRIMERA MISION

(1) P. Fr. Santiago Matute. (2) P. Fr. Gregorio Segura.
(3) P. Fr. Anacleto Jiménez. (4) Hermano Fr. Luis Sáenz.

de El Desierto de la Candelaria, donde se hallaban los demás compañeros con el Padre Bustamante, lugar el más a propósito asi para recogerse con Dios, resarciéndose el espíritu de las distracciones e incomodidades de tan prolongado y penoso viaje, como singularmente para formar con acierto el plan de su arduo y trascendental cometido.

La ocasión no podía ser más a propósito: fue el día 17 de enero cuando llegaron, en vísperas de la simpática y hermosa fiesta de la titular del convento, Nuestra Señora de la Candelaria, y a la sazón en que los nuevos misioneros celebraban con el mayor alborozo la novena, y en dias en que los pueblos comarcanos se preparaban para concurrir con la mayor devoción y religiosidad a la festividad de la Madre de Dios en el misterio de su purificación el día 2 de febrero, cuya solemnidad y cultos tradicionales ese año iban a ser, con la llegada de los Padres de España, extraordinarios.

Oigamos otra vez lo que nos dice sobre el particular el autor insigne de los citados *Apuntes:*

«Subimos y bajamos cuestas, y al fin divisamos nuestro Convento de El Desierto de la Candelaria. ¡Con qué respeto y veneración nos descubrimos y saludamos desde la altura a la Virgen Santisima, cuya bellísima imagen se venera allí en el misterio de su purificación, y a aquella casa, morada de tan esclarecidos siervos de Dios, como el Venerable Padre Mateo Delgado, sus compañeros y los que salieron de allí a fundar nuevos conventos!

«Al empezar el descenso de la cuesta que da al vallecito en que está situado el Convento nos esperaba el Muy Reverendo Padre Bustamante, de quien ya tienen noticia y conocimiento mis lectores, y un cohete disparado por él, señal convenida de nuestra llegada, fue contestado en la llanura por otro y ciento, con que los moradores del Convento y lugares circunvecinos ponían bello florón en la corona de obsequios y atenciones de que habíamos sido objeto en nuestro viaje. ¡Bendito sea Dios!

«Y fue en la tarde del día 17 de enero que hicimos nuestra entrada en el Convento de El Desierto de la Candelaria, donde dimos apretado abrazo de fraternal cariño a los que entonces eran sus moradores, y nos apresuramos a ir a la iglesia para rendir adoración al Dios de nuestros altares, y saludar reverentes y fervorosos a Nuestra Señora y bendita Madre. Instalados en nuestras respectivas celdas, dimos un poco de expansión a nuestros ánimos, admirando la bella posición topográfica que ocupa el Convento, edificio en cuadro, con dos pisos sobre terreno firme y plano, capaz de dar albergue a una Comunidad de veinte y hasta treinta religiosos.

«Próxima ya la fiesta del Convento, que así se puede llamar la de Nuestra Señora en el misterio de su purificación, no nos faltó en qué ocuparnos, pues ya empezaba a venir gente a confesarse, y principió la Novena con toda la pompa y solemnidad que nos permitían las circunstancias.

«Desde el principio de la Novena que precedió al día 2 de febrero, empezó la afluencia de gente de los pueblos comarcanos y aun de algunos bien distantes, y cada día aumentaba, calculándose que habría el día de la fiesta más de dos mil almas, número que si en sí es pequeño relativamente, resulta casi increible teniendo en cuenta que en El Desierto no puede la gente pasar la noche sino al sereno, y por consiguiente son pocas las personas que se aventuran a hacer un viaje de tanta incomodidad; por otra parte los pueblos comarcanos son pequeños, y aunque relativamente cerca, no pueden dar gran contingente de personal en el citado lugar. Resulta por tanto que el concurso de gente era extraordinario, y si se hace notar que en el día de la fieta comulgaron más de mil personas, es también consolador para las buenas almas, que, al tributar rendido culto a la Madre de Dios y de los hombres, anhelan que crezca el fervor religioso y se patenticen el amor y la fe en las obras.

«Llegó la víspera del día 2, y a las tres y media p. m. las campanas anunciaron solemnes vísperas, que cantaron los religiosos de la Comunidad. Terminadas éstas, subió al púlpito el que esto escribe, y después de saludar con entusiasta improvisación a la Santisma Virgen, ofreciéndole sus humildes servicios y el primer saludo al ocupar el púlpito por primera vez en este pais, saludó al numeroso auditorio que llenaba la iglesia, y le habló de la devoción a la Santísima Virgen, dándole reglas para celebrar sus fiestas con provecho y fruto para sus almas.

«Por la noche hubo fuegos artificiales, y era de ver al través del resplandor que irradiaban las hogueras o candeladas, el ameno espectáculo que presentaba a la vista la anchurosa plaza que sirve como de vestíbulo al Convento. El suelo de dicha plaza estaba tapizado de un verde oscuro, que servía de mullida alfombra a la muchedumbre, reinaba la alegría, y el contento se dibujaba en todos los semblantes. Sereno y despejado el cielo formaba gracioso y caprichoso contraste el fulgor de las estrellas con la luz y el reflejo de los cohetes que, hendiendo los aires, parecía anhelaban disputarles su elevadísima morada. Destacábase entre la multitud el blanquear de los toldos-tiendas en donde se expendía la *sabrosa chicha,* sin que ésta se bebiera con exceso, pues no hubo que lamentar ningún accidente desagradable y reinó el mayor orden, hasta muy entrada la noche, recogiéndose luégo todos del mejor modo que pudieron, para saludar la aurora del siguiente día con un himno de entusiasmo a la Reina de los cielos y de la tierra, en cuyo honor se iba a celebrar solemne fiesta.

«Amaneció el día 2, encontrando a los Reverendos Padres candelarios en los confesonarios, en donde desde las cuatro de la mañana impartían la indulgencia, el perdón y las gracias de Dios a los fieles que contritos y humillados confesaban sus pecados, sin tener esta tarea otra interrupción que el tiempo preciso para decir la misa, ayudar en la fiesta y procesión y tomar el alimento necesario para la

vida, pues el resto del día permanecieron fijos en sus confesonarios, llegando hasta el extremo de dar comunión a
las cinco de la tarde; y verdaderamente no se sabe qué
admirar más en este caso, si el rudo y constante trabajo de
los Padres, o el aguantar en ayunas todo el día de aquellos
pobres indios que en el anhelo de ganar el Jubileo, según
ellos decían, esperaban que les llegara el turno para comul-
gar á hora tan avanzada del día. *Amor vincit omnia.*

«La fiesta principió a las ocho y media con la bendición
de candelas y procesión (y como va resultando este parágrafo un poco largo, procuraré ser conciso en lo que resta).
Siguió la Misa solemne magistralmente cantada en el altar
y coro por los religiosos de la Comunidad, estando el sermón a cargo del Muy Reverendo Padre Fray Ezequiel Moreno, Superior del Convento y de la Orden en Colombia,
quien cumplió bien su cometido, dejando satisfecho y bien
impresionado al auditorio. Terminóse la fiesta de la mañana
a las once. Por la tarde se cantó solemne Salve, y ya queda
dicho que todo lo demás del tiempo lo pasaron los Padres
en el confesonario.

XV

«Al bullicio y algazara que reinó por varios días en el
Desierto de la Caldelaria, sucedió apenas pasó la fiesta, el
silencio más solemne y majestuoso, que se hace más sensible en el callar de la naturaleza, el sosiego y calma tan
placenteros que ordinariamente se disfrutan en tan delicioso
lugar; y aprovechando tan solemne ocasión y porque así
tenía que hacerse, nuestro Padre Superior, reuniónos en su
celda-habitación, e invocado el nombre de Dios, nos exhortó
a la fiel observancia de nuestras sagradas leyes, y con las
formas prescritas por ellas, dejó instalada la Comunidad
en El Desierto de la Candelaria, nombrando Prior del Convento y Maestro de Novicios al Reverendo Padre Ramón
Miramón de la Purísima Concepción, y Sub-Prior al Padre
Fray Gregorio Segura del Carmen.

«Así quedó establecida la observancia de la Regla del
Gran Padre San Agustín en aquella santa casa, en la que

Vista panorámica del convento de El Desierto de la Candelaria.

en otro tiempo había resonado con tánto ardor el eco potente de la religiosa Corporación que fundara tan Gran Padre, y convertida por espacio de varios años, por obra y ante de la revolución, en ruinoso edificio y desolada habitación, que si volvía a su pristino estado, y se veia refaccionado y aumentado, era debido al esfuerzo, laboriosidad y celo del Reverendo Padre Bustamante.

«Séame permitido hacer una ligera reseña de la iglesia, parte la más interesante del edificio del Convento, ya que me la facilitan los apuntes que hice en esta ocasión. Forma la obra de la iglesia, sin sus dependencias, un rectángulo, elevándose la parte que corresponde al Presbiterio sobre la del cuerpo del templo. El retablo del altar mayor es todo dorado con adornos de relieve, tiene siete ornacinas o nichos en los que hay otras tantas imágenes de bulto y ocupa el centro el cuadro en que está pintada la imagen de la Santisima Virgen en el misterio de su Purificación. También tiene seis altares laterales, tres en cada lado de la única nave que la forma; los del lado de la Epístola están dedicados: el primero, a la Purísima Concepción, de la que existe una regular imagen de bulto; el segundo, al *Ecce-homo*, del cual también hay imagen, y el tercero, a la Virgen del Rosario, que es un lienzo pintado; los del lado del Evangelio están dedicados: el primero, a San José, que es de bulto; el segundo, a San Roque, también de bulto, y el tercero, a la Soledad, pintada en madera. Tiene coro alto bastante espacioso, con sillería de nogal, trabajo sencillo, y que presenta con toda la iglesia un conjunto agradable y armonioso, que, con la tibia luz que baña el templo, estimula al alma al recogimiento y a la oración.»

El Convento fundado por el V. P. Fray Mateo Delgado, misionero agustino, español, a principios del siglo XVII, fue la cuna de la Recolección agustiniana en América y la Tebaida Neogranadina, donde sus primeros y fervorosos moradores renovaron la austeridad de vida y penitencias de los célebres Padres del Yermo.

Hállase situado como a unos tres cuartos de hora de Ráquira y a seis horas de Tunja, en un angosto valle bañado por un riachuelo llamado *Gachaneca*, cuya topografía, cercada de un ambiente de religioso retiro, paz y tranquilidad, que convida suavemente a la oración, describe así el R. P. Pedro Fabo:

«Dos cerros de abruptos contornos forman un vallezuelo estrecho, sinuoso y alongado, por el que serpea precipitadamente el torrente del Gachaneca, imitando una enorme cinta arrugada de plata; los cerros parecen dos colosales ofidios disecados y remendados con retazos de tela verde, rojiza, amarillenta y negruzca y magullados con peñascos y lajas.

«Hondo el valle y cuajado de verdísima grama, eucaliptus y sauces, está embalsamado con ambiente de perenne primavera; reina imponente silencio; la vida exhuberante de las zonas tropicales ha desaparecido de allí, sin dejar huellas de su primitiva grandeza; el paisaje trae a la fantasía la imagen de un fabuloso anfiteatro devastado por ciclópeas luchas ....

«Bajo un cielo siempre azul, rizado a trechos por nubes que parecen encajes blancos y que evocan pensamientos de amor puro y elevado, corre la brisa que baja de las altas cumbres que se levantan al Noreste, convidando a la plegaria; y al deseo del paraíso. La soledad, la templanza invariable del clima, el clamoreo del torrente, que ya se retuerce por entre piedras, ya descansa en tranquilos remansos, imagen de la vida humana sujeta a los caprichos de la suerte, todo está convidando a amar a Dios, y forma un panorama, con cuya vista se purifican las aspiraciones del corazón que, desprendido de lo terreno, quiere emprender el vuelo hacia la región de las perpetuas dichas.»

(Historia, de la Candelaria, tomo 1.º, páginas 17 y 18).

Entre las múltiples y sentidas poesías que ha inspirado el convento de *El Desierto,* ponemos con preferencia la siguiente de nuestro estimadísimo amigo doctor don José Joaquín Casas.

EL DESIERTO DE LA CANDELARIA

¡O beata solitudo!

I

Por fin, tras larga tempestad bravia,
La pobre barca mía
Logró tocar la suspirada tierra;
Y aunque al abrigo de lugar sereno,
El ya distante trueno
Del ronco mar, mi corazón aterra.

II

Dios en la calma del retiro vive,
Y la oración recibe,
Nuncio de amor, celeste mensajera,
Que aquí los aires presurosa hiende,
Y asciende como asciende
A los impulsos del vapor la esfera.

III

Ya estamos en la cumbre: aquí el viajero
Se pára en su sendero,
Y la cercana soledad saluda,
Y al cuadro que de pronto se le ofrece
Ora, y luégo enmudece,
¡Oh soledad! porque te observa muda.

IV

Faldas unidas de tostadas peñas
Las márgenes risueñas
Forman del valle que se extiende abajo,
A do concurren, como al mar las fuentes,
Por quiebras y pendientes,
Ancho camino, caprichoso atajo.

V

Tal vez, a trechos, la reseca falda
Salpica de esmeralda
Fresco trigal, do la paloma anida:
Así, para templar nuestra amargura,
Hay horas de ventura
En la escabrosa senda de la vida.

VI

Bañando el fondo del profundo valle
El río se abre calle,
Por entre alisôs, y arrayán, y helechos;
Sepulta a veces su raudal de plata,
Resurge en catarata,
A trechos manso, rumoroso a trechos.

VII

Grupos circundan de tupidos sauces
Los hoy resecos cauces
Do en otro tiempo murmuraba el río:
¡Ay! así quedan del amor ferviente
Recuerdos en la mente,
En el postrado corazón hastío.

VIII

Las ilusiones que forjaba un día
La ardiente fantasía,
Se dispersan después cual la hojarasca

Que el viento arranca, que el calor retuesta,
    Y van de cuesta en cuesta
Perdidas al fragor de la borrasca.

IX

Sólo el amor de lo inmortal, los años,
    Los rudos desengaños,
Los golpes de la suerte desafía;
Sólo en ti, soledad, encuentra el alma
    La perdurable calma,
La paz del cielo, que encontrar ansía.

X

¡Sí, yo te adoro, soledad! callada,
    Gratísima morada
Al desgraciado fugitivo abierta,
En tu mudez, en tu quietud inerme;
    Porque Natura duerme,
El fatigado corazón despierta.

XI

Se angosta el horizonte por doquiera:
    En calma placentera
El valle abajo, el firmamento encima;
Todo a la paz, a la oración propicio,
    Los vientos sin bullició,
Las aguas quietas, apacible el clima.

XII

Blanda esencia los ámbitos perfuma;
    A veces en la espuma
Hunde el aliso polvoriento ramo;
En bamboleo reposado y hondo,
    Sacude el manto blondo,
Regando flores, el pomposo guamo.

XIII

Riega el naranjo perfumadas flores,
Y alterna sus colores
La flor de gualda de la penca hirsuta;
Del aura a impulsos el granado oscila,
Y su carmín destila'
La ya en extremo sazonada fruta.

XIV

Erguida al pie de prominente peña,
Su tosca cruz enseña
Vetusta torre, por el musgo cana.
Vuela de allí la errante golondrina,
Si surge repentina
La adormecida voz de la campana.

XV

Yace a sus pies el monasterio mudo:
El parapeto rudo
Enmarañan las yedras y el cenizo.
A modo de plegaria o de lamento,
El fugitivo viento
Silba en las rejas de metal macizo.

XVI

Aquella enorme, venerable puerta,
Tan rara vez abierta,
Toda erizada de ásperos cerrojos;
Las inscripciones que en el fondo oscuro
Del tortüoso muro
Descifra el corazón, más que los ojos;

XVII

El claustro a media luz por cada lado,
El patio amurallado,
Florido un tiempo, sin cultivo ahora,

'En cuyo fondo, sobre losa bruta,
Los brazos abre enjuta
La austera cruz, la insignia redentora;

XVIII

Pronto a volar, cual pájaro, del nido,
Del órgano adormido
Tanto acorde de amor, tanta armonía;
'El facistol en la penumbra enhiesto,
A cuya planta, puesto
Ve un monje en oración la fantasía;

XIX

La roja luz que ante el altar se inflama,
Y su fulgor derrama
Sobre los cuadros de incipiente artista;
La humilde Virgen en recinto estrecho,
Las manos sobre el pecho,
Buscando el cielo con ansiosa vista;

XX

Hondas ventanas, pórticos con reja,
Tras de la cual semeja
Que un ojo ardiente fugitivo anima;
Alto pilar que en su gastado asiento
Parece, sin aliento,
Gemir al peso que soporta encima:

XXI

Todo al ansioso corazón del hombre
Una emoción sin nombre
De amor, de espanto, de tristeza inspira;
Y el alma entonces, desplegando el ala,
En oración se exhala,
'Cual nube de humo de reseca pira.

XXII

¡Cuánto recuerdo de las sombras brota!
Como en edad remota,
Vagar los monjes por el claustro veo;
Y en el fondo de celdas solitarias,
Sentir breves plegarias,
Hondos sollozos y pisadas creo.

XXIII

¡Tánta ignorada tumba que no advierte
La planta, y do la muerte
Con las cenizas el recuerdo encierra!
¡Insondable lugar en que limita
Lo que en el cielo habita,
Con lo que guarda el polvo de la tierra!

XXIV

Paréceme que el órgano sonoro
Despeña desde el coro
Su voz solemne en rauda catarata,
A cuyo acento de dolor sublime,
El corazón que gime,
Mudo raudal de lágrimas desata.

XXV

La noche el manto por el cielo tiende;
Pausado se desprende
De la alta torre el són de la campana,
Y surge con tristísima armonía
El himno que a María
Tributa humilde la piedad cristiana.

XXVI

El canto acaba, y el silencio apura.
La multitud oscura
De errantes sombras por el claustro vuela,
Y a media luz, escueto y solitario,
Se yergue el campanario,
Del valle y el convento centinela.

XXVII

De la luna a los pálidos reflejos,
De un golpe y a lo lejos,
¡Oh valle, adiós! tus ámbitos diviso;
Y el corazón absorto, en la penumbra
Parece que vislumbra
La luz crepuscular del Paraíso.

JOSÉ JOAQUÍN CASAS
1884.

«Con la pomposa celebración de la Fiesta de Nuestra Señora de la Candelaria, y la instalación de la Comunidad en el Convento de El Desierto, en el cual, desde aquel día memorable, quedaba abierta la puerta a cuantos jóvenes, respondiendo a la vocación religiosa, quisiesen pertenecer a la milicia de Cristo en la Orden agustiniana reformada, quedó por entonces terminada la mision de nuestro Padre Superior en aquel lugar. Así que determinó regresar a la capital, en la que debía de residir, y designando por compañero al que esto escribe, salimos de nuestro Convento de El Desierto el día 13 de febrero del año que dejo anotado, en el cual tuvieron lugar los sucesos que vengo refiriendo.

«Y otra vez en Bogotá, y en la casita del Padre Victorino Rocha, muy reducida por cierto, pero sin que por entonces pudiéramos remediarlo, trazámos nuestro plan de vida, y empezamos a ocuparnos en el ejercicio de las funciones de nuestro sagrado ministerio. Confesar, predicar, asistir enfermos, auxiliar moribundos, ayudar en los ejercicios y espirituales retiros que con tánta frecuencia se dan en Bogotá en favor de todos, pobres y ricos, ancianos y niños: tales éran los quehaceres que nos absorbían el tiempo, aparte de las ocupaciones de conciencia y privadas, tales como el rezo del oficio divino, oración, etc., que no pocos días nos veíamos precisados a cumplir de noche, por haber estado todo el día ocupados en los ya mencionados quehaceres.»

Con este laconismo, propio del que es parte inte-
resada, nos refiere el Padre Matute la vida y ocupaciones que comenzaron a practicar tan pronto como volvieron de su viaje al Convento de El Desierto, y fijaron
su permanencia en la capital.

Pero si nos fijamos en las prendas relevantes de
ciencia y virtud que adornaban a uno y otro, en la práctica y celo apostólicos con que habían trabajado ambos
en el sagrado ministerio en diferentes partes por largos
años, en la escasez de obreros evangélicos que había
por ese tiempo en Bogotá, en la circunstancia también
de ser *nuevos*, y más que todo en la misión sagrada
que los había traído al país, al querer escribir circuns-
tanciadamente y hasta en sus menores detalles cuanto
trabajaron en esos primeros años, así el Reverendo Padre Fray Ezequiel Moreno como el Reverendo Padre
Fray Santiago Matute, serían menester sendos volúmenes para reseñarlo. Puesto que tan pronto se les veía
predicando casi a diario en nuestra iglesia de la Candelaria, como en la de San Agustín, en la Catedral, en
la de la Tercera, y en todas las demás de la capital.
Ora oyendo confesiones mañanas y tardes enteras en
nuestra iglesia, ya en los conventos de religiosas, en los
Colegios, en los hospitales, en la penitenciaría o lugares
de corrección; ya pasando las noches a la cabecera de
los moribundos; bien dando retiros espirituales o ayu-
dando en ellos a confesar; ya ejercitando su santo ministerio en los pueblos circunvecinos, y, en suma, trabajando de todos modos y sin cesar y con evangélica
caridad en tan vasto y bien abonado campo que el Padre de familias les deparaba desde el cielo: todo lo cual
hoy ya no es posible saberlo, y solamente puede supo-
nerse dadas sus extraordinarias dotes y el celo apostólico que les animaba. Tan sólo se puede conocer por

los elogios y alabanzas que les tributaba frecuente--
mente la prensa de la capital, admirada de lo mucho
que hacían por el bien espiritual de las almas.

En el mes de julio de ese mismo año, tuvieron que
suspender en Bogotá sus tareas apostólicas, para ir otra
vez al Convento de El Desierto «para ver cómo mar-
chaban allí las cosas,» según escribe el Padre Matute;
sino que debió ser el viaje muy breve, porque ya estaban de regreso al aproximarse la fiesta de Nuestra Señora del Carmen, para cuya celebración «los esperaba
la gente con mucho anhelo, agrupada en derredor de
los confesonarios,» lo cual les proporcionó un trabajo
verdaderamente abrumador, en frase del citado Padre.
Pero ¿cuán grande no sería el contento de sus almas
al presenciar por primera vez la devoción rayana en
delirio con que celebraban en Bogotá los amantes de la
Santísima Virgen dicha fiesta, y el número de comuniones tan extraordinario, que solamente en nuestra iglesia
de la Candelaria alcanzaron a dos mil ese día, y el de
todas las iglesias de la capital aseguróse que subió a
cuarenta mil ese año?

A enlutar este contento vino una triste noticia que
el telégrafo les trajo por esos días: «El día 15, al salir
nuestro Padre Ezequiel del confesonario, se lee en los
Apuntes, recibió un telegrama en que le comunicaban la
muerte del Reverendo Padre Bustamante, acaecida en
Ráquira el día anterior, a las doce de la noche, después
de haber recibido fervorosamente los Santos Sacramentos. Inesperada noticia que no nos impresionó poco,
pues apenas sabíamos que estaba delicado, en cama,
hacía unos pocos días. En Ráquira, El Desierto y sus
inmediaciones, fue muy sentida la muerte del Reverendo
Padre Bustamante, quien rindió su jornada en esta vida
después de haber trabajado como bueno en disponer las

cosas de tal manera, que con él no murieran sus proyectos de restauración en la religiosa Província, que tánto amaba. Si aún nos podía haber servido de mucho, pudo, sin embargo, exhalar su postrer suspiro, asistido por sus hermanos de religión, con el dulce consuelo de dejar yá sembrada la semilla, que había de producir el deseado fruto. Conocido como era el Padre Bustamante aun en la misma capital (Bogotá), en donde regentó en un tiempo el curato de la Parroquia de Santa Bárbara, y escrito lo que queda en el parágrafo III y siguientes del capítulo I de estos apuntes, no creo necesaria una extensa biografía, que reservo para otra ocasión.

«En el Convento de El Desierto se le hicieron solemnes funerales, y su cadáver quedó sepultado en el cementerio del Convento. En Bogotá también le hicimos honras, y allá en el Cielo recibiría, sin duda, el galardón y premio merecido a sus méritos y virtudes por la gracia de Nuestro Señor. Descanse en paz el soldado de Cristo, discípulo del Maestro Divino e hijo del Gran Padre de la Iglesia, San Agustín.»

Hasta aquí el R. P. Matute acerca del R. P. Bustamante, cuya *extensa biografía, que reservó para otra ocasión,* no vio la luz pública, dejándonos esperándola, cosa bien de lamentarse;–puesto que de justicia la merecía; y debíamos esperar de tan gallarda y bien tajada pluma, siéndonos hoy mucho más difícil escribirla y no pudiendo agregar a lo que dice, sino que fue oriundo de la ciudad de Tunja, que profesó en nuestro Convento de *El Desierto* en manos del Padre Prior Fray Victorino Rocha, el año de 1848, y que ordenado ya de sacerdote cuando sobrevino la horrible catástrofe y persecución del General Mosquera el año de 1861 se refugió en los Llanos de Casanare y San Martín, desempeñando por varios años el sagrado ministerio en diferen

M. R. P. FR. JUAN N. BUSTAMANTE

tes pueblos, pasando más tarde a regentar las parroquias
de Quetame, Santa Rosa de Tocaima, y hechos los viajes a Europa, de los cuales queda referido, en solicitud
de Padres misioneros, se retiró al Convento de *El Desierto*, que rescató de los desamortizadores con sus aho-
rros y economías, llevando una vida muy edificante, y
atendiendo con gran provecho espiritual de los fieles de
aquellos contornos, al culto y devoción de Nuestra Señora de la Candelaria y reparación del edificio del Convento. En éste estuvo durante mucho tiempo de capellán
sin más compañía que unos dos o tres muchachos o
sirvientes que le ayudaban en las cosas del Convento e

7

iglesia, administrando los sacramentos a los pobrecitos indígenas que moran al rededor de la Candelaria, cuidando de ellos con amor y solicitud de padre y edificando con su ejemplar vida religiosa a cuantos iban a visitar el santuario de Nuestra Señora que llaman Roma chiquito, o a pasar una temporada de veraneo, atraídos así por la comodidad que les brindaba el vallecito con su apacible clima y el saludable baño del riachuelo, como principalmente por gozar del ambiente embalsamado de religiosos y celestiales recuerdos que se respira en aquel retirado y santo *Desierto*.

En tan envidiable ocupación acomodado le hallaron nuestros primeros Padres Misioneros; pero al conferir con ellos los múltiples planes que tenía en favor tanto del Convento como de la restauración de nuestra Orden en este país, y persuadirse que convenía más dejarles en libertad completa para su mejor desarrollo, con singular abnegación y desprendimiento se trasladó a Ráquira, donde excusando la parroquia le llamó al poco tiempo Nuestro Señor para concederle sin duda la corona eterna del cielo, legando cuanto tenía y había adquirido con su trabajo en favor de la Comunidad, cuya Regla había profesado.

CAPITULO IV

Proyectos del Gobierno Nacional en orden a restaurar las Misiones antiguas en los territorios de tribus infieles

¡Un héroe agustino recoleto más en el Cielo, exclamaría en medio de su pena, el siervo de Dios Padre Moreno! ¡Una gran pérdida en la tierra para nuestro Instituto ciertamente, pero un justo más para interceder por él delante de Dios en la Gloria! Y consolados con este pensamiento cristiano continuaban trabajando en el sagrado ministerio sin decaer un punto de su celo, al igual que la reducida y naciente Comunidad de El Desierto seguiría elevando sus fervientes plegarias al trono del Altísimo por mediación de su Santisima Madre Nuestra Señora de la Candelaria, a fin de que prosperara la restauración religiosa de nuestra Orden en Colombia, sin pensar ni saber que la Divina Providencia no se dormía, sino que iba encaminando los sucesos con tal arte y secreto, que no pasaría mucho tiempo sin que las Misiones de Casanare fuesen encomendadas al cuidado y administración de nuestra Recolección o Descalcez agustiniana.

Efectivamente, en el volumen anterior consignámos el celo y actividad con que trabajaban los Ilmos. señores Obispos de Tunja, tanto el Ilustrísimo señor García como el Ilustrísimo señor Perilla, su sucesor, auxiliados de los Ilustrísimos Higuera y Rueda, por levantar de su postración moral a los pueblos de Casanare y atender a la reducción de las tribus de infieles. Singularmente en el año de 1889, el mismo cabalmente en que llegaron de España nuestros primeros Padres misioneros, había desplegado el Ilustrísimo señor Rueda en la administración.

espiritual de los Llanos grande actividad, según consta
en el notable y prolijo informe que presentó en Bogotá
con fecha 30 de abril de 1889 al señor Ministro de
Hacienda.

Y no sabemos si movido el Gobierno Nacional por
ese informe y las reiteradas solicitudes de los Prelados
susodichos, o alentado con la llegada de nuestros Padres Misioneros, o impulsado del espíritu católico que
informaba sus actos, o por todos estos motivos juntamente y otras causas también no menos justas y aten-
dibles, es lo cierto que por ese tiempo el Gobierno Nacional estudiaba seriamente el modo de restaurar en el
país las antiguas misiones. interrumpidas hacía varios
años por los trastornos y revueltas civiles, y manifestaba evidentemente el más vivo interés por su restauración.

Así consta patentemente de los documentos oficia-
les que hemos encontrado, y que por ser tan importantes, no dudamos en insertarlos a continuación:

«RESOLUCION SOBRE MISIONES

Y COLONIAS AGRÍCOLAS DE INDÍGENAS

«*Ministerio de Fomento—Bogotá, 19 de junio de 1889.*

«Vistos los informes presentados por el Ilustrísimo
señor Obispo de Sebastópolis y por el señor Prefecto
de la Provincia de Guatavita, con fecha 30 de abril
último, 7 de diciembre del año próximo pasado y 20
de marzo del presente año, relativos a las tribus salvajes de los territorios orientales de los Departamentos
de Boyacá y Cundinamarca; visto también lo que respecto a tales tribus expusieron, tanto el señor General
don Rafael Ortiz en varios informes que elevó al Gobierno con motivo del desempeño de una comisión mi-

litar, como los señores Ricardo Núñez, José María Var--
gas Heredia, Ruperto Ferreira y Nicolás J. Casas, encargados de la exploración del camino del Meta, verificada
en el mes de marzo de 1887; y

«CONSIDERANDO:

«*a*) Que las expresadas tribus están en lo general
bien dispuestas para recibir la luz del Evangelio y someterse a la vida civil;

«*b*) Que aquellas comarcas, así como las demás de la
República en que hay tribus salvajes, contienen inmensos territorios de prodigiosa fecundidad, grandes riquezas naturales, se hallan surcados por ríos navegables
en todas direcciones y están llamados a ser emporios
de riqueza para la República y el asiento de numerosas
poblaciones, tan pronto como se obtenga la reducción
de aquellas tribus y se acometa formalmente el cultivo
de la tierra y la explotación científica de los productos
espontáneos;

«*c*) Que en tiempo de la Colonia estuvieron orga-
nizadas las Misiones en esas comarcas, bajo la dirección de los RR. PP. de la Compañía de Jesús, y después del injustificable destierro de estos venerables
operarios de la civilización cristiana, impuesto por el
memorable y nunca bien deplorado Decreto de Carlos
III, de 27 de febrero de 1767, se encargaron de algunas
de esas Misiones los RR. PP. de la Orden de Agustinos
Descalzos, obteniéndose brillantes resultados, tanto en
la evangelización y reducción de los salvajes, como en
la erección de poblaciones y desarrollo de las industrias
pecuaria y del comercio;

«*d*) Que estas verdaderas conquistas de la civilización se perdieron en su mayor parte a consecuencia
principalmente del indicado destierro de los Jesuitas y
por el concurso de otras causas desfavorables;.

«*e)* Que aun cuando posteriormente se hicieron por los últimos Virréyes y luégo por el Gobierno de la República y por la autoridad eclesiástica algunos esfuerzos para restablecer las Misiones, han sido de todo punto ineficaces, ya por la instabilidad del orden político, ya por falta de recursos suficientes al efecto y ya por no haberse adoptado un plan único para la organización de las misiones en todo el país;

«*f)* Que estando hoy asegurada la paz nacional y contándose con la buena voluntad que manifiesta el Ilustrísimo señor Obispo de Sebastópolis para consagrarse al importante asunto de las Misiones en su Vicariato de Casanare, así como con la disposición que según informes verbales han manifestado los RR. PP. Agustino Descalzos, que acaban de venir de España, para consagrarse a este servicio, es llegada la época propicia para acometer nuevos trabajos, a fin de restablecer formalmente las Misiones respecto de las cuales reconoce el Gobierno que sus deberes son sagrados e ineludibles;

«*g)* Que según lo acordado en los artículos 1.° y 5.° de la Convención celebrada entre la Santa Sede y la República de Colombia, sobre cumplimiento del artículo 25 del Concordato de 1887, está destinada la cantidad de $ 25,000 para los gastos de las Misiones;

«*h)* Que por la ley 150 de 1888, sobre Presupuestos de rentas y gastos para el bienio económico de 1889 y 1890, se destinó además la cantidad de $ 14,000 para el fomento de las Misiones católicas de Casanare, el Caquetá, la Goajira y la Nevada;

«*i)* Que en esta ciudad existen dos Sociedades, la una denominada *Propagación de la Fe* y la otra titulada *Protectora de Aborígenes*, que cuentan en su seno con varios individuos, tanto eclesiásticos como seculares, inteiligentes y resueltos a cooperar por todos los medios que estén a su alcance para el buen éxito'de las Misiones, y con cuyo apoyo decidido puede contar el Gobierno, a fin de fomentar este importante ramo de la adminis-tración pública;

«*j)* Que además de las circunstancias que quedan indicadas y que son favorables al desarrollo de las Misiones, es preciso corregir cuanto antes el error funesto' que han aceptado muchos de los habitantes civilizados de'dichas comarcas, consistente en creer que es lícito y conveniente perseguir a muerte las tribus salvajes; error que ha originado frecuentes asesinatos y aun matanzas colectivas de tribus enteras, atraídas con pérfidos engaños al lugar a donde se las ha sacrificado inhumanamente;

«*k)* Que para que las Misiones surtan sus efectos dentro del más breve término posible, es indispensable que los sacerdotes que de ellas se encarguen, sean apoyados vigorosamente por la autoridad civil, tanto para darles seguridad, como para facilitarles los medios adecuados y que estén al alcance del Gobierno para llenar su piadoso objeto, y que con tal fin conviene que se restablezcan los extinguidos territorios y se creén otros nuevos que sean gobernados por leyes y autoridades especiales; y últimamente,

«*l)* Que otro de los medios más eficaces para lograr el importante objeto de que se trata, habrá de ser el de la fundación de Colonias agrícolas en que se arraiguen los indígenas y reciban instrucción práctica sobre el cultivo de la tierra y sirvan de base sólida para la erección de parroquias.

«Por tales consideraciones y de orden expresa del Excelentísimo señor Presidente de la República,

«SE RESUELVE:

«1.° Acéptanse los servicios que el Ilustrísimo señor Obispo de Sebastópolis y Vicario de Casanare ofrece, al Gobierno, para continuar ocupándose en la catequización y sometimiento de las tribus salvajes existentes en la República;

«2.° Manifiéstese al Superior de los RR. PP. Agustinos Descalzos, que, si efectivamente están dispuestos a encargarse de algunas de las Misiones que son indispensables en Colombia para la reducción de las indicadas tribus, el Gobierno aceptará sus servicios y les facilitará los recursos indispensables, a medida que lo permitan las circunstancias del Tesoro y de los demás fondos de que puede disponerse al efecto, con la expresa condición de que fundarán el Colegio principal de las Misiones, en el edificio que poseen, en el sitio llamado «El Desierto de la Candelaria,» sin perjuicio de que se establezcan otros Colegios secundarios en los puntos adecuados de las comarcas habitadas por los indios que deben civilizarse;

«3.° Solicítese del señor Vicario Capitular de la Santa Iglesia Metropolitana, que se sirva facilitar al Ilustrísimo señor Obispo de Sebastópolis y Vicario de Casanare, los recursos suficientes para el desempeño de sus importantes funciones en aquel territorio, y con particularidad los que tienen por objeto el pronto y fácil desarrollo de las Misiones; destinándose, al efecto y mientras la Santa Sede erige el Vicariato Apostólico del mencionado territorio, los $ 3,000 que están apropiados para este objeto y depositados en el Banco Nacional, a las órdenes del señor Vicario Capitular;

«4.° Solicítese de la Santa Sede la erección de dicho Vicariato y el nombramiento del respectivo Vicario, como uno de los medios más adecuados para dar principio a la organización de las Misiones de Casanare;

«5.º Solicítese de la Sociedad de la *Propagación de la Fe*, de esta cindad, que se sirva redactar y remitir a este Ministerio un plan para la organización general de las Misiones de Còlombia, y obtenido que sea éste, se promoverá la celebración con la Santa Sede de un convenio especial relativo a este asunto, de acuerdo con lo dispuesto en el artículo 30 del Concordato de 1887;.

«6.º Pregúntese a la misma Sociedad si estará dispuesta, en caso de que se acepte en todo o en parte el plan de Misiones que por ella se redacte, a contribuir con los recursos pecuniarios que tenga reunidos y pueda reunir en lo sucesivo;

«7.º En caso de que el señor Vicario Capitular de la Santa Iglesia Metropolitana acepte la indicación que se le hace en el número 3.º de la presente Resolución, se procederá a dar instrucciones al Ilustrísimo señor Obispo de Sebastópolis, para que haga un nuevo viaje a Casanare, asociándose a dos de los RR. PP. Agustinos Descalzos, que se presten a acompañarlo;

«8.º Pídase al próximo Congreso el restablecimiento de los extinguidos territorios y la erección de los nuevos que se indicarán en el proyecto de ley que se presentará por este Ministerio, el cual contendrá las disposiciones conducentes al establecimiento de Colonias agrícolas y erección de nuevas poblaciones dentro de los expresados territorios;

«9.º Entre tanto que se obtiene la expedición de dicha ley, el Gobierno nombrará comisionados especiales que recorran los territorios, visiten las tribus salvajes que en ellos existen, presten apoyo a los Misioneros, y presenten a este Ministerio un informe detallado del resultado de su comisión; debiendo expresar en él la extensión del territorio recorrido, su clima, estaciones y riquezas naturales que contenga, el número de tribus existentes y el de las que hayan sido visitadas, el carácter, idiomas, costumbres y condiciones especiales de éstas, los lugares que sean más adecuados para la fundación de Colonias y erección de poblaciones y todo cuanto tienda a suministrar al Gobierno los datos que son necesarios para el arreglo conveniente de las Misiones y para fomentar con buen éxito el desarrollo de las industrias y de la civilización de esas comarcas.

«10.° Inquiérase la opinión sobre los puntos indicados del H. Consejo de Estado, de los Prelados de la Diócesis de la República, de los Gobiernos de los Departamentos y de la *Sociedad protectora de Aborígenes,* y fórmese con esos informes y los demás documentos que se obtengan como resultado de esta Resolución, un solo expediente que se pasará al Congreso, en apoyo del proyecto de ley de que se habla en el número 8.°-

«Comuníquese a quienes corresponda y publíquese en el *Diario Oficial.*

«El Ministro,

«LEONARDO CANAL.»

No habló a sordos el señor Ministro, sino a personas tanto o más entusiastas de la restauración de las Misiones que se apresuraron a contestar al señor Canal en forma y con el interés más satisfactorio, y cuyos informes pondríamos aquí con el mayor gusto, si no fuesen tan extensos y detallados, especialmente algunos de ellos. Así que optamos por insertar al presente el del Superior de los Padres Agustinos Recoletos (Candelarios) Reverendo Padre Fray Ezequiel Moreno y el del Ilustrísimo señor Obispo de Medellín, doctor don Bernardo Herrera Restrepo, dejando los demás para el apéndice.

«Bogotá, 12 de julio de 1889.

«Al Excelentísimo señor don Leonardo Canal, Ministro de Fomento—Presente.

«Excelentísimo señor:

«Tengo la alta honra de manifestar a V. E. que recibí la nota que se dignó enviarme con el número 16,283 y fecha 27 del mes de junio próximo pasado, acompañada de una copia auténtica de la Resolución expedida por ese Ministerio de su digno cargo con fecha 19 de dicho mes de junio, sobre Misiones, a fin de que imponiéndome de su contenido y en especial de lo que a nosotros se refiere, responda a lo que sobre el particular se me pregunta.

«Principio por dirigir al Gobierno mi más cordial felicitación por haber llegado a ocuparse del importantísimo asunto de las Misiones o evangelización de los infieles: y cumplido este justo deber, paso a exponer sencillamente lo que hacemos y pensamos hacer sobre las Misiones para satisfacer a las preguntas que se me hacen sobre el particular en la citada nota.

«Sin incitación por parte de nadie, sin estímulo alguno humano, sin recursos materiales y sólo contando con la Divina Providencia, y movidos por el deseo de ser útiles a nuestros semejantes y dar gloria a Jesucristo Nuestro Señor, habíamos ya abierto un Noviciado en nuestro Convento de «El Desierto de la Candelaria,» donde en este mes se reunirán ya algunos jóvenes que aspiran al estado religioso para recibir nuestro santo hábito y comenzar su año de aprobación en el próximo mes de agosto.

«El fin que nos hemos propuesto al abrir ese Noviciado es levantar de su estado de postración a nuestra antigua Província de la Candelaria, y educar jóve-

nes religiosos que una vez que concluyan su carrera
eclesiástica, puedan dedicarse al sagrado ministerio de
la salvación de las almas y a la evangelización de los
infieles existentes en los territorios de esta República,
y principal y primariamente de los infieles de los Llanos
de Casanare, donde tánto trabajaron y tan grata y gloriosa memoria dejaron nuestros antiguos Religiosos.
Este es nuestro pensamiento favorito, nuestro santo
ideal, nuestra gran aspiración.

«No han informado, pues, mal a V. E. los que le
han asegurado que abrigamos los mejores deseos respecto de Misiones; pero es preciso decir claramente y
sin rodeos, que en la actualidad no podemos hacer otra
cosa en ese sentido sino lo que ya queda indicado,
esto es: educar y preparar personal para el porvenir.
Sólo somos cinco sacerdotes, y V. E. en su álto criterio comprenderá perfectamente que todos somos necesarios para la educación religioso-científica de los jóvenes que se vayan admitiendo, y que aún será necesario
más personal sólo para ese objeto, a medida que vayan
aumentando los cursos y las clases. Comprenderá así-
mismo V. E. que si los pocos Religiosos que somos
nos dedicamos desde luego al ejercicio de las Misiones
de infieles, todo concluiría con nuestra existencia sin
obtener los resultados duraderos y permanentes que
hay que esperar se obtengan con la Corporación que se
forme. Esta podría sostener la obra que principie y
podrá fomentarla y perpetuarla.

«No podemos, pues, por ahora dar principio a las
Misiones de infieles por más que ese sea nuestro más
ardiente deseo, ni puedo tampoco ofrecer religiosos que
acompañen al Ilustrísimo señor Obispo de Sebastópolis
en su viaje a Casanare, porque, como ya queda indicado,

apenas somos los suficientes para cubrir las necesidades de actualidad.

«La condición expresa que se me imponía, en el caso de contraer compromisos con el Gobierno, de que el Colegio principal de Misioneros se había de establecer en «El Desierto de la Candelaria,» es para mí una condición enigmática y misteriosa que no comprendo y que por consiguiente no hubiera podido aceptar. Lo que se busca y desea es formar Misioneros, y no me explico el por qué ha ser una necesidad el formarlos en «El Desierto de la Candelaria,» cuando es claro y manifiesto que lo mismo se pueden formar en otras partes y acaso con más ventajas aún para su mejor instrucción y economía. Hay que tener en cuenta además que en el «El Desierto» apenas se pueden colocar debidamente unos treinta a treinta y cuatro religiosos y que no todos han de ser estudiantes, porque ha de haber religiosos sacerdotes y legos que ocuparán sus celdas respectivas. Suponiendo, pues, que sólo se admitan anualmente diez religiosos estudiantes, resultará que al tercer año o curso, habrá ya necesidad de sacar a unos y llevarlos a otra parte, para poder admitir otros. El Colegio principal, pues, no puede estar en El Desierto, porque la mayoría de los religiosos estudiantes tendrán que hacer la mayor parte de sus cursos en otro sitio, por no caber allí. «El Desierto,» por su situación y condiciones sirve sólo, y sirve admirablemente, para lo que siempre se ha destinado, esto es: para Noviciado, para formar los espíritus en el recogimiento y soledad.

«Es cuanto puedo decir a V. E. en contestación a las preguntas que me hace en la nota de referencia.

«Con sentimientos de profundo respeto, quedo de V. E. muy atento, seguro servidor y Capellán,

FR. EZEQUIEL MORENO,
de la Virgen de Rosario.

«Diócesis de Medellín—Número 118—Medellín, 1.º de agosto de 1889.

«Señor Ministro de Fomento de la República--Bogotá.

«Tuve la honra de recibir la muy atenta nota-circular de S. S., fecha 3 de julio próximo pasado, marcada con el número 16,301.

«Aplaudo las elevadas miras que han inspirado al Supremo Gobierno de la República la cristiana resolución de trabajar en conquistar para la vida civilizada a las numerosas tribus indígenas que pueblan una parte no pequeña del territorio colombiano, llevándoles la luz del Evangelio. El iniciar tamaña empresa, y más todavía, el llevarla a cabo con el establecimiento sólido y duradero de Misiones católicas, será timbre de gloria imperecedera para todos los que, como S. S., consagran a esa obra su atención y sus fatigas.

.«He estudiado detenidamente la ¡Resolución sobre Misiones y Colonias agrícolas de indígenas, dictada por S. S. con fecha 19 de junio. Estimo que los puntos en ella determinados pueden servir de base para la organización de las Misiones. Mas para corresponder a la excitación que en la nota a que contesto me hace S. S., someto a su elevado criterio las indicaciones siguientes:

«1.ª Para que las Misiones entre las tribus indígenas alcancen buen éxito, me parece indispensable el que los Misioneros encargados de aquéllas tengan por una parte bastante libertad de acción, y cuenten por otra parte con el apoyo de las autoridades civiles inmediatas. Esto requiere a mi ver una legislación especial para los territorios en que se funden Misiones; de suerte que pueda hasta investirse a los Misioneros de ciertas facultades gubernativas sobre las poblaciones o colonias que se funden para reducir a las tribus errantes. Juzgo que un

estudio atento de la antigua legislación sobre la materia
podría suministrar buenas ideas acerca de tan delicado
punto.

«2.ª Pienso que uno de los puntos en que más
debe fijarse el Supremo Gobierno, es en la elección de
los Misioneros, de acuerdo con la Santa Sede Apostólica. Las Misiones no podrán ser estables y fecundas,
por regla general, sino confiadas a Comunidades religiosas. Una vez escogidas éstas, creo que debe dejár-
seles latitud bastante para que organicen las Misiones,
de acuerdo con la Sagrada Congregación de Propaganda, y con las costumbres y prácticas de cada instituto, confirmadas ya por larga experiencia adquirida
en las Misiones de otros países.

«3.ª Las circunstancias peculiares de las diferentes
comarcas en que es necesario establecer Misiones, no
son unas mismas. Por tanto, me parece que el Supremo Gobierno deberá tratar con la Santa Sede sobre la
conveniencia que pueda haber, o de que se nombren
Vicarios Apostólicos, revestidos de carácter episcopal;
o de que, a lo menos, en algunas partes se principie
por erigir *Prefecturas Apostólicas*, servidas por el Superior religioso de cada Misión; quien, sin ser Obispo,
puede, no obstante, atender a las necesidades religiosas
de sus subordinados, en virtud de las necesidades es-
pecialísimas que se le confieren. Este último sistema
tiene la ventaja de que es más fácil reemplazar al Superior de una Misión confiada a Comunidad religiosa,
que a un Obispo, quien, por cualquier motivo, no pueda gobernar como conviene la Misión o las Misiones
que se le confíen.

«4.ª Creo que sería oportuno tratar con la Santa Sede
Apostólica, o por lo menos con los respectivos Ordinarios de que se confíe a los Misioneros que se establezcan,

cierto número, si no la totalidad, de las Parroquias ya
creadas en territorios inmediatos a las Misiones, para
que sirvan de escala y de lugar de descanso a los Misioneros en sus laboriosas y dificilísimas peregrina-
ciones.

«5.ª Me parece de suma importancia el que el Congreso de la República dicte alguna disposición eficaz
que, proveyendo de recursos a los Misioneros, asegure
en todo tiempo su pago como cosa sagrada. Esto debe
hacerse así, no tanto en vista de las necesidades de
aquéllos, cuanto en atención a que si llegan a establecerse reducciones o Colonias, éstas se arruinarán tan
pronto como a los indígenas no se les suministre oportunamente lo que pueda hacerles apreciar las ventajas
de esa nueva vida, y les impida echar de menos la
libertad de que gozan en las selvas; lo cual no podrá
verificarse sino mediante costos y esfuerzos de no poca
consideración.

«6.ª Es de suma importancia en mi concepto que
la Potestad civil excogite medios adecuados para atender a la seguridad de los Misioneros y de los indígenas
ya reducidos, contra los ataques que puedan venir de
parte de las tribus vecinas más o menos guerreras y
salvajes, y contra los vejámenes y agresiones por desgracia frecuentes, de parte de los malos cristianos que
intentan pervertir o esclavizar a los indios. Este es un
punto, a la par que muy importante, muy difícil de resolver en la práctica.

«7.ª El éxito de las Misiones depende en mucha
parte de Dios, y no únicamente de los esfuerzos huma-
nos. Por esto es preciso contar con que el desarrollo
de las Misiones habrá de ser fruto de labor perseve-
rante, aunque lenta.

«8.ª Creo que, ora se atienda a la escasez relativa de los recursos destinados, por las autoridades eclesiástica y civil para fomento de las Misiones; ora se tenga en cuenta la dificultad de conseguir número suficiente de Misioneros, conviene que se concentren los recursos y el personal en los territorios más necesitados, y se reserve para más tarde el hacer extensiva a todas las comarcas habitadas por salvajes la obra civilizadora de las Misiones.

«Concluyo, señor Ministro, pidiendo a Dios, que en éste, así como en todos los demás asuntos que tienden al engrandecimiento y prosperidad de nuestra patria común, Él dé luz y acierto al Excmo. señor Presidente y a todos sus dignos cooperadores.

«Aprovecho la presente ocasión para ofrecer a S. S. las seguridades de mi más distinguido aprecio y consideración, suscribiéndome de S. S., señor Ministro, muy atento servidor,

«BERNARDO,
Obispo de Medellín.»

Estos son los documentos a que nos hemos referido, todos ellos muy importantes y llenos de patriotismo, saber y experiencia, y cuyo resultado, si no fue visible inmediatamente, se fue verificando lenta pero saludable y provechosamente en favor de la Religión y la Patria, gracias al interés y celo, dignos de todo encomio, del Gobierno católico que viene desde esos años gobernando el país de Colombia.

Pero ciñéndonos únicamente a la respuesta que dio el R. P. Moreno, no se puede menos de admirar en ella su prudencia, puesto que hasta esa fecha y dadas las circunstancias en que se hallaba, lo reducido del personal con que contaba y los planes que con preferencia debía realizar, claro es que por esos días lo lógico y racional era ocuparse preferentemente en zanjar bien las bases de la restauración que la obediencia le había confiado, y aplazar el entable de las Misiones para cuando dispusiera de más Padres Misioneros.

La Divina Providencia apresuró, no obstante, el paso, y no tardó en enviárselos pronto para su gran consuelo.

CAPITULO V

Viene de España la segunda Misión a Colombia

Así sucedió afortunadamente para el bien de las Misiones y de nuestra Orden. Ya había terminado el curso; nos hallábamos por el mes de agosto de 1889 en el Colegio de Marcilla, en la Provincia de Navarra (España) y se aproximaba también el día de preparar la Misión de Religiosos, que, terminados los estudios eclesiásticos y recibidas las órdenes sagradas, todos los años, por el mes de septiembre, solían partir del citado Colegio para embarcarse con destino a nuestras Misiones del Archipiélago de Filipinas. La preocupación de unos y otros era una sola e idéntica, en derredor de ella giraban por esos días todas las conversaciones de los candidatos misioneros; ¿cuándo se recibirá la orden de Madrid con la lista de religiosos que han de salir para Manila? ¿Cuántos y quiénes serán éstos? Al fin recibió el Padre 'Rector una comunicación procedente de Madrid de nuestro Padre Comisario y Vicario Provincial, designando y ordenando los religiosos que debían partir en breve para Manila. Mas, al mismo tiempo, llegó también al Colegio otro pliego enteramente inesperado, en que se comunicaba al mismo Padre Rector, Fr. Florentino Sáinz de la Virgen de Vico, de parte de nuestro Reverendísimo Padre Gabino Sánchez, para que buscara entre los religiosos de Marcilla y Monteagudo seis, cuatro Sacerdotes y dos Hermanos de Obediencia, que voluntariamente se dispusieran para ir a Colombia. El genio del mal se enfureció y agitó sus negras alas; pero quedó burlado, y nada le valió; porque a los pocos días y antes de que partieran los Misioneros destinados a Filipinas, estaba formada también la lista de la Misión de Colombia con los siguientes: Padre Fr. Manuel Fernández de San José, Padre Fr. Marcelino Ganuza de la Virgen de Jerusalén, los Diácono y Súbdiácono Fr. Antonino Caballero de la Concepción y Fr. Agustín Garrido de San Antonio de Padua, próximos ambos a recibir el Presbiterado, y los Hermanos de Obediencia Fr. Canuto Gambarte de la Concepción y Fr. Robustiano Erice de los Sagrados Corazones.

Y una vez que vieron salir la misión de Filipinas, habiendo dado él abrazo de despedida a sus compañeros de Colegio, no ansiaban otra cosa más sino que llegara el día de partir ellos también para su destino, anhelando por la dicha de coadyuvar a los primeros Misioneros en la grandiosa obra de la restauración de la Provincia de Nuestra Señora de la Candelaria. Pero Nuestro Señor tenía determinado indudablemente aquilatar su fe y generosa resolución; porque pasaba un mes y otro mes, y la orden de disponer el viaje no se daba, ni se sabía a qué atribuir. Hasta que bien entrado el año de 1890, hacia el mes de abril, nos dieron aviso de que en el mes entrante saldría la Misión para Colombia. Antes de esto ya había recibido el sacerdocio el P. Antonino, y sustituido también en la lista de la Misión el P. Fr. Marcos Bartolomé de la Soledad a Fr. Agustín Garrido, quien así como voluntariamente había sido inscrito en ella, así también, de su propio grado había desistido de su propósito y determinación.

El 25 de mayo debía estar la Misión en Santander para embarcar en el vapor *El Canadá* de la Trasatlántica francesa, procedente de *Saint Nazaire;* pero antes deseaba nuestro Reverendísimo Padre Gabino despedir en Madrid a los Misioneros. Y el día 20, después de haber celebrado en nuestra iglesia de Marcilla una so-

lemne fiesta religiosa y cantado una salve y la tradi-
cional despedida de la Misión a la Santisima Virgen,
acompañados los Misioneros de la V. Comunidad y
mucha gente de Marcilla y comarca que se agregó,
partímos del Colegio para la Estación a esperar al tren.
Llegado. éste, y habiéndonos despedido de nuestros
Hermanos, nos acomodamos en él en compañía del P.
Rector, que iba a Zaragoza, y nos dirigimos a la coronada Villa y Corte de España. En ella tuvimos la inmensa dicha de conocer a nuestro querido y amable
Padre Comisario Apostólico, que con tánto entusiasmo
y celo apostólico trabajó porque se realizara la restauración de esta nuestra Provincia de la Candelaria; y
también a nuestro bondadoso P. Fr. Yñigo Narro, here-
dero de ese celo y amor, que tántas atenciones nos
prodigó; y, recibido gran consuelo y aliento de uno y
otro, con su paternal bendición, partimos el día 24 del
mismo mes hacia Santander a embarcarnos, y el día 27
por la tarde nos hallábamos los seis Misioneros a bordo
del hermoso vapor *Canadá*, escuchando a cada paso el
pardon, el *oui, monsieur* y el *commen vous porté vous;
monsieur*, entre cumplidos y risas que espontáneamente
brotaban, y esperando la señal de partida, por ver
presto cuánta era nuestra disposición para viajar por el
mar, pues para todos nos era completamente desconocido. Afortunadamente una vez más se cumplió aquel
dicho, «que cada cuál habla de la feria como le va en
ella»; pòrque fuera del fastidioso y muy natural mareo
que todos, unos más, otros menos, sufrimos, la travesía no pudo ser más tranquila y sin contratiempos: de
suerte que a mediados o poco más del mes siguiente;
junio, atracábamos sin novedad en el puerto de Sabanilla, continuando luégo el viaje por el río Magdalena,
sumamente divertidos con los bellos paisajes, la vista

de los pueblos del tránsito, las aves, los monos y los caimanes, con tántos otros objetos que por su novedad nos encantaban, haciéndonos olvidar la idea de las tan ponderadas fiebres e incomodidades de la navegación del famoso río, hasta que en llegando al puerto de *Yeguas*, donde nos esperaba el P. Anacleto Jiménez, dejámos el vapor del río, para tomar el tren que nos condujera a Honda, y de aquí en las famosas mulitas a Bogotá, tornando antes a tomar el tren en Facatativá hasta la capital, cuya entrada describe así el P. Matute:

«El día 28 de junio, en el tren que párte a las 9 a m. para Facatativá, salí de la capital con el objeto de cumplir el compromiso de predicar dos sermones en Madrid (*Serrezuela*), y recibir a los misioneros; ambas cosas hice, y después de abrazarlos en Facatativá y solemnizar con su presencia y ayudar a la fiesta del Corpus en Madrid, que, por fortuna, le salió lucidísima al señor Cura (era el Padre Blas Lombana, Candelario), seguimos para la capital, en donde entramos a las cuatro p. m., llegando a nuestra iglesia en medio del tañido de sonoras campanas y sendos cohetones que disparaban desde la torre, en señal de alegría, por la llegada de los nuevos misioneros, que eran éstos: Padre Fr. Manuel Fernández de San José, Padre Fr. Marcos Bartolomé de la Soledad, Padre Fr. Antonino Caballero de la Concepción, Padre Fr. Marcelino Ganuza de la Virgen de Jerusalén, Hermano lego Fr. Canuto Gambarte de la Concepción y Hermano lego Fr. Robustiano Erice de los Sagrados Corazones. En la puerta de la iglesia fueron recibidos los misioneros por nuestro Padre Superior y demás Padres de la Comunidad, y ya en ella, y todos de rodillas en el presbiterio, se cantó un solemne *Te Deum*, en acción de gracias al Todopoderoso por haber traído sin novedad a estos nuevos

De izquierda a derecha. De pie: 1.º R. P. Marcos Bartolomé, 2.º Hermano Fr. Canuto Gambarte, 3.º Hermano Fr. Robustiano Erice. Sentados: 1.º P. Fr. Antonino Caballero, 2.º P. Fr. Manuel Fernández, 3.º P. Fr. Marcelino Ganuza.

operarios de su viña.» *(Apuntes para la historia,* Tom. 1.ª página 31).

Y celebrada en nuestra iglesia de la Candelaria la fiesta de la conversión de nuestro gran Padre San Agustín luégo que llegámos, por haberla aplazado ese año hasta nuestra llegada; y después de descansar unos días en la ciudad y pasearla y conocerla totalmente, se nos ordenó ir al Convento de *El Desierto,* pasada la fiesta del Carmen, excepto el Padre Manuel y el Hermano Robustiano que permanecieron en Bogotá, y acompañados del Padre Anacleto, el 23 de julio ya estábamos instalados en las celdas que se nos habían preparado en él, después de haber conocido de paso eh Cucunubá al bondadoso Padre Bonifacio Giraldo, y recibido de él las mayores atenciones y obsequios con el testimonio más cierto de su acendrado y fraternal cariño.

CAPITULO VI

Expedición a los Llanos de Casanare
de los primeros Misioneros antes de acordar
definitivamente con el Ilustrísimo señor Obispo
de Tunja el entable de las Misiones

En *El Desierto* nos encontrámos con una pequeña
Comunidad, compuesta del Padre Prior y Maestro de
Novicios, que lo era el Padre Ramón Miramón, el Padre Gregorio Segura, Subprior; el Pàdre Anacleto,
nuestro compañero de viaje, que actuaba de profesor,
y como unos diez novicios entre estudiantes y devotos
con el angelical y buen Hermano Isidoro Sáinz; pero
tan regular, tan recoleta y observante, que hacía pensar en la vida penitente y ejemplar de aquellos primitivos recoletos, que tan glorioso y admirable hicieron
el nombre de *El Desièrto* de la Candelaria en los tiempos coloniales. Todo ello: el sosiego y recogimiento
del lugar, el aislamiento del mundo en que nos hallábamos, la disciplina y observancia del Convento, el
oficio divino en el coro, la oración, el silencio y los
recuerdos santos que por todas partes asaltaban a nuestra memoria; ¿no era lo más a propósito para recoger
el espíritu y resarcirse el alma de las distracciones de
un viaje tan largo? Tanto lo eran, que bien pronto reco-
brámos el hábito o costumbre de vivir la vida de retiro
y recogimiento con tal gusto y contento, que de buen
grado sacrificaríamos otra vez todo por continuar en el
Convento, gozando de las delicias que solamente se
gustan viviendo en los claustros, cuando se vive según
el espíritu de Dios, y cumpliendo la santa obediencia.
En esto estábamos, cuando acercándose los días
solemnes de la fiesta de N. G. P. San Agustín y Cua-

renta Horas, el día 12 o' 13 de agosto, llegó al *Desierto* N. P. Moreno, a prepararse para ellas y dar expansión a su alma con diez días de santos Ejercicios, porque, a parte de su devoción, indudablemente algún alto pensamiento embargaba su' espiritu. Practicó efectivamente su santo retiro con un fervor y devoción tan extraordinarios, que nos edificó grandemente a todos. Se celebraron luégo dichas fiestas con gran esplendor y concurrencia de muchísimos fieles y devotos de la Candelaria, que acudieron de todos los pueblos circunvecinos, y aun de los más distantes, a purificar sus almas con la recepción de los Santos Sacramentos; y, apenas terminaron éstas, siguieron los viajes del Padre Moreno a Tunja para conferenciar con el Ilustrísimo señor Obispo, las cartas, órdenes y otras diligencias que claramente denunciaban algún asunto grave, algún proyecto importante. ¿Cuál era éste? Oigamos otra vez al autor de los *Apuntes:* «Fue el día 7 de noviembre de 1890 cuando nuestro Padre Ezequiel, obedeciendo a secreto impulso que le pareció venir de lo Alto, salió `de la capital en dirección a nuestro Convento de *El Desierto*, para consultar allí, primero, con Dios, en el retiro, la empresa en que pensaba, y segundo, para ir a Tunja, en donde estaba comprometido a dar Ejercícios al Clero y consultar con el Ilustrísimo señor Obispo Perilla la conveniencia de realizar su pensamiento. Era éste hacer una expedición a los Llanos de Casanare para explorar aquel campo y ver si se podían establecer misiones en favor y bien de aquellas pobres almas, abandonadas en su parte moral por falta de operarios evangélicos. Como se ve, el pensamiento era grandioso, pero asaz atrevido. Sólo del Cielo pueden venir al hombre ideas, cuya realización se pueda obtener en virtud del auxilio que viene del mismo Cielo, y de éste

vino, sin duda, la iniciativa de una empresa, llamada
a ser de mucha gloria para Dios y de un inmenso provecho para las almas.»

Está en lo cierto el Padre Matute al escribir lo que
antecede; porque por esos días volvimos a tener la
dicha de ver llegar al *Desierto* al Padre Ezequiel y
tenerle en nuestra compañía, aunque por breve tiempo,
durante el cual dispuso las cosas de suerte que, con-
cluidos los Ejercicios del Clero en Tunja, pudiera salir
con otros Padres a Casanare. Y fue de esta manera: el P.
Fr. Gregorio Segura, quedaba al frente de la Comunidad de *El Desierto;* el P. Fr. Anacleto Jiménez, Cura
Párroco de Ráquira, que el señor Obispo de Tunja
daba para ayuda del Convento y que el Padre Moreno
aceptó por igual motivo y además por complacer a tan
digno Prelado. De Profesor de los Novicios fue designado el que suscribe; de conventual el Padre Antonino,
el Padre Marcos continuaba de auxiliar del Cura en
Ráquira, y los PP. Ramón Miramón, Manuel Fernández
y Hermano Isidoro acompañarían al Padre Moreno en
su expedición a Casanare. Dispuesto lo cual, partieron
luégo los PP. Moreno y Miramón a dar los Ejercicios
al Clero en Tunja; pero la enfermedad del segundo,
durante el retiro de los Sacerdotes, hizo primeramente
que fueran a Tunja antes del día señalado el Padre
Manuel y el Hermano Isidoro, y después, viendo que el
Padre Ramón se hallaba imposibilitado por la enfermedad de que estaba conveleciente para ir con los Misioneros, fue llamado para sustituirle el Padre Marcos;
los cuales reunidos en Tunja y asociados del señor
Cura Párroco de Labranzagrande, doctor Miguel de Jesús
Medina y el doctor Crisanto Moreno, recién ordenado
de Sacerdote, salieron de Tunja el 15 de diciembre en
dirección a los Llanos, habiéndoles acompañado como

una hora de camino el mismo señor Obispo con su Secretario doctor Perea y varios señores Canónigos.

Fueron dando misiones por los pueblos del tránsito: en Sogamoso, Labranzagrande y Marroquin principalmente, y de aquí, pasando por el Maní y Santa Elena, bajaron por el río Cusiana a Orocué, en donde, habiendo permanecido unos días el Padre Moreno, dejó a sus compañeros, y subiendo por Trinidad y Moreno hasta el puerto de San Salvador en el río Casanare, se embarcó aguas abajo y navegó hasta el pueblo de Cravo, Norte, por habérsele recomendado mucho este pueblo como aparente para una residencia de los misioneros; y, después de haber sufrido una gran desilusión, tornó a remontarlo, y estuvo en *Tame, el Corozal, San Lope,* una temporada, ejercitando el sagrado ministerio, regresando después por *Chita, Soatá, Belén* a *Tunja* y, finalmente, al Convento de *El Desierto,* donde me cupo la dicha de recibirlo, y ver lo satisfecho y altamente entusiasmado que volvía de su apostólica expedición.

Siéndonos imposible historiar esa correría por los Llanos de Casanare mejor, pero ni siquiera igual que la relató el mismo Padre Moreno en las ocho cartas que escribió, informando sobre ella al Padre Matute, y que fueron publicadas y muy alabadas en varias *Revistas católicas,* las pondremos aquí, en la seguridad de que quedará encantado el lector, siendo como ocho registros de oro, en frase del Padre Fabo, que señalan las huellas de esa gloriosa expedición estampadas en el libro de la vida:

CARTA PRIMERA

J. M. J.

Tunja, 10 de diciembre de 1890

Mi querido Padre Santiago:

Yá es hora de que disponga de un poco de tiempo para poder decirle algo más extensamente lo que he ido diciéndole por telegramas.

Cuando salí de ésa, ofrecí a Vuestra Reverencia darle noticia de cuanto fuera sucediendo y de cuanto fuéramos haciendo en nuestra expedición, y doy principio por ésta a mi relato.

El día 21 del pasado mes de noviembre salí de nuestro Convento de El Desierto de la Candelaria, en compañía del Padre Ramón, dejando en buena salud a todos los religiosos. La salida fue en dirección a esta ciudad de Tunja, con el objeto que yá sabía Vuestra Reverencia, de dar ejercicios en esta Diócesis. Llegámos a Samacá por la mañana, y después de almorzar montámos en los caballos para proseguir nuestro viaje, pero fue tánto lo que llovió, y se puso tan resbaladizo el páramo, que nos vimos precisados a volver a Samacá, donde pasámos la noche.

El día 22, después de haber celebrado el santo sacrificio de la Misa y confesado a algunas personas, salimos para ésta, a donde llegámos sin novedad, algo más tarde de lo que hubiéramos llegado con buenos caminos, porque tuvimos que ir rodeando en varias partes para evitar los malos pasos que había.

A nuestra llegada fuimos recibidos por el Ilustrísimo señor Obispo Perilla con afecto verdaderamente paternal; afecto que, como sabe bien Vuestra Reverencia, nos lo ha tenido desde nuestra llegada a esta tierra, que tan bien nos ha recibido, y cuyos habitantes tántas pruebas de consideración nos tienen dadas. Dios Nuestro Señor les pague todo en abundancia.

Muchos eran los sacerdotes que había en ésta cuando llegamos, y aun fueron llegando al día siguiente, 23, en que dimos principio a los santos ejercicios, predicándoles yo la plática de entrada en ellos. Sesenta y cinco sacerdotes se reunieron con el señor Obispo a la cabeza, instalados todos en el Seminario, donde también nos alojámos nosotros. Seguí predicándoles por las tardes, y el Padre Ramón lo hizo por las mañanas, hasta el viernes 28, en que yá no pudo hacerlo porque no le permitió la enfermedad de que le he dado noticia y que hasta ahora le tiene postrado en cama. Tuve que suplirle, pero gracias a Dios, concluí los ejercicios sin la menor novedad en mi salud, y dejando a todos los ejercitantes satisfechos, según me manifestó el Ilustrísimo señor Obispo, en presencia de todos ellos, después de haberles predicado la plática de conclusión de ejercicios. Reconozco, sin embargo, que en su bondad apreciaron mis trabajos en más de lo que valían, y yo agradezco en el alma esa fineza.

La conclusión de ejercicios tuvo lugar el martes 2 de éste al medio día, y después me han tenido ocupado predicando y confesando en varias iglesias de esta ciudad.

El día de la Purísima Concepción prediqué en la Catedral, en la Misa mayor que pontificó el Ilustrísimo señor Obispo; por la tarde prediqué a una Congregación de señoras en la iglesia de San Francisco, animándolas a la obra tan grata a Jesús Sacramentado, de la Adoración Perpetua.

El cuidado que exigía el enfermo no me hubiera permitido todo lo que he hecho, pero el Padre Manuel y el Hermano Isidoro llegaron a ésta el día 1.º de diciembre, por la tarde, y se encargaron del cuidado del enfermo, quedando yo algo libre para hacer otras cosas.

La enfermedad del Padre Ramón ha sido una fiebre de mal carácter, que llegó a ponerle en peligro de muerte y por eso le administré el día 3 por la mañana. Duró la fiebre hasta el día 6, muy subida siempre, teniéndonos en cuidado; en ese día bajó algo, al día siguiente, 7, tenía aún por la noche cerca de 39 grados, y el día de la Purísima Concepción, Patrona, como sabe, del enfermo, por ser ese Misterio su apellido de religión, amaneció libre completamente de la fiebre, y así ha seguido hasta hoy, encontrándose yá en estado de convalecencia, aunque no se levanta de la cama por la mucha debilidad en que ha quedado.

Quiero hacer notar aquí una cosa digna de mención y de que nos fijemos en ella. Sabe perfectamente Vuestra Reverencia que algunas personas nos aconsejaban que no hiciéramos nuestra expedición a Casanare, dándonos varias razones, y como razón principal, el que aquello es muy malsano y muy expuesto a calenturas. No hice caso a cuanto se decía; dispuse la expedición, y Dios Nuestro Señor, en su bondad, me ha proporcionado, con la enfermedad del Padre Ramón (que precisamente ha sido una fiebre, y fiebre maligna), lo que he de contestar a los que hablaban de calenturas en los Llanos de Casanare. Les puedo decir que también Dios Nuestro Señor manda calenturas fuera de los Llanos de Casanare, y que nuestra vida está en sus manos lo mismo allí que aquí, y en ambas partes y en todas nos la puede quitar cuando plazca a su Divina voluntad, siempre santa y siempre justa. Estoy cierto de que si la calentura que el Padre Ramón ha tenido en Tunja la hubiera tenido en Casanare, no me hubieran faltado reconvenciones; pero, por la gracia del Señor, no ha sido alli sino aquí, proporcionándome con eso un medio admirable de defensa. Verdad es también que aun sin eso, poca mella nos hubiera hecho lo que pudieran decir personas que no están en situación de apreciar debidamente lo grande de nuestra empresa, y lo poco que significa la salud del hombre y aun su misma vida, si se compara con lo que vale una sola alma, y con la magnífica recompensa que nos tiene Dios preparada para premiar al que por su gloria y bien de sus prójimos da su salud o su vida. Además, esa vida así dada y sacrificada por Dios, siempre es fecunda en bienes para la Iglesia; para la sociedad y para la corporación a que pertenece el individuo. Sé que Vuestra Reverencia comprende perfectamente todo esto, y no me extiendo más sobre el particular.

Como la convalecencia del Padre Ramón ha de durar mucho, y no podemos detenernos porque perderíamos este tiempo, el más a propósito para andar por los Llanos; he llamado al Padre Marcos para que reemplace al enfermo, y a uno de los Hermanos para que se quede aquí a cuidarlo, mientras no puede volver a nuestro Convento.

Está determinada nuestra salida de ésta para el lunes próximo, día 15.

Siga rogando por nosotros para que en todo cumplamos la voluntad santa del Señor, y quede en la seguridad de que hará lo mismo por Vuestra Reverencia, su afectísimo y menor Hermano en el Sagrado Corazón de Jesús y Nuestro Gran Padre San Agustín.

FRAY EZEQUIEL MORENO,
de la Virgen del Rosario.

9

CARTA SEGUNDA

Labranzagrande, 23 de diciembre de 1890.-

Mi querido Padre Santiago:

Hemos llegado a este pueblo buenos y salvos, a Dios gracias, y habiendo de volver a Sogamoso un peón que ha venido con nosotros para llevarse las bestias que sacámos de dicho pueblo, aprovecho su vuelta para que lleve esta carta y la ponga en el correo.

Como no he podido escribir a Vuestra Reverencia desde que salímos de Tunja, por no haber tenido tiempo disponible, voy a darle cuenta de nuestro viaje desde la salida de dicha ciudad, para que nada quede por decirle.

Dije a Vuestra Reverencia en mi carta anterior, que el día 15 era el señalado para nuestra salida de Tunja. Todo, pues, se preparó para salir en ese día, y reunidos todos los expedicionarios en la Casa Episcopal, almorzámos con el Ilustrísimo señor Obispo, e inmediatamente montámos en los caballos y nos pusimos en camino con dirección al pueblo de Tota. Nos acompañaban el señor Cura de Labranzagrande, a quien el Ilustrísimo señor Obispo hizo quedarse en Tunja después de los ejercicios para ese fin; un sacerdote joven, de los nuevamente ordenados, puesto a mis órdenes por el señor Obispo para qué haga la expedición con nosotros, y además, el mismo señor Obispo con su Secretario y algunos señores Canónigos, tuvieron la amabilidad de acompañarnos una hora de camino. La despedida fue afectuosa y conmovedora, y habiendo recibido la santa bendición del Ilustrísimo señor Obispo, nos alejamos de ellos llevando las más gratas impresiones, y llenos nuestros pechos de reconocimiento y gratitud a tántas consideraciones que se nos habían guardado, a pesar de lo poco que valemos. Dios Nuestro Señor les pague tánta bondad.

Llegámos a Tota después de tres horas de viaje, y a eso solamente se redujo nuestra jornada en ese día.. Al poco rato de llegar, tuve que subir al púlpito, porque el señor Alcalde del pueblo y vecinos me suplicaron les dijera algo, si no me hallaba muy cansado. No faltaba cansancio, pero ¿quién se negaba a tal súplica? Les prediqué, pues, y ellos correspondieron con la mayor gratitud, porque además de las consideraciones que nos guardaron en aquella noche, al día siguiente el señor Cura, el señor Alcalde y varios vecinos notables nos acompañaron hasta llegar a la jurisdicción del pueblo inmediato.

Seguímos solos nuestro viaje con dirección a Firavitoba, a donde llegámos a las tres de la tarde, después· de cuatro horas de viaje. La jornada debía haber sido hasta Sogamoso, pero se presentó una dificultad y nos. quedamos en dicho pueblo de Firavitoba, donde fuimos muy bien recibidos y perfectamente tratados por el señor Cura y Vicario del partido, señor doctor N. N.

A la hora de haber llegado, nos visitó el señor Cura de Sogamoso, y nos manifestó los grandes deseos que tenia de que permaneciéramos algunos días en su. pueblo, para predicar y confesar. Cuando di los ejercicios al Clero en Tunja, me habló yá dicho señor Cura parà que a nuestro paso por Sogamoso diésemos una. misión. Yo le di entonces alguna esperanza, pero como después se retrasó el viaje por la enfermedad del Padre Ramón, y urgia el venir por aqui para aprovechar por los Llanos el tiempo de secas o de varano, como por· aqui dicen, le telegrafié desde Tunja diciendo que no· podíamos detenernos para dar la misión. El no cejó,. sin embargo, en su santo empeño de que hiciéramos:

algo en su pueblo, y hubo que darle gusto y hacer algo. Se quedó con nosotros aquella noche en Firavi- toba, y al día siguiente, 17, por la tarde, salimos para Sogamoso, importante ciudad, como sabe, por su ve- cindario numeroso y movimiento comercial.

A la hora y media de haber llegado a Sogamoso estaba ya en el púlpito dando principio a un retiro que había de durar hasta el domingo 21. La iglesia, aunque bastante capaz, se vio llena de gente, y en los días siguientes ya era pequeña para contener la multitud de fieles que acudía a los sermones. Once predicámos entre los tres.

El fruto que se recogió fue copiosísimo, no bastando nueve sacerdotes que nos reunimos para oír a todos los que buscaban lavar las manchas de sus pecados en las aguas saludables de la Penitencia. Creo que aunque hubiéramos estado medio mes, había sido lo mismo. Dimos fin al retiro con una fiesta al Sagrado Corazón de Jesús, animando a los socios del Apostolado a ex- tender el reinado de Jesucristo Nuestro Señor y a tra- bajar incansables para que sea honrado de todos y reine verdaderamente en los individuos, en las familias, en los pueblos y en la sociedad. La población, gracias a ese Divino Corazón, quedó verdaderamente conmo- vida, y cuando nos disponíamos a marchar, después del almuerzo, nos fue en extremo dificultoso montar en los caballos, porque inmensa multitud de fieles nos ro- deaba por todas partes, besándonos el hábito y llorando a grito vivo! No es posible describir esos cuadros ver- daderamente conmovedores y tiernos: es seguro que proporcionaron un mal rato a los enemigos de nuestra Re- ligión sacrosanta, que por desgracia no faltan en Sogamoso, según informes que me dieron. Excuso decir que nues- tras lágrimas se mezclaban con las de aquellos buenos fieles, y que nos alejámos de ellos suplicando al Señor les llenara de bendiciones y gracias. ¡Bendito retiro y bendito sea Dios, Autor de todo bien!

Salimos de Sogamoso acompañados del buen anciano General Sarmiento y Reverendo Padre Becerra, franciscano. El señor Cura y Coadjutor no nos acompañaron porque preferimos el que se quedaran confesando la mucha gente que quedaba dispuesta. Tomámos el camino de Mongui, de donde es Cura el dicho Reverendo Padre, al mismo tiempo que Prior del bonito Convento que allí tienen los Padres franciscanos. Llegámos a las tres de la tarde, y, después de descansar un rato, bajámos a la iglesia a cantar una Salve a Nuestra Señora de Monguí, imagen muy venerada en dicho pueblo, y muy visitada por los fieles de muchísimos pueblos, que le hacen promesas en sus necesidades, y van a cumplirlas al pie de su altar. Los fieles se fijan sólo en Nuestra Señora, pero el cuadro representa la Sagrada Familia. Es una buena pintura, como regalo que es o donación del Gran Rey Felipe II, según me dijeron. La iglesia es de tres naves, y muy capaz, con media naranja y bonita fachada.

Después de cantada la Salve, montámos en los caballos, y salimos de Mongui con un aguacero que puso malísimas las pendientes cuestas que se tienen que subir y bajar para llegar a Mongua, término de nuestra jornada en aquel día. Llegámos a las seis de la tarde, y como el pueblo tenia noticia de nuestra llegada y esperaba que les predicásemos, al poco rato subió el Padre Manuel al púlpito, y los demás nos ocupámos en confesar. Por la mañana celebrámos el santo sacrificio de la Misa, y yo les prediqué otro sermón, a petición del señor Cura, por más que no pensaba hacerlo, porque las bestias estaban ya ensilladas, y la jornada que íbamos a hacer era larga.

Salimos a las nueve de la mañana acompañados del señor Cura, y pasámos el día subiendo y bajando montes, hasta las cinco de la tarde que llegámos a Chachín, que yo creía sería algún barrio con algunas casas, y nos es más que un pequeño rancho con una capilla que levantó el actual Cura de Labranzagrande, porque cuando viaja se ve precisado a pernoctar en dicho punto para dividir la gran distancia que hay hasta Mongua. Cenámos lo que nos dieron, y después principiamos a arreglar camas, utilizando los sudaderos de los caballos, pieles de oveja que había por alli, y alguna estera. Las botas de montar sirvieron a algunos para almohada, y todos dormímos admirablemente porque estábamos cansados y con mucho sueño.

Al día siguiente, 22, después de haber celebrado el santo sacrificio de la Misa en la capilla y tomado un pequeño almuerzo, nos pusimos en marcha a las nueve de la mañana. A las tres horas de camino llegámos a jurisdicción de Labranzagrande, dándonoslo a conocer un bonito arco de ramaje y flores que había levantado en la divisoria. Seguímos andando y encontrando con frecuencia arcos parecidos al primero, pero todos bonitísimos, porque abundan las flores por todos estos campos y son hermosísimas y muy variadas en sus formas y colores. Entre una y dos de la tarde nos hicieron entrar en una casa donde nos tenían preparada una buena comida, que no despreciámos porque ya los estómagos pedían algo. Animadas con eso las bestias, como decía un señor doctor compañero, seguímos nuestro camino y a la media hora nos encontrámos con el señor Alcalde de Labranzagrande y unos treinta señores más, de lo más notable del pueblo, que salieron a recibirnos.

Uno de ellos pronunció un sentido discurso dándonos la bienvenida y manifestando la alegría y contento con que nos recibían; yo contesté con otro; a éste siguió otro del señor Cura, y en seguida nos pusimos en marcha entre el humo, chispas y ruidos que producían multitud de cohetes que iban disparando delante de nosotros. Así entrábamos en la población cuyas calles estaban llenas de gente que se arrodillaba a nuestro paso. El señor Cura me decía que todo aquello era para nosotros o por nosotros; yo le decía que era para él o por él, pero en el momento se me ocurrió la idea de que todo aquello era por Dios, y para Dios y así se lo dije al doctor y al mismo Dios, a quien todo lo referí y ofrecí: *Soli Deo honor et gloria.*

Estamos yá, pues, en Labranzagrande, antiguo curato de nuestra corporación, permutado por un Reverendo Padre Provincial, por Santa Rosa de Tocaima de ese Arzobispado, por los años treinta y tres o treinta y cuatro, si mal no recuerdo. Como no he hablado aún con nadie de este pueblo, no sé si los ancianos conservarán aún recuerdos de los Padres Candelarios, pero indudablemente que los conservarán, porque según he oído decir a Nuestro Padre Victorino, él estuvo por aquí no hace mucho con el señor doctor Parra, hoy Ilustrísimo señor Obispo de Pamplona, para ver al Padre Parra, hermano de dicho Ilustrísimo Señor Obispo y Religioso de nuestra Corporación.

Mañana por la noche daremos principio a la santa misión en este pueblo, y cuando concluyamos iremos a Nunchia a dar otra, y después a Marroquin, Maní, Santa Elena y Orocué. Perdemos unos dias con ir a Nunchia, pero el señor Cura de aquí tiene empeño en que vayamos antes de ir a Orocué, y quiero complacerle, porque bien lo merecen los servicios que nos está prestando y los que aún nos prestará, pues hará con nosotros toda la expedición.

Están todos estos pueblos de los Llanos sin Cura, y aunque nuestro principal objeto al venir por aquí, es visitár las tribus salvajes, no se puede menos de hacer lo que se pueda en esos pueblos que llevan ya años sin sacerdote. Hoy ha recibido el señor Cura una carta de Mani, en la que una señora le suplica por Dios, la Virgen y todos los Santos, que haga por visitarlos, porque llevan yá cinco años sin que haya llegado sacerdote por aquel pueblo. ¡Qué sorpresa tan agradable será la suya cuando vea que llegamos todos nosotros! Si Dios Nuestro Señor nos da salud, creo que nuestra correría ha de ser muy provechosa a las almas. Nos esperan privaciones, calor, cansancio, sufrimientos mil, pero todo se puede dar por bien empleado en vista de las grandes necesidades espirituales que hay por aquí, y de la mucha gloria que se puede dar a Dios Nuestro Señor. Después de haberle ofendido, ningún sacrificio se le puede ofrecer más grato a sus ojos, que más le mueva a misericordia y más asegure nuestra salvación. *Animan salvasti, animan tuam praedestinasti*, dice Nuestro Gran Padre San Agustin.

Aunque antes hice mención del Reverendo Padre Becerra, nada he dicho de lo atento, servicial y en extremo afable que estuvo con nosotros, y mereciendo de justicia un recuerdo, se lo dedico con el mayor gusto. En el rato que pasámos en su Convento, todo le parecía poco para obsequiarnos, y al marcharnos, aunque le rogamos que no nos acompañara porque la tarde estaba lluviosa y mala, no pudimos conseguir que se quedara. Nos acompañó hasta Mongua, y allí nos dio una porción de cosas que había llevado en su caballo, y qué nos sirvieron admirablémente en el viaje. Todo

esto nos iba llenando de cariño hacia él, pero ese cariño se aumentó y llegó a la ternura, cuando al preguntar yo por él, a última hora, me dijeron: «Se ha marchado, porque estaba muy conmovido y no ha tenido
valor para despedirse.» Nuestra buena Señora de Monguí
le pague todo y haga cada día su corazón más bueno
y agradable a Dios!

No sé cuando podré escribirle otra: aprovecharé la
ocasión que se presente. Mientras, ruegue mucho por
su afectísimo y menor Hermano en el Sagrado Corazón
de Jesús y Nuestro Gran Padre San Agustín.

FRAY EZEQUIEL MORENO,
De la Virgen del Rosario.

CARTA TERCERA

Labranzagrande, 6 de enero de 1891.

Mi querido Padre Santiago:

Estamos yá listos para salir mañana de esta población, y quiero dejar esta carta para que se la lleve
el correo y tenga noticias de nosotros. No sé si el correo quiera llevársela; y digo esto, porque el correo no
ha querido traernos los directorios de rezo y carta que
mandó de ésa, hace diez y nueve días, según me decia
el telegrama que recibí en Sogamoso. Mas, suceda lo
que sucediere, escribo ésta porque ahora hay alguna
probabilidad de que llegue a su mano, y en saliendo
de aqui yá no hay medio de poder decirle nada; nos me-
teremos en Casanare y ñi nosotros sabremos del mundo,
ni el mundo de nosotros, porque en ese territorio inmenso no hay correos, según me dicen.

. Nos veremos precisados a comunicarnos con sólo
el Cielo, y no deja de ser una ventaja inmensa para
los que aspiramos únicamente a aquella patria de
eterna dicha.

Le decia en mi última (que no sé si habrá recibido),
que llegámos a ésta el 23 del pasado mes y año, y que
nos recibieron con tales demostraciones de regocijo,
que dudo puedan hacerlas mayores cuando venga el
Prelado de la Diócesis o el Presidente de la República,
si llegara a ocurrirle el venir por aquí. Desde que llegamos no hemos cesado un solo momento de trabajar
en nuestro ministerio. El púlpito y el confesonario nos
han ocupado de continuo, excepto los ratos que hemos
tenido que dedicar al rezo y comida. Queda dicho con
esto que nuestros trabajos han sido fructuosos, gracias
a Dios Nuestro Señor, porque en quince dias de confesonario algunas gentes se pueden confesar. ¡Benditas
misiones que tánto bien hacen en todas partes!

Algo hemos ya sudado porque nos hallamos en
tierra de plátanos, pero no ha sido más que una preparación para lo que nos espera. El termómetro tan sólo
ha subido a 28 grados, el día de más calor; por las
mañanas ha bajado hasta 15.

Nuestra salida es mañana para Marroquin, donde
permaneceremos tres días o cuatro, si encontramos gentes
a quienes predicar y confesar. De Marroquín saldremos
con dirección a Maní, pequeño pueblo donde también
daremos una pequeña misión. Seguiremos después a
Santa Elena, donde haremos lo mismo, y después iremos a Orocué.

De Orocué es lo regular salgamos embarcados, navegando por el Meta hasta llegar a Cravo, punto en
el que fijaremos regularmente nuestra residencia, porque
nos han dado muy buenos informes de él; pero como
hasta ahora no lo conocemos más que por informes,
no puedo decir con seguridad si será escógido para
residir. La navegación de Orocué a Cravo será de cinco
días, según dicen.

Nada más de particular tengo de comunicarle en ésta. Saludes de los Padres y Hermano, y lo que quiera de su afectísimo menor Hermano en el Sagrado Corazón de Jesús y Nuestro Gran Padre San Agustín.

FRAY EZEQUIEL MORENO,
De la Virgen del Rosario.

CARTA CUARTA

Marroquín, 9 de enero de 1891.

Mi querido Padre Santiago:

Dejé en Labranzagrande una carta escrita en la que le decía que no llegando los correos más que a dicho pueblo, no podia yá mandarles más cartas; pero hoy sale un señor de aqui para Labranzagrande, y aprovecho su salida para mandar ésta y seguir o continuar mi relación de viaje.

Salimos de Labranzagrande el día 7, como se habia determinado, y salimos con todos los avios de un calentano llanero, o sea, con nuestra ruana blanca, con la hamaca colocada en las correas de la silla, y nuestro cacho o cuerno amarrado con una cuerdecita, algo larga, para poder coger agua en los *caños*, sin necesidad de desmontarse: se deja caer el cuerno al río, se llena de agua y se sube con la cuerdecita.

El señor Alcalde de Labranzagrande y algunos vecinos principales nos acompañaron hasta un sitio llamado *Salina*, donde se despidieron de nosotros dándonos algunas cositas de bucólica, que nos servirán por los Llanos.

Seguimos nuestro viaje, y a las dos y media de la tarde llegámos a una casita situada en un terreno llamado *Vizcocho*, donde confesé a una enferma, y esperamos las bestias de carga, para ir con ellas por unos pasos llamados *Las barras*, por si ocurría algún con-tratiempo desagradable. Esos pasos son, en efecto, pe-ligrosos por ser estrechos y tener a la derecha un horrible precipicio, y a la izquierda un monte de piedra cortado perpendicularmente. En la piedra del monte han hecho unos agujeros, en ellos han metido unos maderos, y, cpn otros superpuestos, han formado el camino. Si en esos trechos de camino se encuentran dos bestias en dirección opuesta, es muy difícil el que puedan pasar, y como no hay a dónde retirarse, al menor descuido se rueda por el precipicio y se va a dar al río, que por esa parte toma ya el nombre de El Cravo. Nosotros pasámos dos primeros trechos sin darnos cuenta del peligro, porque no lo conocíamos, y todos ellos sin no-vedad, porque no encóntrámos gente que viniera en di-rección opuesta.

Esperando que llegaran las cargas, se nos retrasó el viaje, y la noche se echó encima una hora antes de llegar a Marroquín, pero el camino era yá bastante bueno y se anduvo sin novedad, excepto un pequeño barranco donde tuvimos que encender fósforos para pasarlo, porque las bestias no veían, por haber mucho bosque que impedía el paso de la luz de las estrellas. Llegámos a las siete y media, y después de rezar y tomar una mazamorra, se *guindaron* las hamacas en la única habitación que tenemos, y nos acostamos aun antes de lo que se pen-saba, porque nos quedámos sin luz: un perrito se cenó tres velas de sebo que teníamos, mientras nosotros cenábamos la mazamorra.

Pasamos la noche bastante bien, y después de en-comendarnos a Dios, el doctor Medina que nos acom-pañaba, y los Padres Manuel y Marcos se pusieron a hacer hostias para celebrar, porque no había. Trabajaron mucho pero no pudieron sacar más que dos regulares y sólo celebrámos dos Misas. Él Hermano Isidoro las hubiera hecho pronto y bien, pero estaba algo delicado y no le permiti levantarse.

Hay poca gente en el pueblo, y he predicado hoy, 8, a unas cuarenta personas. El calor se ha sentido algo, marcando el centígrado treinta y medio.

Día 9.—El Hermano Isidoro hizo hostias pronto y bien, y hemos celebrado todos y dado unas treinta comuniones. Va llegando bastante gente de los barrios, anunciando que llegará muchísima más.

Tenemos las manos hinchadas por las picaduras de los mosquitos, que por aquí llaman arroceros; no sabemos lo que harán los de los Llanos y río Meta.

Hay en este pueblo unas veinte casas, todas de paja, una mediana iglesia, techada también de paja y bastante sucia, y un ranchito que es el que habitamos y que dicen que es la Casa cural. Esta noche acudieron al sermón unas sesenta personas, y éstas dicen que no han avisado a las gentes de los barrios y que por eso no han venido. Es lo regular que salgamos de aquí el domingo después de la Misa, o a lo más tardar el lunes. Si a donde vamos se presenta ocasión de poder mandar alguna carta a Labranzagrande, no la dejaré perder.

Saludes de todos, y lo que quiera de su afectísimo y menor Hermano en el Sagrado Corazón de Jesús y Nuestro Gran Padre San Agustín.

FRAY EZEQUIEL MORENO,
De la Virgen del Rosario.

CARTA QUINTA

Santa Elena, 25 de enero de 1891.

Mi querido Padre Santiago:

Escribí mi última en Marroquín, con fecha 9 del actual, aprovechando la vuelta a Labranzagrande de don Cipriano Chaparro, que tuvo la amabilidad de acompañarnos en el viaje, e hizo la caridad de darnos varias cosas que nos han servido de mucho en estos Llanos: Dios Nuestro Señor le recompense todo abundantemente.

Hoy aprovecho otra ocasión que se presenta y es la vuelta de nuestro buen amigo y guía doctor Medina, Cura de Labranzagrande, que teniendo obligaciones en su pueblo no puede acompañarnos más. El llevará ésta hasta Labranzagrande y la pondrá en el correo que de allí sale para Sogamoso.

Pasámos el día 10 en Marroquin confesando, casando y bautizando. Por la noche prediqué a un auditorio más numeroso que el de los días anteriores.

A las diez de la mañana del día 11 salimos de Marroquín con dirección a los Llanos. A la hora y media de camino la carga de una de las bestias pegó o dio contra un árbol y cayó en tierra. La bestia, asustada, echó a correr arrastrando una de las petacas que había quedado amarrada. El ruido de la petaca arrastrada enfurecía más y más a la bestia y la hacía correr con más desesperación, gracias a que íbamos tres adelante y pudimos detenerla, aunque con bastante trabajo. Mientras que esto sucedia, otra bestia cayó por una gran pendiente y no fue posible volverla a subir sino rozando mucho bosque por la parte menos pendiente. La operación duró una hora, y como los arrieros estaban ocupados en ella y las demás bestias quedaron solas, dos de ellas tomaron el camino de Marroquin, y hubo que

ir a buscarlas. Las encontraron a media hora y segui--
mos nuestra marcha.

En la vega de Fonseca que es una pequeña ante-
sala de los Llanos, cayó de nuevo la misma carga porque
el machito que la llevaba sabia sacudirla admirablemente.
Tuvimos pues, que parar otro rato, recibiendo un sol
abrasador, y la carga se puso en otra bestia, sirviendo
el machito para silla. Así seguimos sin tropiezos hasta
la orilla del río Cravo, en donde tomámos unos boca--
dos con un poco de guarapo. Concluido el corto refrigerio, pasámos el río por la parte menos honda, y entre
cuatro y media y cinco de la tarde entrámos en los de-
seados Llanos de Casanare, tan temidos de la multitud
por sus fiebres, tigres, serpientes, etc., etc. ¡Qué panorama tan hermoso se presenta a la vista! No es posible
describirle; hay que verle. Por unas partes se pierde
la vista sin encontrar objeto alguno, y por otra, forman
el horizonte los árboles y espesura que hay en las orillas de los rios y esteros o caños, como por aqui dicen.
A veces se figura uno hallarse en alta mar, divisando
islas a lo lejos, pues como tales se presentan en estas
inmensas llanuras ciertos pequeños grupos de árboles,
o palmeras, o matas de cañas que se encuentran de
trecho en trecho en las sendas que hay trazadas. También pudiera decirse que son verdaderos oasis colocados
por la Providencia para poder tomar un descanso a
cubierto de los abrasadores rayos del sol. Las pocas
reses que se ven por aquí en comparación de las muchas
que podia haber, aprovechan la sombra que proporcionan esos grupos de matas, descansando debajo de ellas
en las horas de más calor. También nosotros disfrutá-
mos del fresco que proporcionan, en los ratos que teníamos que esperar a las cargas en los días siguientes.
Nos cogió la noche antes de llegar a la casita donde

íbamos a descansar, y como en este tiempo queman la
yerba seca de estas grandes llanuras, se veía el fuego
por una y otra parte. Cuando sólo se veía en el horizonte el reflejo de fuegos que estaban lejos, ese reflejo
semejaba una hermosa aurora boreal, o creía uno que
estaba próximo a salir otro sol.

Llegámos a la casita a las ocho de la noche, y la
buena señora que nos esperaba tenia preparada una
cenita que tomámos todos con gran apetito. Después
de la cena, como eran cerca de diez horas las que
habíamos pasado montados en los caballos, guindamos
las hamacas, nos encomendamos a Dios un corto rato
y nos acostámos. A pesar del cansancio no fue mucho
lo que dormimos, porque el corral de las vacas estaba
inmediato a la casa, y no cesaron de mugir en toda la
noche, y los mosquitos tampoco cesaron en su empeño
de llenarse de nuestra sangre.

Llegó la madrugada del día 12, y, dejando la hamaca, nos pusimos en oración. Estando en ella uno de
los arrieros que estaba por fuera de la casa, dijo: ya
sale el sol, ¡qué grande! Yo que había oído a muchas
personas que el sol de los Llanos es digno de verse
en su salida, terminé mi oración y salí de la casita para
verle. En efecto, el sol se presentaba grande, como dijo
el arriero, bello y hermoso. He visto salir el sol por
muchos mares y no recuerdo haberle visto tan grande
a la simple vista. Preparámos inmediatamente el altar
y celebrámos Misa cantada, siendo los cantores el Hermano Isidoro y los Padres Manuel y Marcos. Después
de alzar, cantaron el Corazón Santo. El acto estaba devoto y conmovedor; yo a lo menos confieso que me sentí
conmovido al ocurrirme el pensamiento de que en estas
inmensas llanuras no se ofrecía a Dios otro sacrificio,
y que el Señor lo recibiría sin duda alguna con agrado.

¡Bendito sea Dios y alabado sea en todo lugar! El doctor Medina celebró inmediatamente, y mientras se confesaron la señora de la casa y dos criados que comulgaron a la Misa, también comulgaron los Padres, porque no habían de celebrar, para no perder tiempo y marchar pronto, pero no nos salió bien la cuenta. Cuando fueron a buscar las bestias, encontraron cuatro menos que se habían marchado. ¿Cómo encontrarlas y dónde, en estas inmensas llanuras? Montaron los peones en algunas de las que quedaron y fueron a buscarlas, pero no volvieron con ellas hasta las cuatro de la tarde, hora en que yá no era posible emprender viaje alguno. Se perdió, pues, el día y nos vimos precisados a pasar la noche en la misma casa. Nada nos faltó, porque la señora de la casa había mandado matar una becerra, y tuvimos carne y plátanos en abundancia.

Amaneció el día 13, y celebraron el Padre Manuel y el doctor Moreno. Comulgámos los restantes, más tres personas que confesé, llegadas de una casa que distaba una hora de la nuéstra. Se administró también el Santo Sacramento del bautismo a un niño. Almorzámos a las ocho, e inmediatamente emprendimos nuestra marcha. Pasámos por frente a un sitio donde antes hubo un pueblo llamado Tabuaná y encontrámos cuatro casas en el trayecto de hora y media que hay hasta llegar a otra que llaman *Morichal*, donde parámos a esperar las cargas.

Antes de llegar pasámos el caño Oleiva, y caminámos un rato por las márgenes del río Charíe. Mientras llegaron las cargas confesámos un enfermo y se administró un bautismo.

A las tres de la tarde encontrámos otra casa donde parámos para comer, y después de la comida seguímos

10

caminando hasta las cinco y media de la tarde, hora
en que llegámos a la casa de un señor llamado José
Muza, donde nos quedámos a pasar la noche. El sitio
era agradable por su posición y temperatura. No habia
mosquitos como en otras partes y agradaba la ropa
por la noche.

En la madrugada del día 14 se administró el bautismo a un niño y confesámos a ocho personas que comulgaron en la Misa que celebró el Padré Marcos.
Almorzámos lo antes posible, y a las nueve estábamos
yá en marcha. A los tres cuartos de hora no veíamos·
yá las cargas y parámos a esperarlas en una casa llamada Santo Domingo, donde nos sirvieron un almuerzo
que no aceptámos porque habíamos almorzado hacía
poco; sólo tomámos un café. Mientras llegaron las bestias nos distrajo agradablemente la operación de enlazar
reses, viendo la habilidad con que los peones tiran el
lazo a carrera tendida de caballo, y enlazan las vacas.

Seguimos nuestro viaje con un hombre práctico
que nos dieron en la casa, y atravesando llanuras larguísimas sin encontrar ni casas ni sér humano alguno,
caminámos hasta las tres de la la tarde, hora en que
llegámos a una pequeña casa donde parámos a comer
lo poco que se llevaba preparado. La gente de la casa
aumentó nuestra comida con un plato de plátano frito.
A las cuatro seguimos nuestro camino, y a las seis y
media llegámos al pueblecito de Maní, donde apenas
encontramos gente, porque no nos esperaban, a pesar
de haber mandado aviso hacía quince días por un des-
pachero. Tomámos una pequeña cena, y después de
rezar el Santo Rosario y hacer la oración de la noche,
nos acostámos.

Celebrámos todos el día 15 en la iglesita del pueblo
y descansámos hasta las doce, que reunimos la gente

para enseñarles la doctrina. Es una lástima ver a toda la gente de los Llanos sumida en la mayor ignorancia respecto a las verdades de nuestra Sagrada Religión. Muchos no saben ni santiguarse, y hay que enseñarles todo. Mucho bien se puede hacer por aquí, y mucho se debe esperar hagan nuestros misioneros con la ayuda del Señor. Los yá bautizados se hallan en tanta necesidad como los no bautizados. Por la tarde cantámos unas vísperas a San Roque, rezámos el Santo Rosario y prediqué a las pocas personas que habia.

En la mañana del 16, después de haber celebrado las Misas rezadas, cantó el doctor Medina una Misa a San Roque, en la que prediqué en honor del Santo. Hicimos todos de cantores y había unas cuarenta personas. En la comida, entre otras cosas, nos dieron casabe, que es una masa de yuca machacada y tostada al fuego. Dicen los de por aqui que *el casabe a lo que se moja sabe*. En efecto, es muy insípido y muy áspero.

Por la noche cantámos otras vísperas, se rezó el Santo Rosario, y prediqué con algo más de concurrencia que en la noche anterior. Cuando volvimos a casa se presentó un hombre diciendo que había uno gravemente enfermo, a doce horas de distancia. No habiendo quien pudiera socorrer a ese enfermo, si no lo hacíamos nosotros, la caridad nos exigía ese sacrificio, y arreglé todo para emprender el viaje al dia siguiente.

Celebré, pues a la madrugada el día 17, para emprender viaje, pero no pude salir hasta las ocho y media de la mañana porque el hombre que me había de acompañar no estaba preparado. Caminámos hasta las doce y media y parámos a comer en una casita que encontrámos. A las dos emprendimos de nuevo la marcha y llegámos a casa del enfermo a las seis y media de la tarde. Le encontré algo mejor de lo que decian y aun.

creo que fuéra de peligro; di por biem empleado mi trabajo, porque lo confesé, y al día siguiente practiqué unas informaciones para casar a una pareja que vivia en pecado; confesé a otra persona y bauticé a un niño. Después de esto me dieron un regular almuerzo, y a las nueve y media de la mañana salímos con dirección a la casa de otro enfermo, que nos dijeron estaba agonizando. Caminámos hasta las dos y media y parámos a comer algo en una casita. Salimos a las tres y llegámos a la casa del enfermo a las cinco y cuarto. Confesé al enfermo, a quien encontré verdaderamente grave. A las siete y media de la noche me sirvieron un caldo con un huevo batido, que tomé con una conchita que pusieron en lugar de cuchara, y poco después, hecha mi oración, me acosté porque me hallaba muy cansado.

En la mañana del 19 confesé a tres personas de la casa del enfermo; me sirvieron un almuercito y me puse en camino, a las ocho y media de la mañana, con dirección a Maní. Anduvimos despacio, porque las bestias estaban muy cansadas con las jornadas de los días anteriores, y llegámos a Mani a las doce y media, encontrando buenos a todos los compañeros. Estos habían enseñado la doctrina y predicado por las tardes y también por las mañanas en fiestas encargadas en honor de Jesucristo Crucificado, de la Virgen del Rosario y San Roque. Se reunió mucha gente por fin, se confesaron muchos, se bautizaron 27 y se casaron 13 parejas. Por la noche sacámos en procesión a San Roque y a Nuestra Señora del Rosario, rezámos después el Santo Rosario y les prediqué despidiéndonos de ellos. Las pobres gentes lloraban desconsoladas; y al salir de la iglesia no cesaban de preguntar si volveríamos alguna vez al año, siquiera. No será difícil que se les visite, porque regularmente los Padres se quedarán por aqui.

El día 20, aunque nos alistamos para salir algo temprano, no pudimos hacerlo hasta las once de la mañana, porque nos entretuvieron con bautismos y otras necesidades. Partimos, pues, a las once, mandando las cargas en un barquito, por el río Cursiana. Como íbamos solos pudimos correr bastante con las mulas. A las cuatro de la tarde parámos a tomar un refrigerio cerca de un caño, donde tomámos agua, e inmediatamente nos pusimos en marcha. A las cinco y cuarto llegámos a una casa de don Ricardo Ruiz, llamada *California*, pero no habiendo encontrado a dicho señor, seguimos nuestro viaje y llegámos a este pueblecito de Santa Elena, cerca de las nueve de la noche. La gente estaba recogida, pero una multitud de perros que nos salieron al encuentro aúllando, hizo levantar a la gente creyendo sin duda que llegaba alguna cuadrilla de infieles de las que con frecuencia visitan este pueblo, causando perjuicios en ocasiones. Nos visitaron algunas personas, y entre ellas el dicho don Ricardo, que es el fundador de este pueblecito que sólo cuenta cuatro años de existencia y es yá mucho mayor que Mani. Tiene yá unas veinte casas con su iglesita y Casa cural, y cuenta con bastantes recursos para la vida. Don Ricardo es el todo, y a don Ricardo respetan y obedecen todos, tanto los cristianos como los infieles, cuando vienen. Estos le miran como a un amigo porque les trata bien, les favorece y les da lo que puede. Después de un rato de conversación nos retirámos a descansar y lo hicimos bien porque la jornada fue larga, y teníamos necesidad de descanso.

Celebrámos todos el día 21 en la iglesia que he dicho hay aquí, y después del desayuno hemos pasado el rato, hasta el almuerzo, hablando con don Ricardo de las antiguas misiones, de las costumbres de los in--

fieles y antagonismo que hay entre ellos y algunos de los cristianos de por aquí, se ven éstos perjudicados por aquéllos en sus intereses y atacan a los que consideran como enemigos. Cuando los infieles tienen hambre, lanzan sus flechas a las vacas que tienen los cristianos, y para matar a una hieren a muchas, porque no siempre pueden matarlas de un flechazo. Las reses heridas se pierden, porque las flechas van envenenadas y llegan a morir aunque la herida no sea muy grave en sí.

Hace unos días se reunieron aquí unos 400 infieles, y don Ricardo es el que se entiende con ellos y el que contiene a unos y a otros para que no peleen.

Por la tarde hemos visitado las ruinas de la iglesia de Nuestra Señora de Loreto, del antiguo pueblo, llamado Casimena, destruído después por acometidas de los infieles. Existe aún casi integro el paredón del alttar mayor, el arco de la portada del templo y algunos pilares. Estos y el arco son de ladrillo, y el paredón tiene sólo algunas piedras que traerían de muy lejos, porque por aquí no se encuentran. La iglesia era de una nave, de unos 48 metros de largo, y anchura proporcionada con crucero. En el lado derecho se ve el hueco de una puerta que comunicaba con el Convento que se hallaba a la derecha de la iglesia. Distan los restos de la iglesia cerca de una hora de este pueblecito. Detrás del paredón que existe, encontró don Ricardo un cajón con ropa de iglesia, yá casi hecha polvo, y un cáliz de plata con su patena. He celebrado con ese cáliz, que, sin duda alguna, sirvió también a nuestros antiguos misioneros.

Hemos celebrado todos el día 22, y se ha enseñado doctrina y predicado. A las doce del día se presentaron cuatro infieles armados de su flecha y arco, y pasámos unas horas hablando con ellos mucho y entendiendo póco,' porque no había intérprete, y ellos sólo sabían algunas palabras de español. Se marcharon prometiendo volver con muchos más.

En vista de esto, y de algunas ventajas que presenta este punto en recursos y comunicaciones, he resuelto que los Padres se queden aquí, si es que no encuentro otro punto más ventajoso para nuestro intento.

Los días 23, 24 y 25 los hemos pasado predicando y administrando Sacramentos, pero no ha habido tanto trabajo como en otras partes, ni se ha reunido tanta gente como en Maní, pueblecito donde sólo hay siete casas y la iglesia. He hablado también mucho con don Ricardo, enterándome de muchas cosas necesarias, especialmente en comunicaciones por unas y otras partes de los Llanos.

Mañana 26 saldremos para Orocué, excepto el doctor Medina, que vuelve a su pueblo. Se lleva las bestias, y nosotros haremos el viaje por agua, bajando lo que nos falta del Cursiana y entrando en el Meta.

Acaba de morder una culebra a un hombre, y hemos dado las medicinas que hay para esas mordeduras. No presenta gravedad la cosa, merced acaso a los remedios propinados.

Todos quedámos buenos en la fecha. Yo tuve fiebre el día 22 y me ví precisado a guardar cama, pero desapareció por la noche y no ha vuelto.

Afectos y recuerdos para el Padre Victorino y demás, y Vuestra Reverencia lo que quiera de su afectísimo y menor Hermano en el Sagrado Corazón de Jesús y Nuestro Gran Padre San Agustin.

FRAY EZEQUIEL MORENO,
De la Virgen del Rosario.

CARTA SEXTA

Orocué, 4 de febrero de 1891.

Mi querido Padre Santiago:

Nos hallamos en una población que manda tres correos al mes a esa capital, y aprovecho la salida del primero para decir a Vuestra Reverencia todo lo ocurrido desde mi última, que escribí en Santa Elena con fecha 25 del mes pasado, y que llevó el doctor Medina para ponerla en el correo que sale de Labranzagrande para Sogamoso.

Después de decir Misa unos y oirla otros, el día 26, tomámos un regular almuerzo e inmediatamente nos dirigimos al embarcadero, nos metimos en una embarcación que por aquí llaman bongo, y echámos a navegar por el río Cursiana abajo, a las diez de la mañana. A la una de la tarde dijeron los marineros que no habian comido, y arribaron a la playa para hacer comida. Dos horas estuvimos parados, y eran las tres, por consiguiente, cuando principiamos a andar de nuevo. El río llevaba yá poca agua, y parámos muchas veces, y otras tantas había que llevar el bongo arrastrando. Al anochecer entrámos en el gran río Meta, y aunque es algo peligroso navegar por la noche, porque se encuentran bastantes troncos, seguimos navegando hasta las nueve de la noche, porque la luz de una hermosa luna nos alumbraba suficientemente para evitar tropiezos. Arribámos a una playa que llanan de *Montenegro*, y todos tomámos del café que hicieron los marineros para ellos, y tratámos de acomodarnos bajo el cobertizo de palma que llevaba el bongo.

Nos acomodámos, pero no bien, porque no era posible. El cobertizo era pequeño y no cabíamos todos, mucho menos aún, porque el Hermano Isidoro estaba

con mucha fiebre y queríamos tenerlo lo más cómoda-
mente posible. Nó sé si dormirían los compañeros; yo
puedo decir que no dormi, porque no pude tomar posición en la que pudiera conciliar el sueño.

A las cuatro de la mañana del día siguiente echámos a andar hasta las nueve de la mañana que arribámos de nuevo a la playa, porque las olas no nos
dejaron navegar más tiempo. El viento que reina en
esta época es muy fuerte y contrario a la corriente del
río, y el choque del viento contra la corriente levanta
oleaje que no pueden vencer estas embarcaciones por
no estar construidas en condiciones para eso.

El punto donde parámos es una rinconada del Meta,
que forma un puertecito cercano al queblo llamado antes
Arrastradero y hoy San Pedro de Arimena. Se llamaba
antes Arrastradero porque las embarcaciones que venían
del rio Bichada las arrastraba hasta el Meta, echando
tres o cuatro días en el arrastre. Andando se hace el
trayecto en tres horas.

Nos dijeron los habitantes que los Padres Jesuitas,
en compañía del Padre Vela, habían estado ocho días
en el pueblo, y que después marcharon unos por el
Muco arriba y otros por el Muco abajo para salir al
Bichada. La embarcación del Padre Vela, en que habia
ido, estaba allí anclada.

A las cuatro de la tarde, cuando yá el viento so-
plaba con menos fuerza, echámos a andar de nuevo,
y a las cinco pasámos los arrecifes que cruzan todo el
Meta, dejando sólo un pequeño o estrecho canal en el
centro, siendo peligroso pasarlos por la noche. Cuando
anochecía pasámos por la desembócadura del Cravo,
en el Meta, y poco después arribámos a la playa para
pasar la noche.

El Hermano Isidoro estuvo todo el día con fiebre muy alta, y el doctor Moreno se vio también atacado por ella. Acomodámos á los dos enfermos bajo el cobertizo, del mejor modo que pudimos, y nosotros dormímos en la playa a unos metros de la cama que había dejado un enorme caimán.

Dormímos bien pero no mucho, porque a las tres de la mañana del 28 levantámos el campamento por orden del patrón del buque, y comenzámos a navegar a remo. Los remeros no se habían desayunado, y a las cinco y media arribaron a la playa para hacer café para todos. A las seis y cuarto remaban de nuevo y caminámos hasta las nueve menos cuarto que nos refugiámos a la sombra de unos árboles hasta que pasó lo recio del viento y del oleaje, que serían las cuatro y media. Caminámos, o más bien navegámos desde esa hora, y esa hora llegamos a Orocué. Saltámos a tierra dejando a los enfermos en el barco hasta ver dónde era nuestro alojamiento y preparar las hamacas para que se acostaran cuando llegaran.

Encontrámos Casa cural, que consta de una sala, un cuartito y una cocina separada; pero no encontrámos en ella mobiliario alguno, ni fogón, ni agua, ni leña, ni quien nos la proporcionara. El Padre Marcos salió a comprar algunos utensilíos de cocina, y mientras hubo quien nos trajera agua y leña, hicimos chocolate para nosotros, y calentámos agua para dar un vomitivo al doctor Medina, que lo pedía con instancia. Después de dárselo y haber arreglado a los dos enfermos lo mejor posible, guindamos nuestras hamacas y nos acostámos.

Amaneció el día 29, y los enfermos seguían bastante mal; celebrámos Misa, y yo que celebré primero, preparé chocolate para todos.

En la noche anterior había dicho al señor Alcalde
que nos proporcionara un hombre o mujer que coci-
nara o hiciera algo de comer.

Le fue difícil conseguirlo; pero, por fin, a las diez
de la mañana nos mandó una anciana que trajo agua
y algo de leña y principió a cocinar a las once. Comimos a la una lo poco que la anciana preparó, ayudada
por todos nosotros, que sin duda sabemos cocinar
tanto o más que ella. Los enfermos no comieron porque seguían con fiebre, pero siempre habia que hacerles algunas aguas que pedían, y ¡qué aguas serían
hechas por nosotros! Yo me dirigí a Dios Nuestro Señor, y creyendo firmemente que estaba viendo nuestra
situación y que El podia curar los enfermos, si queria,
confiaba en que sin falta los curaria, si ¡asi convenía
a su gloria y a nuestro bien: este pensamiento me tenia
muy tranquilo, y me hubiera también tenido aun en el
caso que los hubiera visto morir.

Tocámos al Rosario por la noche y acudió poquí-
sima gente. Después de rezarlo les dije cuatro palabras
y volvímos a casa para preparar una cenita. La anciana tenia fuego, y le dijimos que hiciera arroz con
pescado seco que comprámos. Cenámos el guisote con
apetito, dimos un vomitivo al Hermano Isidoro, y a
las diez quisimos dormir pero no fue posible, porque
dos tribus de indios Sálivas, que había por aqui, principiaron en esa misma hora a pasear el pueblo, tocando tambores y dando gritos salvajes y horribles.
Duró la serenata hasta que amaneció el día 30, y nos
levantámos sin haber pegado apenas los ojos.

Casi todos los indios Sálivas de las dos tribus
que hay, son bautizados, pero ninguno de ellos sabe
hacer la señal de la cruz y mucho menos rezar siquiera
el Padrenuestro. Viven en la más completa ignorancia

respecto a la Religión cristiana, y no me explico cómo
fueron bautizados sin preparación de ninguna clase.
Es verdad que casi en las mismas condiciones encontrámos a la mayoria de los que viven por estos Llanos y que se llaman racionales y cristianos viejos.
¡Qué campo tan extenso se presenta con todo esto al
celo del misionero! ¡Cuánto bien se puede hacer y
cuánta gloria se puede dar a Dios! Bautizados y no
bautizados, todos se ven necesitados de instrucción
cristiana, y todos causan lástima y mueven a compasión! ¡Quiera el Señor que haya llegado para ellos la
hora de ser iluminados!

Después de celebrar nos dedicámos a cuidar a los
enfermos y prepararles algo que comer, porque ama-
necieron sin fiebre. La anciana preparó para nosotros
un calderillo de arroz con pedazos de carne, que fue
lo que se nos ocurrió decirle que hiciera, porque a ella
no se le ocurría nada.

Por la tarde volvió la fiebre al doctor Moreno, y
por la noche al Hermano Isidoro. Tocámos al Rosario;
acudió algo más de gente que en la noche anterior, y
les prediqué. Nuestra cena, por no variar, fue arroz
con pescado seco, y la cocinera se despidió diciendo
que al día siguiente mandaría otra en su lugar.

Me olvidaba decir que a las doce del día, entre
repiques de campanas y al són de tambores y flautas
de caña, se presentaron en la plaza las dos tribus de
indios Sálivas, formados en parejas de hombre y mujer. Los hombres llevaban puesto o colocado el brazo
sobre los hombros de la mujer, y en las espaldas llevaban colocada una maleta con los víveres que habían
de comer en los días siguientes. Además, unas palmas
grandes, amarradas a las espaldas de los hombres,
daban sombra a la pareja. Cada una de las tribus iba

guiada por un hombre que llevaba una bandera, y á donde éste iba se dirigían las parejas, todas con paso acompasado, marcado por el tambor. Hicieron varias evoluciones por la plaza, y, por último, entraron en la iglesia con el mismo paso y manera, dieron una vuelta y salieron otra vez para la plaza, donde siguieron dando vueltas. Me dijeron que esta costumbre data desde muy antiguo, y acaso obedeciera a alguna presentación de frutos, antes bien hecha y hoy adulterada.

El día 31 amaneció bien el doctor Moreno, y el Hermano Isidoro con poca fiebre, que desapareció pronto. Aprovechando ese estado le dimos algo de alimento. La nueva cocinera es un poco más inteligente, pero tampoco sabe hacer otra cosa que el arroz con carne por la mañana y con pescado por la noche. Algunos vecinos nos han mandado huevos, que van sirviendo admirablemente para los enfermos.

Nos han visitado indios Sálivas y algunos Guahivos, completamente desnudos. Les hemos dado algo de sal, que es lo que más aprecian, y algunas otras cosillas, y se han ido contentos, prometiéndoles nosotros visitarles en los campos donde tienen sus casas.

Por la tarde estuvimos ocupados en extender partidas de bautismo y recibir informaciones para casamientos; por la noche rezámos el Santo Rosario con bastante gente, predicando después.

Los enfermos estuvieron también sin fiebre el día 1.º de febrero. Era domingo, hubo alguna concurrencia a la Misa mayor, y les prediqué.

Durante el día hemos tenido algunas visitas de personas visibles del pueblo, preguntando por los enfermos y ofreciendo sus servicios. También han menudeado las visitas de indios pidiendo cosas.

Hay bastante movimiento de gente en la población,

y a todas horas se oye el ruido de los tambores toca-
dos por los indios Sálivas.

Por la tarde cantámos vísperas a Nuestra Señora
de la Candelaria, se rezó el Santo Rosario, y prediqué.

El día 2, fiesta de Nuestra Señora de la Candelaria, Titular de esta nuestra Provincia, hemos recordado
nuestro Convento de El Desierto, donde tantísima gente
concurre en este día para confesarse. Aqui celebrámos
Misa cantada, con bastante concurrencia de fieles, y
prediqué en ella. Durante el día han venido muchos
indios y hemos pasado el tiempo con ellos hablándoles
de las verdades de nuestra Sagrada Religión.

Por la tarde cantámos unas vísperas al glorioso
Arcángel San Miguel, por encargo de un devoto; rezámos después el Santo Rosario, y prediqué. Los enfermos estuvieron bien y se alimentaron bastante.

El día 3 hicimos una fiesta a San Miguel, y predicó el Padre Manuel. Como ayer, pasámos algunos
ratos enseñando a los indios. Tuvimos que ocuparnos
también en cocinar, porque la cocinera no pareció. Por
la tarde se sacó en procesión la imagen del Santo Arcángel con mucha concurrencia de gente, y a la entrada
de la iglesia prediqué antes de que se marcharan. Después rezámos el Santo Rosario.

Hasta ahora la gente de este pueblo no ha sacado
de nuestra visita y predicación el fruto que han sacado
las de otros pueblos. La mayor parte de los habitantes
no ha venido a la iglesia, y los que han venido y oído
los sermones se han manifestado fríos e indiferentes.
Casi toda la gente que compone esta población es adve-
nediza y aventurera. Todos se hallan en completa ignorancia respecto a las verdades de la Religión; no tienen sacerdote y viven envueltos en vicios y en completo olvido del alma, y todo esto hace, sin duda, que

la palabra Divina no produzca el fruto que produce en
otras almas. Hay que trabajar con alguna continuidad
para que vayan sacando provecho.

La población está situada en una regular altura
sobre el Meta, para verse libre de inundaciones; tiene
una espaciosa plaza y calles rectas y anchas, llenas de
caserío. Tiene más aspecto de población que otros muchos pueblos de la República.

Hay una Aduana con los empleados necesarios para
cobrar los derechos de las mercancías que entran de la
parte de Venezuela por el Orinoco y el Meta. Regulares embarcaciones de esta población llegan hata Ciudad
Bolivar, y de allí traen telas, utensilios de loza y hierro,
vinos y comestibles; se encuentra, pues, aqui todo lo
necesario para la vida, aunque muy caro.

El día 4 casámos dos parejas, y hay seis más que
se están proclamando. Hemos confesado también varias
personas, y algo es algo. ¡Bendito sea Dios Nuestro
Señor!

Cantámos una Misa encargada a Nuestra Señora,
que por aqui llaman la Aparecida. Es una pequeñísima
imagen de Nuestra Señora, con un niño en el brazo,
como de dos pulgadas de alta, y labrada en el colmillo
de un caimán, con su pequeña peana que la forma lo
más grueso del colmillo. Dicen que esta imagen se ha
formado milagrosamente, sin que mano humana haya
tomado parte; pero yo creo que si así fuere, la imagen
seria más perfecta de lo que es, por más que puede
pasar mejor que otras muchas que se ven; con espe-
cialidad, por estos sitios.

El doctor Moreno celebró, y el Hermano Isidoro
sigue sin novedad. El Padre Marcos ha predicado en
la Misa, aunque no había sermón encargado; había
gente y se aprovechó la ocasión de decirles algo. No

han cesado de venir indios Sálivas y Guahivos; han tomado ya confianza, y vienen contentos y alegres. Uno de los sálivas, el más ilustrado, está hecho un verdadero espiritista. El enemigo común de las almas le tiene completamente engañado y por su medio engaña a los demás. Dice que hablan con sus mayores, y que los ven, y, además, que ven a Dios. Al preguntarle en qué forma se les aparece Dios, me ha dicho que se presenta siempre muy serio y con mucha barba. Le hemos dicho lo que debíamos decirle, y, ha prometido que dejaría todo eso y que estaba dispuesto a trabajar porque se forme un pueblecito donde los Padres vayan a enseñarles.

Mañana salgo de este pueblo, por tierra, para la Trinidad, Pore, Moreno, Puerto de San Salvador y Cravo, para saber lo que hay por los ríos de Casanare, Ele, etc. Hubiera hecho el viaje embarcado por el Meta, pero me han dicho que no he de ver caseríos de indios en las orillas del Meta, sino uno distante de aquí día y medio, y habiéndoseme presentado la ocasión de ir por tierra al punto que tenía determinado, he resuelto hacerlo así.

Los padres quedarán por aquí hasta que yo vea si conviene hacer otra cosa.

Esta noche cantámos unas vísperas a Nuestra Señora del Carmen, y sacámos en procesión a la Virgencita Aparecida. Después les predicámos y rezámos el Santo Rosario.

El viaje que emprendo mañana es de unos once días y es lo regular que dure más porque paso por pueblos que no tienen Cura, y siempre se presentará qué hacer. Después que vea el pueblecito del Cravo, y me entere de los puntos donde más abunden infieles, me dirigiré a Tame para tomar el camino del Cocuy, y pasar, si puedo, a Güicán, para enterarme también de lo que hay respecto de infieles por aquellas inmediaciones, porque ?las noticias que he recibido no están acordes.

Tengo, pues, que andar mucho aún; pero desde que parta del Cravo, será ya acercándome a ésa o estando de vuelta. Hago solo la expedición y necesito de más auxilios de Dios, porque me faltarán los que me han prestado mis buenos Hermanos.

Ruegue, pues, por su afectísimo y menor Hermano,

FRAY EZEQUIEL MORENO,
De la Virgen del Rosario,

CARTA SÉPTIMA

Tame, 22 de febrero de 1891.

Mi querido Padre Santiago:

Escribí a Vuestra Reverencia mi última en Orocué, con fecha 4 del actual, y creo que le decía que al día siguiente dejaba la buena compañía de los Padres y salía con dirección a Cravo.

Vacilé algunos días sobre si haria mi expedición por el Meta o por tierra; pero habiendo sabido que a orillas del Meta no encontraría gente a quien prodigar algún bien espiritual, y en cambio encontraría por tierra muchos fieles necesitados de auxilios espirituales, determiné hacerla por tierra, aprovechando la ida a Pore de unos individuos que de dichos pueblos habían ido a las fiestas de Orocué. Ellos me alquilaron una bestia y se ofrecieron a servir de guías por cierta cantidad, que les pagué en el acto. Quedámos que al día siguiente, muy temprano, irían a buscarme para emprender el viaje.

Me levanté, pues, muy temprano el día 5 para

confesarme, porque después no tendría ocasión de hacerlo, y celebrar, si podía o me daban tiempo. Pude hacer ambas cosas, y después muchas más, porque la compañía no estuvo lista hasta las ocho de la mañana.

A esa hora monté en el caballo que me trajèron, que pagué muy bien, pero que era muy malo: un verdadero rocinante. Es verdad que contaban con que no correría mucho, porque no habría de hacer otra cosa que seguir el paso lento de unos bueyes que iban cargados.

Me despedí llorando de mis buenos Hermanos, y ellos lloraban también. ¡Con qué gusto me hubiera quedado con ellos, si Dios Nuestro Señor no me quisiera tener ahora en otra parte! Me aparté de ellos ocultando en lo posible lo conmovido que estaba, y por el camino me acordaba de ellos y seguía llorando, no por ir solo, sino porque los dejaba solos y deseaba en gran manera haber seguido trabajando en su compañía y servirles de algo.

Recuerdo que en aquellos momentos, o más bien en todo aquel día, pedi por ellos con fervor extraordinario a Dios Nuestro Señor, a su Santisima Madre, y a nuestra Beata Inés de Beniganin para que los cuidaran, fortalecieran e hicieran fructuosos sus trabajos.

Ibamos andando al paso de los bueyes con un sol abrasador, y eran las doce del día; pasaron la una y dos de la tarde, y los compañeros aún no decían dónde íbamos a parar para tomar algo. Por fin, cerca de las tres, llegámos a orillas del caño Duya, y allí parámos para hacer algo de comer para nosotros, y descansaran las bestias. El sitio era ameno, rodeado de grandes árboles que nos daban sombra y muy cercano al punto o terreno llamado *Piñalito*, donde antes había muchos indios Sálivas con sus casas, sementeras y trapiches, que después marcharon al otro lado del Meta, o Llanos de San Martín.

Mientras preparaban la comida, saqué mi cartera y apunté lo que voy escribiendo, y desahogué mi espíritu con estas líneas, que copio de los apuntes: «Siento que mi corazón desea volver a estas tierras para quedarme en ellas, y entregar mi alma al Señor en el temido Casanare. ¡Se puede trabajar tánto por la gloria de Dios y bien de las almas! Cierto que hay que estar desprendido de todo, y ser sólo de Dios, para llevar la vida de misionero de infieles, pero el Señor hará que de todo me desprenda: su gracia es poderosa. Me consuela hoy, más que otras veces, el escribir estas cosas y hablar con èl Señor. No puedo hoy hablar con mis Hermanos; puedo decir que estoy solo, debajo de unos árboles en estas inmensidades desiertas, y me distrae agradablemente el acordarme de mi Dios, hablar con El, pensar en sus cosas y en lo mucho que le debe agradar el que todo lo sacrifiquemos por El y nos entreguemos a esta vida de privaciones de todo género. Además, ¡pasa tan pronto la vida! Y si desde estos Llanos voy al Cielo ¿qué más necesito y qué más quiero?»

Así me entretenía y desahogaba mi espíritu, cuando me dijeron que la comida estaba preparada.

Consistía ésta en unos pedazos de plátano asado, otros de carne salada y seca, que no pude comer, y dos huevos duros que saqué de Orocué, porque le ocurrió al Hermano Isidoro servirlos. Eran las cuatro cuando comimos, y los hombres dijeron que era yá tarde y las bestias iban cansadas, y que alli pasaríamos la noche.

Me puse a rezar después de la comida, y al concluir me sentí con principios de fiebre. Esta fue aumentando; se declaró por completo y busqué la hamaca que estaba amarrada a dos árboles, me acosté y arropé lo que pude para ver si entraba en sudor. A las siete de la noche me ofrecían los hombres una pequeña cena, pero no tomé más que una gran taza de agua de panela caliente, que me sirvió de sudorifico. La fiebre bajó algo con el sudor, y dormi.

A las dos de la mañana del día 6 estaban yá arreglando las cargas, y yo sentía el cansancio que deja la fiebre, y pocas ganas de levantarme; pero hube de hacerlo a las tres, y a las tres y media, o poco más, echámos a andar sin haber tomado ni un mal desayuno. Caminámos hasta las nueve y media de la mañana, parando a la orilla del mismo caño Duya para hacer el almuerzo. Yo tenía algo de hambre y me sentía mejor que cuando principiámos a andar. Comí unos pedazos de plátano que me dieron y dos pequeños de carne salada (tapa llamamos a eso por Filipinas) con un poco de casabe.

Descansámos hasta la una y media de la tarde, y principiámos de nuevo a caminar hasta las cinco, hora en que llegámos a un bonito hato que llaman *Barreto*. Al poco rato de llegar me servían un plato con plátano y otro de carne, sobre mesa con mantel. Comí con apetito, y al poco rato de anochecer se recogió la gente, y yo hice lo mismo, buscando la hamaca que estaba colocada debajo de un cobertizo de paja.

Nos levantámos al rayar el alba del día 7, y después de tomar desayuno que me prepararon, dejé los bueyes y compañeros de viaje que los guiaban, y me marché con dos señores que llevaban el mismo camino e iban en mulas sin carga. Eran yá las siete de la mañana cuando salimos. A las ocho y media pasámos el río Guanapalo y parámos a pasar las horas de sol.

Encontré en la casa un hombre que llevaba el' correo de Tame para Orocué, y escribí a los Padres mientras los dueños de la casa me preparaban la comida. Esta fue bastante buena, me la sirvieron a las dos de la tarde, y conçluída echámos a andar con dirección a la Parroquia o Trinidad. Poco después de ponerse el sol, pasámos el río Pauto y a los pocos minutos estábamos en el pueblo que está situado a la orilla de dicho río, un poco más arriba del sitio por donde lo pasámos.

Creí encontrar en Trinidad doce o catorce casas como en otros pueblos, pero hay muchas más, colocadas en calles rectas y anchas, y formando lo que yá se puede llamar pueblo. Hay iglesia pequeña, de paja, pero no hay Casa cural; y me alojé donde los compañeros me llevaron, que era una casa espaciosa colocada en la plaza. Los que la ocupaban me acogieron con gusto y me sirvieron una cenita.

Como era domingo al dia siguiente, principié a indagar si habia cáliz y demás cosas necesarias para celebrar. Me dijeron que allí mismo, en la casa donde estaba, se hallaban las cosas de la iglesia, pero que la habitación estaba cerrada y el que tenia la llave estaba por el campo. Entraron, sin embargo, a la habitación escalando la pared interior que no cerraba del todo o no se elevaba hasta el techo; pero aunque había algunas cosas, faltaban vestiduras sagradas, y me acosté con el sentimiento de que no podia celebrar al dia siguiente.

Amaneció el día 8, y después de mi oración tomé el desayuno, que por los Llanos siempre es café. A las ocho principié a repicar para que acudiera la gente a la iglesia y hacer algo para santificar el día, ya que no era posible celebrar. Acudió algo de gente, recé el'

Santo Rosario, y les prediqué. Después tuve en casa
algunas visitas, y llegada la hora de comer me sirvieron regular comida.

Por la tarde me llevaron algunos huevos y un
pollo de regalo, y con esas visitas y el rezo, pasó la
tarde; toqué de nuevo a Rosario, y les prediqué. ¡Pobres gentes! Qué solas están y qué tristes son estos
pueblos sin sacerdote!

El día 9, a las seis y media de la mañana, nos
pusimos en camino, y estuvimos andando hasta las
nueve y media que entrámos en una casa donde descansámos y sirvieron buena comida con carne fresca.
Estuvimos allí hasta la una y media, hora en que
echámos a andar, y a las cinco llegámos a otra casa del
sitio llamado *Ceibal*, donde parámos para pasar la noche. El pollo que me dieron en Trinidad sirvió de cena
para mí y otro compañero. Nos acostámos temprano
con intención de madrugar, pero no dormí tan pronto
porque multitud de murciélagos revoleteahan y se pa-
raban encima del sitio donde estaba colocada mi hamaca, y desde allí me lanzaban a la cara y todo el
cuerpo lo que querían. Hubo que trasladar la hamaca
a otro punto, donde sentí perfectamente el fresco de
la noche, porque era en uno de los extremos del cobertizo o techo de paja donde nos quedámos.

En la madrugada del día 10 confesé a la señora
de la casa, que estaba enferma; me desayuné con caldo
y nos pusimos en marcha con dirección a Pore, a las
cinco y cuarenta minutos. A las once y cuarto de la
mañana llegámos al pueblo, presentando éste a la vista
el aspecto de una gran ciudad destruída. Se ven grandes casas antiguas, de teja, que se vienen abajo; principios de una gran iglesia que no se llegó a concluir;
largas calles empedradas, hoy sin casas que las llenen,

ruinas de otras casas, excavaciones para buscar tesoros escondidos, etc., etc.

Como no conocia a nadie en la población, me dejé llevar de mi compañero de viaje, y llamó en una casa donde salió una señora entrada en edad. Le pedí alojamiento por caridad, y me dijo que pasara adelante. La casa era de lo mejor que he pisado desde que entré en los Llanos. Tenia espejos, aunque no muy grandes, en las paredes y cortinas en las puertas. Esto era lujo en comparación de lo que había visto.

Apenas descansé un pequeño rato, confesé en la misma casa a un joven que estaba moribundo. Al poco rato me sirvieron una buena sopa, carne y un huevo frito, y procuré descansar porque me sentía cansado y como con fiebre. Recibí después algunas visitas, recé, tomé una pequeña cena y dormi bien.

Me levanté el día 11 algo indispuesto, a pesar de haber dormido; confesé en la casa a una joven que se hallaba con fiebre, y me dirigí a la iglesia a arreglar lo necesario para celebrar. Se reunió bastante gente, bendije ceniza, la impuse, celebré, y prediqué sobre la muerte. Después llevé a Nuestro Amo al enfermo y le administré la Extremaunción. Para éste, sin duda, más que para otro, me trajo el Señor por aquí. He podido comer de vigilia y guardar el ayuno. Por la noche toqué las campanas y acudió bastante gente a rezar el Santo Rosario y oír el sermón.

A las ocho y media de la noche me dijeron que había un enfermo grave en el cerro, a dos horas y media de distancia. Yo tenia en proyecto el viaje a Moreno y crei que la Administración me lo impidiese, pero sólo lo hizo más pesado.

Me levanté y celebré muy temprano el día 12; confesé unas cuarenta personas, y después de haber

tomado café, acompañado de un peón sali de Pore a
las ocho de la mañana, con dirección al enfermo del
cerro. Por el camino me dijo el peón que le habían
recomendado que me llevara a otra casa, donde había
una señora enferma. A las diez y media llegámos a la
casa de esta enferma, la confesé, y subiendo y bajando
montes fuimos al enfermo, a quien encontré gravísimo.
Le confesé y administré la Extremaunción, y mientras,
me prepararon una comida consistente en tres huevos
fritos y un plato de plátanos. Los comí con apetito, y
a la una echámos a andar para bajar al Llano y tomar
el camino que conduce a' Moreno. Eran las tres y media cuando salimos al Llano a un caserío o barrio que
llaman *Guachiría*. Pregunté si había algún enfermo grave,
me dijeron que no, y seguimos nuestra marcha.

A las cinco llegué a otro caserio que llaman *Brito*,
sintiéndome bastante indispuesto. Un señor venezolano
me dio una gran totuma de agua de panela con un
poco de aguardiente, que bebí con gusto por ver si
entraba en sudor, porque la piel la tenia seca y sentía gran calor interior. Pregunté por enfermos, y me
dijo que no sabía si habría llegado una señora, muy
grave, que pensaban traer de Moreno. Pregunté más
adelante, la encontré yá agonizante, y la confesé y di
los Santos Oleos. Allí mismo me dijeron que había
otra enferma muy grave. Fui a donde estaba, y, en
efecto, estaba también concluyendo, víctima de la tisis.
Le administré también los Santos Sacramentos, y puesto
yá el sol, seguí para Moreno, aunque cansado y muy
indispuesto. Llegámos a Moreno a las siete y media
de la noche, y no sabiendo dónde alojarme, dejé al
peón que llamara en la casa que le pareciera. Llamó
en la de un señor maestro de Escuela, que al mismo
tiempo es Secretario del Municipio, y por lo que vi

es el que todo lo hace en la población. Me alojó en la única habitación que por entonces tenía disponible, destinada a taller de carpintería. Alli, pues, me coloqué entre birutas, tablas, bancos y herramientas, pero satisfecho porque veia en los dueños de la casa, grande y buena voluntad de hacer lo que podian.

Me preguntó la señora qué era lo que quería de cenar. No tenía ganas de tomar nada, y le dije que me hiciera solamente una taza de agua de panela. Mientras la preparó, recé lo que me faltaba, y, una vez que la tomé, me tendi en la hamaca rendido y con algo de fiebre.

Desperté el día 13 algo más animado de lo que me acosté, y a las cinco y media me dirigí a la iglesia, pero a ésta le están poniendo techumbre y se halla al descubierto. Pregunté por ornamentos, y me dijeron que no habia alba. No pude, pues, célebrar, y me desayuné en compañía de mi buen patrón, que después me entretuvo contando la historia del pueblo, su preponderancia en un principio y cuando era cabeza de Provincia, y su decaimiento después, debido ya a la muerte de algunas personas influyentes y ricas, ya a la ausencia de otras que marcharon al interior.

Por la tarde confesé a cuatro enfermos en sus casas, y en la iglesia a los sanos que quisieron ir. Miré con detenimiento las cosas de la iglesia; encontré de todo y también alba, y arreglé un altar en una gran pieza techada de teja, que sirve de escuela, para poder celebrar al dia siguiente. Inmediatamente toqué las campanas, acudió bastante gente, recé el Santo Rosario, y prediqué.

Celebré el día 14, y después de la Misa llevé a Nuestro Amo a los cuatro enfermos que confesé el día anterior. Desayuné y me puse a tomar apuntes para bautizar siete niños y extender las partidas en el libro correspondiente. Hecho esto, fui a lo que sirve de iglesia y los bauticé. Quería haber marchado en este día, pero no me proporcionaron bestia.

Por la tarde administré la Extremaunción a un enfermo y después me fui a la iglesia, donde estuve confesando hasta el anochecer. Recé después el Rosario, y prediqué a un auditorio algo numeroso, advirtiendo que al día siguiente, domingo, diría la Misa temprano para marcharme. Volví a casa cerca de las ocho de la noche, hice colación, y me sorprendieron con una serenata de tiple y bandola.

Celebré el día 15, a las seis y media de la mañana, con intención de marchar cuanto antes, pero las bestias no estaban listas y no pude salir hasta las once menos cuarto. Bauticé otro niño que me presentaron.

Dejé por fin a Moreno, donde me pareció ver más instrucción religiosa que en otras partes; debido, sin duda, a que funcionan dos Escuelas: una de niños y otra de niñas, regentada ésta por una señorita educada en el Colegio de las Hermanas de la Caridad, de Sogamoso.

Después de una hora de camino pasé el río Ariporo, luégo el Aricaporo y más tarde el Chire, poco distante del pueblecito así llamado, donde llegámos a las cuatro de la tarde. Pregunté si habia enfermo graves, y me dijeron que en un barrio distante más de tres horas, se hallaba uno agonizando. Hice, desde luégo, diligencias para buscar quien me acompañara y llevara al enfermo, pero no pude conseguirlo hasta las ocho de la noche, que se ofreció un hombre, después de haberle prometido una buena retribución. Principiámos a andar a la hora dicha, y como alumbraba bastante la luna, pudimos hacer el viaje felizmente sin más

:novedad que la extrañeza del peón por cierta luz que veíamos, luz que él daba señales de creer ser extraordinaria, y que a mí me proporcionó un rato de distracción mientras lo hice comprender que aquella luz* nada de extraordinario tenia.

Eran las once de la noche cuando llegámos a donde estaba el enfermo, a quien confesé en el momento y le di la Extremaunción, porque, en efecto, estaba gravisimo. Hecho esto, me acosté allí cerca del enfermo, y la gente hizo lo mismo por uno y otro rincón, porque no había otra pieza, sino una cocinita que también se llenó de gente. Toda ésta había concurrido de las casas que por allí había, por creer que el enfermo moria aquella noche, y tener el velorio que por aquí tienen en esos casos, velorios en los que tienen lugar excesos lamentables en presencia del cadáver. Están solos y no hay quien les diga lo repugnante que es todo eso, y contrario a los sentimientos de nuestra sagrada Religión.

No murió aquella noche el enfermo.

Me levanté a las cinco del día 16, y fui a otra casa a confesar una señora anciana y enferma. Mientras, me prepararon desayuno de chocolate, lo tomé y echámos a andar al salir el sol. Teníamos que pasar por el sitio donde ellos entierran a sus muertos, y se empeñaron en que les cantara algunos responsos. No pude resistir a las instancias, y me detuvieron cantando como una media hora. También me dijeron que aquella noche habían visto varias luces que les llamaron la atención, y que me querían despertar para que las viera, pero que no se atrevieron. Me despedí de ellos diciéndoles que hicieran poco caso de luces, y sí mucho de ser buenos cristianos, y seguí mi camino para el barrio llamado Corozal, donde llegué a las nueve de la mañana, y desmonté para pasar allí las horas de calor.

La casa donde descansé es de D. Aureliano Delgado, y su buena señora me preparó una comida como hacia dias no la había tenido de buena y abundante. A las dos de la tarde me despedí de aquella buena gente, y me dirigí al Puerto de San Salvador, del río Casanare. Cerca de la puesta del sol me encontré bastante gente que iba en mulas; nos saludámos y pasaron de largo. El peón me dijo entonces: ahí va el señor en cuya casa debía alojarse, porque otro señor que le indicaron no está en el pueblo.

Nos alojaremos, le dije, donde Dios quiera. Al poco rato el trote de una mula nos hizo mirar hacia atrás, y el peón me dijo que era el señor de quien me había hablado. Llegó a nosotros, nos saludámos, y me dijo que se volvía para darme alojamiento en su casa. Le di las gracias, seguímos caminando y al poco rato llegámos a la orilla del río Casanare. El pueblecito estaba a la parte opuesta y había que pasar el río, por consiguiente. El se lanzó al río con su mula y me dijo que siguiera; seguí, y los dos nos mojámos pies y piernas, pudiendo haber pasado en pequeñas embarcaciones que allí había. Llegámos a la casa, me sacó ropa, me mudé, y, gracias a Dios, no sentí novedad alguna. Tomé después café en su compañía y me recogí para descansar.

No madrugué el día 18 porque el cuerpo pedía descanso. Me levanté cerca de las siete de la mañana, me preparé para celebrar, y celebré con asistencia de unas ocho personas. Tomé después el desayuno y traté del modo de seguir mi viaje para Cravo. Se presentaron dificultades para emprenderlo tan pronto como yo queria, y determiné aguardar la salida de un bongo que sería despachado dentro de tres días. Por la tarde bauticé a tres niños que me presentaron, y no toqué a Rosario porque no hay campanas y la gente se ve que es indiferente.

El día 19 celebré el Santo Sacrificio de la Misa con asistencia igual en número a la de ayer, y después les hablé algo sobre el alma, para hacerles notar la indiferencia en que viven y con que miran su salvación. De las ocho personas que me oyeron, se confesaron seis por la tarde. Se me dijo también que el bongo no podía salir tan pronto, y me propusieron mientras tanto que fuera a Tame, residencia del Prefecto de Casanare. Acepté la propuesta, puesto que nada hacía por aquí, y quedámos en salir mañana.

Amaneció el día 20, celebré pronto creyendo que saldríamos para Tame, pero hubo dificultades de bestias y no sé que más, y no salimos.

Hoy 21 he celebrado también en el Puerto, casi solo, y por fin, por la tarde, salimos para ésta a las tres y llegámos a las nueve menos cuarto de la noche. Tomé café con plátanos, y me acosté muy cansado con las seis horas que estuve sobre un caballo trotón, sin descansar un momento.

Me levanté el día 22 a las seis de la mañana, y ver si podía reunir lo necesario para celebrar, pero fue imposible; a las ocho tomé desayuno de café. Después pasé un rato agradable conversando con D. Félix Norzagaray, joven entusiasta por el adelanto de Casanare y que en varias ocasiones ha desempeñado interinamente la Prefectura. Al poco rato tuve la honra de ser visitado en mi habitación por el señor Prefecto de la Provincia, con quien conversé largo rato sobre las necesidades del territorio de su mando.

Por la tarde confesé a una enferma, y después de mis rezos y de preparar en la iglesia lo necesario para celebrar mañana, que es domingo, mandé tocar a Rosario. Se reunió bastante gente, recé y les prediqué.

Hoy 23 fui temprano a la iglesia para confesar. Confesé las personas que pude hasta la hora de la Misa, que fue a las ocho y media. Prediqué después del Evangelio.

Después de la Misa me desayuné y fui a ver la enferma de ayer y le administré la Extremaunción. Cuando salí de allí me llamaron a ver otra enferma, a quien también administré.

Esta tarde saldremos para el Puerto, y no sé cuándo saldré de allí para Cravo, porque ignoro cuándo estará lista la embarcación que me ha de llevar.

Se va dilatando, pues, la vuelta a ésa más de lo que yo creía, porque por todas partes se ofrecen dificultades para hacer los viajes tan pronto como uno quisiera.

Me dicen que del Puerto a Cravo emplearé unos ocho días: allí he de estar algunos, tomando informes y haciendo algo entre aquellas gentes; después la vuelta otros ocho días, y del Puerto hasta ahí, la mar....

Pero no hay remedio; tengo que ir a Cravo, porque es el punto donde hay más infieles por sus alrededores, y quiero ver aquello para saber lo que hemos de hacer en adelante.

No sé cuándo podré volver a escribirle.

Ruegue mucho por su afectísimo y menor Hermano en el Sagrado Corazón de Jesús y nuestro Gran Padre San Agustín.

FRAY EZEQUIEL MORENO,
De la Virgen del Rasario.

CARTA OCTAVA

Tunja, 7 de abril de 1891.

Mi querido Padre Santiago:

¡Cuánto tiempo ha pasado sin haber tenido oportunidad de mandar una carta a Vuestra Reverencia! Mi última fue escrita en Tame, con fecha 22 de febrero, y parece mentira que no haya podido mandarle otra hasta ahora, pero así ha sido, porque he pasado todo ese tiempo por puntos desde donde no era posible mandarle cartas, y cuando llegué a donde no era muy difícil, fue cuando estaba de regreso, y entonces ya era inútil, porque yo había de llegar a ésta antes que las cartas.

Ya sabe que estoy en Tunja, bueno y sano, a Dios gracias, por los telegramas que le he dirigido, pero no sabe qué vida he llevado desde mi última, y esto es lo que voy a decirle en ésta.

Salí de Tame el mismo día en que le escribí, por la noche, y llegué al Puerto de San Salvador, pasadas ya las doce, con mucho sueño y mucho cansancio. La embarcación que me había de llevar a Cravo no estaba aún preparada, y tuve que esperar hasta el día 25. Todo estaba listo desde por la mañana, pero los marineros no se reunieron hasta las dos de la tarde, y a esa hora echámos a andar, diciendo el patrón: «¿Con quién vamos? «Con Dios,» contestaron los marineros. «Vamos además con la Virgen,» replicó el patrón.

No habíamos andado una hora cuando arribaron a una playa donde había unas casitas, para coger plátanos para el viaje, o pan, que ellos decian. Alli pasámos yá la noche, y antes de acostarnos reuni las gentes de las casas, rezamos el Santo Rosario y les hice una plática.

Al día siguiente, 26, no principiámos a andar hasta las nueve de la mañana, y a las doce arribámos a la playa de una isleta para hacer el almuerzo, que fue un sancocho de plátano con carne salada. Concluído éste echámos a andar de nuevo hasta las seis de la tarde, que arribámos a una playa para pasar la noche. Se navegó poco, porque el río estaba algo seco y el bongo se varaba con frecuencia, y había que abrir zanjas para llevarlo adelante.

. No sigo relatando el viaje día por día, porque en todos hicimos y sucedieron las mismas cosas, y nada ocurrió que merezca particular mención. Todos me decían, cuando iba a emprender el viaje, que vería bastantes indios por las riberas del Casanare y que aun había peligro de que fuésemos sorprendidos por algún grupo de Guahivos qué odian, persiguen y matan, si pueden, a los blancos. No vi uno siquiera en los once días que duró la navegación, y nada hubo de sorpresas por más que dormíamos todas las noches en la arena de las playas, sin vigilante alguno, e indicando o dando a conocer nuestra estancia en los lugares con el fuego que había que encender para cocinar.

Llegué al deseado Cravo el día 18 de marzo, a las tres de la tarde. Es Cravo un pueblecito que pudiéramos llamar de avanzada en aquellos territorios, porque es el más internado entre los infieles. Se halla situado en la confluencia del río de su nombre cón el de Casanare, y el sitio que ocupa era guarida de indios salvajes hasta el año de 1876, en que fue a establecerse en él, con algunas personas que le acompañaban, el venezolano don Socorro Figueroa, quien, desde el principio, tuvo que sostener luchas terribles con los infieles y después seguir venciendo grandes dificultades para poder formar el pueblecito que hoy existe, compuesto de unos doscientos habitantes, y llamado a ser algo o mucho más, atendida la ventajosa posición que ocupa entre dos ríos navegables.

Es, pues, Cravo un lugar muy a propósito para establecer una misión o fijar la residencia de un par de misioneros que trabajen en la reducción de los infieles que vagan por sus cercanías. Traté a algunos indios Yayuros que visitan con frecuencia a don Socorro, y viven como a cinco horas de Cravo, cerca de la desembocadura o confluencia del Casanare con el Meta. Esos indios, que sólo son unos veinte, tratan con los indios Guahivos, y serían para los misioneros un medio admirable para entrar en comunicación con éstos y evangelizarlos y reducirlos. Al disponer hoy de más personal, mandaría dos Religiosos a Cravo, lo antes posible; pero no contando más que con los tres que llevé en mi compañía, y dando hoy solamente principio a esa grande obra, he resuelto que los Padres queden en Orocué, donde hoy por hoy se encuentran más ventajas que en otros puntos para principiar los trabajos. Tienen cerca dos capitanias de indios Sálivas y dos de Guahivos, y tratándolos, pueden ir aprendiendo sus idiomas y hacer algo entre ellos. Además, cuentan con más recursos para la vida, y podemos saber de ellos con frecuencia, lo que no sucedería al ir a Cravo u otro punto donde apenas hay comunicaciones.

Permaneci en Cravo predicando y administrando Sacramentos hasta el día 13 por la noche, que salí en compañía de don Socorro, para dormir en su hato, distante unas tres horas del pueblo y en camino para mi vuelta, por tierra, al puerto de San Salvador. El día 14 salí del hato acompañado de dos hombres; anduvimos nueve horas en buenos caballos y pernoctámos a campo raso porque no se encontró un mal rancho donde refugiarnos.

La madrugada del día 15 fue muy fría, y a las tres de la mañana, no pudiendo yá aguantar el frio, mis compañeros prendieron fuego e hicieron café, que tomé con gusto extraordinario, porque yo también sentía el fresco, y el café caliente lo hacía desaparecer. Al rayar el alba estábamos yá andando, y andando seguimos hasta las doce, que parámos para almorzár y *siestar*, que dicen por los Llanos. A las dos echámos á andar de nuevo hasta el anochecer, que acampámos debajo de unos árboles a orillas del Casanare, porque tampoco encontrámos casa alguna.

El día 16, esperando poder llegar al Puerto, estuvimos andando trece horas y media. Sólo nos faltaba una hora y media de camino para llegar al pueblo, pero las bestias no podían más, y pasámos la noche a la orilla de un caño llamado *La Raya.*

Al día siguiente, 17, a las siete y media de la mañana, llegámos al Puerto. Por la tarde fui al barrio llamado Corozal, distante cinco leguas, y allí estuve hasta el día 19, que marché para el pueblo de Lope. No pensaba estar en este pueblo más que dos o tres días, pero un asunto de conciencia que tenía que arreglar en uno de los barrios que yá habia pasado y que no pude arreglar a mi paso, me ocupó toda la Semana Santa.

El día 1.º de Pascua volví a Corozal; allí acudieron las personas con quienes tenía que arreglar el asunto, y arreglado ese mismo día, salí al siguiente por la tarde para el barrio llamado El Palmar, con dirección a ésta. Llegué yá puesto el sol, confesé a un enfermo grave que había y descansé. Los dos días siguientes, hasta ayer que llegué a ésta, los he pasado en el

viaje, pernoctando en Sácama, barrio de Rodrigote, perteneciente a Chita, Jericó, Socha, Belén y Paipa.

Desde Jericó el viaje ha sido cómodo, porque he
encontrado sacerdotes que me han proporcionado toda
clase de recursos y me han tratado como a un hermano.
Dios Nuestro Señor les pague todo.

Excuso decirle que, a mi llegada a ésta, el Ilustrísimo Señor Obispo me ha recibido con el mayor cariño, y lo mismo los buenos amigos que dejé. No tar-
daré mucho en ir a nuestro Convento de El Desierto y
ponerme en camino para ésa, donde tendrá el placer
de abrazarlo su afectísimo y menor Hermano en el Sagrado Corazón de Jesús y Nuestro Gran Padre San
Agustín.

FRAY EZEQUIEL MORENO,
De la Virgen del Rosario.

Nuestro celoso y apostólico expedicionario después
de haber descansado unos dias en el convento de El
Desierto, siguió para su residencia oficial de Bogotá,
donde al llegar recibió la triste noticia de la muerte
del insigne y decidido restaurador de la Provincia nuestro Reverendísimo Padre Fray Gabino Sánchez, acaecida el día 20 de enero de 1891. Pero confortado su
espiritu al saber al mismo tiempo que, conforme al
Decreto expedido en Roma el 12 de febrero del citado
año por la Sagrada Congregación de Obispos y Regulares, Su Santidad se había dignado nombrar, designar
y constituir, a voluntad y beneplácito de la Santa Sede,
al Reverendo Padre Yñigo Narro de la Concepción,
residente en Madrid, para Comisario General Apostólico de la predicha Orden de Ermitaños Descalzos de
San Agustín, de la Congregación de España e Indias,

confiriéndole todas y cada una de las facultades de que estaban investidos por las Constituciones de la Orden los Superiores Generales en España, dándole, además, potestad de nombrar Provinciales y Definidores Generales fuera de Capitulo, y concediéndole también todas las facultades extraordinarias que le fueron concedidas por la Sede Apostólica al difunto Comisario Padre Gabino Sánchez; se dedicó por entero y con toda la actividad y apostólico celo de su alma a impulsar la empresa de las Misiones de Casanare.

Por una parte, daba desde la capital a los misioneros que había dejado en Orocué instrucciones y alientos para que trabajaran con empeño y provecho de las almas en aquel vasto campo, desprovisto de operarios evangélicos; puesto que al bajar la expedición anterior a los Llanos no había en todo Casanare sino dos sacerdotes, uno en Arauca y otro en Támara, fuera del celoso Cura de Labranzagrande, que atendieran al bien espiritual de los católicos.

Y por otra y con especial cuidado a practicar las gestiones correspondientes y necesarias ante las autoridades competentes, a fin de conseguir la restauración de las misiones en Casanare, pero en la forma y modo más eficaces y provechosos.

RMO. PADRE FRAY IÑIGO NARRO DE LA CONCEPCIÓN

digno sucesor del Rmo. Padre Gabino en el cargo generalício
de la Orden, pero señaladamente en el amor y apoyo en favor
de la restauración de la Provincia de la Candelaria.

CAPITULO VII

Labor evangélica de los primeros Misioneros en Casanare

Todos cuantos conocían algo la historia de las misiones de Casanare en Colombia tenían esta empresa por altamente importante y beneficiosa, así para los intereses religiosos, como para los de la Nación; pues bastaba fijarse para ello únicamente en la extensión y riqueza natural fabulosas de aquella región importantísima de la República. Pero al mismo tiempo nadie dejaba de reconocer que era muy árdua, dificil de realizarse, puesto que se habían frustrado tántos ensayos hechos, habiendo sido siempre muy inferiores los frutos a los esfuerzos y sacrificios de vidas y de recursos inauditos empleados en procurarlos.

Empero, la fe transporta las montañas, y al celo y actividad de los hombres de fe se han rendido los mayores y más insuperables obstáculos, porque el Cielo les ha ayudado y premiado ostensiblemente sus esfuerzos, según se vio en el presente caso.

Por de pronto, el P. Moreno tuvo por esos días el consuelo de recibir de España la tercera Misión, compuesta de los PP. Fray Cayetano Fernández de San Luis Gonzaga, Fray Angel Vicente de la Concepción, de los Diáconos, Fray Tomás Martinez de la Virgen del Romero, y Fray Santos Ballesteros de San José, y de los Hermanos de Obediencia Fray Cirilo Bellido de los Milagros y Fray Diácono Jiménez de la Concepción que llegaron a Bogotá el día 3 de mayo de 1892; con los cuales pudo reforzar el personal de las casas de la Provincia, y destinar a Orocué al P. Cayetano y el Hermano Diácono Jiménez, quienes con el que esto escribe salimos de Bogotá para los Llanos el día 3 de junio de ese mismo año de 1892, fundando luégo que llegamos en asocio de los PP. Manuel y Marcos una reducción de indios Guahivos, a orillas del Meta, cerca del Pauto, y trazado y adelantado la de los Sálivas, que se denominó *San Juanito*, también en la margen izquierda del Meta y más cerca a Orocué.

A éste se agregó otro que no alentó menos la fé y el entusiasmo ardientes del P. Moreno, y fue el arribo de otros dos misioneros más, cuando no habian transcurrido aún seis meses desde la llegada de los anteriores: el Padre Fray Nicolás Casas del Carmen, que tan alto había de poner en Colombia el nombre del Instituto agustino recoleto con su gran saber y su acrisolada virtud, y el Diácono Fray Alberto Fernández, los cuales hicieron su entrada en Bogotá el dia 2 de noviembre de dicho año 1892.

Pero lo que principalmente llenaba de inmensa satisfacción y gozo el alma del P. Moreno, era saber cuánto iban trabajando los Padres en las Misiones de los Llanos, cuya grave necesidad moral y abandono religioso le habian arrancado lágrimas de dolor al contemplarlos en su apostólica expedición, que ya queda referida.

Desglosemos de los *Apuntes* lo que sobre el particular escribe el Padre Matute:

«Inflamados del celo de Elías estos varones apostólicos, llenos del espíritu de sacrificio por la gloria de Dios, y puesta su suerte y su vida en las manos del Señor........ ya están en Casanare. Dijérase que como rocio del cielo había caído sobre aquella dormida naturaleza un elemento de vida, un principio regenerador, lleno de actividad y de fuerza........ y ese elemento de vida, ese principio regenerador........ es el primer impulso a la obra regeneradora de la civilización de los salvajes en Casanare.» Era lo primero que tenían que hacer los Misioneros, y lo hicieron, sin que los intimidara nada ni nadie; esto ya es mucho, puesto que principio quieren las cosas, y en empresas de este género quizá en empezarlas está el mayor y principal mérito.

Esto sucedía a principios del año 1891, y para entender algo siquiera de la marcha progresiva de la empresa en que se empeñó el apostólico celo de los Padres Candelarios, hay que tener presentes todas las operaciones y faenas que se ve obligado a practicar un labrador antes de recoger el fruto de sus labores en la tierra. Esta, conforme á la maldición fulminada por Dios en el Paraiso terrenal después que delinquieron nuestros primeros padres, sólo produce por sí sola abrojos y espinas; necesita el hombre regarla con el sudor de su frente, tiene que trabajarla en castigo de su pecado, y según esto, observamos que sólo después de múltiples operaciones da al hombre el fruto que apetece, y que no desde el principio de tales operaciones aparece nacida la semilla que el labrador deposita en el interior de la tierra, sino después que dentro ha germinado y se ha arraigado. ¿Podría inculparse al labrador tachándole de ocioso e inútil, si después de haber sembrado ya la semilla, preparada la tierra, no germinase por cualquiera causa ajena a su voluntad? Indudablemente que nó, y quien tal hiciese daria testimonio de entender bien poco de agricultura.

Apliquemos ahora esta doctrina a nuestro asunto: tierra inculta y que sólo producía abrojos y espinas podemos llamar no ya sólo a las tribus salvajes nómades que existen en Casanare, sino hasta los mismos habitantes de los pueblos ya formados, pero enteramente abandonados en la parte moral; pues si son flores las virtudes cristianas, muy pocas o ningunas aparecían en el campo visitado por los Padres Misioneros y elegido como teatro de sus apostólicas labores: campo inculto y lleno de malezas, no era otra cosa el campo de Casanare cuando llegaron a él los Pa-

dres Misioneros Candelarios: ¿qué hicieron? Después de
apersonarse allí, derramar lágrimas y prorrumpir en lamen-
tos semejantes a los que salieron del corazón y boca del
Profeta Jeremías al ver las ruinas de Jerusalén destruída,
pues tenía ante su vista ruinas y desolación de lo que po-
dria ser un emporio de riqueza, si la picota demoledora
de las revoluciones y el furioso vendaval de políticas
pasiones no hubiera dado al traste con la hermosura y
belleza del campo, en otro tiempo cultivado por los fieles
hijos de Dios. Aquí haría con gusto una reseña del estado
floreciente de las Misiones, cuando las tenían alli establecidas los Padres Jesuitas, los Franciscanos, Dominicos y
Agustinos, y exclamaría, después de hacerla con el Ilustrísimo P. Casas: «Oh! ¡Cómo prosperó entonces ese país,
hoy casi desierto! ¡Cómo poblaban esas anchurosas sabanas inmensas vacadas! ¡Cómo florecieron entonces pueblos
que hoy, o no son sombra de lo que fueron, o han dejado
de existir por completo!» (1) y añadiría: ¡Cómo se han
agostado las flores que esparcían su aroma y embalsama-
ban el ambiente! ¡Cuál ha desaparecido la dorada mies que
embellecía el campo! ¡Ved que sólo abrojos y espinas es
lo que da la tierra, e inculto está lo que se intenta convertir en amena y frondosa viña del Señor! Bien quisiera,
repito, pintar la belleza del campo para hacer resaltar más
los estragos en él producidos; pero me saldría de mi propósito, que es únicamente hacer ver de algún modo lo que
han hecho los Padres Candelarios en Casanare y trataré de
seguir demostrándolo.

En enero de 1891 se instalaron los Reverendos Padres
Candelarios en Orocué, eligiendo esa población como punto
de residencia, por ocupar una posición topográfica muy
adecuada a sus proyectos de evangelización. Era Orocué frecuentemente visitado por las tribus salvajes que, en

(1) Primera Pastoral del Ilustrísimo Padre Casas a los fieles
de su Vicariato, página 25.

el interés de cambiar los productos de su industria por alimentos más nutritivos que los que les prodiga la naturaleza
en los bosques, ordinaria habitación de ellos, tienen trato
y relación con los blancos o sea con los habitantes de la
población; esto era para los Padres poderoso estímulo para
aprovechar una de esas ocasiones en que llegaban los indios, y empezar la conquista de sus almas, almas igualmente redimidas con la preciosa y divina sangre de Dios
humanado, que las de los cristianos, almas de un valor in-
apreciable ante Dios e igualmente dignas y merecedoras
del fruto de la humana Redención. ¡Salvar una alma! ¿Se
ha pensado bastante lo que vale? Vale más que conquistar
el mundo entero. El mismo Colón, al descubrir el Nuevo
Mundo, no apareció tan grande ante los ojos de Dios, alu-
diendo sólo al hecho del descubrimiento y prescindiendo
de sus consecuencias, como un Misionero que arrebata al
infierno una de esas almas que gana para el Cielo; que
hace entrar en el redil de la Iglesia, fuera de la cual no
hay salvación, a una de esas almas que duermen en la te-
nebrosa noche de la ignorancia, y a las que no ha visitado
la esplendorosa luz de la cristiana fe. Desde el primer día en
que los Padres Candelarios, operarios del Señor, fijaron su
residencia en Orocué, empezaron a ganar almas para el
Cielo. El ejercicio de las funciones de su sagrado ministerio, sin más tregua que el descanso necesario para la vida,
fue el riego benéfico que empezó a reblandecer aquella tierra, la tierra de los corazones, agrietada por la sequía horrible de una indiferencia, hija del completo abandono por
falta de operarios. La iglesia, casa y templo de Dios,
semejaba la destruída ciudad de Jerusalén, y como el Profeta Jeremias decía de ésta, se podía cantar de aquélla:
Quomodo sedet sola........ Sola estaba, siendo únicamente
habitación de los *bichos* que, como si conocieran a los
hombres, huyen de su trato y compañía y fijan su morada
en solitarios y ruinosos lugares; y en aquella desolada man-
sión, tan desolada y desmantelada como el mísero rancho

que en otro tiempo fue Casa cural, y en el cual se vieron
precisados los Padres Candelarios a residir, se volvieron a
oír las preces de David y volvió a contener en su recinto
al que no cabe en cielos y tierra, porque es inmenso, al
Dios que tiene sus delicias en vivir con los hijos de los hombres, a ese Dios, rico en bondad y misericordia, que no se
desdeña en dar estrecho abrazo de ardiente caridad al pecador ingrato que de corazón se arrepiente. ¿Es esto poco?

Pues aún hicieron más los Padres Candelarios. Era el
día 2 de febrero del año yá çitado de 1891. En este día
celebra la Sahta Madre Iglesia, y con ella sus fieles hijos,
la fiesta de la Purificación de Nuestra Señora la Santisima
Virgen, aquí llamada de la Candelaria; un doble motivo
tenían los Padres, que se honran con su nombre, para ro-
dear de pompa y solemnidad el culto con que se da honor
y gloria a la Reina de la gloria y del honor; era su Madre
y Protectora y además la Patrona titular de la iglesia y
del pueblo.

Séame permitido transcribir aquí algunos párrafos de
una carta que el Muy Reverendo Padre Moreno me escribió con fecha 4 de febrero del 91, porque ellos dirán mejor
que yo lo que entonces hicieron los Padres recién llegados
a Orocué. Después de darme cuenta de la enfermedad (producida por las fiebres) de dos de los compañeros de viaje,
y de referirme que había llegado, haciendo mucho alboroto
de tambores y flautas de caña, una tribu de indios Sálivas,
añade: «Han menudeado las visitas de indios, pidiendo
cosas........» Yá con esto se comprende que los Padres se
habían ganado las simpatías de los indios; se comprende
que los Padres no habían perdido tiempo para entrar en
comunicación con aquellas almas que anhelaban ganar para
Dios; porque si ellos les pedían cosas, era señal de que los
Padres algo les habían mostrado de lo que para el efecto
llevaban, y no deja de ser testimonio al mismo tiempo de
que yá tenían con ellos esa confianza que da el atrevi-
miento de pedir; y continúa: «Por la tarde (del día 1.º de

REVERENDO PADRE FRAY CAYETANO FERNÁNDEZ
de San Luis Gonzaga,

dotado de muy relevantes prendas de ciencia y virtud;
muerto víctima de la fiebre amarilla en Santamarta, en aras
de la obediencia, en mayo de 1899.

febrero) cantámos vísperas de Nuestra Señora de la Candelaria, se rezó el Santo Rosario y prediqué.»

De donde se ve que los Padres no conocían la ociosidad, ni aun necesitando el tiempo para descansar de un penoso viaje de más de treinta dias. ¿No dice esto mucho a quien sabe y quiere mirar las cosas al través del prisma de la verdad?

Sigue la carta: «El día 2, fiesta de Nuestra Señora de la Candelaria, titular de nuestra Provincia, hemos recordado nuestro Convento del Desierto, donde tantísima gente concurre en este día a confesarse. Aqui hemos tenido misa cantada, con bastante concurrencia de fieles, y he predicado en ella. Durante el dia han venido muchos indios, y hemos pasado con ellos el tiempo hablándoles de las verdades de nuestra sagrada religión. Por la tarde cantámos unas vísperas al glorioso Arcángel San Miguel, por encargo de un devoto, rezámos después el Santo Rosario, y prediqué.... El día 3 hicimos una fiesta a San Miguel, predicando el Padre Manuel. Como ayer, pasamos algunos ratos enseñando a los indios,» (éstos entendían el castellano). «Tuvimos que ocuparnos también en cocinar.... Por la tarde se sacó en procesión la imagen del Santo Arcángel, con mucha concurrencia de gente, y a la entrada a la iglesia les prediqué antes de que se marcharan. Después rezámos el Santo Rosario.» Y de seguir esta crónica que en ésta y en sus cartas posteriores me hace el yá Ilustrísimo Padre, sería cuento de nunca acabar, refiriendo que predicó. y predicaron todos los Padres, que fueron a confesar enfermos pasando por entre pantanos y esteros, de noche y de día, bajo la influencia del sereno, lo mismo que del sol tropical que los abrasaba; que casaron tántas y tántas parejas que vivian en mal estado, sin obligarlas a ello, sino prestándose al cumplimiento de ese estricto deber por la convicción, hija del celo de los Padres, después de la gracia de Dios; que bautizaron a tántos, en fin, que no se daban momento de reposo y sólo tomaban el descanso preciso para la vida, y éste entre el zumbido del mosco, el aleteo de los murciélagos y el temor consiguiente a tánto bicho y plaga como hay en toda tierra caliente· Referir todo esto con riqueza de pormenores y detalles que harian resaltar el heroísmo de los Ministros del Señor, operarios de su viña y Misioneros de Casanare, sería lo que tendría que hacer al ir copiando las cartas del Reverendo Padre Moreno; pero yá ellas quedan reproducidas en este libro.

———

Véase también lo que escribían los Padres Misioneros en las cartas siguientes:

Orocué, 5 de abril de 1891.

Muy Reverendo Padre Fray Ezequiel Moreno--Bogotá.

Respetable y amado Padre nuéstro:

Cumpliendo con el encargo que Vuestra Reverencia me dio al separarse de nosotros para emprender un viaje, por cierto trabajoso, voy a darle parte de nuestros trabajos evangélicos que, aunque pequeños, unidos como los unimos a los méritos infinitos del Sagrado Corazón de Jesús, esperamos no quedarán sin recompensa.

Principio por decir que no habíamos sufrido pena alguna que nos afectase de un modo notable hasta el día 5 de febrero. ¿Recuerda Vuestra Reverencia esa fecha? Es el día en que Vuestra Reverencia se separó de nosotros, y en el que sentimos impresiones algo fuertes para nuestra debilidad, pues si bien antes de esa fecha habíamos experimentado privaciones y trabajos consiguientes a un pais como éste, falto de recursos y de las comodidades que se tienen por los pueblos yá civilizados de por ahí, sin embargo, como teníamos presente a Vuestra Reverencia, que nos animaba con su ejemplo, todos aquellos trabajos se nos hacían no sólo llevaderos, sino que los sufríamos con gusto y placer sumo; mas, cuando yá llegó el momento de darnos su abrazo paternal de despedida, nuestras almas sufrieron

¨lo indecible, al ver que yá era un hecho que nos quedába-
mos solos y sin el Padre que nos servía de guia y de todo.
Yo (como Vuestra Reverencia vió y observó), con el fin de
de evadir aquella tristísima escena, parti para la iglesia a
presenciar un matrimonio de dós infelices que, desgraciadamente, habían vivido en mal estado; no tuve valor para
despedirse, y confieso mi flaqueza.

Una vez que presencié el santo matrimonio y ofrecí al
Señor el incruento sacrificio de la Misa, volví a la desali-
ñada casa y aún encontré a mis queridos Hermanos impresionados y algo pensativos.

Nos consolámos pronto con el pensamiento de que así
lo disponía el Señor, y era su voluntad santa que nosotros
diéramos principio a una obra tan grande y arriesgada
como es la reducción de las tribus salvajes que existen por
estos Llanos, y que El, por consiguiente, nos daría gracia
para trabajar en la obra que El nos encomendaba por medio
de nuestros Superiores.

Celebrámos en la misma mañana una fiesta encargada
a Nuestra Señora del Carmen, en la que prediqué; y, terminada ésta, tomámos el almuerzo que nos tenía preparado
el Hermano Isidoro, almuerzo que si bien se redujo a las
mismas viandas que nos preparaba la famosa vieja cocinera,
a quien había que decirle todo, parecían ser otras, arregla-
das o condimentadas por el Hermano. Por la tarde, después de haber administrado el santo Bautismo a ocho niños,
rezámos el santo Rosario, hicimos una procesión, y antes
que marcharan muchas personas, por cierto indiferentes,
que, movidas por la novedad, habían concurrido, les dirigí
la palabra haciéndoles ver la terrible pena de daño que sufre
el alma de un condenado en el Infierno.

Acabada mi plática nos retirámos a casa, y después de
haber cenado y pasado un rato en fraternal conversación,
nos encomendámos al Señor, y buscámos las hamacas para
descansar y esperar un nuevo dia para proseguir nuestra obra.

No. pudimos dormir en toda la noche; un ruido raro que
se notaba cerca de la casa nos tuvo en completa vigilia.
Nos levantámos muy temprano, y nos enterámos de la causa
del ruido. Dos vacas se habían entrado a la cocina, que,
como sabe Vuestra Reverencia, está separada de la casa, y
pasaron la noche lamiendo unos pedazos o terrones de sal
que habíamos comprado el día anterior: concluyeron con dos
libras que era el peso de los terrones.

Ese día, 6, después de haber presenciado unos matrimonios y cantar una Misa a Nuestra Señora del Carmen,
empleámos el tiempo en preparar mi viaje para Santa Elena,
donde yá debian estar los indios Guahivos que habian quedado de ir allí cuando la luna estuviera pequeña.

Es corriente por aquí el decir que *tres y dos no son
cinco*, y yo creo que por algo lo dicen, pues casi todas las
cosas suelen salir al contrario de lo que uno piensa, o no
salen como uno desea y ha convenido que se haga. Me
habian prometido unos marineros que saldríamos de aqui a
las 4 p. m. del día 6, pero salímos hasta las 8 a. m. del
día 7. Me embarqué en un bongo, llevando en mi compañía al Presbítero don Crisóstomo Moreno, que volvía para
Tunja, según las órdenes que dejó Vuestra Reverencia, por
causa de las fiebres que le atacaron. A las doce arribaron los
marineros a una playa inmediata a la desembocadura del
caño Carare, en el Meta. Allí prepararon un sancocho que
tomámos con apetito, porque es indudable que la necesidad
es la mejor salsa.

A las dos emprendimos de nuevo marcha, y pasámos
la tarde, ora rezando o leyendo, ora viendo los saltos de las
toninas y oyendo el canto de las aves, ora, en fin, sintiendo
las picaduras de los mosquitos y procurando ahuyentarlos.
Aquí, como Vuestra Reverencia ha visto, la naturaleza se
muestra verdaderamente grande y hermosa, y es cosa triste
que esté tan desierto este verdadero paraíso terrenal. A las
cinco y media arribaron los marineros a una playa llamada
Maremare, donde prepararon un poco de carne a usanza
llanera, que nos sirvió de cena; recé después el santo Ro-

sario. Algo más tarde hice mis oraciones de la noche, y me
recogí en mi hamaca, que estaba colgada o guindada, como
dicen por aquí, en dos estacas que introdujeron en la arena
de la playa.

Pasé la noche entera en un solo sueño. ¡Loado sea el
Señor! Cuando a El le place no son necesarios al mortal,
para su descanso, ni las camas de muelle, ni los blandos
colchones, ni las habitaciones que le pongan a cubierto de
la intemperie. Una hermosa aurora asomaba en el horizonte
cuando yo elevaba mis súplicas al Todopoderoso; me sacaron los marineros de mi recogimiento para darme el chocolate, como preámbulo a nuestra partida. Esta principió después de tomar el chocolate, y no parámos hasta las doce
del día, que dio orden el patrón de arribar a la costa de
un territorio llamado Montenegro. La comida fue como la
del día anterior, y terminada, seguimos navegando sin más
novedad que la de haber dejado el anchuroso Meta y entrar
en el pacífico río Cursiana. He dicho pacífico, y no me falta
razón, porque la corriente de sus dulces y cristalinas aguas
apenas se deja sentir, y sólo el ruido del salto de los peces
que en él abundan, interrumpe a veces el silencio que alli
reina, y a uno lo saca de la contemplación de las grande-
zas y maravillas obradas por la Diestra del Omnipotente,
en las orillas del río. Tres horas llevábamos yá navegando
por él y me parecía que acabábamos de entrar en sus aguas.
¡Tánto encanto ofrece al pobre navegante!

A las seis y media de la tarde arribaron los marineros
a una playa distante una hora de la fundación llamada
Corozal.

Una idea nos preocupaba en estos días, y era la de
que no pudiéramos encontrar bestias para que el doctor
Moreno siguiera cuanto antes su viaje en dirección a Tunja,
y gracias a Dios Nuestro Señor, en la playa donde arribámos nos encontrámos con el propietario de la fundación
arriba mencionada, quien, después de haberle expuesto
nuestra necesidad, nos alquiló las bestias necesarias. Le

.dimos las más expresívas gracias, cenámos, nos encomendámos a Dios y ocupámos las hamacas para descansar.

Apenas amaneció el día, me levanté e hice levantar a
los marineros para que hicieran el càfé para poder empezar a nayegar lo antes posible y llegar pronto a Santa
Elena, porque me había dicho un joven que los Guahivos
estaban yá esperando en dicho pueblo hacia tres días.

Apuraron, en efecto, los marineros, y a las cinco y
media estábamos yá navegando. Eran grandes mis deseos
de llegar a Santa Elena, y los minutos se me hacían horas; mas por fin llegámos a las once y media a. m.

Muchos Guahivos se estaban bañando en el río, cerca
del sitio donde parámos, y al verme, todos exclamaron diciendo: ¡El Padre! ¡El Padre! La alegría entre ellos fue
general, según las demostraciones que hacían, y la conversación era animadísima, pero por desgracia aún no les
comprendemos.

Largo rato estuve contemplando a aquellos infelices
faltos de creencias religiosas y sumidos en la más profunda
barbarie. Recogidas las cosas que traíamos en el bongo,
nos dirigímos a la morada de D. Ricardo Ruiz, a quien
encontré repartiendo pedazos de carne a otros muchos
salvajes.

Si los corazónes de los Guahivos latieron de alegría
al vernos, según parecía desprenderse de las manifestaciones que hacían, el de D. Ricardo parecía salir de su centro, pues según me dijo, llevaba yá diez dias de estar
bregando con el salvajismo de aquellas gentes que habían
yá arrasado varios ranchos o casitas, incitados por un mal
cristiano de Santa Elena, y no cesaban, por otra parte, de
molestarle con sus exigencias y caprichos.

Después de haber descansado un rato y habernos contado D. Ricardo lo que había tenido que sufrir en aquellos
días, tomámos la comida que por casualidad tenia preparada dicho señor, y una vez terminada, tratámos de lo que
habíamos de hacer con los infieles. Convinimos en repar-
tirles unas arrobas de sal y algunos objetos de los que

trajimos del interior, y así lo hicimos con gran contento de·
ellos, que no ´cesaban de decir: «¡Padre bueno! ¡Padre
bueno!» Pero no era posible atender a tánta petición y a·
tánta exigencia como llegaron a hacer, y me sentí mareado
con sus voces y gritos. Unos pedían sombrero, otros pantalón, éstos camisa, aquellos espejos, collares, anillos, etc.,
etc., y aunque traté de contentar a todos, no sé si lo con-
seguiría, porque aunque a todos di algo, no me fue posible·
dar a cada uno lo que queria. Conseguí por último, no sin·
trabajo, el que me dejaran solo, y me dirigí a la pequeña.
iglesia para rezar el santo Rosario y predicar.

Cuando salí de la iglesia me dijeron que fuera a casa
de D. Ricardo para cenar, y allí me dirigí y encontré la
cena preparada. Estábamos tomando ésta cuando llegaron
unas personas para hacernos saber que habian aconsejado
a los indios que incendiaran el pueblo, y, sobre todo, que
no hicieran caso a los Padres, porque el fin que llevaban
era sólo el reunirlos para matarlos a todos juntos con la
fuerza armada que tenían preparada para el caso. Yo crei
en un principio que esas noticias no tendrían fundamento
alguno serio, pero la conducta que observaron desde entonces los capitanes de las tribus infieles nos hicieron creer
que había algo de lo que nos habían contado. Sabido es
que ellos son ordinariamente recelosos y desconfiados, pero
ese recelo y esa desconfianza, subieron de punto de un
momento a otro, y acaso fuera por lo que nós contaron.

Sabe perfectamente Vuestra Reverencia que mi ida a
Santa Elena no fue con el objeto de dar principio a la reducción de aquellos infieles, porque no se contaba con·
medios para principiar esa obra en aquel sitio donde ellos
no residían; el objeto poi entonces era sólo el visitarlos y
darnos a conocer y conocerlos para pensar en lo que se
podría hacer en adelante, y evitar, además, algún conflicto
que pudiera haber habido entre fieles y no fieles, y una
vez realizado ese objeto me prepaié para volver a Orocué,.
punto por hoy de nuestra residencia.

) Cuatro días pasé en Santa Elena, y el 13 por la mañana, después de haberme despedido del doctor Moreno y de D. Ricardo, emprendí mi viaje por tierra. La mañana era bella y hermosa, como bella y hermosa es una mañana de primavera por nuestro país, y el canto de multitud de aves, algarabía de los monos y rugidos de otros animales, venían a darle más encanto y poesía. Disfrutando íbamos de todo eso en nuestra marcha por las dilatadas sabanas de Casimena, cuando vimos levantarse un oso formidable, dando señales claras de lo poco grato que le había sido el que hubiéramos llegado a turbar su reposo.

Unos perros que iban en nuestra compañía quisieron acometerle, pero el oso les dio la cara, y temiendo nosotros algún desastre, llamámos a los perros, y el animal se fue alejando lentamente por la sabana. Aún íbamos siguiendo con la vista los pasos del oso, cuando los perros nos proporcionaron otra distracción menos peligrosa y más divertida, sacando de entre los frondosos pastos a muchos *cachicamos* de los que cogimos algunos.

Seguímos caminando toda la mañana sin más novedades que las yá dichas, y a las doce y media llegamos al caño Maremare, donde parámos a descansar y tomámos una latita de sardinas, un poco de pan de arroz y una gran totuma de agua. Tomado este refrigerio o piquete, como por aqui dicen, seguimos nuestra marcha con muchísimo calor y fuerte viento. A las cinco de la tarde pasámos el río Cravo por un punto cercano al sitio que ocupó el antiguo pueblo llamado Guayabal, donde hubo religiosos nuéstros, y de donde sacaron los retablos yá destrozados y otras cosas que hay en la iglesia de Orocué, cuando este pueblo se fundó. El frontal de madera del altar mayor y el cáliz con que celebrámos tienen las armas de nuestra Orden.

Poco después de haber pasado el río llegámos a una fundación donde aceptámos la hospitalidad que nos ofrecieron, porque estábamos muy cansados. Pasado algún tiempo nos sirvieron plátanos fritos, una taza de caldo y café, y después de tomar esta cenita me encomendé al Señor y busqué mi hamaca para descansar. Descansé algo, en efecto, pero apenas pude dormir, no sé si por la irritación producida por el calor del día anterior o por el relente de la noche.

Durmiendo poco o mucho, lo cierto es que amaneció un nuevo día, al que di principio visitando dos enfermos que se hallaban próximos a morir. Les hablé para prepararlos a recibir los Sacramentos que podía administrarles, pero parecía que hablaba a piedras.... ¡Qué ignorancia tan grande y tan fatal la de estas gentes, y como consecuencia, qué abandono tan espantoso en lo que hace relación a la otra vida y eterna salvación! Trabajo y no poco me costó el poder hacerles comprender que debían aprovechar la ocasión que se les presentaba para prepararse a tener una' buena muerte; pero por fin quiso el Señor, en su misericordia, que se confesaran y recibieran la Extremaunción.

¡Quiera el Señor mandar más operarios que trabajen en esta viña y llegue á producir debidos frutos!

Practicada esa buena obra volví a la casa, donde pasé la noche, y después de haber tomado desayuno, emprendimos nuestra marcha hacia Orocué, a donde llegámos a la una p. m. Mis Hermanos corrieron a mi encuentro y nos dimos un tierno abrazo. No me esperaban, y no había comida preparada, pero una buena señora, al saber que había llegado, mandó una sabrosa sopa que tomé con apetito, dando gracias a Dios por aquel beneficio.

Durante los días de mi ausencia, mis Hermanos no han hecho otra cosa que trabajar cada vez con más celo por salvar almas. El Padre Manuel empleó el tiempo confesando, predicando, enseñando la doctrina y visitando algunas familias con el objeto de ganarlas para nuestro Dueño Crucificado; y el Hermano Isidoro, aunque estaba algo débil por las fiebres, después de sus quehaceres de cocina ha tapado los muchos agujeros que había en la casita, ha hecho una pequeña habitación o pieza, y aun ha tenido tiempo para enseñar a algunos niños que acudían á casa.

Han sido visitados también en estos dias, por varios grupos de indios, pidiéndoles, como a mí, sombrero, pantalón, espejo, etc., etc.

He cumplido con el encargo que nos hizo Vuestra Reverencia, dándole cuenta de lo que hemos hecho. Dios Nuestro Señor le guarde y a nosotros nos dé gracias y celo para llevar al Cielo almas que canten sus misericordias.

FRAY MARCOS BARTOLOMÉ
De la Soledad.

————

Orocué, 23 de marzo de 1891

Reverendo Padre Fray Ezequiel Moreno--Bogotá.

Mi amado y respetable Padre:

Di cuenta a Vuestra Reverencia, en mi carta anterior, de todo lo acaecido por aquí hasta el día 14 de febrero, y voy a proseguir en esta mi relación de trabajos hechos desde aquella fecha hasta hoy.

Todo estaba dispuesto para que el Padre Manuel saliera de ésta el día 16 de febrero, con dirección al territorio llamado *El Diamante*, donde, como ya sabe Vuestra Reverencia, residen los indios Sálivas. El territorio está situado a orillas del Meta, y como a dos horas de distancia de Orocué.

Como casi siempre sucede por aqui, no pudo realizar el viaje en dicho día, porque las dos personas que se comprometieron a acompañarle no parecieron, faltando a su compromiso. El día 18 fue cuando pudo emprender su viaje, en compañía de un indio Sáliva que iba para *El Diamante*.

Antes de salir, el Padre Manuel dispuso que yo fuera a Barrancopelado para visitar los indios Guahivos que hay por allí, y el día 19, a las cinco p. m., me embarqué en una pequeña curiara. Apenas habia pasado una hora desde mi salida de Orocué, cuando me encontré al Padre Manuel, que iba navegando en otra curiara. Pasámos un corto rato

hablando, y nos despedimos suplicando al Señor volviéra-
mos a vernos sin novedad.

Un agudo-dolor de muelas que me molestaba no me
dejó disfrutar de las bellezas que se ofrecen a la vista por
estos sitios, cuando el sol se hunde en el ocaso, y de lo.
agradable de la temperatura en esa hora. Me acosté en los
duros palos de la curiara, y entrada yá la noche, tomé mi
colación, que se redujo a un poco de pan; recé el santo
Rosario, hice mis oraciones de la noche y traté de dormir,
pero seguía el dolor y no pude. A las once de la noche los
bogadores se acomodaron en la playa para dormir; yo tendi
también en la arena una cobija y me acosté, y, gracias a
Dios, dormi perfectamente hasta las cuatro de la mañana,
que amanecí sin dolor. A la hora dicha tomámos café, e
inmediatamente comenzámos a navegar.

Cuando el sol apuntaba por el horizonte e íbamos contemplando su salida, divisámos a lo lejos dos curiaras que
avanzaban hacia nosotros. Iban en ellas catorce indios Piapocos, y cuando yá se acercaron y me vieron, exclamaron
diciendo: «El Padre!» Se acercáron a nuestra embarcación
y me suplicaron les diera ropa. No llevaba ropa para darles, pero sí les di algunos objetos caprichosos, ofreciéndo-
me ellos, en cambio, casabe y huevos de tortuga.

A las nueve de la mañana, arribámos a la playa, por
precisión, porque el viento era muy fuerte y la curiara pequeña, y no era posible navegar sin peligro. Allí tomé un
poco de pescado, unos plátanos y una taza de café, y descansámos hasta pasadas las doce. Principiámos a andar con
mucho viento aún, y con un sol abrasador; a las cuatro
llegámos a la desembocadura del río Guanapalo, en el Meta,
y desde ese punto hasta Barrancopelado me distraje con los
muchos caimanes que iba viendo.

Media hora antes de llegar a Barrancopelado vi en la
orilla opuesta siete Guahivos. ¡Qué imponentes son estas
playas solitarias y desiertas, en las que si algo se llega a
ver, no es otra cosa que fieras o salvajes! Sólo la fe y el
deseó de corresponder de algún modo al amor de un Dios

que no dudó dar su misma vida por nuestro bien, pueden
dar aliento. para sobrellevar esta clase de vida, llena de
privaciones de todo género. Si Él sufrió tánto por ganar
nuestras almas, razón es que nosotros suframos por secundar sus esfuerzos; este pensamiento da fuerzas y dulcifica
todos los trabajos. ¡Loado sea ese Dios·que nos ha elegido
para trabajar con Él, y padecer algo por su amor!........
Quédense para quien los quiera los deleites y dulzuras de
este mundo falaz y mentiroso; nosotros, gracias a nuestro
Dios, no deseamos sino morir en medio de estas soledades,
rodeados de estos infelices seres hermanos nuéstros, redimi-
dos, como nosotros, con la preciosa sangre del Cordero sin
mancilla!

Llegué, por fin, al deseado sitio de Barrancopelado,
sitio ameno y delicioso por la situación que ocupa, pero
con menos casitas de lo que yo esperaba. Sólo encontré
cuatro ranchitos, dos de ellos sin gente y los otros dos habitados por los que me acompañaban en la curiara. Por
las noticias que nos habían dado, esperaba también encontrar un número algo considerable de Guahivos, pero sólo
vi siete. Pregunté por qué no había más, y me contestaron
diciendo lo que en otras partes: que habian dicho a los
indios. que los Padres llevaban fuerza armada para matarlos,
y que por eso habían huido. ¡Todo ese bien hacen por
aquí algunos blancos!

A las seis reuní a los siete indios Guahivos que encontré, les repartí algunos de los objetos que traia y apro-
veché la ocasión para decirles, por medio de intérprete, que
yo no iba a matarlos sino a buscar su dicha y felicidad, y
darles a conocer lo que son, lo que deben ser, y el fin glorioso a que están llamados.

Concluida la sesión, cené lo que me dieron, recé después el santo Rosario, me encomendé a Dios con otras
oraciones, y me acosté; empero, por una parte, siete perros
hambrientos que buscaban algo que comer por el rancho,
y por otra, dos niños que no cesaban de llorar, no me dejaron dormir.

La belleza y encantos con que vino acompañado el nuevo día, disipó la destemplanza que me proporcionó la mala noche. No me canso de repetir que las mañanas son hermosísimas por estos Llanos, por más que no tengo necesidad de decirlo a Vuestra Reverencia, porque yá lo sabe y ha visto lo que son. Pasé el día haciendo apuntes sobre el idioma guahivo, y en recorrer aquellas llanuras inmediatas, y al día siguiente, a las 7 a. m., me embarqué para volver a Orocué.

A las ocho y media de la mañana los remeros me señalaron unos indios Guahivos que corrían tras unos patos. Los llamámos, arribámos a la playa donde estaban, y ellos se acercaron a la embarcación. Como el día anterior había aprendido algo de guahivo, les hablé en ese idioma lo que sabía, y ellos manifestaron la mayor alegría al oírme. Les di algunas cosillas, procuré disipar con mi cariño y buen trato los temores que les han hecho concebir, y seguimos nuestro viaje, dejándoles contentísimos.

No saltámos a tierra en ese día para hacer de comer, porque el viento era favorable y queríamos aprovecharlo. Comimos unos pedacitos de carne y un poco de *casabe*, y con eso pasámos hasta las seis de la tarde, que arribámos a una playa para pasar la noche. Allí prepararon una cenita, y después que la tomé me encomendé a Dios y me acosté sobre la arena, rendido y con algo de fiebre; ésta no me dejó dormir por algunos ratos.

Nos levantámos a las cuatro de la mañana, y media hora después principiámos a navegar hacia Orocué, donde llegámos a las diez de la misma mañana. En compañía de mis buenos Hermanos encontré al Reverendo Padre Vela, y a todos di un estrecho abrazo. Le pregunté en el momento por los Padres Jesuitas, y me dijo que seguían sin novedad; bendije al Señor por todo.

Dije antes que el Padre Manuel habia salido para el punto donde residen los indios Sálivas. Estos le recibieron y trataron muy bien, y al día siguiente de su llegada paseó con ellos las sabanas de San Juanito y Ruge, y convinieron en formar un pueblecito en esta última.

El Reverendo Padre Vela salió de aquí después de haber tenido el gusto de tenerle tres dias en casa, y se dirigió a San Pedro de Arimena, donde debía encontrar a los Padres Jesuitas. Nosotros hemos seguido nuestros trabajos en este pueblo, y el 13 de este mes salieron el Padre Manuel y el Hermano Isidoro para hacer algo por los pueblos del pie del cerro, que pedían con instancia que fuera alguno. Yo me quedé aquí haciendo una Novena al glorioso Patriarca San José, con el objeto de reunir gente en la iglesia y poder dar instrucciones cristianas. Logre, gracias a Dios, que hubiera bastante concurrencia, y el 19 se hizo una solemne función. El 20 comencé a instruir a unos treinta niños y niñas para que el día 1.º de Pascua hicieran su primera Comunión; el tiempo que me queda lo emplearé en ir preparando esto lo mejor posible para celebrar los Oficios de la Semana Santa.

Ayúdenos a suplicar al Señor para que haga fructuosos los trabajos de su afectísimo Hermano y humilde súbdito,

FRAY MARCOS BARTOLOMÉ
De la Soledad.

———

Orocué, 23 de mayo de 1891

Reverendo Padre Fray Ezequiel Moreno--Bogotá.

Respetable y amado Padre:

En mi carta anterior, fecha 20 de marzo, decía a Vuestra Reverencia que estaba trabajando para que las funciones de Semana Santa se hicieran con el mayor esplendor posible. Pues bien: mientras ponía en juego todos los medios con que contaba para la realización de mis deseos, el demonio, como siempre, trabajaba por medio de los que ciegos le siguen, tratando de convertir los días santos en dias de escándalo. Desde el día de Dolores hasta el Miércoles Santo estuvieron a la orden del día los juegos y borracheras con todas sus consecuencias. Las noches eran verdaderamente borrascosas, viéndome obligado en algunas a salir de la casita para llamar al orden a los alborotado-res: empresa difícil porque estaban todos ebrios. ♦

El Jueves Santo clamé en la iglesia contra tales escán-dalos en dias tan señalados y santos, y además acudí a la autoridad para que no los permitiera. Fui atendido por dicha autoridad y se consiguió mucho con las disposiciones que dio, pero aún hicieron de las suyas los revoltosos por las afueras de la población. Se conoce que era costumbre de pasar los días santos en horrenda bacanal en vez de en-tregarse al recogimiento y oración. ¡Desgraciados! Han estado solos tánto tiempo, y todo lo tenían olvidado y aun alterado y trastornado en sentido contrario al espíritu del Catolicismo.

Uno de los medios de que me valí para atraer gente a las funciones religiosas fue el de suplicar a varias madres que vistieran a sus hijos e hijas, bien de Angeles y Marias, bien de Guardias para custodia del Santo Sepulcro. Los que aún conservan algo de piedad me ayudaron con limos-nas para el alumbrado y otros gastos que hubo que hacer, y los Oficios y Procesiones se hicieron con pompa extra-ordinaria y por aquí nunca vista, siendo lo más consola-dor el que algunos de los escandalosos en los días ante-riores, se tornaran en admiradores de lo que se hacia, y daban las gracias.

El día de Pascua tuve la dicha de dar la primera Co-munión a unos treinta niños y niñas, todos elegantemente vestidos, y este acto conmovedor siempre de suyo, ame-nizado con la recitación de varias poesias por los niños, llenó a todos de alegría santa y dejó los más gratos re-cuerdos. Por la tarde se hizo una Procesión que fue bella y hermosa por ir en ella los niños y niñas con los trajes de la mañana, y multitud de fieles de todas edades y condiciones.

Para que esos recuerdos y santas emociones no se bo-rraran fácilmente, animado por la muy grata y cariñosa carta de Vuestra Reverencia, prediqué un sermón exhortando a todos para que unos se asociaran a la Congregación del Sagrado Corazón de Jesús, otros a la de la Inmaculada Concepción, y otros a la de San Luis Gonzaga, Patrono de la juventud. Apenas concluí el Santo Sacrificio de la Misa tuve el gusto de inscribir el nombre de más de cuarenta personas en la lista de los asociados, y creo que no serán las únicas, pues no tardará mucho tiempo sin que haya numerosas Congregaciones que den los felices resultados que en todas partes dan.

Sólo deseaba yá ver pronto a mis queridos Hermanos, quienes, como le decia en mi anterior, habían ido al pueblo de Pore, y ese deseo lo vi satisfecho el día 8 de Abril. Yo regresaba de una visita que hice al antiguo pueblo Macuco, donde aún hay huellas de los trabajos de los antiguos Padres, y al llegar a casa tuve el placer de encontrar a mis Hermanos y darles un estrecho abrazo. Excuso pintarle nuestra alegría al vernos reunidos después de veintiséis días. El pueblo no tuvo menor placer, pues apenas se enteraron de su llegada, fueron muchísimas personas a verlos y saludarlos.

El Padre Manuel no sabía cómo ponderarme las atenciones que les guardaron los vecinos de Pore, Támara y La Trinidad, y el empeño que tenían en que se quedaran con ellos. En todas partes les despidieron con lágrimas y llantos, suplicándoles volvieran pronto a visitarlos. ¡Quiera el Señor mandar pronto operarios, porque imposible es que podamos acudir a tántas necesidades! En la expedición presenció el Padre Manuel quince matrimonios, bautizó cuarenta y cinco niños y confesó todos los dias cuanto pudo. Cuando yá estaban preparados para venir a ésta desde La Trinidad, les buscaron para confesar a un enfermo. Salieron de La Trinidad a las doce y media y llegaron a la casa del enfermo a las doce y quince minutos de la noche! ¡Cuánto hace la caridad!

Corto tiempo disfruté de la compañía de mis Hermanos, porque a los dos días de su llegada salí para Barrancopelado. No me detengo a hacer la relación de lo ocurrido en la navegación por el Meta, porque, poco más o menos, fue lo mismo de lo que ocurrió en el primer viaje que hice a dicho punto.

Llegámos a las doce del día 11, y no encontrámos indios; pero una hora después de nuestra llegada nos dijeron que una tribu de Guahivos andaba por las cercanías, y les mandé avisar que vinieran. Llegaron unos veinte, y todos ellos tienen su residencia en las riberas del río Casanare, según me dijeron. En vista de esto, sólo les dije que avisaran a su paso a dos Capitanías, que no muy lejos de nosotros estaban arranchados. Marcharon, y después de cenar algo y suplicar al Dios de las misericordias por aquellos infieles y por nosotros mismos, nos recogimos para descansar.

El día 12, dos horas después de haber salido el sol, se presentaron ante nosotros doscientos indios cargados unos con sus hijos, otros con víveres, y todos con flechas y pidiendo cuanto se les ocurría.

Por entonces no hice más que saludarlos con cariño y decirles que después de celebrar el Santo Sacrificio de la Misa les daría algunas cosillas. A las ocho y media di principio al Santo Sacrificio, rodeado de aquella multitud de infieles. Momentos hay en la vida de fuertes emociones, pero pocas comparables a las que experimenta un Misionero católico, con las que yo experimenté durante el Sacrificio que ofrecí al Altísimo en aquel día. No sabía qué decir al Señor para que derramara gracias abundantes sobre aquellos infelices, y luces celestiales que disiparan las tinieblas en que se hallan envueltos: no encontraba palabras, pero todo se lo decían las lágrimas que en abundancia corrían por mis mejillas! Estaban viendo el acto más solemne que puede imaginarse, estaban presenciando el Sacrificio más grande que puede hacerse, memoria de aquel otro Sacrificio que el Sacerdote Eterno, Jesucristo Nuestro Señor, ofreciera al Eterno Padre para rescatar a todos los hombres, inclusos aquellos infelices, y.... aquellos infelices....

nadá comprendían de lo que alli se hacia y estaban viendo. ¡Qué pena causaba en mi alma esta consideración! ¡Cómo no había de derramar lágrimas en abundancia!

Terminado, el Santo Sacrificio y dadas gracias a Dios, di principio al reparto de los objetos que llevaba, y contentos ellos con las cosas que a cada uno tocaran y satisfechos nosotros de verlos contentos, pasamos aquel día hablando con ellos y proyectando trabajos. Al día siguiente los hombres cortaron palmas y las mujeres limpiaban un pedazo de terreno que desde luego llamámos plaza del pueblo que se iba a formar. Ay! ¡quién pudiera saber cuándo se verían realizados estos deseos! Trabajaron mientras tuvimos algo que darles, pero llegó el día en que decian: «*jani pana viecho*,» tenemos hambre! Y.... nosotros no teníamos qué darles; ¿Y de dónde sacar? No tenemos sueldo, ni tenemos haciendas: gastamos lo poco que sacamos por los pueblos cristianos Los indios fueron a buscar que comer, y nosotros volvimos a Orocué en busca también de algunas cosas. Nos cayeron varios aguaceros por el caudaloso Meta, y una de las noches la pasámos en la arena mojada y debajo de un gran madero, porque llovía. Día y medio no tuvimos otra comida que un poco de carne yá en putrefacción y con algunos gusanos que había que quitar, pero llegámos a un caserío, y ¡bendito sea Dios! nos dieron una gallina. Con esta refección seguímos nuestro viaje, y a las tres y media de la tarde llegámos a Orocué, donde el Padre Manuel nos recibió lleno de gozo, como siempre.

Nada más de particular por hoy. Se despide hasta otra su afectísimo Hermano y súbdito q. b. s. m.

FRAY MARCOS BARTOLOMÉ
De la Soledad.

Orocué, 24 de mayo de 1891.

Muy respetáble y pensado Padre Ezequiel:

Contra lo que esperaba y le decia en mi última, me encuentro otra vez en ésta después de haber recibido mi primera lección *práctica*, predicha yá en *teoria* por el Venerable Padre, sobre los indios.

Sali para Barrancopelado el 7 del presente, según le decía en mi última, y a la mitad del viaje por el Meta me encontré con el Padre Marcos y el Hermano Isidoro que subían en una curiara gobernada por indios Guahivos. Quedé sorprendido al divisarlos, y mil y mil ideas nada halagüeñas se agolparon a mi mente. Mandé que dirigieran mi curiara a la en que ellos venían, y al verlos pálidos y flacos creí habían abandonado aquella Misión por enfermedad; pero, gracias a Dios Nuestro Señor, me engañé, pues si bien habían tenido que sufrir bastante por falta de alimentos, se encontraban buenos y sanos. El Hermano pasó a mi curiara y con él segui para Barrancopelado, y el Padre Marcos siguió para Orocué.

Llegué a Barrancopelado en la misma tarde, donde encontré unos treinta indios; los otros se habian marchado.

En los dias anteriores habian trabajado en el arreglo del terreno donde se había de levantar el nuevo pueblo, y yá tenían techada nuestra casita, pero se habian cansado, porque para ellos es vida más cómoda el andar errantes y cazando reses en las ganaderías.

Los que habían quedado creyeron que yo llevaba ropas y otros objétos como llevó el Padre Marcos, y con la esperanza de que les daría, trabajaron algo al día siguiente, pero cuando vieron que nada podía darles de lo que esperaban, principiaron con su *janipa* (tengo hambre). Pedí carne al hato llamado *Platanal* y me ofrecieron una res; pero ocupados los del hato en recoger ganado, no pudieron traerla pronto, y cuando yo estaba celebrando la santa Misa, se marcharon los indios que quedaban.

14

Trabajosa se presenta la empresa de reducir a los Guahivos, pero ni descofío del poder de Dios, ni desmayo por consiguiente: ordinariamente la formación de un pueblo de infieles supone más trabajo y más privaciones de las que llevamos sufridas. Se han marchado diciendo que tenían que buscar qué comer, y que en el verano principiarían de nuevo los trabajos en el pueblo. Yo lo dudo, porque en ese tiempo es cuando más corren.

Los dias que estuve con ellos los pasé en el bosque, en su compañía, cortando maderas y palmas, y riéndome mucho con ellos. Algunas cosas me sucedieron dignas de notarse, pero no tengo tiempo para relatarlas porque el correo va a marchar.

Hemos sentido mucho la muerte de nuestro Padre Gabino y la del Ilustrísimo señor Arzobispo Velasco, pero nos consolamos con el pensamiento y la esperanza de que ambos rogarán por nosotros en el Cielo.

Ahora, apenas pase la fiesta del Sagrado Corazón de Jesús, que pensamos celebrar con la mayor pompa posible, principiaremos a trabajar con los indios Sálivas en un punto yá destinado para formar un pueblecito. Estos se encuentran muy bien dispuestos y casi todos en su mayor parte, pero el enemigo común de las almas trabaja lo que puede porque la obra no se realice, y se vale nada menos que de una de las autoridades de dichos indios, quien no ve más que imposibles en todo lo que se trata de hacer. Dios Nuestro Señor hará el papel principal en la empresa, y yá le daré cuenta de lo que suceda.

Hemos sentido mucho el que no vuelva el señor Arias, Administrador de la Aduana aquí establecida, porque era un buen compañero; pero se mitiga el sentimiento si le releva en el cargo el señor Muelle, quien, como ya sabe, es también un buen amigo y persona formalísima y apreciable.

Salude de nuestra parte a todos los Reverendos Hermanos y personas conocidas, y Vuestra Reverencia reciba los respetos y cariños de sus súbditos y Hermanos en nuestro Gran Padre San Agustin.

FRAY MANUEL FERNÁNDEZ
De San José.

Orocué, 15 de junio de 1891..

Reverendo Padre Fray Ezequiel Moreno--Bogotá

Querido y respetado Padre:

Nos vamos confirmando cada vez más en lo que Vos nos repetíais tántas veces, esto es: que la reducción de infieles no es obra de un día, y que exige mucha constancia, mucha paciencia y mucha caridad. Fui a Barrancopelado con el Hermano Isidoro y hallámos aquello desierto; se habían marchado todos los indios. No teniendo qué hacer allí, marchámos al día siguiente al hato llamado *Platanal*, donde estuvimos dos dias y volvimos de nuevo a Barrancopelado. Dos o tres horas después de nuestra llegada vinieron más de cien indios cargados de casabe. Mi corazón rebosó de alegría cuando vi que eran los mismos que habia tenido otras veces en mi compañía. Los saludámos mutua y cariñosamente, y habiéndoles preguntado ¿por qué se habian marchado? me dijeron que habían ido a buscar qué comer, porque no tenían.

Cansado como estaba, me entregué al sueño, contento con la idea de que estaba de nuevo entre los indios. Al siguiente día les repartí algunas ropas, y los hombres fueron a cortar palmas y bejuco para terminar un rancho que estamos haciendo. Los dos primeros dias trabajaron con gran entusiasmo, pero éste fue desapareciendo poco a poco, hasta que lo fue casi por completo. No hay que extrañar esto, porque no tienen hábitos de trabajo, siendo como son tribus errantes que viven sin trabajar y se mantienen de lo que encuentran al paso. Sin embargo, después de quince dias tuvimos la satisfacción de ver yá cubierta nuestra casita, y dar principio a otras que servirán para ellos y que serán como lazos que los sujeten algo.

Temiendo que los indios desaparecieran de nuevo, cuando menos se pensara, para ir en busca de comida, yo adelanté mi viaje a Orocué para comprar comestibles y traerles. Me embarqué, pues, llevando de remeros a tres de ellos, ¡quién lo había de pensar! A las cuatro de la tarde túvimos el gran placer de encontrarnos con el Padre Manuel en medio del caudaloso Meta. Allí se resolvió el que yo subiera a Orocué, y que el Hermano Isidoro se volviera con él a Barrancopelado para que le ayudara a misa e hiciera compañía. Nos despedimos, y a las dos horas arribé con mis indios a una playa donde pasámos la noche. Al día siguiente navegámos doce horas y pasámos la noche en *El Diamante*, punto o sitio donde el Padre Manuel trazó un pueblo para la tribu Sáliva durante nuestra ausencia.

Llegué a Orocué a la mañana siguiente, y como era domingo mandé tocar a Misa, y celebré.

Hemos hecho yá bastantes apuntes sobre el idioma guahivo para formar algo de gramática que pueda servir a los nuevos Misioneros que lleguen a compartir con nosotros íss trabajos. Así nos lo ordenó Vuestra Reverencia, y eso ha bastado para que hayamos hecho lo que se ha podido en ese sentido.

Concluyo ésta diciendo lo poco que he podido observar respecto de algunas costumbres de estos indios. Todos sus contratiempos los atribuyen a agüeros y hechicerías. Sus medicinas consisten, principalmente, en soplar al paciente. Cuando alguno rinde tributo a la muerte lo entierran con todas sus cosillas y hasta con el perro, si lo tienen. A los tres días sacan el cadáver y lo vuelven a enterrar. Tres meses después lo sacan otra vez y entonces lo queman, reservando parte de las cenizas y echando al río las restantes.

Sale el correo, y se despide hasta otra su Hermano, q. b. s. m.,

FRAY MARCOS BARTOLOMÉ,
De la Soledad.

Orocué, 25 de agosto de 1891

Reverendo Padre Fray Ezequiel Moreno--Bogotá.

Respetable y apreciado Padre:

Doce dias habían pasado desde que encontré al Padre Manuel en el Meta, cuando tuve el placer de abrazarlos en ésta. Me refirieron lo mismo que el Padre Manuel dijo a Vuestra Reverencia en carta-fechada el 24 de mayo, y no tengo para qué repetirlo. ¡Qué paciencia y qué caridad se necesitan para trabajar en estas empresas! Sólo Dios puede conceder tales virtudes, y así lo hace en su misericordia.

Después de la venida de los Padres, como no era fácil salir, por el tiempo en extremo lluvioso, hemos trabajado en esta población procurando establecer la Asociación del Sagrado Corazón de Jesús. Se ha conseguido mucho, si se atiende al abandono religioso en que han estado estas gentes, privadas de la presencia de un sacerdote. El día del Sagrado Corazón de Jesús comulgaron más de setenta nuevos asociados. ¡Alabanza y bendición al Corazón Sagrado!

El día 26 de junio llegó una persona en solicitud de uno de nosotros para ir a *Mata de Palma* a confesar una enferma. Es un caserío situado algo al interior, a tanta distancia de Barrancopelado como está éste de Orocué. Marchó el Padre Manuel con el Hermano Isidoro, quedando yo en ésta por haber otro enfermo grave, y por la urgencia de trabajar entre estas gentes, que tánto lo nesitan.

A los catorce días de la salida del Padre Manuel se presentaron tres indios y me entregaron una carta, de la que deduje que el Hermano Isidoro estaba enfermo. Les di medicinas y comestibles, y los mandé volver. Estuve esperando nuevas noticias de mis queridos Hermanos, y las obtuve de ellos mismos, quienes llegaron a ésta el día 15 de julio.

Después de que visitaron y auxiliaron al enfermo, fueron a Barrancopelado, donde dieron algunos alimentos a los indios y sembraron algunas semillas, cuyo producto aprovecharemos más tarde.

Era víspera de Nuestra Señora del Carmen cuando llegó el Padre Manuel, encontrando las calles engalanadas con banderas que indicaban o anunciaban la fiesta del día siguiente.

A las seis de la tarde, después de que habian reposado algo, cantámos solemnes vísperas. A las nueve de la noche hubo fuegos artificiales, y en la mañana siguiente, desde muy temprano, estuvimos confesando y dando comunión. A las nueve se cantó la misa solemne con sermón, y bastante concurrencia. A las cuatro de la tarde se dio principio a una función, en la que algunos niños, preparados por nosotros, recitaron poesías y discursitos a la Virgen, llenando de alegría al numeroso concurso que los oía.

El día 22 dispuso el Padre Manuel que saliera para Barrancopelado. Sali en compañía del Hermano Isidoro; llegámos sin novedad, y allí permanecimos diez y nueve días haciendo apuntes del idioma, levantando una casa para los indios y apaciguando a éstos, que querían huír por temor a una guerra que creían les declarara otra Capitanía, según noticias que decian haber recibido. No pudimos estar más con ellos porque nos llegó la noticia de que el Padre Manuel se hallaba gravemente enfermo. Partímos, pues, inmediatamente, pero una especial necesidad no nos permitió llegar tan pronto como deseábamos. A la mitad del viaje, el que hacía de patrón de nuestro pequeño barco me dijo que un indio se estaba muriendo frente al sitio por donde pasábamos. Hice dirigir la embarcación a la orilla y desembarcámos en el sitio donde estaba el enfermo.

Sólo la caridad cristiana pudo hacer que me internara en aquel espesísimo bosque, porque allí se hallaban tres indios a quienes reprendí en Barrancopelado por haber ido a perturbar a los indios de dicho punto con cuentos de guerra entre ellos, y temía alguna venganza. Gracias a Dios, nada me sucedió, antes me acompañaron hasta el rancho del enfermo. Instruí a éste en cuanto pude, y le bauticé; a las cuatro de la tarde del día 8 de agosto me despedía de esa multitud de salvajes, y me acompañaron hasta la playa. Navegámos aún unas tres horas, y pernoctámos en las playas de un sitio que llaman *Caracaro*. Un fuerte agua-cero nos hizo abandonar la playa y meternos en la embar-cación. Al día siguiente navegámos todo el día y pasámos la noche en *Maporita*. Partimós de este punto al siguiente día muy temprano, y a la una p. m. entrámos en Orocué, donde encontrámos al Padre Manuel fuéra de peligro, aun-que débil y demacrado. Al vernos se reanimó y fue co-brando fuerzas visiblemente.

Cuatro días solamente llevaba en Orocué cuando el Padre Manuel, en vista de su mejoría, dispuso que yo su-biera a San Pedro de Arimena a comprar una embarcación para nuestros viajes. Me embarqué el 11 de agosto, llegué el 13 y permaneci allí tres días sin haber podido lograr mi objeto, porque me pidieron mucha plata por la embarca-ción y yo no podia darla.

Salí de San Pedro a la una p. m. del día 16, y llegué a las siete de la noche, sorprendiendo a mis Hermanos, que no me esperaban tan pronto. Encontré al Padre Ma-nuel bastante repuesto, y por todo dimos gracias a Dios.

Nada más tengo que decirle en ésta. Reciba los afec-tos de todos sus Hermanos en nuestro Gran Padre San Agustín.

FRAY MARCOS BARTOLOMÉ.
De la Soledad.

Orocué, 7 de septiembre de 1892.

Reverendo Padre Fray Ezequiel Moreno—Bogotá.

Mi estimado y respetado Padre:

Hacía yá más de año y medio que Vuestra Reve-rencia nos había dejado por estas inmensidades sólo al amparo de la divina Providencia, y más de una vez, al con-siderar cuánto bien se podría hacer a las almas si hubiese más obreros evangélicos, suplicámos con instancias al Omni-potente enviara cuanto antes nuevos Misioneros que nos

acompañaran en estas soledades y nos ayudaran en el gran
trabajo que sobre nosotros pesaba, teniendo que atender a
tántas necesidades espirituales que por aqui se presentan.
Nuestras oraciones fueron oídas, y el 27 de junio tuvimos
el sumo placer de estrechar entre nuestros brazos a los
nuevos Misioneros que con tántos deseos estábamos esperando.

, Los habitantes de Orocué también se alegraron con la
llegada de los Misioneros y manifestaron su regocijo reci-
biéndolos con arcos, música y cohetes. Los Reverendos
Padres correspondieron, por su parte, dando a todos muestras de gratitud y afecto, y después se dirigieron al templo,
donde entonaron un himno entusiasta de acción de gracias
a la Gran Emperatriz de Cielos y tierra, himno que conmo-
vió a todos los concurrentes.

En carta que escribí a Vuestra Reverencia, antes de la
llegada de los Padres, le decía que me aguardaban en Barrancopelado más de doscientos indios. Esta noticia fue
para mí todo lo agradable que pueda figurarse. Partí, pues,
contento para dicho punto, y, una vez entre los indios, les
animé a hacer casas y cónucos con el objeto de que les
sirvieran como de lazos que les tuvieran sujetos en el mencionado lugar, y así poder instruírlos en las verdades de
nuestra Religión sacrosanta. Trabajaron algo, pero a los
dos meses se marcharon casi todos, por la costumbre de
andar errantes de un punto a otro, y sobre todo por la
necesidad de buscar qué comer, porque a nosotros se nos
acabaron los recursos y no teníamos qué darles. Quedámos
acompañados solamente de algunas familias, y seguímos
haciendo apuntes sobre el idioma guahivo.

A la llegada de los Padres fuimos a Orocué, y después que descansaron unos dias, bajámos todos a Barrancopelado, donde estuvimos trabajando durante un mes con
una Capitanía de Guahivos. Embarraron las casas que an-
teriormente se construyeron, e hicieron otras cosas, pero
faltaron de nuevo los recursos y se volvieron a marchar:

recursos, pues, es lo que necesitamos para formar ésta y otras poblaciones. Hay que convenir en que debe atenderse a los indios en lo relativo a la vida material, mientras ellos no siembren y puedan coger sus primeras cosechas; y esto no se logrará si no contamos con recursos para tener a aquéllos en nuestra compañía y hacerles comprender las grandes verdades de nuestra fe, únicas capaces de poder habituarlos al trabajo y a la vida social.

Lástima, Padre, verdadera lástima da el ver a estos desgraciados indios sufriendo indeciblemente en lo que hace a la vida material, y envueltos en los más lamentables errores respecto a la vida espiritual. Víctimas de la tiranía del enemigo común de la humanidad, tienen la inmensa desgracia de adorarle y rendirle culto reverente del modo más triste. Voy a decir algo sobre esto y otras costumbres de ellos, sólo por satisfacer los deseos que Vuestra Reverencia nos ha manifestado de que consignemos todo lo que podamos observar relativo a sus costumbres y usos.

He dicho que estos indios tributan culto al demonio, y, según las noticias que hemos podido adquirir, proceden a ello de la manera siguiente: uno de los indios más ancianos, llamado Niguiti Pajá, se embriaga con la bebida llamada *yopo;* después da fuertes resoplidos y horripilantes gritos, e inmediatamente se oculta para ir en busca del demonio. A poco rato se presenta en compañía de un personaje a quien los indios llaman unas veces dios y otras diablo, según la forma en que aparezca. Le llaman dios, si viene vestido cual elegante caballero, con levita, pantalón, sombrero, guantes, botines, y con poblada barba; y diablo, cuando se muestra tal como ordinariamente le vemos, pintado o figurado: negro como el carbón, con dos cuernos y cola o rabo. Apenas llega, manda que le preparen un *chinchorro*, en el cual se coloca y mece, y así da sus infernales instrucciones. Mientras él habla, indios e indias están arrodillados con el más grande respeto y profundo silencio, y cuando desaparece quedan, sumidos en, la mayor tristeza y y no comen ni beben por espacio de dos o tres días.

Adoctrinados los infelices indios por tal maestro, fácil es comprender que se han de hallar envueltos en los vicios más repugnantes. Roban, matan, se embriagan con frecuencia y se entregan a una completa ociosidad, especialmente los hombres, quienes echan todo el peso del trabajo sobre las mujeres. Estas, al considerar su triste vida, llegan en su desesperación hasta dar muerte a sus propias hijas para que no lleguen a sufrir lo que ellas sufren. Yo conozco a dos indias que así lo han hecho con varias de sus hijas, y esto parece ser corriente entre ellas. Una cualidad buena, sin embargo, hemos observado entre estos indios, y es la consideración que mutuamente hay entre ellos, y que consiste en repartir lo que cada uno tiene relativo al sustento. Si alguno ha sido afortunado en la caza o en la pesca, inmediatamente lo reparten entre todos. Tienen sus fiestas en la época de la recolección cuando siembran algo, y las celebran del modo siguiente: preparan de antemano una o dos canoas de una especie de guarapo llamado *yácare;* beben de ese licor hasta embriagarse, y en ese estado gritan, bailan, riñen, etc., etc. Concluyen las fiestas del modo más raro: algunos indios yá designados toman en las manos unas madejas de cumare y con ellas castigan a todos por orden de antigüedad, y si alguno de los castigados se entristece o llora, le castigan más y con más rigor. Hacen esto, dicen, para hacerlos más fuertes y para purgar los pecados cometidos durante el año.

Sus entierros los hacen de esta manera: una vez que el paciente ha exhalado el último suspiro, rodean todos el cadáver, y postrados en tierra le lloran todo un día. Después rompen los arcos y flechas del finado y matan su perro. Al día siguiente colocan el cadáver en un *chinchorro* y lo llevan al sepulcro, y colocando una pequeña estera debajo del cadáver y otra encima, lo cubren de tierra. Sobre ésta ponen casabe mojado en agua para que el espíritu coma durante la noche. Pasado algún tiempo desentierran el cadáver, lo queman y las cenizas las echan al río, para que así, dicen, no padezca. Con el perro del difunto hacen cosa parecida.

¿A quién, pues, no se le parte el corazón de pena y de lástima al tener conocimiento de la barbarie en que viven estos desgraciados descendientes de Adán? Ah! Y no es esto sólo; más adelante, o en otra ocasión, Dios mediante, podremos decirle otras cosas acerca del estado deplorable en que se hallan estos pobres indios.

Termino esta carta encareciendo al Gobierno eche una mirada sobre esta comarca y se interese por ella. Muchas son las obligaciones que pesan sobre éste, pero una de las mayores para un Gobierno cristiano es, sin duda alguna, la de atender a la conversión de los infieles y secundar los esfuerzos y sacrificios de los Misioneros.

Igualmente encarezco a todas las almas piadosas pidan frecuentemente y con fervor a nuestro buen Dios para que nos proporcione los medios necesarios, y poder realizar la grande obra de la conversión de los infieles de Casanare.

FRAY MARCOS BARTOLOMÉ
De la Soledad.

———

Hasta aquí las cartas de los Padres misioneros por las cuales se ve y se admira las tareas apostólicas de los misioneros a que se dedicaron con la mayor actividad y celo por la regeneración espiritual y saludable de Casanare en esos primeros años desde que bajaron con el Reverendo Padre Moreno. ¡Lástima grande que para proseguir la narración, aunque compartímos con ellos por ese tiempo sus labores y trabajos, nos veamos obligados a decir por propia cuenta lo mucho que falta por agregar, a causa de no poseer las demás cartas de los RR. PP., que siguieron en la serie a las anteriores, por haber desaparecido!

Porque a lo que se refiere en aquellas primeras cartas es menester añadir que no solamente las márgenes fértiles del río Meta, desde Santa Elena hasta *Barrancopelado* constituían el campo apostólico del celo de los Misioneros, ni eran únicamente esos pueblos: Orocué y sus comarcanos, los que recibían la acción bienhechora de la Religión por medio de sus infatigables Ministros, sino que era toda la región de los Llanos, no obstante ser muy reducido al principio el número de los Padres, los pueblos, los caseríos y hasta los hatos o haciendas, ya que en su mayor parte lo recorrían ejerciendo su ministerio, aprovechando principalmente la época de verano en que dan vado los ríos, y se puede viajar por la llanura sin los graves riesgos y dificultades que existen en los meses de lluvias que la anegan por completo.

Pero, ¿qué pluma podrá ponderar los trabajos que tenían que soportar los Misioneros al hacer esas apostólicas correrías por Casanare, desde Orocué hasta Arauca y desde el Meta hasta el Pauto y Tame, careciendo como carecían por entonces de todo vehículo, aun de una mala *bestia*, sin un triste jamelgo y faltos, en suma, de todo humano recurso? ¡Oh, Barrancopelado! exclamaba en cierta ocasión el nunca bastantemente llorado Padre Cayetano Fernández, ¡oh Barrancopelado! testigo de la vida que pasaron en tu suelo por largo tiempo aquellos primeros Misioneros sin otra compañía que las tribus salvajes, y sin más habitación que unos pobres *caneyes* que con sus propios esfuerzos se construyeron, en medio de las selvas y alejados de toda población, mortificados a toda hora por la plaga de zancudos, amén de otras peores que las de Egipto. No serías tan pelado! que al poseer imaginación y estro

›de poeta, ya te vestiría yo de mirra, ajenjo, retama y
·de cuanto saben decir ·los amantes de la poesía!!!

Pero oigamos al R. P. Casas, Provincial entonces,
lo que escribe en su folleto *El Ilustrísimo Señor Fray
Ezequiel Moreno Obispo de Pinara y los Misioneros de
Casanare*, acerca de lo que trabajaban por ese tiempo:

Animados de este grande espíritu de Dios; abrasados
en el celo de su gloria y de la salvación de sus hermanos,
entran por aquellos inmensos Llanos estos soldados de Jesucristo, estos conquistadores espirituales, resueltos a llevar
a cabo su heroica empresa, afrontando todo género de peligros, de sufrimientos y la misma muerte.

Y en efecto, han trabajado como valientes campeones
de la fe, cuanto ha sido posible a sus fuerzas; y han trabajado constantemente, sin descanso ni alivio, enseñando
la doctrina y verdades eternas de nuestra Religión sacrosanta, predicando, confesando, bautizando, administrando
los últimos sacramentos a enfermos que a larguísimas distancias se hallaban en sus conucos, en los hatos, en los
bosques, y que hubieran muerto desgraciadamente sin el
oportuno auxilio del Misionero. ¡Y cuántos no han salido de
un depravado estado de vida con la santificación, por medio del matrimonio, de uniones nefandas! En fin; que en
el orden espiritual, de la gracia y la salvación han hecho
cuanto han podido en favor de aquellos infelices habitantes
de Los Llanos que, o no conocían su Dios, o vivían como
si no le conocieran. Han trabajado igualmente roturando
terrenos, desmontando bosques, abriendo sementeras, ¦plan-
tando y sembrando para regalar luégo su trabajo a los
indios, dándoles el platanar yá formado, el maíz y la yuca
en su sazón, diciéndoles: «Tomad, esto es yá vuéstro»;
y todo ello, con mucho más aún, por ver de irlos aficio-
nando al trabajo y al cultivo, y a retirarlos de su vida
·errante y nómade, atrayéndolos a la social y civilizada:
para lo cual han ido formándoles sus casitas y ranchos;
·enseñándoles a mejorar su ·construcción, a labrar la ma-

dera, y hasta.... coser y cortar telas para cubrir decentemente
la desnudez de los indios. Sobre este trabajo material
¡cuánto dicen las manos callosas de aquellos buenos Padres!

Y todo eso en medio de los trabajos que consigo les
ha llevado el estudio del idioma de los indios. ¡Qué multitud de notas y apuntes no han tenido que hacer! ¡qué
fárrago de papeles escribir hasta llegar a comprender un
lenguaje del cual ni una palabra siquiera conocían al principio de estar viviendo entre ellos!

Decir cuánto haya sido el trabajo hecho desde su entrada en Los Llanos hasta el día de hoy y cuán a costa
de su salud, por las fatigas, privaciones, fiebres y mil necesidades que han sufrido; no es posible en unas cuantas
líneas. Algo de eso yá es conocido por las cartas publicadas a que hemos aludido; pero hay más, bastante más
que se pudiera publicar.

Empero, lo más grande y hermoso de todo, lo que
llena el alma de gozo y de consuelo, es ver que lejos de
desmayar, abrumados del trabajo, se muestran cada vez
más alentados y dispuestos a trabajar hasta morir. Véase
en prueba de ello un solo caso de fecha reciente, del día
4 de abril de este mismo año. Dice desde Orocué uno de
aquellos buenos religiosos «Perdóneme, Padre, la tardanza
en escribirle, pues no me ha sido posible hacerlo antes
por haber estado de viaje por una y otra parte, sufriendo
bastante *janipa*, o lo que es lo mismo bastante hambre,
pues tres o cuatro días pasé tomando solamente alguna
taza de café, y otros cuatro días comiendo una carne cuya
sola vista me hubiera provocado a vómito en algún tiempo,
pues a puñados se podían quitar los gusanos. Esto me sucedió en medio de una espesísima montaña donde estuve
cortando madera con unos cuantos indios; los cuales indios
me hicieron sufrir no poco, porque en aquel espantoso
monte, donde tánta plaga y tánto tigre abunda, por la noche me dejaban solo. Figúrese qué noches habré pasado
con tánto ruido y tánta *cosa*.... ¡Sea Dios bendito por to-

dos estos trabajillos! Y no me pesa el haber venido a esta
tierra de tántos sufrimientos....» ¡Magnífico! así han excla-
mado en medio de sus padecimientos y trabajos los hombres de Dios: así hablaba el Apóstol cuando decía: ¿Quis
nos separabit a charitate Christi? ¿tribulatio? etc.

Con soldados de la fe como éstos (y eso que es un
Hermano lego. el que así habla); con Misioneros como éstos.... ¡vengan Llanos! ¡vengan infieles! que éstos no tardarán mucho en dejar de serlo; y aquéllos pronto dejarán
de ser pampas inhabitadas, madrigueras sólo de bichos y
fieras. Caso análogo de sobrenatural valor, de valor apostólico, que llega hasta el ara misma del sacrificio, hasta
los brazos mismos de la muerte, nos lo ha dado por el
mismo tiempo al Norte de Los Llanos de Casanare el Reverendo Padre Manuel Fernández, en su expedición a Cuiloto: expedición arriesgada que nos. ha detallado en un
largo informe que, Dios mediante, habrá de ver la luz pública, por ser muy digno de ella por lo interesante de su
relato, y los datos históricos y geográficos que en él da;
pero sobre todo por lo que en él se ven resplandecer la
caridad, el celo, la paciencia y la virtud sublime de la
obediencia.

Tres son los puntos en que actualmente están trabajando: Támara, Orocué y Arauca. Estos tres puntos vienen
a formar como los vértices de un inmenso triángulo que
abarca entre sus lados casi todo el interior del Llano, como
se puede observar fácilmente pasando la vista por el mapa
de la Intendencia, o el general de Colombia; y en su ocupación no es difícil entreverse algo así como de militar
estrategia, porque desde ellos, como desde otros tantos
centros de acción, tiende a encaminarse en direccion al
interior del campo que se ha de conquistar para la civilización cristiana, la marcha salvadora del ejército de la
paz y de la caridad.

En tales puntos están al presente establecidas las residencias, como si dijéramos los cuarteles, de los solda-

dos de la Cruz; pero, aun cuando forzoso es fijar hoy más ahincadamente la atención en ellos, no se crea que a ellos sólo está ceñida y limitada la acción del Misionero y el efecto de su apostólico trabajo, no: que, semejante al efecto que en tranquilo y sosegado lago produce la caída de la piedra que en él se lanzó, la acción del Misionero se extiende en forma de graciosa onda, o de círculo de grande extensión, a otros muchísimos puntos que están a su alrededor. Y aunque en éstos no sea inmediata la acción, a ellos va llegando desde los centros, como de otros tantos focos, su bienhechora influencia en forma de vivificantes rayos de luz, de calor y de vida.

Así la Misión de Orocué, aun cuando radicada en esta población de las orillas del Meta, hace llegar con la intensidad que puede su acción salvadora y civilizadora, a los salvajes de Barrancopelado o *Guahivos;* a los del caño Santa-María, o *Piapocos*; a los de San Juanito o *Sálivas*, viviendo con ellos de tiempo en tiempo; y ejecutando con ellos los trabajos de que se hizo mención; y no satisfechos todavía con eso, extienden todavía su influencia a puntos mucho más distantes de su centro de residencia como San Pedro de Arimena, Santa Elena, Mata de Palma y otros, sin exceptuar los linderos del territorio de San Martín, en cuanto les es permitido meter la hoz en mies ajena.

La de Arauca tiene por campo de operaciones, a más de esta importante población fronteriza con Venezuela, Arauquita, Cravo, Cuiloto con cuantos núcleos de población, hatos, ranchos, etc., están diseminados por la llanura, sin olvidar los infieles que vagando están por aquellos contornos, viviendo a ratos en Colombia y a ratos en Venezuela, de donde los separa únicamente el río Arauca.

Y la de Támara no sólo está trabajando constantemente en la capital de la Intendencia, sino que también con un celo verdaderamente apostólico, ejercita su sagrado ministerio cuantas veces le es posible en Pore, Nunchia, Ten, Tame, Manare, Moreno, Chire, y otros varios puntos de aquellas cercanías.

A la vista tenemos una carta en que se nos da cuenta de una expedición por esos pueblos que duró 42 días, en los cuales bien cumplidamente tuvo que ejercitar su celo el Superior de aquella Misión, predicando continuamente y enseñando la Doctrina Cristiana, confesando y administrando los últimos Sacramentos a muchas personas a la sazón atacadas de fiebres complicadas con *dengue* o *trancazo;* y de las cuales varias parece que estaban aguardando la llegada del Padre, y con ella la recepción de la gracia, para entregar dichosamente su alma al Criador.

¡Providencia admirable de Dios!

Tal es en la actualidad el campo de labor y cultivo de los Misioneros de Casanare; demasiado extenso, por cierto, para el corto número de ellos.

Hoy, como se ve, está limitado al triángulo que dijimos: mañana el triángulo se convertirá en cuadrilátero por la transformación del vértice de Támara en una línea que abarque de extremo a extremo las faldas de la cordillera, comprendiendo las poblaciones de Chámeza, Recetor, Pajarito y otras varias a donde hoy con dificultad puede llegar la acción del Misionero.

Y después, trazándose irán poco a poco otras líneas que crucen de parte a parte el inmenso Llano, y que tendidas en todo sentido y dirección vengan a formar una extensísima red que cubra y abrace en sus mallas a todo Casanare; red, por cuyos hilos circule el espíritu vivificador de la Religión, mejor que circula por los metálicos el impalpable agente del eléctron; por cuyos hilos, como por otras tantas preciosas arterias se vaya comunicando a aquella inanimada región la salud y la vida, la prosperidad y la dicha.

Entonces dejará de ser Casanare el hórrido desierto, el Sahara de Colombia; convirtiéndose la soledad en alegre población, y en ameno jardín o en hermoso plantío el estero pantanoso, lleno hoy de fango y de cieno.»

¡Muy bien dicho! Pero es menester puntualizar entre esas obras y trabajos de los Padres Misioneros de ese tiempo dos que sobrepasan toda ponderación, merecedoras por tanto de mención especial y dignas de figurar al lado de las empresas que inmortalizaron a los heroicos Misioneros del tiempo de la Conquista. Estas son la Gramática Hispano-Goahiva que compusieron y la expedición del R. P. Fray Manuel Fernández a *Cuiloto.*

«Uno de los cuidados principales de los Padres Candelarios, Misioneros de Casanare, una vez que comprendieron que el lenguaje de las tribus de infieles era ininteligible para ellos, fue aprenderlo,» escribe el Padre Matute. Pero cómo? se preguntará. «Carecían de Gramática, no tenían intérpretes, se encontraban en imposibilidad casi absoluta de adivinar el significado de las frases, con tánta precipitación pronunciadas por los indios. Mas nada les arredra, nada les intimida, y si es preciso ir a vivir con ellos al bosque, a la orilla del río, para que el tiempo y la paciencia supla lo que falta, ellos lo hacen, a pesar de no contar con los recursos que demanda la empresa. ¿Saben todos lo que esto significa? Significa ir en busca de más trabajos, de mayores privaciones y de más grandes penalidades, y esto no para conquistar lauros, mundanos honores, ni para merecer esa fama tras la que han corrido los héroes del mundo, ni para adquirir riquezas materiales, tan apreciadas de los secuaces del siglo, ni para aparecer grandes ante los ojos de los hombres, sino para ganar almas, para el Cielo. ¡Sublime abnegación, que no todos comprenden! Los Padres Candelarios, que creyeron era preciso vivir con los salvajes para aprender su salvaje idioma, toman la resolución de ir en su busca, porque el hombre de virtud, que lo es de valor, no vacila ante ningún obstáculo, cuando se trata de obras que son de Dios.

Fuéronse, en efecto, los Padres de Orocué, y se situaron en un punto que queda a orillas del Meta, frecuentemente visitado por los indios Guahivos, llamado Barrancopelado, nombre que lleva con mucha propiedad, porque efectivamente está pelado en todo sentido. Allí acudieron los indios, atraídos por los halagos de los Padres; allí lograron reunir los mismos Padres unos cuatrocientos indios; allí empezaron a fundar un pueblo, trabajando ellos los primeros y más que nadie para dar ejemplo a los indios, naturalmente refractarios al trabajo. Es indecible lo que tuvieron que trabajar y sufrir para llegar a levantar una capilla y siete u ocho casitas; pues si los indios trabajaban algo mientras los Padres les daban de comer y chucherías, empero todo se agotaba a pesar de las privaciones que se imponían los mismos Padres, a quienes los indios dejaban solos en lo mejor de la obra. ¡Cómo ponderar la paciencia de estos héroes del Evangelio! Yo quisiera que sólo por ocho días se encontrasen en estas circunstancias esos espiritus fuertes que blasonan de valientes y escupen saliva inmunda a la cara de los frailes, quienes, según ellos, no son sino unos holgazanes y vagabundos perjudiciales a la sociedad; pero dejemos esto y otras consideraciones, que no dejarán de surgir en la mente del benévolo lector, si desapasionadamente va meditando lo que de la lectura de este escrito se desprende.

Solos los Padres en esas ocasiones en que los abandonaban los indios, sin más compañía que la agreste naturaleza y el rugido de los tigres que merodeaban aquellos contornos, sin más habitación que un rancho de caña y paja a merced de los elementos, no perdían el tiempo. Habían logrado en el trato y roce con los

indios aprender algunas de sus frases y sus significa-
dos, y éstos y aquéllas les servían como de base para
deducciones y estudios filológicos, que al fin fueron
materiales para un ensayo de Gramática Hispano-Guahiva, que yá ha visto la luz pública, y que ha merecido el aplauso y la aprobación de todos los buenos
y de hombres notables por su ciencia, como se verá
más adelante.

El deseo de recibir nuevas dádivas de los Misioneros obligaban a los indios a volver a Barrancopelado,
y aquéllos volvían a utilizar su regreso en provecho
de su loable fin, aprendiendo nuevas frases, cotejando
sus trabajos literarios y rectificando sus errores en las
palabras que habían aprendido mal. Empero, en compañía de aquellos seres desgraciados dirigían aún más
sus esfuerzos a hacerles entender de alguna manera,
con las pocas palabras que sabían en su idioma, los
dogmas fundamentales de nuestra Sacrosanta Religión.
Era de ver aquellas escenas tiernas que tenían sólo
por testigo al Cielo; en esas noches serenas de verano,
entre el concierto de los chirridos de las cigarras, el
canto de ranas y sapos en los pantanos y esteros, la
suave y tenue luz del argentado disco, que preside el
silencio de la noche, reunían en torno suyo los Padres
a los indios: habían traducido aquéllos al idioma guahivo la señal de la cruz o sea el modo de santiguarse
a lo cristiano, algo de la oración más preciosa que
puede brotar del corazón de los hijos de Dios Nuestro
Señor, el *Padrenuestro* y la *Salutación Angélica*, y trataban de hacerlas repetir a los indios, quienes apenas
si sabían otra cosa que rugir como los tigres, compañeros suyos en los bosques; también habían traducido
al mismo idioma el *Santo Dios* y alguna otra cosa que
el pueblo canta en nuestra España, y acompañados de

un acordeón, único instrumento músico que poseían los·
Padres, cantábanlos y hacíanles repetir a los indios, en
cuyas almas anhelaban infiltrar el espíritu de piedad y
católica fe de que están impregnados esos cánticos religiosos populares. Seguramente el Cielo presenciaba
con júbilo tales escenas, y del Cielo descendía el dón·
de Dios, que daba a sus operarios ánimo, fuerza y valor para trabajar en el árido terreno de los corazones
de los indios, oscuros como noche sin luna y sin estrellas, y en los que intentaban hacer penetrar la ra-
diante y esplendorosa luz de la fé del Cristianismo.

«Marchábanse de nuevo los indios, y los Padres
volvían a ocuparse en sus trabajos filológicos, empleando en esto el tiempo que les dejaba libre el rezo
y la oración.»

¿Qué extraño mereciera los mayores elogios por
parte de cuantas personas notables conocieron esa gramática? «Salta a la vista la importancia del trabajo
acometido por nuestros Agustinos, se lee en una carta
del eminentísimo Cardenal Rampolla, de imperecedera
memoria, pues harto se comprende que la ignorancia
del idioma que hablan los indios Guahivos había de
ser un obstáculo insuperable, contra el cual debían es-
trellarse los deseos de aportar los inestimables bienes
de la fe y de la civilización cristiana a los hijos de
Los Llanos de Casanare. Por otra parte, añade, a nadie se le oculta cuánto debió costar la realización de
tan provechoso trabajo por no haber habido a quien
consultar antes de fijar la significación de cada palabra.»

El eminente literato Monseñor David Farabulini,
Canónigo de San Juan de Letrán, Hinnógrafo Pontificio
y uno de los más notables humanistas de Roma, emitió estos conceptos acerca de esta Gramática: «Di ayer
un ligero repaso a este nuevo libro venido de Bogotá;

esto es: *Ensayo de Gramática Hispano-Guahiva,* y pude con seguridad juzgarlo excelente en todas sus partes. Ciertamente debe haber costado no pequeño trabajo a los Reverendos Padres Fernández y Marcos; mucho más que para ello debieron pasar tres años enteros entre aquellos indios salvajes.»

D. Rufino José Cuervo felicitó a los autores en carta al R. P. Casas, «de este importantísimo trabajo que continúa las gloriosas tareas de tántos y tántos Misioneros que al mismo tiempo que se han consagrado a evangelizar los pueblos salvajes, han hecho a la filología, a la etnografía y antropología los más eminentes servicios.»

Otros sabios Profesores y científicas Revistas tributaron también otros elogios y juicios altamente enconmiásticos, según puede verse en los citados *Apuntes* del Padre Matute, volúmen 1.º páginas 357 a 378.

La otra obra magna llevada a cabo por los Misioneros en ese tiempo y que de toda justicia merece aquí mención especial, fue, según hemos insinuado, la expedición del Padre Manuel a *Cuiloto,* el cual recordará nuestro lector por lo que referimos en el volumen anterior, constituyó en tiempos antiguos uno de los núcleos más importantes de las Reducciones o Misiones de Casanare, punto muy internado en Los Llanos al norte del pueblo de Cravo en dirección a Arauca, y que sirvió admirablemente a los patriotas para refugiarse en la guerra de la independencia contra las armas realistas, habiendo sido las misiones en que más tuvieron que sufrir nuestros Padres Candelarios, desde que por disposición del Virrey Ezpeleta y del señor Arzobispo de Santafé, don Baltasar Jaime Martínez de Compañón, se hizo cargo de ellas nuestro Instituto recoleto; sucediéndoles a los Reverendos Padres Capuchinos que las iniciaron el año de 1789.

Suspendidas esas misiones al igual que las restantes del país por causa de las guerras civiles y trastornos políticos desde mediados del siglo decimonono,
sus antiguos neófitos tornaron a sus antiguas costumbres, habitando entre los bosques, y dedicándose a la
depredación y al pillaje, desde ese tiempo vienen siendo
el terror y la amenaza más grave para cuantos hatos
o haciendas hanse establecido aledaños o próximos relativamente a esa región, pero singularmente para los
viajeros que de Tame se dirigen a la ciudad de Arauca,
a los cuales han asaltado con frecuencia, librando contra ellos verdaderos y sangrientos combates.

Emulando, pues, el Padre Manuel el celo y abnegación apostólicos de nuestros antiguos Padres Misioneros en esas Reducciones, y movido además por el
noble deseo de poner término a esos relatos espeluz-
nantes y escenas canibalescas de esos desgraciados,
concibió el plan de volver a entablar la Misión de
Cuiloto. Pero comprendiendo que era preciso estudiar
antes el terreno para así poder informar con más exac-
titud a los Superiores, se preparó a realizar tan cristiano
proyecto.

Habiendo expuesto, pues, dicho plan a las autoridades y vecinos de Arauca y las ventajas que esa obra
reportaría para unos y otros, hecha una pequeña colecta para allegar los recursos más precisos, determinóse a emprender la exploración de esa parte de los
Llanos; y con el arrojo y valentía de los insignes Padres Riveros y Gumillas, sin arredrarse por ninguna
de las muchas dificultades y graves riesgos que evidentemente presentaba, y sin otra compañía ni más escolta que un Hermano, un indiecito y dos baquianos o
peones, partió de Arauca, y recorrió en busca de los
indios de Cuiloto todos aquellos bosques, ríos y sába-

nas habitados únicamente por las fieras, reptiles y los salvajes, tolerando en el día un sol abrasador, capaz de tostar las piedras, pernoctando a la pampa y en medio de los tigres, y sufriendo, en suma, fatigas, privaciones y molestias que solamente se hallan anotadas indudablemente en el libro áureo de la vida para ejemplo de los buenos y admiración de los mismos espíritus beatíficos que alaban las misericordias infinitas de Dios en favor de los mortales.

El resultado inmediato de tanta abnegación y penalidades se contiene en los siguientes apartes que tomamos de dicha relación.

«Tres son las capitanías que, yo juzgo, viven por esas montañas del *Ele* y *Cuiloto*, y que se la pasan por esos cajones de la Sabana de Cuiloto, de Cravo y del *Ele*, cuya totalidad acaso ascenderá a quinientos individuos. De estas capitanías hago notar una, la que va en los veranos a Barrancopelado, de la que el. último pasado verano contámos nosotros allí setenta y cinco individuos. Esta, por la dirección que lleva el camino o senda que dije cruza el camino real de los *Casanares* hacia arriba; por lo que nos dijo nuestro indiecito, y por lo que oí decir a unos que fueron, y aun tal vez ahora a los peones del hato *La Pastora* que vieron y estuvieron en las mismas casas, la juzgo radicada sobre el caño de *Cuiloto*, o muy cerca de él, por la parte en que se meten las montañas de los dos ríos o sea la del *Cuiloto* y la del *Ele*; sirviendo de cerca natural para todo ese cajón de sabana que queda entre las montañas de ambos, y cuya parte más ancha, que me pareció era por donde sigue el camino real, es de unas cuatro leguas largas.

«La segunda creo esté radicada en donde manifesté a Vuestra Reverencia habíamos encontrado las seis ca-

sas y los veinte conucos por todo, que es bajando el
mismo cajón de sabana, a distancia de unas cuatro
horas, de donde supongo a la primera; y que a juzgar
por el carácter, poco dado al trabajo del indio, y sus
casas y conucos, y lo que nos dice el indiecito, tengo
por cierto que no sea de menor número que la anterior.

«La tercera la supongo en las costas del río *Cravo*,
más abajo del punto donde le caen las aguas del *Cuiloto*;
o sea, por la parte llamada *San Félix*, que es el mismo
paño de sabana de *Cuiloto* y *Ele*, pues por donde estuvimos, o adonde llegámos nosotros al ir de aquí, sigue, como horizontalmente, si así puedo explicarme, es-
trechándose más y más después de la desembocadura
del *Cuiloto* al *Cravo*, hasta quedar cerrada de un todo,
muy abajo, o sea en la unión de la montaña del *Ele*
con la del *Cravo*.

«En ésta confieso, P. N., que no tengo tanta coñ-
fianza como en las anteriores; porque, por más que
nosotros mismos vimos con nuestros ojos las dos sendas perfectamente abiertas al llegar a *Cuiloto*, y que
ambos por distintos lados bajan para ese punto; por
más que nos aseguran los hacendados que están allí
próximos a ese punto del mucho indio que allí sale;
aunque nos consta, en fin, por el mismo don jesús
Bona, que es el dueño del hato de *Camarevero*, que al
establecerse él allí (esto queda dos días tal vez del
punto llamado *San Félix)*, se subieron los indios que
allí había muy arriba, y que habiendo subido ahora
en este mes de enero último por el *Ele* hasta su confluencia con el *Cravo*, no pude ver conucos sino un
poco más arriba de esta confluencia, que es en el
punto que dejo citado; puede suceder muy bien que
sean los mismos indios de las capitanías primeras, que,
según costumbre innata en ellos, pasan la vida *paseando*,

como dicen ellos, de una parte a otra. Dado caso que sea capitanía distinta, y estén radicados en ese punto de San Félix, cerca de él, puede distar de la segunda capitanía unas cinco o seis horas.

De tal suposición resulta, que fijando una Misión, o bien en donde estaba el pueblo antiguo de Cuiloto, que es un banco junto a la costa del caño de ese nombre, y que en paralelo con el punto donde está el pueblecito que vimos nosotros, dista unas tres horas; o en el banco de Los Cuarteles o en otros que por ahora ofrezcan más ventajas, el Misionero o Misioneros podían ir trabajando desde luégo con esa capitanía del centro, y hacerse con el tiempo a las otras dos de los extremos.

«En cuánto a la disposición, en que puedan estar estos indios para recibir la gracia del Señor que les lleva el Misionero, o lo que vale igual, en cuanto al fruto que se puede esperar de esta Misión, juzgo que ha de ser más prematuro que el de ningún otro de los salvajes de Casanare; porque aunque es cierto que las parcialidades de Guahivos que se encontraban por esas montañas del Ele y Cuiloto por los años de 1662 y siguientes, hasta la primera expulsión de los celosísimos Misioneros Jesuitas, y de los que puedèn ser éstos descendientes, aunque sabemos iban agregándolos a Tame y al Puerto de San Salvador, dieron tánto que sentir, según refiere el Padre Rivero, a los Misioneros por su carácter rebelde y belicoso; también es cierto, y muy bien lo sabe Vuestra Reverencia, que en los primeros años de este siglo en que vivimos había cuatro pueblos en ese trayecto del Lipa al río Cravo, denominados San Joaquin del Lipa, San José del Ele, San Javier de Cuiloto, y la Soledad de Cravo, con un número considerable de indios, unos yá civilizados y otros por civilizar, y que todos estaban primero al cuidado del Padre Cervera, y después, todos tal vez, al del Padre de nuestra gloriosa descalcez que los Superiores habían destinado a San Javier de Cuiloto, que aunque, según el señor Groot, parece no pudo perseverar mucho tiempo, es de suponer que éstos, que es fácil sean restos de aquellos indios, o sus inmediatos descendientes, no hayan perdido de un todo la idea religiosa o por lo menos el respeto y cariño al Padre que tánto cuidaba de ellos, y en todo los defendía.

«Aún más, existen todavía dos hombres aquí que conocieron el pueblo de Cuiloto, sin sacerdote sí, pero con los indios; y asegura uno de ellos, por lo menos, que no eran de mala índole, y conservaban buenas costumbres. De manera que debieron alzarse, por lo menos, los indios de Cuiloto, por el año veintiuno de este siglo. Desde entonces han tenido poca comunicación con los *racionales*, y hace yá unos años, ninguna, por la desconfianza que éstos les inspiran, como lo prueba aquel saludo que algunas veces se oye, según nos cuentan estos indios: *blanco ladrón, robando cabayo mío, ovejo chiquito, oveja grande.*

«En este tiempo han podido conocer, por lo que habrán oído a sus padres, la falta que les hace el Padre; y no han podido tomar lo malo que desgraciadamente tienen los del Llano, hechas algunas excepciones, y que creo sea peor que toda la maleza que crían los bosques, que es el gran inconveniente que encuentro en los indios Guahivos y Piapocos y en parte aún en los Sálivas que tenemos en el Meta.

Los benéficos resultados que de esa Misión puede reportar toda esta comarca, y de un modo especial la parte entre Tame y Arauca, los aseguro yo: 1.° porque establecida esa Misión queda yá libre el paso de

Arauca a Tame y viceversa, por ese camino, que en verano ofrece tántas ventajas sobre el otro que hay para ese traslado, que es saliendo de Tame, tomar el camino que va al puerto de Bañadia sobre el río Satocá, pasando por la montaña de ese puerto, que es la más extensa de Casanare, en cuyo trayecto se gastan casi tres días, y bajar luégo por su río a tomar el Arauca, en donde desagua, hasta llegar a esta población, en cuya navegación se emplean cuatro días por lo menos, y en donde se encuentran las siete plagas de Egipto. Hoy son raros los que hacen esa travesía por tierra, si no es en compañía de otros hombres, aun en verano, que tántas ventajas ofrece, por el temor que tienen de verse acometidos por los indios, como más de una vez ha sucedido; tanto que ni aun en compañía de nosotros quería venir un hombre solo, cuando fuimos a hacer la exploración de que hablo a Vuestra Reverencia en esta carta.

«Es, además, hoy un camino en el que desde el hato del *Limbo*, al que se llega de Tame en un día, hasta pasar el río Lipa, que son dos días de camino, no se encuentra una sola casa; y sí muchos caños en donde en tiempo de aguas, sobre todo, no hay otro medio para pasar que tirarse al bote.

«Establecida la Misión en ese punto, que queda casi en la mitad del camino entre un pueblo y otro, vendrian todos por ese camino, sobre todo en verano, que saliendo del *Limbo* llegarían a la Misión en un día, y aquí encontrarían algún alivio, por lo menos en más abundancia de aquellos que tánto se estiman por acá, y que los cultivan por allí, como son: café, papás, ajos, árroz, etc. La Misión, pues, sería una seguridad grande para todo transeúnte, y un medio para que se aumentase el comercio entre esta parte y la del Llano y el cerro.

«Además se impediría, más o menos pronto, el daño que los indios hacen en los ganados que están por la costa del Lipa y del *Ele* hasta Camaruco por lo menos, en los que hoy día hacen, de cuando en cuando, alguna de las suyas esos pobres indios en las correrías que hacen, llevados del hambre unas veces, y otras de aquella idea de que ias sabanas y los pastos son de ellos, y los blancos han venido con sus ganados a quitárselos.

«Ultimamente reportaría un beneficio positivo esta población, porque el número de reses que mantiene, que es el mayor de todos los pueblos de Casanare, casi han agotado el pasto de sus sabanas, sobre todo en las que quedan por esa parte hasta el caño la *Bendición*, las que, viéndolas nosotros nos parecía imposible pudiesen vivir tántas reses. Debido a esto pierden muchas en verano. La causa de no meter el ganado a estas sabanas que tienen excelentes pastos, como ninguna de las que he visto en Casanare, y que cuatro de ellas, por lo menos, son unos verdaderos potreros cerrados por todas partes por la mano de Dios Nuestro Señor que ha plantado y hecho crecer aquellos cordones de árboles, que forman la mejor cerca, que son: la que hay entre el caño la *Bendición* y el Lipa; entre éste y el *Ele;* entre el *Ele*, el *Cuiloto* y el Cravo, que sólo queda abierta por la parte de arriba, y que todas ellas, sobre todo las tres últimas, son muy grandes: la causa, digo, bien se echa de ver que es la seguridad que hay de perder el ganado que por esos puntos sueltan, y de que se apropiarán los indios; y lo difícil que les es conseguir gentes que cuiden de ese ganado en esas sabanas, por el miedo que dije tienen a los indios.

«La Misión que se estableciera ahí podría ser una garantía para todo esto; y un medio de utilizar los frutos de estas especiales sabanas, punto que hoy sólo sirve de combustible para la candela en el tiempo de su sequía.

Reportando de la Misión supuesta los vecinos de esta parte del Llano tántos beneficios, y ofreciéndoles tántas seguridades, no dudo que ayudarán, ricos como son, al establecimiento y desarrollo de esa obra que tántas garantías les ofrece. Y aunque no la miren, por falta de fe, en este punto de vista, y sobre todo para un cristiano, que es el de sacar esas almas de la esclavitud y poder de Satanás, y llevarlas a la suave y dulce libertad de Dios, que las crió; sin embargo, como afectan directamente a sus intereses, no dudo que contará esa Misión con más recursos para su establecimiento e incremento. Sobre esto se ha estado tratando aquí durante la permanencia, tan fructuosa por cierto, del señor Intendente; y se han dado pasos para proporcionar recursos y demás para ese santo fin; y aunque éstos no han sido tan crecidos, como diré a Vuestra Reverencia en mi próxima carta, yo abrigo firmes esperanzas de que una vez metidos alli, y palpen más de cerca los beneficios que aquí dejo indicados a Vuestra Reverencia, han de doblar lo que han ofrecido, y han de cooperar los que hasta el presente no lo han hecho.»

Por ese mismo tiempo intentó el R. P. Moreno la restauración de nuestro antiguo convento de la Popa en Cartagena y las misiones de Urabá, manifestando gran empeño y mucho interés en que se realizara tanto el Ilmo. señor Biffi, como el Excmo. Presidente doctor Núñez. Hiciéronse las gestiones correspondientes de una y otra parte, medió larga y franca correspondencia entre dicho Padre Superior y las autoridades eclesiástica y civil, pero cuando ya se daba por un hecho

cierto su realización, fracasó todo lastimosamente sin-
saber por qué. «Lo propuesto se tenía ya como un hecho, escribe sobre el particular el Padre Matute, pero
especiales circunstancias lo impidieron por entonces.»
Puede verse la correspondencia en Apuntes para la
Historia. Vol. 1.°, pág. 180.

De suerte que continúa aún el misterio acerca de
aquellas misiones, el cual se hizo notar, al tratar de ellas
en el primer tomo de esta Monografía, cuando fracasa-
ban todas las diligencias que se ponían para prose-
guirlas después del martirio del V. P. Alonso y sus
compañeros.

Más felices fueron los comienzos de las misiones
de Casanare, y los pasos que en esos. días se daban
en la capital de la República en favor de las mismas,
puesto que «mientras los Padres Candelarios, Misioneros en Casanare, trataban de reblandecer la tierra y
sembrar en ella, esto es, en los corazones y en las
almas de los indios la semilla del Evangelio, en la ca-
capital de la República, Bogotá, se trabajaba y se estudiaba el modo de engrandecer la empresa de las Misiones.» Monseñor Antonio Sabatucci, Arzobispo titular
de Antinoe y Delegado Apostólico en esta República,
eficazmente secundado por el señor doctor don Enrique
Sibilia, Auditor de la Delegación Apostólica, tomó tan
decidido empeño y tan especial interés en dar vida a las
Misiones de Casanare, que en poco tiempo hizo ante
la Santa Sede todas las gestiones necesarias para la erección del Vicariato Apostólico, designando y proponiendo
para primer Vicario, con carácter episcopal, de acuerdo
con el Ilustrísimo señor Arzobispo, doctor don Bernardo
Herrera, y el Excmo. Sr. Vicepresidente de la República, don Miguel Antonio Caro, al entonces Superior de

la Orden de Agustinos Delcalzos en Colombia, muy Reverendo Padre Fray Ezequiel Moreno.

«A la actividad, celo y laboriosidad del citado Excmo. señor Sabatucci y a la decisión y apoyo del Gobierno, que también tuvo interés en el asunto, se debió que en el día 17 de julio del año de 1893, se hiciera en Roma cesión del Vicariato de Casanare a nuestra Provincia de la Candelaria, y que en el día 25 de octubre de 1893 fuese preconizado Obispo titular de Pinara, y nombrado Vicario Apostólico de Casanare, el Reverendo Padre Moreno.» *(Apuntes para la Historia).*

. Pero el Gobierno de la República presidido por don Miguel Antonio Caro no sólo prestó el mayor apoyo a la solicitud del señor Delegado Apostólico en pro de Casanare, sino que también, persuadido de que el porvenir de la Nación colombiana se hallaba en la región oriental de los Llanos, segregando del Departamento de Boyacá a Casanare, le constituyó en Intendencia nacional, dióle el tren de empleados necesarios, la legislación que exigía su situación especial, veló por su bienestar y florecimiento con señalada preferencia y atención y nombró como jefe de ella al señor don Elisio Medina, inteligente, activo y laborioso, y sobre todo celoso, a fuer de buen católico, de la prosperidad de las Misiones, a las cuales impulsó con todo su apoyo y autoridad.

Valga entre otras pruebas la que sigue. Ya había iniciado el Padre Moreno la idea de llevar Hermanas de la Caridad a Casanare, puesto que habiendo sido acogida y aceptada favorablemente la propuesta de parte de la Superiora General de las mismas, hallábase muy adelantado y en muy buen pie el asunto, en términos que apenas faltaban los últimos detalles. En esto vino de Támara a Bogotá dicho señor Intendente de

Casanare, habló con la Superiora de las Hermanas, sobre
el mismo proyecto, y no cejó hasta que, a su regreso
a Casanare, no las llevó consigo a Támara, no obstante que nada se había dispuesto para su establecimiento. Sin duda ninguna que sus sentimientos católicos le hicieron ver claro la necesidad de llevarlas a
Casanare, como un auxiliar poderosísimo para impulsar en esa región la acción benéfica de la Religión y
del Estado. Seis fueron las primeras que llevó el doctor Medina en el mes de enero de 1894, si no recordamos mal, como otros tantos «ángeles de la tierra
que iban a sembrar en el corazón de las niñas, especialmente la rica semilla de virtud; seis azucenas olo-
rosas que llevaban la misión de embalsamar un ambiente corrompido por los miasmas deletéreos del vicio
y del error.»

En la misma comitiva del señor Intendente fueron
el Padre Fray Santos Ballesteros de San José, hoy dignísimo Obispo titular de Cafarnaúm y Vicario Apostólico
de Casanare, y el Hermano Coadjutor Fray Robustiano
Erice de los Sagrados Corazones de Jesús y de María,
dispuestos y animados a trabajar en las Misiones como
denodados soldados del Crucificado por la gloria de Dios
y la salvación de las almas.

Veamos ahora, en el capítulo siguiente el éxito
feliz que obtuvieron en Roma las gestiones de la Delegación Apostólica y del gobierno del señor Caro en
favor de Casanare.

16

— CAPITULO VIII

Erección del Vicariato Apostólico de Casanare

«Ilustrísimo y Reverendísimo señor:

«Correspondiendo a la petición hecha por el Gobierno colombiano acerca del Vicariato Apostólico de Casanare, sin demora he informado al Padre Santo, dándole a conocer igualmente las notas de Vuestra Señoría Ilustrísima, marcadas con los números 78, 117, 159 y 254. Ahora me apresuro a hacerle conocer que Su Santidad se ha dignado benignamente aprobar la dicha erección, ordenando al mismo tiempo que ésta tenga lugar por Breve; que el Vicariato sea confiado al cuidado de los Religiosos Agustinos Descalzos, llamados Candelarios, y que de la ejecución del Breve, que a su tiempo le será comunicado, sea encargado Vuestra Señoría Ilustrísima, con facultad de subdelegar.

«Por último, habiendo Su Santidad hecho recaer la elección del primer Vicario Apostólico con carácter Episcopal en la persona del Padre Ezequiel Moreno, intereso a Vuestra Señoría se sirva formar el relativo proceso canónico y trasmitirlo cuanto antes a esta Secretaría, a fin de proceder hasta concluir definitivamente todo este asunto.

«Con sentimientos de distinguida estimación me repito de Vuestra Señoría Ilustrísima afectísimo servidor,

«M. CARD. RAMPOLLA.

«Roma, 11 de julio de 1893.—Monseñor ANTONIO SABATUCCI, Delegado Apostólico en Colombia—Bogotá.

A esta comunicación siguió luégo la confirmación con el recibo del siguiente Breve Pontificio de este tenor: «Al Venerable Hermano Antonio Sabatucci, Arzobispo Titular de Antinoe, Delegado nuéstro y de esta Santa Sede en la República de Colombia.

COPIA DEL BREVE:

«*LEON P. P. XIII.*

«Venerable Hermano, salud y Bendición Apostólica.

«Los Pontífices Romanos, colocados por voluntad divina en esta Cátedra del Bienaventurado Pedro, como desde eminente atalaya, dirigen sus miradas y pensamientos a todos los puntos de la Grey divina, aun cuando separados por grande espacio de tierras y mares, y se desvelan por llevar a cabo en el nombre del Señor cuanto redunda en bien, prosperidad y felicidad de los intereses católicos. Ahora bien: habiéndonos encarecidamente rogado el Gobierno de Colombia quisiéramos segregar el territorio llamado vulgarmente de Casanare, de la muy extensa Diócesis de Tunja, y nos dignásemos erigirlo en Vicariato Apostólico, separado, y habiendo dado a este fin expreso consentimiento el mismo Venerable Hermano Obispo de Tunja, Nós, persuadidos de que resultaría en bien y utilidad de los fieles de la misma región, estimamos consentir a estas súplicas.

«Por tanto, consideradas con atención y cuidadoso estudio todas las razones del caso con nuestros Venerables Hermanos los Cardenales de la S. I. R. puestos para despachar y fenecer los negocios eclesiásticos extraordinarios, de *Motu proprio*, ciencia cierta, y madura deliberación Nuéstra, en fuerza de la plenitud de la potestad Apostólica, en virtud de las presentes, desmembramos la Diócesis de .Tunja; separamos de ella el territorio llamado Casanare, e igualmente con Nuestra Autoridad Apostólica, lo erigimos por las presentes. en

Vicariato Apostólico, en el cual se han de comprender las poblaciones situadas dentro de los límites de la Intendencia civil de Casanare, a saber, las principales: Nunchia, Tame, Arauca, Orocué, Moreno, Pore, Trinidad y Támara, la cual ciudad mandamos sea la Sede del nuevo Vicariato Apostólico.

«Por tanto, a este nuevo Vicariato Apostólico le damos el nombre de Casanare, y encomendamos su regimen al cuidado de los Religiosos. Descalzos de la Orden de San Agustín de la Congregación de España, llamados vulgarmente Candelarios. Además, queremos que los límites de este nuevo Vicariato Apostólico, sean los mismos que los de la Intendencia Civil de Casanare. Es decir, del camino real del río Upía, aguas arriba, hasta las fuentes del río Salinero, de aquí, hasta el río Vijua; de este río, hasta los límites que separan las regiones de Labranzagrande y Marroquín; de este punto, hasta el lugar donde se juntan los torrentes Tanga y Honda, y desembocan en el río Tocaría. De aquí, primero por los confines de Morcote y Nunchia, hasta el torrente Colorada, después hasta el río Agua Blanca. De ahí, subiendo el monte Guerra, por los límites del Departamento de Santander lleguen los límites del nuevo Vicariato Apostólico, Imá, y después toquen el río Oirá y Sarare, hasta el lugar en que éste desemboca en el río Arauca. De este lugar siguen dichos límites hasta el lugar llamado La Forzosa; de aquí hasta el antiguo Apostadero del río Meta; y de esta estación, hasta el sitio donde el río Meta recibe las aguas del Upía; finalmente, estos mismos límites, después de haber rodeado el espacio de toda la Intendencia, deben salir al camino real del río Upía.

Por tanto, Venerable Hermano, te comisionamos la ejecución de las presentes letras a tí que desempeñas

con esmero el cargo de Delegado Apostólico en la
misma Nación colombiana, y de cuya prudencia, doctrina, consejo y manejo de las cosas, hay espléndidos
testimonios..Por tal motivo, a este fin, te conferimos
todas y cada una de las facultades necesarias y oportunas; como también de Nuestra Autoridad Apostólica,
te damos facultad de subdelegar. Decretamos que las
presentes Letras sean y hayan · de ser firmes, válidas
y eficaces, y que produzcan y obtengan sus plenarios
e íntegros efectos, y favorezcan plenísimamente en todo
y por todo, a quienes al presente corresponda y en el
porvenir correspondiere; y conforme se ha dicho ante-
riormente, debe juzgarse y definirse por cualesquiera
Jueces ordinarios y delegados; y si lo contrario aten-
tare alguna persona de cualquier autoridad que sea, a
sabiendas o ignorantemente, será írrito y nulo. No obstando Nuestras Reglas y las de la Cancillería Apostólica de *Jure quaesito non tollendo*, y otras Constituciones
y Ordenaciones Apostólicas, aun cuando dignas de especial mención y derogación, y las demás que en contrario se opongan.

«Dado en Roma, cerca de San Pedro, bajo el anillo
del Pescador, el día 17 de julio de 1893, décimo sexto
de Nuestro Pontificado.—L. † S.—LUIS *Card.* SERAFINI.»

———

Y es menester añadir que al celo y disposiciones
Pontificias juntó el Gobierno Civil de Colombia en la
Administración de don Miguel Antonio Caro, todo su
más decidido apoyo e interés, para impulsar y promo-
ver el adelanto religioso, moral y material de Casanare;
creando la Intendencia Civil del mismo, y proveyendo
sus destinos en personas tan competentes y tan bien
dispuestas en favor de ella, como el doctor don Elisio

Medina, nombrado primer Intendente, y que tánto tra
bajó por esa región durante su administración.

Por consiguiente, el Padre Moreno podía estar
ultrasatisfecho al ver que sus esfuerzos y diligencias
habían obtenido cuanto anhelaba y podía prometerse.

Ciertamente, no se podía esperar más, y su reconocimiento y gratitud a Dios Nuestro Señor serían los
de un santo, tan fervorosos como lo era él en todo.

No obstante, una pena y un temor muy grande le
sobrevino luégo y le sumió en suma tristeza. El, a
fuer de humilde, había presentado varios candidatos,
pensó que el futuro y primer Vicario Apostólico de
Casanare debía ser el P. Fr. Cayetano Fernández, residente en los Llanos a la sazón y adornado de muy
relevantes prendas de ciencia y virtud. Ni por sueños
le había ocurrido que se podían fijar en su persona,
pues se juzgaba por el menos apto y capaz, señaladamente al saberse que el Vicario Apostólico sería nombrado con carácter episcopal. ¿Cuánta no sería, pues,
su aflicción y desconsuelo cuando ya se tuvo noticia
por carta particular de Nuestro P. Vicario General que
en Roma estaba aprobada la erección del Vicariato de
Casanare y la presentación para Vicario con carácter
episcopal del R. P. Ezequiel Moreno, remitiendo a la
vez dicho Padre General el nombramiento de Provincial de la Candelaria en favor del R. P. Fr. Nicolás Casas?

No obstante, en su angustia y profunda humildad
hizo cuanto éstas le sugirieron por librarse de tan ho-
norífica y pesada cruz. Pues «ni el más ligero asomo
de pretensión había pasado por la mente del Padre
Moreno, escribe el Padre Casas, en su folleto *El Ilustrísimo señor Moreno y las Misiones de Casanare;* ni
en su alma halló cabida el menor pensamiento de va-

nidad o ambición. En su humilde pecho no podía tener lugar tal cosa, y palpable muestra de ello fueron:
primero, la respetuosa, pero constante resistencia que
no pocas veces manifestó a su Superior, reconociéndose insuficiente, incapaz, inepto más que ninguno para
el elevado ministerio que se trataba de confiarle, proponiendo en su lugar a éste y al otro de sus hermanos que, a su humilde pensar, eran más idóneos y más
a propósito para su desempeño y debido cumplimiento;
y segundo, el sobresalto, sentimiento y lágrimas con
que recibió la noticia de su aceptación en Roma y
nombramiento de Vicario Apostólico.»

Así que, una vez que vio tan expresamente declarada la voluntad de Dios Nuestro Señor, a ella se so-
metió humildemente, según lo manifestaba primeramente
el mandato intimado por su Superior, y principalmente
el siguiente Breve Pontificio en estos términos:

‹Al amado Hijo Ezequiel Moreno, Presbítero de la Diócesis de
Tarazona, de la Orden de los Agustinos Descalzos.

LEON P. P. XIII.

«Amado hijo, salud y bendición Apostólica:

El deseo de cumplir fructuosamente, con el auxilio de Dios, el ministerio Apostólico que de lo alto
inmerecidamente se nos ha conferido, en fuerza del cual
presidimos por divina disposición todas las Iglesias,
despierta en nuestro corazón tal solicitud y empeño,
que cuando se trata de encomendar el regimen de esas
mismas Iglesias procuramos darles tales pastores que
sepan instruir el pueblo confiado a su cuidado no sólo
con la enseñanza de la palabra sino también con el
ejemplo de las buenas obras y que en paz y tranquilidad quieran y puedan regir con provecho y gobernar
felizmente, Dios mediante, las Iglesias que les han sido

entregadas. A la verdad, ya Nós habíanos reservado·
por orden y disposición Nuestra proveer todas las Iglesias vacantes y las que en lo futuro vacaren, decre-
tando desde entonces írrito y de ningún valor todo lo
que de otra suerte acerca de ellas se intentase por
alguno con cualquiera autoridad a sabiendas o por ignorancia.

«Ahora bien, vacando ciertamente la Iglesia Titular
Episcopal de Pinara en la Licia bajo el Arzobispo de
Mira, Nós atentos, con paternal cuidado, a la provisión de la misma Iglesia, en la cual ninguno fuera de
Nós puede ni podrá mezclarse obstando a ello la re-
servación y decreto mencionados, teniendo en cuenta
el proceso canónico compilado por el Venerable Hermano Antonio Sabatucci, Arzobispo Titular de Antinoe, Delegado Apostólico y Enviado Extraordinario en
la República de Colombia, y trasmitido a esta Alma
ciudad de Roma: volvimos nuestras miradas a tí, amado
hijo, que ya hiciste la requerida profesión de fe, y que
reúnes los demás requisitos; habiéndote dispensado el
defecto de grado de Doctor y el de los documentos
concernientes a las órdenes que preceden al Sacerdocio, y que en el distinguido ejercicio del cargo de Superior de los Religiosos Descalzos de la Orden de San
Agustín en la República de Colombia, has dado es-
pléndidas pruebas de piedad, religión, celo, doctrina,
prudencia y consejo. Abrazándote, pues, con singular
benevolencia y absolviéndote y considerándote absuelto
sólo para este efecto de cualesquiera censuras, senten-
cias y penas eclesiásticas, de excomunión, suspensión
y entredicho y de toda otra, si acaso en ellas has in-
currido; por el tenor de las presentes, y tomado el
consejo de Nuestros Venerables Hermanos los Cardenales de la S. I. R., por Nuestra Autoridad Apostólica,

y por el tenor de las presentes proveemos dicha Iglesia Titular de Pinara en tu persona, que, por la excelencia de sus méritos, es grata a Nós, y a Nuestros Venerables Hermanos los Cardenales; y te constituímos Obispo y Pastor de ella, confiándote plenamente el cuidado, regimen y administración de la misma Iglesia, tanto en lo espiritual cuanto en lo temporal, con firme esperanza que todo lo harás a la mayor gloria de Dios y por la eterna salud de las almas.

«Con todo mientras se cuente la dicha Iglesia de Pinara entre las simplemente Titulares venimos en no obligarte a ir a ella ni residir en ella personalmente, al mismo tiempo te concedemos poder recibir lícitamente en esas regiones la consagración de manos del Obispo que quieras y que esté en gracia y comunión con la Santa Sede Apostólica, llamando y asistiendo en ella dos Obispos, que si no pueden hallarse, llamando en su lugar dos Presbíteros constituidos en dignidad o cargo eclesiásticos, que gocen de la misma gracia y comunión. Todo lo cual concedemos, salvos los derechos de Nuestra Cámara Apostólica, y no obstante las Constituciones y mandatos Apostólicos, ni el juramento de dicha Iglesia de Pinara, corroborados por alguna disposición Apostólica o de cualquiera otra manera, estatutos o cualquiera otra cosa en contrario.

Dado en Roma, cerca de San Pedro, bajo el anillo del Pescador, el día 25 de octubre de 1893, Décimo Sexto de Nuestro Pontificado.—L. † S.—LUIS *Card.* SERAFINI.»

———

Estos tan faustos sucesos en favor de las Misiones de Casanare fueron seguidos luégo de otros, que demostraban el cuidado y providencia con que velaba Nuestro Señor por el bien de esa empresa tan gloriosa y de su agrado: la ida de las primeras Hermanas de la Caridad a Támara,. de que ya hablámos atrás, y la llegada a Colombia de la quinta Misión agustino recoleta.

La quinta Misión que llegó a Bogotá el día 3 de marzo de 1894, se componía de los PP. Fr. Pedro Cuartero del Pilar y Fr. Samuel Ballesteros de la Virgen de Aránzazu, con los Hermanos de Obediencia Fr. Jacinto Navarro de San José Fr. Gabriel Arano de Santa Ana; refuerzo agregado a las anteriores, tan oportuno que ni venido del cielo, pues hallábase nuestra Provincia de la Candelaria preparándose para la solemne consagración de su primer Vicario Apostólico de Casanare y Obispo Titular de Pinara en la capital de la República.

M. R. P. Fr. Nicolás Casas del Carmen
Provincial.

CAPITULO IX

Ejecutorial del Breve Pontificio o entrega del Vicariato Apostólico de Casanare al cuidado de los Religiosos Descalzos de la Orden de San Agustín, llamados vulgarmente Candelarios

El día diez de abril de mil ochocientos noventa y cuatro será eternamente memorable y glorioso en los fastos insignes de nuestra Provincia de Nuestra Señora de la Candelaria, y suficiente por sí solo para marcar una nueva época en nuestra historia religiosa de Colombia.

Suspendida por más de treinta años y no voluntariamente sino a causa de la imposibilidad en que pusieron a nuestra Provincia primero, la transformación política, y, segundo y principalmente, la política perseguidora del liberalismo radical, la empresa misionera, que nuestros Religiosos venían ejercitando con abnegación y celo apostólicos en los Llanos de Casanare, desde que en el año de 1661, el muy noble y muy piadoso caballero y presidente del Nuevo Reino de Granada de acuerdo con la autoridad eclesiástica, en la división y reparto que hizo de las misiones infieles en los Llanos, tocó a nuestra Recolección la de Santiago de las Atalayas, se iba a reanudar ese día nuevamente, poniendo en ejecución el Breve Pontificio de Su Santidad León XIII por su Delegado en esta República de Colombia, y entregando «al cuidado de los Religiosos Agustinos Descalzos de la Orden de San Agustín, llamados vulgarmente Candelarios,» las misiones del Vicariato Apostólico de Casanare, según consta por los siguientes documentos:

«Nós el doctor Antonio Sabatucci por la gracia de Dios y de la Santa Sede Apostólica Arzobispo Titular de Antinoe, Delegado Apostólico y Enviado Extraordinario en la República de Colombia.—En el nombre del Señor. Amén.

«Nuestro Santísimo Padre el Papa por Divina Providencia León XIII, para quien no hay bien mayor que el de la salud espiritual de los fieles cristianos, habiendo desmembrado y separado de la Diócesis de Tunja, en la República de Colombia, por el Breve Apostólico *Romani Pontifices*, dado en Roma, en San Pedro, bajo el anillo del Pescador, el 11 de julio de 1893, el territorio llamado de Casanare, y habiéndolo erigido en Vicariato Apostólico separado, y encomendado su regimen al cuidado de los Religiosos Descalzos de la Orden de San Agustín, que vulgarmente se llaman *Candelarios*, y confiado la ejecución del mismo Breve al Excelentísimo señor Antonio Sabatucci, Arzobispo Titular de Antinoe, Delegado Apostólico y Enviado Extraordinario en la República de Colombia:

«Nós, el doctor Antonio Sabatucci, por la gracia de Dios y de la Santa Sede Apostólica, Arzobispo Titular de Antiñoe, Delegado Apostólico y Enviado Extraordinario en la República de Colombia, usando de las facultades especiales benignamente a Nós concedidas, y deseando cumplir encargo tan honroso en todo y por todo conforme al mencionado Breve, a todos y a cada uno, pero en particular a aquellos a quienes interesa, por las presentes Letras declaramos desmembrado y dividido de la Diócesis de Tunja el territorio llamado de Casanare, y erigido y constituído en Vicariato Apostólico separado, con todos los derechos, privilegios, bienes y rentas que le son anexas; y con los mismos linderos y poblaciones descritas con precisión en el dicho Breve Apostólico, linderos y poblaciones que for-

man el Distrito civil llamado «Intendencia de Casanare,»'
y así lo queremos y decretamos.

«Declaramos igualmente haber entregado desde esta
fecha la jurisdicción y regimen espirituales de aquel
territorio al R. P. Provincial de los Religiosos Descalzos
de la Orden de San Agustín, como a Vicario del Rmo.
P. Superior General de la misma Orden.

«Finalmente hacemos saber y damos fe, que por
carta del Excelentísimo señor Cardenal Mariano Rampolla del Tindaro, Secretario de Estado de Su Santidad,
a Nós dirigida el 11 de julio de 1893, el Padre Santo
eligió por primer Vicario Apostólico de Casanare al M.
Reverendo Padre Ezequiel Moreno, de nación hispano,
Superior en esta República de Colombia de los Agustinos
Descalzos, y a quien elevó a la sagrada dignidad Episcopal.

«No obstante a esto cualquier cosa en contrario.
Dado en Bogotá, en la Residencia de la Delegación
Apostólica, el día 5 de abril del año de la Encarnación
del Señor.—L. † S.—ANTONIO, Arzobispo de Antinoe.
Enrique Sibilia, Auditor de la Delegación Apostólica,
doctor en ambos derechos, Notario Apostólico.»

*Acta de la entrega y aceptación del Vicariato Apostólico
de Casanare, hecha por Notario Apostólico.*

«En el Nombre del Señor—Amén.

«En la ciudad de Bogotá, capital de la República
de Colombia, el día 10 de abril se presentaron en este
Convento de Nuestra Señora de la Candelaria el Excelentísimo señor doctor don Antonio Sabatucci, Arzobispo de Antinoe y Delegado Apostólico en Colombia,
el Ilustrísimo señor doctor don Francisco Javier Zaldúa
O., Canónigo de la Metropolitana de Bogotá, el Rdo.
Padre Zameza, S. J., Superior de la Misión de los RR.
PP. Jesuítas en Colombia, y el infrascrito Notario Apos-

tólico y Auditor de la Delegación Apostólica; y allí, en presencia de los RR. PP. Candelarios residentes en esta ciudad, y el dicho Notario Apostólico, de orden del Excelentísimo señor Arzobispo de Antinoe, dio lectura al Breve Pontificio, por el cual Su Santidad León XIII, desmenbrando de la Diócesis de Tunja el territorio de Casanare, lo erige en Vicariato Apostólico, confía su regimen al cuidado de la Orden de los RR. PP. Agustinos Descalzos o Candelarios, y encarga su ejecución al mismo Excelentísimo señor Delegado Apostólico.

«Acto contínuo, Su Excelencia Ilustrísima hizo leer la ejecutoria por la cual, de conformidad con las disposiciones de dicho Breve, declara el territorio de Casanare desmembrado de la Diócesis de Tunja; erigido en Vicariato Apostólico y confiado a la Orden de los RR. PP. Agustinos Descalzos. Declara al mismo tiempo haber sido entregada la jurisdicción y regimen espirituales a los RR. PP. Candelarios, y haber sido elegido por Su Santidad, el R. P. Fr. Ezequiel Moreno primer Vicario Apostólico y elevado a la dignidad Episcopal.

«El M. Rdo. P. Fr. Nicolás Casas del Carmen, Provincial de los Agustinos Descalzos o Candelarios, autorizado previamente por el Rmo. P. General de la Orden, aceptó con agradecimiento el elevado cargo de que se investía a la misma, y prometió que, con el auxilio divino, cumpliría con los deberes respectivos y satisfaría los deseos de Su Santidad, para gloria de Dios y bien de los pueblos que se le encomendaban, conforme a los votos del católico Gobierno de la República.

«En consecuencia de esta aceptación, el Excelentísimo señor Delegado Apostólico entregó al dicho Reverendo Padre Provincial el Breve Pontificio de erección y al Reverendísimo Padre Moreno, primer Vica-

·rio Apostólico de Casanare, el de nombramiento de Obispo Titular de Pinara.

«En fe de lo cual, se firma el presente por el Excelentísimo señor Delegado Apostólico, el R. P. Provincial, el Ilustrísimo señor R. P. Fr. Ezequiel Moreno, Obispo electo de Pinara, y los testigos de este acto.

«Dado en Bogotá, en este Convento de Nuestra Señora de la Candelaria, el día diez (10) de abril del año mil ochocientos noventa y cuatro (1894).

«ANTONIO, Arzobispo de Antinoe, Delegado Apostólico—FR. NICOLÁS CASAS del Carmen, Provincial— FR. EZEQUIEL MORENO, Obispo electo de Pinara— FRANCISCO J. ZALDÚA, Canónigo de la Metropolitana de Bogotá--ISIDORO ZAMEZA, Superior de la Misión de Colombia de la Compañía de Jesús.

«(L. † S.) ENRIQUE SIBILIA, Auditor de la Delegación Apostólica, Doctor en ambos derechos, Notario Apostólico.»

———

Esto rezan los documentos, y cualquiera que los lea los considerará como testimonios irrefragables, así de la voluntad de la Santa Sede y del Vicario de Cristo Señor Nuéstro en la tierra, como de la obligación o compromiso, contraído por nuestra Orden, pero inmediatamente por nuestra Provincia en la Candelaria en esta República de Colombia, de cuidar por el bien espiritual y religioso del territorio de Casanare.

Con esa aceptación y compromiso solemne hecho por N. R. P. Provincial, a nombre y representación de Nuestro Padre General, nuestra Provincia candelaria reanudaba su labor evangélica, que con tánto tesón, constancia y celo admirables había ejercido por más

17

de dos centurias en aquellos Llanos. Empero, ¡cuán distinto campo presentaban ahora las misiones casanareñas, del que ofrecieron en tiempos *idos* en las épocas de fe ardiente y viva, cuando los reyes católicos, como don Fernando e Isabel la católica, protegían la civilización cristiana de los indios por medio de leyes tan sabias como parternales, que Presidentes como don Venero de Leiva y don Diego de Egües, cuidaban preferentemente y con solicitud sin igual de su cumplimiento y observancia fiel y exacta!

Cuando esos respetables documentos que hemos trascripto se ejecutaban y firmaban, aquellas numerosas tribus de infieles que poblaban los Llanos, y que merced a los trabajos y celo apostólicos de los ínclitos hijos de San Ignacio y los del Gran Obispo de Hipona, iluminados de la luz evangélica, recibieron el sagrado bautismo y trasformados en hijos sumisos de la cruz y en ciudadanos útiles a la patria, levantaron pueblos e iglesias a las orillas de aquellos caudalosos ríos y en medio de sus feraces bosques, o donde quiera que plantó el misionero la cruz redentora; ya habían desaparecido por completo, sin que hubiera quedado huella ni señal alguna, viéndose únicamente vagar por entre sus selvas o a las márgenes de los ríos una que otra Capitanía de indios, fracciones pequeñísimas de las antiguas tribus, pero en la situación moral y religiosa más triste, y en un estado de degradación extrema, como si jamás ni en tiempo alguno hubiera existido en aquellas pampas misionero católico ninguno!

De aquellas poblaciones coloniales tan florecientes antes de la República, y que tan principal parte tuvieron en el triunfo de la Independencia, como las célebres ciudades de Santiago de las Atalayas, San José de Pore y Chire, apenas presentaban al observador otra cosa que ruinas y muros destruidos del auge y grandeza antiguos!

Un territorio vastísimo demandando apoyo y protección de un Gobierno fuerte y bien intencionado para levantarse de su lamentable postración, y convertirse en la porción más próspera y floreciente de la Nación a que tiene más títulos de justicia que ninguna otra de las restantes; pero tan poco poblado y tan diseminados sus habitantes y tan divididos o separados por múltiples caudalosos ríos, y en comunicación tan difícil con el resto del país, pero mucho más con el Exterior, y cuya administración y regimen espirituales ponían miedo y causaban espanto en el ánimo más esforzado y varonil!

No lo pusieron, sin embargo, en el primer Vicario Apostólico, ni en el Padre Provincial cuando aceptaron uno y otro respectivamente el compromiso que imponían los citados documentos. Al contrario, todo ese cúmulo de obstáculos y dificultades no parece sino que avivaron en sus almas mucho más la llama sagrada de su fe y celo apostólico, para luchar contra todos ellos por salvar las almas que moraban allí con inminente y gravísimo peligro de perderse, hallándose privadas de los auxilios de la religión que les extendiera el cable salvador.

Ni en el Padre Casas, ni en el Ilustrísimo P. Moreno produjo todo esto la menor vacilación, pues su fe y caridad y esperanza en Dios eran tan sólidas, tan vigorosas y firmes que, ante el deber de cumplir la voluntad divina y el deseo de ayudar a la salvación de los prójimos, por cosa baladí y de ninguna consideración juzgaron todo ello, y muchos otros inconvenientes que no se escaparían a su previsión y habían de experimentarse con el trascurso del tiempo en esas

Misiones. ¡Ejemplo admirable que nos legaron y que la Divina Providencia disponía para que nada arredrase a los venideros a continuar tan santa como ardua empresa para cuyo principio se preparaba a recibir la consagración episcopal el Padre Moreno!

CAPITULO X

Consagración episcopal del R. P. Fr. Ezequiel Moreno en Bogotá y su viaje a Támara

Fue consagrado Obispo Titular de Pinara el Padre Moreno en la Catedral Primada el día primero de mayo del año de mil ochocientos noventa y cuatro de manos del Ilustrísimo señor doctor don Bernardo Herrera Restrepo, Arzobispo de Bogotá y Primado de Colombia, oficiando de asistentes los Ilustrísimos señores Canónigos de la Metropolitana de Bogotá, doctores Patricio Plata, y Fernando Piñeros, siendo padrinos el Excelentísimo señor Vicepresidente de la República, don Miguel Antonio Caro y el Excelentísimo señor Delegado Apostólico, doctor don Antonio Sabatucci.

Constituyó esta consagración un acontecimiento extraordinario y glorioso no solamente en los anales religiosos de nuestra Provincia candelaria, sino también en los de toda la Iglesia de Colombia por muchos títulos: era el primer Vicario Apostólico que la Santa Sede nombraba con carácter episcopal para encargarse del territorio recientemente erigido en Vicariato Apostólico de Casanare por la Santidad del Papa León XIII, sin que hubiera memoria de ningún otro ejemplo anterior en la historia eclesiástica de Colombia. Puesto que así el Ilustrísimo señor Chaves, como los señores Higuera y Rueda, que le precédieron en la administración espiritual de Casanare, lo practicaron en ¡calidad de auxiliares, el primero del Arzobispado de Santafé de Bogotá, y los otros de la Diócesis de Tunja, pero en manera alguna con jurisdicción independiente y propia,. como iba a ser la del señor Moreno, en virtud de lo dispuesto por el Padre Santo en el Breve de erección transcripto.

Era además el primero con respecto a los que actualmente existen en la República, porque hasta más tárde no fueron constituidos el Vicariato de San Martín, el de la Guagira, y las Prefecturas Apostólicas del Caquetá, del Chocó y últimamente la de Urabá.

En tiempo del Virrey Mendinueta se trató seriamente de erigir un Obispado en los Llanos; y probablemente se hubiera realizado a no haber sobrevenido la guerra de la Independencia. En nuestro Archivo obra un Informe favorable a ese proyecto del R. P. Fr. Clemente Pinzón de San Javier en contestación a la solicitud del señor Comisario del Santo Oficio y Prebendado de la Iglesia doctor don Antonio León, fechado en Santafé mayo 1.º de 1818.

Todo esto contribuyó indudablemente a que esa consagración fuese celebrada con tánto esplendor y solemnidad en la iglesia Metropolitana, tomaran parte principal en ella las primeras autoridades de la Nación, concurriera a la solemne ceremonia lo más encopetado y piadoso de la capital y compitiese toda la prensa en elogiar y ensalzar las cualidades y prendas relevantes del consagrado; principalmente la celebridad y elevada estimación que el Ilustrísimo Padre Moreno se había granjeado con su ejemplar conducta y el celo desplegado en el desempeño del sagrado ministerio contribuyeron a que fuese altamente memorable su consagración episcopal

·entre cuantas se registran en la historia eclesiástica de Colombia.

Y para que el lector pueda formarse alguna idea, vamos a insertar los siguientes artículos que con motivo de tan fausto suceso publicó la prensa de Bogotá por esos días.

EL ILUSTRISIMO PADRE MORENO

(De El telegrama)

Acaba de recibir la consagración episcopal para la silla titular de Pinara (sufragánea de la Metropolitana de Mira, en Lycia, Asia menor) y el Vicariato Apostólico de Casanare, el muy Reverendo Padre Fray Ezequiel Moreno, Religioso Candelario, Superior dignísimo que ha sido de esta Provincia de su Religión en Colombia.

Sus altas dotes de prudencia y de gobierno, sus excelentes cualidades y reconocidas virtudes le han hecho digno de ocupar el primer lugar entre los que, con el tiempo, habrán de regir la Iglesia casanareña.

¡Honor al nuevo Prelado!

¡Honra y loa a la dichosa Corporación que le cuenta entre sus preclaros hijos! Gloria también a la patria que lo vio nacer, y que, orgullosa, puede ostentar en la galería de sus varones ilustres, los Aracieles y Radas, los Esguerras y Zamudios, Pérez y Valderos, Téllez y Castejones, Orovios y Tejadas y varios otros, el retrato de este su ilustre hijo que viene hoy a renovar su antiguo esplendor y brillo.

Cuán benemérito de la alta dignidad a que está elevado haya sido este humilde Religioso, con sobrada elocuencia lo dice la complacencia suma que ha tenido el Vicario de Jesucristo en colocar sobre sus siènes la mitra, y encomendar a su cuidado, solicitud y ardiente celo, el desarrollo y progreso de esta pequeña porción del rebaño del Divino Pastor. Testimonio auténtico tenemos de esta singular complacencia, como lo tenemos también de la especial predi-

lección y cariño del Padre Santo a esta Provincia de La
Candelaria y sus hijos, así como de la muestra de muy
distinguida confianza que les ha dado al entregar a su dirección y apostólico celo el Vicariato de Casanare.

Dícelo también, y con no menos élocuencia, el decidido
empeño y marcada insistencia del Superior General de la
Orden en premiar sus relevantes méritos y señalados servicios prestados en el desempeño de los honrosos cargos
que la Religión le confió, con el alto honor y distinción
que se dignaba hacerle el Sumo Pontífice, mandándole una
y otra vez, con toda la fuerza y poder de su autoridad,
rendir su cabeza al peso de la mitra, y aceptar sobre sus
hombros el gravísimo yugo del cargo Pastoral.

¿Puede decirse más en su honor?

Prueba es, la más evidente, de su revelante mérito,
muestra brillante de lo acertado de su elección, y elogio
no pequeño de sus virtudes.

De su elección podemos decir con toda seguridad que
es obra de Dios únicamente. Ni el más ligero asomo de
pretensión había pasado por la mente del Padre Moreno;
ni en su alma halló cabida el menor pensamiento de vanidad o ambición. En su humilde pecho no podía tener lugar
tal cosa, y palpable muestra de ello fueron: primero, la
respetuosa pero constante resistencia que no pocas veces
manifestó a su Superior, reconociéndose insuficiente, incapaz, inepto, más que ninguno, para el elevado ministerio
que se trataba de confiarle, proponiendo en su lugar a
éste y al otro de sus hermanos que, a su humilde pensar,
eran más idóneos y más a propósito para su desempeño
y debido cumplimiento; y segundo, el sobresalto, sentimiento y lágrimas con que recibió la noticia de su aceptación en Roma y nombramiento de Vicario Apostólico.

De seguro que, a no detenerle el temor de resistir a la
voluntad de Dios, tan expresamente declarada, hubiera pre-
ferido mil veces vivir en su pobre rincón de La Candelaria
(en cualquiera de los agujeros de la famosa *flauta*, en grá-
fica expresión del señor Agnozzi), que empuñar pastoral

báculo y céñir su frente con preciosa mitra. Más que lujosa sandalia, estima él su remendado zapato; más que roquete y muceta, su pobre y raído hábito religioso.

Solamente, pues, la virtud de la obediencia y su sumisión a la voz de Dios, no mira alguna terrena, ni pensamiento menos digno y elevado, es lo que le ha hecho inclinar su hombro a la pesada carga, y tomar en su mano el cayado pastoral, aceptando, sobre las graves obligaciones que como Religioso tiene, las gravísimas que ahora le incumben como Prelado. Que lejos, muy lejos de él pensar exonerarse de aquéllas por el peso de éstas, antes bien, «más fraile, más Religioso, ha dicho, he de ser ahora»; ¡expresión valiente que revela toda su alma, y transparenta con toda claridad lo que es!

«Si es ésa la voluntad de Dios....» fue otra de las expresiones de humilde resignación, que entre el sobresalto y las lágrimas mal comprimidas se escapó de sus labios al recibir, la para él, triste noticia de su nombramiento. «Sí, Padre Moreno (hubo que decirle para calmar su sobresalto y la agitación que sentía); sí, es la voluntad de Dios, expresada y manifestada lo más abiertamente que puede desearse; tranquilícese, pues, y confórmese con ella: es la voluntad de Dios; el Señor quiere encargarle una parte de su rebaño, ¡acéptela, pues, sin vacilación! que no hay por qué temer y desconfiar, viniendo, como viene el encargo de la boca misma de Dios. ¡Adelante! que Aquél *qui te ad tantam gratiam vocavit....* como a su hermano decía el niñito San Justo, El dará a Vuestra Reverencia el auxilio oportuno, las fuerzas y las gracias del Cielo que necesita para el debido cumplimiento del cargo.»

De sus virtudes, bastantes quilates se vienen a descubrir con lo dicho; pero más, mucho más pudiera descubrir de ellas, quien por espacio de algunos años le viene tratando, quien ha tenido ocasión de observar, siendo súbdito suyo, su humildad en medio de elevados cargos, su fervor religioso, su rígida observancia, su asiduidad en el coro y en la oración, su recogimiento interior, su austeridad

y mortificación, su.... sus virtudes religiosas, dicho de una
vez. De todas ellas pudiera referir algunos pormenores, si
mi pensamiento fuera escribir una biografía propiamente
dicha de este humilde siervo de Dios. ¡Quién sabe si más
adelante!.... Pero al presente no lo es; y debo ceñirme al
marco de la página que me propuse dedicarle, contrayendo
a unas líneas lo que podría llenar algunas hojas.

De su caridad y ardiente celo por la salvación de las
almas ¿quién podrá decir lo bastante? Santa Cruz de Manila, Rosario, Calapán, Cavite y La Paragua en Filipinas,
tendrían mucho que contar de los rasgos brillantes de su
ardiente celo, sobre todo en días aciagos y de triste luto,
cuando en aquellas islas estaba haciendo estragos el cólera
morbo. Rivalizaron, es verdad, todos aquellos Religiosos
nuestros hermanos de allende el mar, en valor y heroísmo
en socorrer, consolar y ayudar a morir cristianamente a los
pobres atacados de la terrible enfermedad, asistiendo día y
noche en los hospitales, en las casas, en los campos y sementeras, sin perdonar fatiga ni trabajo; sin reparar en peligros, sin cuidarse para nada de sí mismos, pues ni des-
cansaban casi más que en el caballo, ni comían con reposo;
siempre de una parte a otra, en éste y en el otro barrio....

Oh! aquello fue un trabajar que llenó de admiración
a cuantos los contemplaron; un luchar por salvar la vida a
los enfermos, que si dura un poco más acaba con la existencia de aquellos héroes de la caridad, como acabó con
la muy preciosa de algunos. ¡Lauro inmarcesible de gloria
a tántos valientes! No me atreveré a decir que entre tánto
valor resaltara el de nuestro Padre Moreno, porque difici-
lísimo es, si no imposible, poder establecer puntos de comparación; pero no vacilo en asegurar que no estuvo a la
zaga del de sus hermanos.

Ejemplo parecido de abnegación y caridad tuvo luego
ocasión de dar otra vez, cuando a su llegada a España con
el cargo de Rector de uno de nuestros Colegios, la misma
enfermedad vino a sembrar la desolación y la muerte en los
pueblos de nuestro alrededor, y aun dentro de nuestra

misma casa. No es cosa de referir detalles, ni hay para qué detenerse uno a relatar casos particulares.

Otra muestra, espléndida por cierto, de esa caridad y celo, es su continua, su no interrumpida asistencia al púlpito y al confesonario. Sobre esto ¿qué necesidad hay de ir muy lejos? ¿Quién no lo sabe? ¿Quién no lo ha visto? Díganlo la infinidad de gentes que de continuo han estado asediando su confesonario; díganlo las casas de ejercicios, las cárceles, los conventos; y díganlo también muchas casas particulares, y hasta multitud de ranchos de pobres indios y trabajadores que a toda hora, de día y de noche, han recibido la consoladora visita de este ministro de la gracia que ha ido a dársela con los santos Sacramentos. ¡Puerta de la Candelaria! ¿qué noche no ha sido golpeada, y bien a deshoras, por quien venía en busca del Padre Moreno para asistir a un moribundo? ¿cuántas noches habrá pasado tranquilo en su pobre lecho, sin ser despertado una o más veces, a las doce, a las dos de la mañana, para ir a esos barrios del *Derrumbe*, de Belén y de Egipto, ordinariamente llenos de lodo y de charcos, para asistir a un enfermo?

Tarea fácil me seria acumular restimonios y hechos elocuentes de su caridad y celo en los lugares sagrados que he nombrado, púlpito y confesonario; pero, ¿a qué, siendo cosa tan sabida? Creo que por todos ellos, y por el mejor elogio, basta mentar el sentimiento y lágrimas de multitud de personas del pueblo de Bogotá al sólo pensar en su separación y marcha de ésta ciudad. ¡Oh, quién podrá decir cuántas súplicas, qué instancias no han hecho muchas personas para impedir su nombramiento! ¡qué desear la pérdida de las Bulas! ¡qué hacer rezos y novenas, y también.... lo diré, qué intrigar palaciegamente con ésta y la otra persona de dignidad, para que no se llevase a cabo el nombramiento y consagración del Padre Moreno! Y esto, por qué? por qué?....

No me pase por las mientes provocar al Padre Moreno un pensamiento de vanidad; pero si motivo se quisiera para ello, no sé yo si podría apetecerse más. No sé yo.... pero ¡alcemos la vista al Cielo! *Soli Deo honor et gloria.*—FR. N. C.

LOS LLANOS
(De *El Heraldo*)

Hoy tuvo lugar en nuestra iglesia Metropolitana una ceremonia que, aparte de su carácter religioso, no podía menos de provocar y excitar patriótico interés.

Verificábase la consagración del muy Reverendo Padre, y hoy Ilustrísimo señor don Fray Ezequiel Moreno, como Obispo Titular de Pinara y Vicario Apostólico de Casanare. No reproduciremos aquí los datos biográficos sobre el nuevo Prelado, de que se harán eco algunos colegas, pues en cuanto a esto nos basta recordar que la vida hasta hoy del Padre Moreno es un recuerdo de cristianos merecimientos y una prueba del espíritu evangélico que lo anima; ni nos hemos de referir a la solemnidad religiosa, celebrada con toda la pompa y majestad acostumbradas en nuestros templos.

En los revueltos y nublados tiempos que corremos, ensancha el pecho y conforta el ánimo, cual sucede a cansado viandante que después de recorrer ardientes arenales respira y se deleita en ameno y risueño oasis, todo hecho, toda aserción, por desgracia nunca lo bastante frecuentes, que nos permiten relegar al olvido, siquiera por algunos momentos, pasiones, rencillas, divergencias e inquietudes, para sólo complacernos y unirnos todos en nobles y generosas aspiraciones nacionales.

La Historia guardará para la Administración del Excelentísimo señor Caro una página honrosa por haberse sabiamente fijado en el porvenir de nuestra región oriental, coincidiendo el impulso oficial con la fijación definitiva que una sentencia arbitral dio a nuestros linderos territoriales. Creada la Intendencia de Casanare, la labor administrativa allí comenzada bajo la natural tutela y dirección del Gobierno nacional habría quedado incompleta, sería poco fecunda si no se le asociasen otros elementos más poderosos y eficaces, como lo demuestra la historia misma de nuestros Llanos, a partir del día en que fueron abandonadas las Misiones. La catequización y reducción de aquellas tribus a una vida civilizada de trabajo y agregación social, la creación y desarrollo de núcleos de población, el dominio de aquella solitaria naturaleza virgen, tan espléndida y feraz como hoy improductiva e insalubre, requieren un caudal y una tarea de abnegación y desinterés, que no podría ni sabría desempeñar satisfactoriamente el solo móvil del lucro comercial como base y estímulo.

Con refuerzos últimamente llegados de España, yá se predica y propaga allí la doctrina evangélica, desde las casas de Misión recién implantadas en Orocué, Támara y Arauca; pero era necesario crear un centro superior que unificase y dirigiese los esfuerzos, encaminándolos según las prácticas indicaciones sugeridas por la experiencia y la apreciación directa de las nacientes conveniencias, y a tan oportuna idea obedeció, sin duda, la creación del Vicariato en Támara, capital de la Intendencia, y punto de donde irradiará enérgico impulso, por el consorcio de la autoridad civil con la eclesiástica.

No es nueva en aquellas tierras la empresa que acometen los Agustinos Descalzos (Candelarios), puesto que desde 1661 fundaron la Misión de Santiago de las Atalayas, cercana al Meta, y varias otras; ni será nueva tampoco la campaña para el Ilustrísimo señor Moreno, que yá ha recorrido buena parte de nuestros Llanos, después de haber trabajado quince años como Misionero en las islas Filipinas.

Deseamos el mayor éxito a sus esfuerzos, y en estos deseos no habrá colombiano que no nos acompañe, sin distinción de opiniones ni contraposición de intereses. Más aún: ahora que Colombia y Venezuela sabemos a qué atenernos sobre nuestros derechos en aquellas fértiles y extensas regiones, sería obra tan meritoria como levantada el que ambos Gobiernos y pueblos hermanos cóncertáramos una común acción civilizadora. Tenemos entendido que los Padres Agustinos acarician yá el proyecto de establecer una gran casa central en Ciudad Bolívar, y esto es, en efecto, el lugar indicado para que, tomándolo como punto de partida y a favor de la libre navegación, para colombianos y venezolanos, de aquellos caudalosos ríos, llegue la ola de cultura hasta el corazón de los Llanos, y se extienda más tarde hacia el Sur para salir al Amazonas

Ya que nosotros no alcancemos a contemplar tan grandiosos resultados, preparemos siquiera el engrandecimiento de la patria, fomentemos esta rica herencia para las generaciones venideras, y sean entretanto bien venidos los Agustinos españoles que vienen a continuar la obra progresiva de nuestros comunes antepasados.

CONSAGRACION
(De *Colombia Cristiana*)

El martes último, como lo anunciámos en nuestro número anterior, se celebró en La Catedral la del Ilustrísimo Señor Fr. Ezequiel Moreno, con la solemnidad acostumbrada por la Iglesia en estos actos. El nuevo Obispo, que llevará el título de Pinara, fue consagrado por el Ilustrísimo Señor Herrera, y tuvo por acompañantes en la ceremonia a los señores Canónigos Plata y Piñeros, y por padrinos al Excelentísimo Señor Vicepresidente de la República y al Excelentísimo Señor Delegado Apostólico.

El Ilustrísimo Señor Moreno cuenta 46 años de edad, pues nació en 1848 en Alfaro, ciudad de Castilla la Vieja, de la Provincia de Logroño.

Vistió el hábito de Agustino descalzo en 1864, en el Convento de Monteagudo en Navarra, e hizo sus estudios de Filosofía y Ciencias Naturales en la misma casa conventual y los de Teología Dogmática y Moral en el Colegio de Marcilla.

Enviado en 1869 a las islas Filipinas, recibió en Manila las órdenes sacerdotales, y tanto en aquella isla como en las de Paragua y Mindoro trabajó con admirable constancia y celo en favor de las almas. Allí mereció, por sus altas prendas, varias distinciones, lo mismo que en España, a donde volvió en 1884.

Nombrado Superior de las Misiones candelarias en Colombia, vino a nuestro país en 1889, y aquí todos somos testigos de su acendrada virtud, vasto saber y notable inteligencia, valiosas cualidades que le pusieron de presente, a pesar de su gran modestia, para la alta dignidad de que se halla hoy investido.

De plácemes está, pues, Casanare por tener de Vicario- Apostólico al digno Obispo Señor Moreno.

Este Vicariato de Casanare tiene más de 600 miriámetros de extensión, y está llamado a ser una comarca floreciente dentro de poco tiempo. Sus vastas llanuras, de una fertilidad asombrosa, están surcadas por muchos y caudalosos ríos, y su vegetación exuberante convida al hombre a su cultivo.»

_____

Los testimonios y demostraciones de respeto, estimación y simpatía que recibió en los días que siguieron hasta su partida para Casanare de personas de todas las clases y categoría social por haber sido elevado a tan elevada dignidad en la jerarquía eclesiástica, fueron muchos y muy tiernos y elocuentes, acompañados de valiosos donativos para el Vicariato casanareño, y sobrepujado tan sólo por la pena y sentimiento de perder por ello la dirección espiritual de sus almas que tántos consuelos y luces les había proporcionado durante varios años que fue su director.

No sentía menos pena el Ilustrísimo Padre Moreno al verse precisado a dejarlas; pero el cumplimiento del deber se sobrepuso a todo sentimiento, de suerte que en la primera quincena del mes de junio de dicho año salió de Bogotá con dirección a Támara acompañado del Padre Gregorio Segura, pasando por el convento de El Desierto de la Candelaria, donde permaneció unos dos días, encomendando su nuevo espinoso cargo pastoral a la Madre de Dios bajo la hermosa advocación de la Candelaria; y siguiendo luégo por la vía de Tunja, Sogamoso y Labranzagrande, Marroquín y Nunchia, llegó sin novedad a la capital de su Vicariato, a pesar del mal tiempo y de lo caudaloso de los ríos que le fue preciso vadear a lomo de mula, y después de recibir a su paso por dichos pueblos las demostraciones más expresivas de veneración y simpatía las más afectuosas de los fieles.

ILUSTRISIMO PADRE FR. EZEQUIEL MORENO Y DIAZ
Obispo titular de Pinara y Vicario Apostólico de Càsanare.

CAPITULO XI

Recepción en Támara del Ilustrísimo Padre Moreno y su administración Pastoral en Casanare.

Aunque no se halla consignado en los *Apuntes* del Padre Matute el programa del recibimiento que hicieron los tamareños a su primer Vicario Apostólico y Obispo titular de Pinara, ni nos es posible rehacerlo al cabo de más de veinte años que han transcurrido desde entonces, por más de que aún viven muchos de los testigos que lo presenciaron; sin embargo, nos consta positivamente que fue todo lo más regio y espléndido que pudieron hacerle en una población de Casanare como Támara, y atendida la carencia de cuanto es menester para la recepción solemne de un Prelado eclesiástico.

Por lo mismo diremos que si no fue verdaderamente espléndida esa recepción en lo material y exterior, lo fue ciertamente por el entusiasmo, la alegría, el regocijo, la ternura y el cariño más espontáneos y extraordinarios que demostraron todos su moradores a su Padre y Pastor, contribuyendo a ello en primer término la religiosidad y cultura de las primeras autoridades de la Intendencia de Casanare y el elevado prestigio que se habían granjeado para entonces los Padres Misioneros a quienes tocó prepararla, señaladamente el Padre Fray Cayetano Fernández, dotado de múltiples y muy relevantes prendas así intelectuales como sociales y religiosas.

La capital de la Intendencia civil de Casanare celebró la llegada de su ilustrísimo Padre misionero y Pastor, no solamente como uno de los días más solemnes de la Religión y de la Patria, sino como el aconteci-

miento más glorioso y memorable de sus anales patrios
e inaugurador de una nueva éra en la historia célebre
de sus Llanos.

Por esto tomaron parte en los festejos y contribuyeron a su esplendor y lucimiento cuantos moradores
tenia, así empleados como particulares, tanto unas clases
como otras, con cuanto disponían y podían sin regatear
en un ápice, sino con la mayor generosidad y esplen-
didez. Tan elevado concepto se habían formado todos,
no sólo de la alta significación y trascendencia que
implicaba en favor del porvenir religioso y civil de
Casanare la creación eclesiástica de un Vicariato Apostólico y de la posesión oficial de su primer Vicario,
sino también de la abnegación y celo apostólicos que
distinguían al Ilustrísimo Padre Moreno!

En ninguna parte se advierte esto mejor que en
la carta pastoral que dirigió el Padre a los casanareños
luégo que fue consagrado Obispo titular. Ella sola
constituye todo un programa de gobierno espiritual, y
revela además los sentimientos más santos de un apóstol.

Principiando por asentar como principio luminoso
y fundamento irrecusable, conforme al sagrado texto de
San Juan en su Evangelio: «Yo soy la luz del mundo,
yo soy el camino, la verdad y la vida,» que tanto más
dichosos y felices serán los individuos, lo mismo que
los pueblos y las naciones, cuanto más cerca estén de
Jesucristo, verdadero camino, luz, verdad y vida infinitas; y tanto más atrasados e infelices cuanto más
alejados se hallen de El; comprobándolo luégo por algunos hechos irrefragables de la historia eclesiástica;
«palpitante muestra de ello es Casanare.... agrega. Casanare, Casanare!!! exclama.

«¡Bella región de Casanare, preparada por la Providencia como para encerrar en tu ancho seno ciudades

populosas que nadaran en la abundancia! se lee en
ella. ¡Cómo estás solitaria, sin quien pasee tus extensas llanuras, que ningún obstáculo presentan a las
ruedas del carruaje, ni a la velocidad que a los trenes
imprime el vapor; y sin quien recorra tus muchos, caudalosos y pintorescos ríos! ¿Cómo estás abandonada,
sin quien explote tu fecundidad y tus riquezas; sin
quien disfrute del variado canto de tus aves, sin quien
goce de las galas y bellezas de tu sorprendente y fas-
tuosa vegetación? ¡Ah! tiempo hubo en que, regado tu
suelo con el sudor de celosos Misioneros y fecundadas
tus tierras con sus fatigas y trabajos, estuviste elevada
a una altura de civilización y prosperidad de que nunca
debieras haber caído...: Entonces ¡qué hermosa parecías,
y cuán bella!!! Hoy.... ¿quién te privó de aquellos infatigables operarios que trabajaban con tánto ardor
porque dieras frutos abundantes de civilización cristiana,
y aun de material progreso? ¿Quién arrancó de tu
suelo aquellos hombres que, llenos de caridad y abnegación iban dejando impresas por todas partes las
huellas de su marcha benéfica y civilizadora? ¡Ah!
Guárda, guárda cuidadosa en la espesura de tus bosques las ruinas de tus poblaciones, de tus edificios, de
tus grandiosos templos.... que ellas alzarán siempre su
voz cantando las glorias de los Misioneros, y repro-
chando y condenando a los que te los quitaron y fueron
causa de tu desolación y desventura!

«Nós te contemplámos cuando te vimos, cual viuda
que perdió a su esposo, llorando tu dicha pasada, la-
mentando tu desgracia presente, sintiendo tu falta de
fuerzas y de vida, y esperando, triste, tu futura e inevitable muerte, si no llegara a haber quien se condo-
liera de tu situación y te llevara el alimento vivificador

del Catolicismo, que todo lo renueva y a todo da calor y a todo vida.

«Mas.... ¡Sea Dios bendito! Llegó ya para tí la
hora señalada por la Divina Providencia; se acercó el
tiempo de la gran misericordia, y ya ves apuntar la
aurora risueña de tu porvenir venturoso.

«Casanareños: no estáis olvidados, no estáis ya só-
los ni abandonados. Hombres de Gobierno, dignas autoridades que sienten dentro de sus pechos la fe vivi-
ficante del Catolicismo, que se mueven a sus impulsos;
que reconocen su necesidad y buscan su apoyo, comprendiendo que no puede haber vida ni positivo adelanto para los pueblos sin las doctrinas de Jesucristo,
no han podido permanecer indiferentes ante la gran
desgracia que aflige a vuestro territorio; y compadeci-
dos de su situación han vuelto sus ojos hacia él, y
han dictado leyes sabias para levantarlo de su postración y elevarlo a la altura de adelanto a que está llamado por sus ventajosísimas condiciones.

«En debido cumplimiento de esas leyes, el Gobierno
de la Nación ha mandado ya a ese territorio dignas
autoridades y empleados.... Pero conociendo que no
bastaba todo eso, uniendo sus esfuerzos a los del Excelentísimo Señor Delegado Apostólico, ha conseguido
que la Santa Sede nombrara un Vicario Apostólico con
carácter Epicopal, que gobernara espiritualmente todo lo
que comprende la actual Intendencia de ese territorio.

«El nombramiento ha recaído en nuestra humilde
persona, y, obligados por un mandato expreso de nuestros Superiores, lo hemos tenido que aceptar, temerosos de resistir a la voluntad santa del Señor, única regla de todas nuestras acciones.

«¡Dichosos si podemos cumplir la misión que Nuestro Santísimo Padre León XIII se ha dignado confiar a

nuestra debilidad! Y ¿qué Misión es ésa? ¿A qué voy yo a Casanare?

«Creemos que no habrá quien se figure que nos lleve a Casanare móvil alguno terreno; pero si alguien se lo imaginase, nos alegramos de que allí no nos espere un palacio, o casa cómoda donde poder habitar; ni pingües rentas que nos puedan enriquecer; ni mesa abundante y delicada: lo que allí nos espera, perfectamente lo sabemos, porque ya tenemos experiencia de ello: sabemos que, además de los sufrimientos morales propios de nuestro cargo, hemos de pasar muchos días recorriendo vuestro ardiente suelo sin más comida que la que puede tener un pobre indio, y aun a veces sin ella, por accidentes que nunca faltan; y pasar muchas noches sin más cama que la arena de las playas de vuestros ríos, cercana ¡cuántas veces! a la que dejó el voraz caimán.... y sin más cubierta que las nubes del firmamento, que con frecuencia se deshacen en copiosa lluvia que, sobre mortificar no poco, predispone a fatales fiebres que debilitan la salud más robusta, si no acaban con ella, como sucede muchas veces.

«Esto es lo que nos aguarda: pobreza, escasez, privaciones, trabajos, sacrificios, cruz, y cruz larga y pesada. Sólo vamos, pues, a sufrir y padecer por la salvación de vuestras almas! La salvación de vuestras almas! Tal es, hijos míos, el fin que allí nos lleva; el móvil que nos impulsa a la ardua empresa que sobre nosotros tomamos.»

Así, de esta manera se expresó el Ilustrísimo Señor Moreno en su primera hermosa Carta Pastoral. Estos y otros análogos y sublimes sentimientos fueron los primeros que, al ser consagrado Obispo y Vicario Apostólico de Casanare, dirigió a sus católicos habitantes. ¿Cómo no habían de repercutir por aquellos

Llanos con eco superior extraordinario y hacer estre-
mecerse de aliento y consuelo vivificadores los corazones al escucharlos, si en ellos se siente palpitar el
espíritu henchido de fe y de amor de Dios? ¿No se ve
en ellos vibrar el mismo encendido acento del Apóstol
a impulsos de la caridad divina, que no suspira sino
porque sea conocido y amado de todas las criaturas
el Creador y Redentor de los hombres, que no quiere
la muerte del pecador sino que se convierta y viva?

«Vibrando está todavía, escribía su ilustre sucesor,
el eco de las hermosas palabras de nuestro Predecesor
en su primera Carta Pastoral; repitiéndose está, seguramente, entre los pliegues y escarpes de la oriental
cordillera, el sonido de aquel enérgico arranque del
corazón: ¿A qué vamos a Casanare? pronunciado por
labios verdaderamente apostólicos; grito sublime de fe
y de ardiente amor; grito de una elocuencia más que
humana, que en sí contiene cuanto en larga serie de
años comprende la vida entera de un varón apostólico;
abnegación, heroísmo, cruz, sacrificio, inmolación total
en aras de la caridad.»

Mas en vano se pretenderá poder apreciar debidamente toda la belleza y sublimidad de esa tan hermosa
Carta Pastoral, si no se coloca primeramente el lector
en ese mismo terreno, y sabe además sentir, como
sienten los varones apostólicos, y tiene también experiencia de las energías superiores y extraordinarios efectos que comunica al alma el celo y la virtud de la
cruz, al dirigirse a los católicos el Pastor y Padre espiritual de las almas en el desempeño de su sagrado
ministerio, con el fin exclusivo de salvarlas, encaminán-
dolas al supremo destino por los caminos de la justicia y rectitud.

A esto siguió la organización de las misiones de Casanare; puesto que nada tan lógico como, una vez erigidas en Vicariato Apostólico, y encargada de su espiritual administración la Orden Agustino recoleta, el envío de nuevos operarios evangélicos, y la distribución de los mismos por los puntos más convenientes, y desde los cuales se pudiera atender a las necesidades espirituales de sus habitantes.

La cual hízose en esta forma: en Arauca, una de las poblaciones más importantes, si bien la más distante y aislada de la Sede del Vicariato Apostólico, se fijó una residencia de dos Padres con un Hermano coadjutor, que fueron P. Fr. Manuel Fernández de San José, P. Fr. Santos Ballesteros de San José y Diácono Jiménez de la Concepción.

Para atender a la residencia de Orocué y reducciones de los indios de *San Juanito* y *Barrancopelado,* fueron destinados los PP. Fr. Marcos Bartolomé de la Soledad, Fr. Antonino Caballero de la Concepción, Fr. Samuel Ballesteros de la V. de Aránzazu y Hermano Canuto Gambarte de la Concepción.

A la de Chámeza fue el P. Tomás Martínez de la V. del Romero con el Hermano Cirilo Bellido de la V. de los Remedios, y más adelante se destinó otro Padre.

Y en Támara residían con el Ilustrísimo señor Moreno los PP. Fr. Gregorio Segura del Carmen, Fr. Alberto Fernández de la V. de Dabalillo, el P. Fr. Pedro Cuartero del Pilar con el Hermano Isidoro Sáenz de San Nicolás de Tolentino.

De este modo y con este personal fue organizada la administración espiritual del Vicariato de Casanare, muy reducido ciertamente para un territorio tan vasto, aunque muy escogido y bien colocado para recorrerlo en toda su extensión y desplegar todo el celo y caridad de que se hallaban animados.

Los de Támara atendían a todos los pueblos que se hallan desde Nunchia hasta Tame; los de Chámeza la parte comprendida entre el río Cravo Sur y el Upia; los de Orocué la del Llano, desde Santa Elena hasta el pueblo de Cravo Norte; y los de Arauca la porción más apartada y colindante con Venezuela. Cualquiera que conozca un poco el mapa de Casanare no podrá menos de admirar los sacrificios y penalidades que tendrían que arrostrar nuestros PP. Misioneros para desempeñar su misión en sus respectivas secciones.

Prueba elocuente de ello es la primera víctima que sucumbió en Casanare al golpe del hambre, de las privaciones y trabajos superiores a toda ponderación.—Esta fue el Hermano Lego Fr. Robustiano Erice de los Sagrados Corazones de Jesús y María, que habiendo sido destinado por sus Superiores a las Misiones de Casanare en enero de 1894 para ayudar a los Padres de la Misión de Orocué, el día 2 de julio del mismo año exhaló su poster suspiro en brazos del R. P. Fr. Marcos Bartolomé, a causa de las fiebres que le produjeron las escaseces y trabajos de la Misión, según se desprende de la siguiente carta, que unos días antes escribió a su Superior Provincial: «Perdone, Vuestra Reverencia, la tardanza, le decía, pues no he podido escribirle por haber estado de viaje en busca de los indios, sufriendo bastante janipa, o lo que es lo mismo hambre, pues he pasado tres o cuatro días tomando solamente alguna taza de café; otros cuatro, comiendo carne con gusanos, que me provocaban náuseas. Esto me sucedió en medio de una montaña donde estuve cortando madera con unos cuantos indios que encontré, y los tales indios me hicieron sufrir bastante, porque en medio de aquel espantoso bosque, donde tánta plaga y tánto tigre abundan, por la noche me dejaban solo; figúrese V. Reverencia qué noches habré pasado; ¡sea Dios bendito por todos estos trabajitos, y no me pesa el haber venido a esta tierra de tánto sufrimiento!»

Quien tan hermosos sentimientos expresaba, bien se demuestra que el mundo no era digno de una alma tan grande; y por esto se apresuró el Señor a llevarla al eterno descanso del cielo, donde confiamos recibiría la recompensa que Dios Nuestro Señor tiene reservada al Misionero que se sacrifica por el bien de sus prójimos.

Pronto fue ocupado por otro religioso el puesto que dejó vacante el difunto hermano Robustiano como el valeroso soldado que cae en el combate es reemplazado por otro de sus compañeros; y todos los demás Misioneros continuaban trabajando con extraordinario celo, alentados con el ejemplo admirable del abnegado y fervoroso Ilustrísimo Padre Moreno, y también por el fruto espiritual que principiaban a cosechar con indecible consuelo de sus almas.

El Pueblo de *San Juanito* a orillas del Meta iba formándose y adelantando notablemente, juntamente con el de *Barrancopelado* y la reducción de los indios piapocos.

En Támara y demás pueblos comarcanos, no se diga; merced a la predicación y administración de Sacramentos, la moral cristiana iba imperando, las costumbres cristianas ganaban terreno en los hogares, el culto católico practicábase con fe, relativo esplendor y sumo respeto y devoción de los fieles.

En Arauca y su circunscripción su adelanto moral y religioso progresaban notablemente, y, en general todo el Vicariato casanareño acusaba un cambio muy saludable y prometedor de opinos y abundantes frutos en el orden religioso y moral, fundamento del verdadero progreso material.

CAPITULO XII

La revolución de 1895 y sus desastres en el Vicariato Apostólico de Casanare

Pero el enemigo irreconciliable del bien no podía contemplar todos estos bienes con buenos ojos, ni dejar de trabajar por impedirlos a todo trance y por cualquier medio que pudiese; así que tornó a emplear bien pronto y con el mayor furor el recurso que tan buen resultado le habia dado en otras ocasiones: *la guerra civil o revolución*, es decir, el levantamiento o conspiración de algunos contra su Rey o su Gobierno, conforme lo define el ilustre Perujo en su magno diccionario, y la peor de las rémoras y obstáculos más funestos y desastrosos para toda empresa de evangelización y las misiones, que solamente prosperan al amparo del orden y la paz en todo el pais, añadimos por nuestra propia cuenta.

Muy breve fue ésta afortunadamente para Colombia, pues apenas duró unos tres meses, mas no por esto dejó de causar muchos y graves males. Limitándonos a Casanare, diremos lo que sigue:

«Si hasta entonces (antes de la erección del Vicariato) habían mirado los Padres Candelarios a Casanáre como un campo que le deparaba la Providencia divina, para que lo cultivasen e hiciesen en él renacer los frutos de la fe cristiana, escribe el P. Matute, desde el momento en que el Padre común de los fieles cristianos lo cedió en propiedad a su cuidado, creció, se aumentó, tomó colosales proporciones el celo por la gloria de Dios y la salvación de las almas que viven en esa región. Ya no sólo fueron Orocué y Barrancopelado residencias de Padres Misioneros; la acción de éstos se extendió mucho más, y con un personal más numeroso que envió la Provincia religiosa, fueron Támara, Arauca y Chámeza en donde se instalaron nuevas Misiones, nuevos centros de evangelización, desde los cuales hacían sentir los Padres Candelarios la acción bienhechora de sus apostólicas labores en todo el territorio demarcado al Vicariato. Díganlo, si no, los habitantes de Nunchía, Manare, Pore, Moreno, Maní y otros muchos que han recibido en tántas ocasiones el agua benéfica de la gracia en sus corazones, y han experimentado sus mara-villosos efectos, merced al ejercicio del sagrado ministerio de los Padres Candelarios que, sin reparar en las penalidades y peligros de los viajes, los han visitado, los han socorrido en sus necesidades espirituales, han encendido en sus almas la llama de la fe, apagada en muchos por la indiferencia y el abandono, y ¡Providencia de Dios! muchas veces la llegada de los Padres a alguno de los puntos indicados ha coincidido con la última hora de algunos enfermos, que han exhalado el postrer suspiro en manos del sacerdote católico, después de darles la absolución sacramental y administrarles los auxilios de núestra sacrosanta Religión. Ya empezaba el antes árido e infecundo suelo a producir frutos; las almas de los que así morían, eran flores que, arrancadas de aquel suelo, eran presentadas por los ángeles ante el trono del Eterno, como las primicias del campo cultivado por sus operarios. Mas no eran estas solas; ¿Y los niños cuyas almas, tiznadas por la mancha original y esclavas del infierno, eran regeneradas y limpias de tal mancha con las aguas del Santo Bautismo? ¿Y los adultos, a quienes después de conveniente y necesaria instrucción, concedían igual beneficio? ¿y las almas purificadas en el santo tribunal de la penitencia? ¿Y las que de un estado fatal, que les hacía enemigos de Dios, pasaban por la acción bienhechora, de otro Sacramento, a otro estado que les convertía en amigos del Señor? Ah! Casanare no es ya la tierra seca y estéril que sólo producía abrojos y espinas; las almas y los corazones de sus habitantes son campos beneficiados por el trabajo de los Padres Misioneros, y en ellos ha germinado la semilla del sagrado Evangelio, y ha florecido, dejando entrever yá hermosos capullos de flores, que simbolizan las cristianas virtudes.

«Empero, el pobre labrador pierde en una hora o en un momento todo el fruto de su labor, cuando negra nube, cerniéndose sobre su cultivado campo, y a tiempo que la miés está en sazón, descarga el granizo que oculta en su seno, y troncha y desgrana las doradas espigas, aja las flores y siembra la desolación y el exterminio. Nube negra, muy negra, fue la revolución que nubló el cielo de la paz en esta República de Colombia, el día 23 de enero de 1895, y al descargar toda la malicia que llevaba en su seno, no fue Casanare, no fue el campo cultivado allí por los Padres Candelarios, el que menos sufrió las consecuencias fatales de tan aciago suceso, ní fueron los mismos Padres los que menos experimentaron la *bondad* de los que, instrumentos de una política sin Dios, asestan sus tiros contra todo lo que sea estorboso y obstáculo a la satisfacción de sus bastardas pasiones. Eranlo en Casanare los Padres Misioneros, que fueron blanco de perversas intenciones.

«Pasemos ahora a hacer relación de los trabajos y sufrimientos que con motivo de la última revolución que tuvo lugar en esta República, tuvieron que padecer y soportar los Padres Candelarios en Casanare, y el retroceso que sufrieron por la misma causa sus obras de evangelización cristiana. Y a esto haré converger lo

que sigue, teniendo el cuidado de transcribir fielmente
lo que relativo al asunto se me ha comunicado, puesto
que de ninguno de los hechos que voy a referir fui
testigo presencial: no quita, empero, esta circunstancia
un ápice a la verdad de lo sucedido, pues procede de
autorizados labios y oculares testigos, que merecen todo
crédito.

«Y si los desacatos que se cometen con los ministros del Señor son tanto más graves y dignos de se-
vera censura, cuanto mayor y más grande es la dignidad de esos ministros, empezaré por relatar lo que hicieron los revolucionarios de Casanare con el Jefe y
Pastor de la grey que mora en ese territorio, con el
Ilustrísimo señor Obispo y Vicario Apostólico don
Fray Ezequiel Moreno Díaz, tan conocido y renom-
brado en esta capital por su ardoroso celo y preclaras
virtudes.

Hallábase a la sazón el Ilustrísimo señor Moreno
haciendo su pastoral visita por los pueblos del territorio de su Vicariato Apostólico, prodigando el bien por
dondequiera que pasaba, a imitación del Divino Maestro; y después de haber recorrido los pueblos de Pajarito, Recetor, Chámeza, San Pedro de Arimena y el
Mani, obviando dificultades, llevando la paz a las conciencias, derramando en apenados corazones el bálsamo consolador de la católica Religión, único lenitivo
que mitiga las penas de la vida y cicatriza las hondas
heridas que abren en el alma los desencantos y des-
ilusiones de este pícaro mundo, exponiéndose a infinidad de peligros y sinnúmero de privaciones, encontrá-
base en el pueblo de Santa Elena, cuando, al día
siguiente de haber llegado, se vio precisado a salir precipitadamente por un aviso que en secreto le comuni-
caron, según el cual no tardaría en llegar allí una comi-

sión de los revolucionarios, que traía la orden terminante de ponerlo preso y apoderarse de cinco mil pesos
que *creían* llevaba consigo—falsa creencia—de la que,
cuando se hubieran visto decepcionados, hubiera dado
motivo para aumentar su saña contra el virtuoso Prelado que ningún mal les había hecho.

«No es fácil calcular los contratiempos y penalidades a que se vio sujeto el Ilustrísimo Señor Obispo
con esta contramarcha que tuvo que hacer para no ser
víctima de sus perseguidores. ¿Por qué no llamarlos
así, si entonces lo eran efectivamente? Siempre, en
todo tiempo, son penosos los viajes en aquella región
en donde no hay caminos, ni se encuentran casas de
asistencia donde hallar lo indispensable para reponerse
algún tanto del cansancio y fatigas propias de un viaje
penoso; pero si tenemos en cuenta las singulares circunstancias en que entonces viajaba el señor Moreno,
si pesamos en la balanza de la sana razón que al salir precipitadamente de Santa Elena no pudo proveerse
ni de plátanos siquiera, único alimento que de ordinario se encuentra para fiambre en un viaje, veremos que
el Ilustrísimo viajero debió experimentar en esta ocasión hasta los horrores del hambre, porque, temeroso
y con recelo de encontrarse con los revolucionarios, se
vio precisado a evitar hasta las sendas trilladas, para
huir, según el consejo del Evangelio, por otros desco-
nocidos y por ende más escabrosos y llenos de otra
clase de peligros para su interesante vida.

«Sabía el señor Moreno, quien iba acompañado de
uno de los Padres Misioneros, que en Nunchia debía
encontrarse otro Padre, y venciendo su recelo por la
causa que yá queda escrita, entró en esta población,
en la que efectivamente encontró a uno de los Padres
y en donde pudo adquirir alguna noticia relativa al

curso de la revolución. Amargura en el alma y pena en el corazón de tan buen Padre y Pastor, fue lo que le produjo la rebelión de gente descontentadiza y mal avenida con el cumplimiento de sagrados deberes; y desde el fondo de su celoso y ferviente espiritu hizo subir basta el trono del Eterno, cual sube el aroma del incienso en la casa de Dios, anhelante plegaria por el fin de la revolución. Así obran y eso hacen las almas que, al ver el peligro que amenaza desolación y ruina, desean conjurarlo, y acuden al que manda a los elementos para que no destruyan la obra que propende a convertir un erial en cultivado campo y ameno jardín de flores para el cielo.

Empero, el discípulo de Cristo empezaba a subir la penosa cuesta del Calvario, en cuya cima esperaban verlo crucificado los secuases del mundo, los que se habian levantado en armas contra un estado de cosas que no se avenía con las bastardas aspiraciones de sus malvados ánimos y perversos corazones. Allí, en Nunchia mismo, vióse asaltado cual viajero a quien sorprende en espeso bosque vil cuadrilla de ladrones, por una partida de revolucionarios, quienes le exigieron en tono imperante e irrespetuoso el pasaporte: «No llevo otro, les contestó el señor Moreno, que este pectoral, y me parece suficiente.» Esto no necesita comentarios, cada uno podrá hacérselos, y, por consecuencia, venir en conocimiento del cinismo de los unos, y de la virtud del otro. Dejáronlo por entonces los revolucionarios, viéndose desconcertados en su plan, por la energía del que debieron respetar y atender, y el Ilustrísimo Señor Obispo aprovechó la tregua para continuar su viaje hasta Támara, pues le traía apenado y le llenaba de afán y de angustia la suerte de los Padres, sus Hermanos, que alli residían. Dejémosle también nosotros

por ahora, sumido en las tristes reflexiones que debieron preocuparle en el resto de su viaje, y sufriendo
las penalidades consiguientes, para encontrarlo luégo
en Támara, donde sí tuvo el consuelo de estrechar,
cual amoroso y tierno padre, a sus caros hermanos de
religión, los Padres Misioneros que allí residían, para
luégo seguir experimentando las fatales consecuencias
de la revolución.

Ningún documento más autorizado para cumplir
nuestro propósito de referir lo que el Ilustrísimo Señor
Obispo Moreno y los Padres Misioneros sufrieron en
la capital de la Intencia de Casanare, Támara, que la
carta del mismo señor Obispo, que copiamos fielmente
de su original. Dice así:

«Támara, 29 de abril de 1895

«Mi querido Padre Nicolás:

«Hace unos días mandé una carta con un señor que
salia de ésta para ésa, con el objeto de hablarle acerca de
la situación de este territorio, en cuanto a revolución. Nada
le contaba de las cosas ocurridas por aqui durante este
tiempo, porque verbalmente se lo diria el portador, y porque aún corria peligro de caer en manos de alguna cuadrilla que le quitara todo. Hoy sale el primer correo para
Socha después de tánto tiempo, y sale así como de re-
pente, porque ha llegado el señor Intendente y ha dispuesto
que salga. Voy, pues, a decirle algo, por si no llegare a
ésa el señor que lleva la carta, como es posible. (Refiere
aqui lo que le sucedió en la visita, que es lo que dejámos
consignado en el artículo anterior, y continúa):

«El dia 14 llegámos a ésta (Támara), y encontré buenos
a los Padres. Tuvieron gran alegría al verme, lo mismo
que las Hermanas de la Caridad. No los habían molestado
hasta entonces, sólo les habían registrado la casa y qui-
tado dos monturas. Yo pasé unos dias sin que se metieran
conmigo para nada, y sólo oyendo sus bandos ruidosos

cuando publicaban sus triunfos, y sus vivas y mueras, y arribas y abajos, pero sin tocar con nuestras personas. Una tarde que los Jefes de esta plaza tomaron con exceso sí llegaron a decir, al pasar por delante de esta nuestra casa: ¡abajo los que predican contra el liberalismo! pero la cosa no pasó de gritos. Otro día vinieron y registraron la casa, los baúles y todo. Ultimamente me pedían por lo menos 500 fuertes de empréstito. Los pedía el señor Aguilar, Jefe de las fuerzas revolucionarias de Casanare, y le contesté diciendo que yo no tenía plata que dar. No volvió a insistir, sin duda porque el día en que recibió mi contestación había sabido la derrota que sufrieron los radicales en Enciso. De los Padres de Arauca no he sabido nada; de los de Chámeza tampoco, y de los de Orocué recibí una carta de 3 de marzo, en la que me decian que les habían sacado 600 fuertes de empréstito, y que, según el Jefe de aquella plaza, los Padres de Arauca habían sido desterrados y estaban por Venezuela. Como a Orocué llegaron tropas del Gobierno mucho antes de haber llegado aquí, supongo que escribirían a ésa, y les habrán contado todo lo que les han hecho los revolucionarios, incluso el modo como buscaron al Padre Samuel en el pueblecito de los Sálivas, para llevarlo a Orocué. En lo que no he podido menos de ver una Providencia especial de parte de nuestro buen Dios, es en la ida a ésa del Padre Marcos, poco antes de que ocurrieran esas cosas. Tales eran las ganas que tenían de mortificarlo los revolucionarios que ocuparon a Orocué, que no pudieron menos de manifestarlo públicamente, lamentándose de no haberlo encontrado. ¡Dios sea bendito!

Hasta que esto no quede pacificado, no puede pensarse en obras ni en nada. Según me decia el Padre Antonino, los Sálivas habían abandonado el pueblecito, y en Barrancopelado habian quemado algunas casas y todo estaba solo. No puede uno aventurarse a salir porque andan partidas armadas por todas partes y podrían molestarnos...

† FRAY EZEQUIEL
Obispo.

19

La ·prudencia con que está escrita la ⸝carta que·
precede, cubre como con un velo los verdaderos sufrimientos de que fueron víctimas él y los Padres de
Támara, por gracia y arte de los revolucionarios; pero·
ella no quita que con poco esfuerzo de la imaginación
veamos al través de ese velo la ‵angustia, el afán, la
pena y la amargura de los Padres, quienes día y noche estaban en constante alarma, sin saber lo que les
podía suceder, pues tenían, por decirlo así, el enemigo
en casa y nadie quien los defendiera y salvara en caso
dado. ¿Es poco sufrir no comer ni dormir tranquilos,
oír continuamente los gritos subversivos de los revoltosos, gente dispuesta a hacer un desaguisado? Y no
era otra la situación angustiosa en que se encontraron
entonces los Padres residentes en Támara, según relación verbal de uno de ellos.

Pero si esto sucedía en Támara, no era menos lo
que tenía lugar en Orocué. Celebraban los Padres Misioneros, residentes en esta población, la fiesta de
Nuestra Señora de la Candelaria, el Reverendo Padre
Antonino en Orocué, y el Reverendo Padre Samuel en
el pueblecito de los indios Sálivas, cuando unos cuantos revolucionarios, después de haber dado en Orocué
el grito de ¡viva el gran partido radical! temerosos sin
fundamento, de que el Padre Samuel tratase de organizar alguna fuerza con los indios Sálivas, y deseosos·
de quitarle la bestia que tenia, enviaron, sin perder
tiempo, una escolta con la orden terminante de poner
preso al mencionado Padre y de traerlo al pueblo en
calidad de prisionero.

«Desagradablemente sorprendido se vio el Padre
Samuel cuando le notificaron que era preciso dejarse
conducir a Orocué por aquellos hombres armados. Indudablemente debieron de pasar por su mente cosas

capaces de asustar al más valiente; empero, ante fuerza
mayor, ¿quién se resiste? Aparentó sumisión y se puso
a las órdenes de aquellos emisarios del *gran partido*,
no sin antes encomendarse muy de corazón a Dios y
a los Santos de su devoción, por lo que pudiera suceder. ¡Vaya un trance! Entre hombres armados de lan-
zas, por caminos extraviados, de noche, en la imaginación del Padre Samuel convertíanse los árboles en
compañías de tiradores, que sólo esperaban una señal
para hacerle fuego. ¿Dónde me llevarán? La situación
no dejaba de ser apurada, pero el *fiat divina voluntas*,
que brota de los labios y del corazón de toda alma
fervorosa, es lo que hace descender del cielo fortaleza
para el alma en las contrariedades de la vida, y lo
que da también al alma caridad para saber perdonar
a quienes merecen ejemplar castigo. Esas frases debieron brotar, sin duda, de los labios y del carazón del
Padre Samuel, y obtuvo en el interior de su alma los
resultados que proporcionan.

Llegaron por fin a Orocué; condujéronlo a presencia del Jefe revolucionario, y después de haberle hecho
algunas preguntas inoficiosas, lo despidió de un modo
indigno y grosero (por supuesto que le quitaron la
bestia), y al día siguiente dieron a los Padres el singular desayuno de un empréstito de seiscientos pesos
de ley que, si pudieron pagar y de hecho pagaron, fue
porque tenían algunas economías de las que tuvieron
que despojorse, para verse privados hasta de lo absolutamente indispensable para la vida. Gracias al señor
don Ramón Real, quien, viendo a los Padres en circunstancias tan críticas y apremiantes, los auxilió de
manera que no pereciesen en la demanda.

De una carta del Reverendo Padre Marcos copiamos los siguientes párrafos, que son de suyo elocuentes:

«Más tarde,. dice, después de referir lo que dejamos escrito, aunque con más extensión, el horizonte comenzó a despejarse, debido principalmente al sincero patriotismo del Coronel Escandón, que tan gratos recuerdos dejó grabados en los corazones de los buenos casanareños, por su hidalguia, y, sobre todo, por su moralidad no desmentida, los Reverendos Padres de Orocué volvieron a cobrar nuevos bríos para continuar con valor la obra que nos ha sido confiada.» Aquí se denuncia el espíritu que anima a los Padres Misioneros: a pesar de la tormenta, no abandonan el campo por ella desolado; no se cruzan de brazos para mirar con tristeza el abatimiento de las ruinas en que ha convertido el edificio de su obra la revolución con su demoledora picota, sino que vuelven «a cobrar nuevos bríos para continuar con valor la obra»; esto dice mucho, dice más de lo que la pluma puede dejar consignado en un escrito.

Veamos, empero, si son sólo los Padres de Orocué los que así obran después del sufrimiento, o si son todos los que están en Casanare los que obran de idéntica manera.

«Figura y sombra, dice el Padre Marcos, son los trabajos y penalidades que hasta aquí se han mencionado, sufridos por los Padres de Támara y Orocué, comparados con los que sufrieron los Padres de Arauca.»

Y a la verdad (reducimos la relación del citado Padre en obsequio de la brevedad), tenida en cuenta la situación topográfica de Arauca, puerta abierta en los umbrales de la República vecina, no es necesario gran esfuerzo para entender que el peligro de los Padres era allí mayor, y como desgraciadamente fue un hecho la invasión revolucionaria por esa puerta, pocas palabras bastarán para confirmar nuestro aserto.

«Tomada la plaza de Arauca por los invasores, después de reñido combate, valiente y heroicamente sostenido por la pequeña guarnición que allí había, el Reverendo Padre Manuel Fernández, sin temor y lleno de celo por el bien de las almas, salió de la casa para auxiliar a los heridos en la refriega; pero si ya no llovían balas, como momentos antes, sí llovieron sobre el Reverendo insultos, befas y escarnios por parte de los entonces dueños de la situación por arte del diablo. Intentaron dar muerte al Padre que cumplía con su deber, y en banquete o comilona que tuvieron para celebrar el triunfo «propuso uno de ellos, cual otro Herodias, que le fuera presentada la cabeza del Padre Manuel para postre.» Nadie puede contra Dios, y Dios dispuso las cosas de tal manera, que no llevaron a cabo sus diabólicos deseos. De todo esto resultó que los Padres tuvieron que abondonar su puesto, por prudencia, y esperar que pasara la avalancha de la revolución. ¿Cuánto tuvieron que sufrir en esta ocasión los Padres? Mejor es pasarlo en silencio, pues «por el hilo se saca el ovillo,» y no es difícil deducirlo de cuanto queda escrito.

Para terminar diremos que, apenas se restableció la paz, los Padres Candelarios volvieron a ocupar su puesto en Arauca, y trabajaron hasta que nuevas dificultades se lo impidieron. Supieron sufrir con la resignación cristiana propia de almas templadas en el horno de la caridad de Cristo; y si, como dijimos al empezar la relación de sus sufrimientos con motivo de la revolución, saber sufrir no es lo que menos enaltece y dignifica al hombre, vendremos a deducir que una de las cosas que los Padres Misioneros de Casanare han hecho allí, es saber sufrir; lo mismo podemos afirmar de los de Chámeza, quienes, claro está, están comprendidos en `la aserción, y cuyos trabajos omitimos por evitar repeticiones.

Empero gracias a que habiendo sido debelada la revolución en unos dos o tres meses, por las fuerzas del Gobierno en el resto del pais, bajaron a Casanare algunas tropas, y en poco tiempo limpiaron de revolucionarios, y establecieron el orden en toda la Intendencia; no hubo que lamentar mayores desórdenes y perjuicios en las Misiones, fuera de los citados y de la pérdida de los indios de *Barrancopelado*, que quemaron y arrasaron, asesinando además a la tribu de los que habitaban en él; y así pudieron proseguir su labor evangelizadora en esas Misiones.

La Provincia, en cambio, registra en los Anales de ese año dos pérdidas muy sensibles: una, la muerte del P. Fr. Anacleto Jiménez de la Virgen del Burgo, el día 14 de octubre, a la temprana edad de 28 años, habiendo desempeñado el ministerio del curato de Ráquira por espacio de cinco años con tal celo, prudencia y ascendiente que su muerte la lloraron todos los vecinos como la de un verdadero padre y apóstol infatigable, y la Provincia como la pérdida de uno de sus miembros más notables en quien cifraba las más bellas esperanzas; y la otra la del R. P. Exprovincial Fr. Victorino Rocha de San Luis Gonzaga, tan lleno de méritos y virtudes, acaecida el 10 de julio; acerca del cual se lee en *Apuntes* lo que sigue:

«Fr. Victorino Rocha, de S. Luis Gonzaga, nació en Turmequé; fué bautizado allí mismo el día 15 de septiembre de 1813. Profesó el día 28 de septiembre de 1830, y recibió el sagrado orden del Presbiterado el 24 de septiembre de 1837. Fue en el Colegio de Bogotá Sacristán mayor por espacio de cuatro años. Otros

M. R. P. Fray Victorino Rocha
de San Luis 'Gonzaga
Provincial (1860–1894)

cuatro, maestro de novicios; Prior de los Conventos:
del Desierto y Bogotá, seis años; varias veces Provincial,
hasta el año de 1894, en que dejó de serlo. Siempre
residió en la Capital como custodio y fiel guardián de
los derechos de la Provincia; él conservó la iglesia de
la Candelaria, procurando, en cuanto le fue posible,.
conservar el esplendor del culto, y haciendo anualmente,
con mucha solemnidad, las funciones de cuarenta horas,.
como Capellán que era. Trabajó con interés y decidido
empeño en hacer vivir en comunidad a sus dispersos
súbditos, llamándolos a la vida común, pero no consiguió nada, debido, sin duda, a lo excepcional de las
circunstancias en que estaban los religiosos. Trabajó
también decididamente por nuestra venida de España,
hasta que lo consiguió, lleno de gozo, dándonos hospitalidad en su pequeña casa, que cedió gustoso a la
Comunidad. Dios N. S. lo llamó para sí el día que
dejamos apuntado en la necrología del volumen primero,
después de entonar, cual otro Simeón, el *Nunc dimittis*,
etc., habiendo recibido todos los Santos Sacramentos.»

La divina Providencia se apresuró a consolarla con
la venida de cinco misioneros más en ese mismo año
de 1895: en el mes de enero el Padre Fray Jesús Martínez de San Agustín y el Subdiácono Fray Víctor Labiano de la Concepción, y en el de octubre el Padre
Fray Juan Aransay del Carmen, con los subdiáconos
Fray Pedro Fabo del Corazón de Maria, y Fray Justo
Ecay del Rosario, con motivo de cuya llegada exclama
el autor de los *Apuntes:* «¡Otra Misión de España!
¡Bendito sea Dios! No tengo frases bastantes a encarecer la singular providencia, que esto significa por parte
del Señor, en favor de nuestra empresa en este País
de Colombia: fuera necesario para saber apreciarla tener
conocimiento exacto de las dificultades que había que

vencer y de los obstáculos que había que superar para mandar de España Misioneros a Colombia; esto conside- rélo el lector y pondere y bendiga a Dios, para el que no hay dificultades ni obstáculos, porque manda en las voluntades, impera en los corazones y sabe obrar ma- ravillas cuando conviene....

Como se anima el soldado que libra serio combate cuando mira llegar un refuerzo, así la animación y el contento tomó creces en nuestras almas, dando a Dios infinitas gracias por el beneficio.»

CAPITULO XIII

Traslado del Ilustrísimo Padre Moreno a la sede episcopal de Pasto, y consagración del Reverendo Padre Fray Nicolás Casas Obispo titular de Andrianópolis y Vicario Apostólico de Casanare.

Trabajando cual otro Esdras, hallábanse los Padres Misioneros, por reparar en el Vicariato Apostólico de Casanare las ruinas y desastres causados por la revolución del año 95, y sin figurarse absolutamente en el cambio que en las altas esferas se proyectaba realizar con res- pecto al Jefe Superior de las Misiones. El que más ajeno se hallaba de esto era el Ilustrísimo Padre Moreno al cual jamás le había ocurrido que pudiera tratarse de semejante cosa, según confesó él mismo en su primera Carta Pastoral de Pasto con estas palabras: «Cuando fuimos a Casanare a ejercer nuestro ministerio como Vi- cario Apostólico de aquel territorio, no pudimos imagi- narnos siquiera, que nos habríamos de ver precisados a salir de él aun antes de cumplir dos años; pues fuimos en la firme persuación de permanecer en aquella región hasta la muerte, y en la creencia absoluta que desde pobre habitación, o desde las playas de sus ríos, o la espesura de sus bosques, íbamos a pasar a la eternidad, y presentarnos al Eterno Juez así como escudados con la vida humilde que teníamos que llevar, no obstante nuestra alta dignidad, y como defendidos con las privaciones y trabajos que teníamos que sufrir, para procurar en lo posible la salvación eterna de aquella nuestra Grey, diseminada por un suelo extenso, poco sano hasta el presente, no abundante en recursos, y no escaso en incomodidades y peligros.»

Y, sin embargo, no solamente se proyectaba, sino que ya se estaba realizando, y recordamos que al poco tiempo de haber sido sofocada felizmente la revolución, fue llamado el Ilustrísimo Padre Moreno por el Excelentísimo señor Delegado Apostólico a Bogotá, para comunicarle que había sido propuesto y aceptado por la Santa Sede para Obispo de la Diócesis de Pasto en esta República.

Gran sorpresa y pena indecible causó tal noticia en toda la Provincia de la Candelaria, pero señaladamente en los Padres Misioneros de Casanare. Muy honroso era ciertamente para el humilde hábito agustino recoleto; pero también «era uno menos y potencia de primer orden en la empresa de nuestras Misiones en Casanare; pero así lo disponía Dios y había que rendirse ante la voluntad divina.»

Aún regresó por el mes de agosto de ese mismo año de 95 a Casanare, donde permaneció hasta el mes de marzo que se vio forzado a dejar Támara, para ir a tomar posesión de su nueva Sede Episcopal de Pasto, donde hizo su entrada oficial el día 10 de junio de 1896, con extraordinario entusiasmo y júbilo de sus católicos habitantes, y cuyo campo le deparaba Nuestro Señor para realizar sus grandes y admirables designios en

favor de aquella Iglesia pastopolitana por medio de su
humilde y apostólico Prelado; donde le dejaremos sin
decir de él nada más, ya que la historia contemporánea
se ha encargado de enaltecer los esplendorosos lauros,
que con su infatigable celo pastoral se conquistó muy
justamente, y más que todo las virtudes y fama de santidad con que gobernó hasta el fin de su vida aquella
Diócesis: y que le han merecido el honor de que se
haya comenzado la causa de su beatificación, para proseguir nuestra relación de las Misiones, a las cuales
proveyó bien pronto la Santa Sede de nuevo Jefe y Vicario Apostólico, puesto que al quedar vacante por la
traslación del Ilustrísimo Padre Moreno la sede vicarial
casanareña fue propuesto y aceptado en Roma el Reverendo Padre Fray Nicolás Casas, sucediéndole luégo
en el Provincialato candelario el Reverendo Padre Fray
Santiago Matute.

Satisfecha en grado sumo se hallaba la Provincia
de la Candelaria con el sabio y activo desempeño del
provincialato del Reverendo Padre Fray Nicolás Casas,
y de sus dotes extraordinarias así intelectuales como
morales, señaladamente de su voluntad de hierro y constancia a toda prueba para toda trascendental empresa;
prometíase con sobrada razón en favor de sus intereses
espirituales grandes adelantos.

Con esto empero olvidaba el grave riesgo que corría
por eso mismo de que la Iglesia le llamara a ejercer
el sagrado ministerio en puesto más encumbrado y desde
el cual pudiera emplear esas dotes con mayores ventajas en servicio del bien espiritual de las almas.

Así sucedió que al pensar en el traslado del Ilustrísimo Padre Moreno, determinóse al mismo tiempo
nombrarle por sucesor en el Vicariato de Casanare al
Reverendo Padre Casas.

«Diríase que una revolución llamó en pos de sí a otra, aunque de caracter distinto, se lee en *Apuntes para la historia;* pues poco después de estallar la primera se empezó a hacer atmósfera con la noticia de la traslación del Ilustrísimo Padre Moreno a la Diócesis de Pasto, cosa que necesariamente había de producir entre nosotros un cambio de personal, que bien podía llevar el nombre de revolución en el sentido pacífico de la palabra, si es que lo tiene, y hasta en los rumores que precedieron a la guerra se pareció la noticia en cuestión, y, como la guerra, salió por fin también cierta la cosa. El Ilustrísimo señor Obispo de Pinara y Vicario Apostólico de Casanare, don Fr. Ezequiel Moreno y Díaz, fue propuesto y aceptado en Roma para la Diócesis de Pasto. Era uno menos, y potencia de primer orden, en en la empresa de nuestras Misiones en Casanare, pero Dios así lo disponía y habia que rendirse ante la voluntad divina. Desde luégo hubieron de pensar en otro que ocupara el lugar que dejaba vacante el señor Obispo Moreno, y para el caso fue propuesto y aceptado en Roma el Reverendo Padre Fr. Nicolás Casas del Carmen, Provincial de esta nuestra Provincia de La Candelaria: esto reclamaba otro sustituto para el Padre Casas, y sin título ni mérito alguno por nuestra parte, fuimos sorprendidos con el nombramiento de Provincial y Comisario general en sustitución del Reverendo Padre Nicolás. Besamos humildes la mano del Señor, Rey del Cielo y de la tierra, que puso en nuestra cabeza una corona en la que alternan las espinas y las flores, y, previas las formalidades que exigen nuestras sagradas Leyes, tomamos posesión del cargo de Provincial el día 3 de julio de 1895, y recibimos la obediencia de nuestros Religiosos de esta Provincia de La Candelaria.»

«Cumplidos, pues, los requisitos canónicos, y fijado
el día de la imponente ceremonia que la Iglesia pres-
cribe para la consagración de obispos, fue consagrado
el Ilustrísimo Padre Fray Nicolás Casas y Conde Obispo
titular de Andrianópolis en la Santa Iglesia Catedral
de Bogotá el día 12 de abril de 1896, siendo Obispo
consagrante el Ilustrísimo y Reverendísimo señor Arzobispo doctor don Bernardo Herrera Restrepo, y asistentes el Ilustrísimo Padre Ezequiel Moreno y el señor
Canónigo Dignidad de la dicha iglesia doctor don Patricio Plata, ante un distinguido y numeroso concurso
de fieles que asistieron a presenciar el acto solemne
siempre y nuevo por más que con frecuencia se repite en
el catolicismo.

«Fue padrino del consagrado el por tántos títulos
celebérrimo e invicto General Reyes, quien, después de
terminado el acto, obsequió en su casa de habitación
con un espléndido almuerzo, que estuvo a la altura de
la caballerosidad que distingue y caracteriza todo lo
que él hace, al ahijado señor Casas, al consagrante, al
señor Obispo de Pasto y a varios distinguidos amigos,
honrando con su presencia la mesa, previa invitación
también, el Excelentísimo señor Sibilia, Encargado de
Negocios de la Santa Sede en esta República. En breves
frases, dictadas por su fe cristiana y el patriotismo,
deseó el citado General al nuevo Obispo prosperidad en
todo sentido, y el Ilustrísimo señor Casas contestó, lleno
de gratitud su corazón, dando las gracias a Dios, primero, como dador de todo bien; a la Santa Iglesia,
luégo, representada en las altas Digninades eclesiásticas,
que honraban con su presencia el banquete; al Excelentísimo señor Sabatucci, Delegado Apostólico, ausente;
al Excelentísimo señor Caro, Vicepresidente de la República, y por fin, a cuantas personas les era deudor
de su afecto y simpatía.»

ILUSTRISIMO PADRE FRAY NICOLÁS CASAS

Obispo titular de Andrianópolis y Vicario Apostólico de Casanare

OTRO OBISPO

«Aún no se han cumplido dos años desde que dimos a conocer con su biografía al que entonces (1.º de mayo de 1894) fue consagrado Obispo titular de Pinara.

«Era el Ilustrísimo señor don Fray Ezequiel Moreno y Díaz, de la Orden de Agustinos Recoletos, hoy trasladado por la Sede Apostólica a la Diócesis de Pasto, adonde va guiado por la obediencia al Santo Padre, después de haber ejercido su ministerio pastoral en la región de Casanáre con ese fruto y aprovechamiento en las almas encomendadas a su paternal cuidado, que es hijo del ardentísimo celo por la gloria de Dios y su salvación eterna. Allí, en esos Llanos, por testigo el Cielo, sin admiradores, sembró, cultivó y regó con el sudor de sus apostólicas labores el grano de mostaza del Evangelio, el Ilustrísimo señor Moreno, recogiendo por fruto de sus trabajos, cuando no la vuelta al redil de Jesucristo de la oveja descarriada, la satisfacción del deber cumplido.

«No queremos con esto significar en manera alguna que los habitantes de Casanare no hayan correspon-. dido al amor solicito y paternal de su Pastor; nos referimos únicamente a alguno que otro caso en donde su celo ha tropezado con alguna de esas almas obstinadas, de las que dice el Espiritu Santo que están yá juzgadas. Sea una prueba del afecto que en los Llanos ha sabido cónquistarse la virtud y el apostólico celo del Ilustrísimo señor Moreno, la pena y el sentimiento que la ausencia de aquella región ha producido en el corazón de sus habitantes.

Empero, la Iglesia, cariñosa y tierna Madre, solícita por el bien verdadero de sus hijos muy amados, a la vez que les priva de un medio para conseguir ese bien, les proporciona otro, que indudablemente llenará el vacío que deja aquél, y con esto nos referimos yá al nuevo Obispo, creado en Roma por la Santidad del

Papá León XIII en el Consistorio público celebrado el 2 de diciembre de 1895, para sustituír en Casanare al Ilustrísimo señor Moreno: Titular de Andrianópolis es su título episcopal; su nombre, Fray Nicolás Casas del Carmen; la Orden Religiosa a que pertenece, la del Gran Padre de la Iglesia San Agustin, reformada por Fray Luis de León, Fray Tomé de Jesús y Santo Tomás de Villanueva; el pueblo que le vio nacer, Alfaro, Provincia de la Rioja, en España; sus padres, Escolástico y Manuela Conde, quienes le dieron lo que ellos por la gracia de Dios poseían, la cristiana fe y el santo temor del Señor, principio de la verdadera sabiduría. Tuvo lugar su nacimiento el día 9 de septiembre del año de 1854, y correspondiendo a los cristianos desvelos y evangélicos consejos de sus buenos padres, creció en el aprovechamiento de su alma, sin descuidar el cultivo de su inteligencia, flor que aun en capullo dejaba escapar yá el perfume y la fragancia con que un dia habría de embalsamar el ambiente de la Iglesia de Cristo Nuestro Señor.

«Cuidase el Divino jardinero de trasplantar a su predilecto jardín, el claustro, aquellas plantas que lo hacen bello, hermoso y ameno: una de ellas era el niño Nicolás, y como tal, fue trasplantado a la Casa del Señor. Abandonó el mundo, porque Dios le dio a conocer su falsía, y buscó asilo y morada, prendado de la virtud, en el Noviciado que los Padres Agustinos Recoletos tienen en Monteagudo de Navarra, en España; allí fue recibido y alli vistió con singular placer de su alma el hábito que le honra y al que hoy enaltece él con la dignidad que le ha conferido la Santa Iglesia.

«Hizo su profesión de votos simples el día 5 de noviembre del año de 1872, y un día después, en el mismo mes del año de 1875, la de votos solemnes, después de merecer unánimemente la aprobación por su aprovechamiento en la virtud y en las letras. Termi-

ñada la carrera literaria que designan las leyes de la
Orden, y en ocasión en que los Superiores se vieron
precisados, a enviar escogido personal de Religiosos
para fundar el nuevo Colegio de San Millán de la Cogolla, situado en la Rioja, le fue intimada la orden de
pasar allí, de donde fue trasladado luégo al Colegio
de Monteagudo para explicar latin a los novicios. Dis-
tinguiéronle en seguida los Superiores con el grado de
Lector de Filosofía, asignatura que explicó con notable
aprovechamiento de los que fueron sus discípulos por
espacio de diez años, sin otra interrupción que la de-
dos años que estuvo por determinación del Padre Comisario Provincial estudiando Matemáticas en la capital y Corte de Madrid, distinción que hicieron en él
los Superiores, y dice mucho en honor suyo, pues no
se acostumbra hacer ordinariamente. Leyó también Teología dogmática en el Colegio de San Millán de la Cogolla, desempeñando a un mismo tiempo las clases de
dicha asignatura y las de Física e Historia Natural.

«Cuando el Reverendísimo Padre Vicario General
de la Orden trató de enviar personal a Colombia, para
dar nueva vida a la religiosa Provincia de La Candelaria, fue de los primeros en ofrecerse para tal empresa, pero no podía fácilmente ser sustituído en las
clases que tenia a su cargo, y tuvo que hacer el sacrificio de ver agigantarse sus deseos según aquello de
«desideria dilata crescunt» hasta que, pasados tres años,
los vio cumplidos con positivo placer de su alma, que
anhelaba tomar parte en la empresa que aquí tienen
empeñada los Padres Candelarios.

Y fue el día 27 de agosto de 1892 cuando, dando
un adiós-a sus parientes, amigos, patria y cuantas sa-
tisfacciones gratas al corazón proporcionan estas cosas,
se embarcó con rumbo a este nuevo mundo, llegando

a Bogotá el día 2 de noviembre de 1892, después de un penoso viaje en el que tuvo que sufrir no poco, siendo detenido el vapor en que venía por la cuestión cuarentena—con motivo del cólera—y viéndose precisado a permanecer más de un mes en la Costa. Mas allí no perdió el tiempo; dígalo el pueblo de Maiquetiya, en donde su apostólico celo llevó el consuelo de la Religión a los enfermos del Hospital y a todos sus habitantes con la predicación de la doctrina de Jesucristo.

Elevado a la dignidad episcopal el Reverendo Padre Moreno, entonces Superior de los Padres Candelarios, fue nombrado por el Reverendísimo Padre Vicario General y Comisario Apostólico, Fray Iñigo Narro de la Concepción, Provincial de la Provincia de La Candelaria, y llevaba dos años ejerciendo tan delicado cargo a satisfacción de todos, cuando fue propuesto para sustituir al Ilustrísimo Padre Moreno en el cargo de Vicario Apostólico de Casanare, con carácter episcopal.

Del acierto de ese nombramiento, basado en las bellas dotes que adornan al nuevo Obispo, que será consagrado en la iglesia Catedral de esta capital, el dia 12 del corriente, podría decirse no poco en favor suyo y obsequio de los altos Dignatarios que intervinieron en el asunto: pero otra pluma mejor cortada que la mía se dará tal vez esa satisfacción, pues temo que al hacerlo yo emborrone la hermosura del cuadro.

Reciba el nuevo Prelado de la Iglesia, hermano querido de Religión con el que he compartido las tareas de la enseñanza y las dulces emociones de la vida del claustro, el fiel testimonio de singular cariño que le demuestro con estos ligeros rasgos escritos en su obsequio.

FRAY SANTIAGO MATUTE.

Bogotá, abril 7 de 1896.

(De *La Epoca*).

M. R. P. FR. SANTIAGO MATUTE
Provincial.

Y una vez que recibió la consagración episcopal y asumió la obligación de regir el Vicariato de Casanare, ya no, pensó sino en disponer el viaje a Támara por la vía de Orocué para establecer aquí otra casa de Hermanas de la Caridad, y cuya relación tomamos de los *Apuntes:*

«Después de conseguir llevar consigo. Hermanas de la Caridad para instalarlas en Orocué y Tagaste, partió de esta Capital el Ilmo. Sr. D. Fr. Nicolás Casas y Conde para su Vicariato de Casanare. Llevó de compañero y Secretario al P. Fr. Jesús Martínez de N. P. S. Agustín, y emprendieron marcha para Villavicencio el día 6 de junio de 1896.

«Ninguna novedad particular tuvieron hasta Villavicencio, y tanto en esta población como en Chipaque y Cáqueza por los cuales pasaron, no estuvieron ociosos: muchas confesiones, muchas confirmaciones y grandes consuelos prodigados a las almas. En Villavicencio, además, administró el Ilmo. Sr. Obispo el Sacramento del Bautismo a veinte y siete niños que no lo habían recibido por falta de Cura, supliendo en dos o tres casos las ceremonias solemnes, sin conferir el Bautismo, por haberlo recibido ya en caso de necesidad. ¡Cuánta verdad es que el sacerdote católico, mucho más un Obispo, es una Providencia de Dios N. S.! Qué de heridas cura, qué de pesares calma, cuántos ayes arrancados por la pena y el dolor al corazón, acalla, vertiendo siempre el bálsamo consolador de la cristiana religión.

«Salió el Sr. Casas con su comitiva de Villavicencio para Barrancas, hato que lleva este nombre y queda entre Villavicencio y el puerto del Meta, habiendo tenido que pernoctar en otro hato llamado de *los Pavitos*, donde pasaron una mala noche, porque además de ofrecer el rancho en que se albergaron muy pocas o ninguna clase de comodidades, estuvieron molestados por los chirridos de los murciélagos, que trataban de expiar el momento oportuno de darles asaltos sangrientos, pues al fin son de la familia de los vampiros; por otra parte las Hermanas que quedaban en otro ranchito, no pudieron librarse del consorcio poco grato, aunque inofensivo, del perro, la clueca con sus polluelos, los loros y algunos bichos que en buena paz y envidiable armonía dormían en cama redonda, y en esa noche la compartieron con las Hermanas a las que molestaron no poco, por haberse alborotado con la novedad. Larga, muy larga se hace una noche de insomnio, pero al fin pasa, y si siempre hay motivo para saludar con gozo la aurora de un nuevo día que nos da Dios para que le sirvamos, sucede que después de una mala noche se recrean todos los sentidos con mayor fruición en la hermosura del crepúsculo de la mañana, y saluda con más grande alborozo el alma al sol que tan pródigamente derrama su calor y su luz, despertando a toda la naturaleza. Tan buenas impresiones, como lo habían sido malas en la noche, debieron sentir nuestros viajeros en la madrugada del día que siguió a la noche que hicieron en los Pavitos. ¡Bendito sea Dios! que siempre premia de algún modo lo que por su causa santa se sufre. De aquí el adagio: «no hay mal que por bien no venga.» Desayunaron con excelente apetito, prepararon su fiambre para el viaje del día y al terminarse todo lo demás relativo a la marcha, la emprendieron con dirección a Barrancas, a donde llegaron a las dos de la tarde del día 10 de junio. Simpatizaron desde luego con los señores dueños del hato, que eran unos antioqueños a quienes ya habían conocido en Villavicencio por haber tenido que prestar auxilios espi-

rituales a un hermano de ellos, a quien hirió gravemente un toro, y con tal motivo haber prodigado no
poco consuelo en sus ánimos. Debido a estos singulares servicios, prestados con tánta caridad cristiana por
el Ilmo. Sr. Obispo y su compañero, pusieron dichos
señores a su disposición el hato y casa de su propiedad, y los trataron con todo 'género de atenciones y
obsequios en cuanto les fue posible. Llegaron bien todos los viajeros, pues aún no estaban las sabanas inun-
dadas ni los caños muy crecidos, pero llegaron empa-
pados en agua, sobre todo las pobres Hermanas, que
llevaban muy malos encauchados, que de nada les sirvieron en el torrencial aguacero que tuvieron que soportar
en el camino. Habia la circunstancia agravante de no
poder mudarse la ropa, por venir las cargas muy atrás,.
y se vieron precisadas a acostarse en la cama para que
pudieran secarles la ropa, que materialmente no tenían .
un hilo enjuto. Otras personas se hubieran visto muy
contrariadas con este suceso, empero las Hermanas no
perdieron un momento su buen humor y se veía en su
semblante retratada la santa alegría con que iban a
prestar sus servicios entre salvajes. ¡Oh hermosura de
la virtud y poder de la gracia de Dios!

«Acompañaba al Ilmo. Sr. Casas y comitiva, el Sr.
D. Ramón Real, propietario establecido en Orocué, a
quien están muy reconocidos los PP. Misioneros Candelarios por los importantes y buenos servicios que les
ha prestado, y dueño del vapor «Boyacá» en el que
con pasaje gratuito quería llevar por las aguas del río
Meta al Sr. Obispo y sus compañeros de viaje. Tenían
necesidad de saber si el dicho vapor habría ya atra-
cado en el puerto, y para el objeto se adelantó el Sr.
Real con su peón. De regreso D. Ramón Real, tuvieron
la satisfacción de saber que el vapor ya los aguardaba;.

y en él habían venido a esperarles el Sr. Intendente y el R. P. Marcos Bartolomé. Llenos de contento continuaron su viaje a Cabuyaro, pasando allí la noche, y al día siguiente llegaron al puerto, después de haber pasado por la *boca del monte,* paso largo y peligroso que forma un barranco hasta llegar al puerto: llegaron a este lugar como a la una y media, y en vez del Intendente y P. Marcos sólo encontraron al R. P. Pedro Cuartero, pues los citados habían quedado en Orocué, preparando el modo de recibir solemne y pomposamente al Ilmo. Sr. Obispo y comitiva.

«Todo arreglado para la navegación fluvial, se embarcaron a las tres de la tarde del día 12 y echó a andar el vapor Umea y Meta hacia abajo hasta Cabuyaro sin ningún tropiezo. En Cabuyaro hicieron noche, y a la mañana siguiente salieron temprano, continuando el viaje hasta llegar a un punto llamado «Macuquito» donde atracó el vapor, y trasladándose a un *Caney,* pasaron allí la noche.

«Entre el sitio llamado «Macuquito» y Cabuyaro se encontraron los viajeros con el P. Antonino, que obedeciendo a orden superior se trasladaba de Orocué a Chámeza; tuvieron la satisfacción de pasar un rato en agradable conversación y cada uno siguió para su destino, llegando el Ilmo Sr. Obispo y comitiva a Orocué a las nueve y media de la mañana del día 14 de junio.

«Si se tiene en cuenta lo que era el pueblo de Orocué y como lo encontraron los PP. Misioneros Candelarios en el año de 1891, resaltará más y más el progreso que la estancia de los Misioneros ha producido en su sociedad. Difícilmente, imposible hubiera sido a los Padres, recién instalados en dicha población, mover los ánimos, entusiasmarlos, inducir a la gente al gran recibimiento que hicieron al Ilmo. Sr. Casas; y no hay que dudarlo, todo fue obra de los Padres, eficazmente apoyados por el Sr. Intendente y autoridades subalternas: la ordinaria y general apatía de los moradores de Orocué se convirtió en laboriosidad y diligencia para prestar los medios de recibir dignamente al Sr. Obispo. Engalanadas las casas y las calles con arcos y banderas, aparecía toda la población de fiesta, los acordes de la música y el ruido de los cohetes atronaban el espacio, y el entusiasmo de la gente rayó en delirio. Así fué recibido el Ilmo. Sr. Casas, en su entrada en Orocué, y después de sendos discursos pronunciados en bonitos templetes que habían construido para el caso en una de las avenidas del pueblo, fue conducido el Sr. Obispo en solemne procesión hasta la iglesia, en donde se cantó majestuosamente el himno épico que en solemnes momentos de imperecedera memoria brotó de labios de los grandes Doctores de la iglesia Ambrosio y Agustín. Terminado todo en la iglesia salieron, y apenas podía abrirse paso por entre la apiñada multitud el Sr. Obispo, que impartía, emocionado, la bendición a cuantos se postraban para besarle el anillo. Descansaron un breve rato en la casa de los Padres, y fueron después a instalar a las Hermanas, (eran 8), en la magnífica casa que les tenían dispuesta y preparada para que les sirviera de morada. Cuatro de las Hermanas estaban destinadas para Tágaste, y tanto los moradores de este pueblo como los de Orocué recibieron con júbilo y entusiasmo a esos ángeles de paz, que tánto bien fueron a hacer en Casanare.

«Mas si en Orocué se esmeraron en hacer tan magnifico recibimiento al Ilmo. Sr. Obispo, en Támara, no fue menos espléndido, como vamos a ver.

«El jueves 18 de junio salió de Orocué el Ilmo. Sr. Obispo con el P. Jesús, D. Ramón Real y varias personas que le acompañaban, todos a bordo del «Boyacá» que por primera vez surcaba las aguas del río Pauto. Llamaba mucho la atención del Sr. Casas y su compañero, quienes eran los únicos de la comitiva que por vez primera presenciaban aquellos paisajes, la exhuberante vegetación de las orillas del caño o río, y las inmensas llanuras que a su vista se extendían sin dejar ver sus límites. Llegaron al pueblo nuevo de los Sálivas: los sonoros bronces con sus metálicas lenguas les dieron la bienvenida, y arribando a la orilla, atracó el vapor, saltaron a tierra, y entraron al pueblo entre la aclamación de los indios; penetraron en la iglesia sorprendiéndoles el aseo, la hermosura de los adornos y la relativa abundancia de todos los útiles para el culto, que ya tenía, no obstante hacer poco tiempo que allí estaban los Misioneros. También les gustó mucho el plano, formado por uno de los Padres, y bajo el cual habían sido construídas las casas y edificios que había. En este pueblo permanecieron hasta el día siguiente, recibiendo las visitas de los indios, que llevaban al Sr. Obispo los regalos que les permitía su pobreza, y el Ilmo. Sr. Casas les devolvía en retorno sabios consejos y santas bendiciones. (Los indios sálivas hablaban ya el castellano). El día 19, después de celebrar la santa Misa, visitar despacio todo el pueblo y rezar el Oficio divino, se volvieron a embarcar en el «Boyacá» y continuaron su viaje.

«Por cuantos puntos pasó el Ilmo. Sr. Obispo fue objeto de entusiastas ovaciones, discursos, cohetes etc.: díganlo La Plata, Pore, el Algarrobo y otros, pero muy en especial lo fue al entrar en Támara, lugar de su residencia. Varias comisiones salieron a esperarle; no hay

para qué ponderar que las avenidas de la población
(entonces capital aún) estaban llenas de gente, que
hubo cohetes, música, discursos, etc. El P. Manuel Fernández, entonces superior de aquella residencia, secundado por las autoridades y las Hermanas de la Caridad,
había preparado, como el P. Marcos en Orocué, una
recepción tal como se la merecía el digno sucesor del
P. Moreno, a quien tánto quisieron los habitantes de
Támara. Llegado el Sr. Obispo y todos en procesión a
la iglesia, se cantó solemnísimo *Te Deum*, y a continuación un brillante himno por las Hermanas y algunas
de sus alumnas. Dirigióles luégo el nuevo Prelado la
palabra con la mesura y elocuencia que les es habitual,
y después de dar solemnemente la bendición, salieron
de la iglesia y se dirigieron a la casa que había de
servir de palacio al Ilmo. Sr. Casas, quien lleno de emociones y de cansancio, dio de lo intimo de su alma gracias al Omnipotente por haberle dejado llegar sin novedad al término de un viaje, tan penoso y lleno de
peligros; pero si por el momento dejaron descansar al
Sr. Obispo, al día siguiente y siguientes continuaron las
visitas, los obsequios y manifestaciones de simpatía, a
todo lo que él procuraba corresponder sinceramente.

CAPITULO XIV

Notable auge y acrecentamiento consolador que reciben las misiones de los Llanos mediante el celo apostólico y dirección sabia del Ilustrísimo Padre Casas.

Verificada su entrada, y habiendo tomado posesión de su Vicariato Apostólico de Casanare; para conocer sus pastorales sentimientos, atiéndase en primer lugar a su primera Carta Pastoral que los manifiesta clara y superabundantemente, al decir en ella, después de haberles recordado «aquel enérgico arranque del corazón:» ¿A qué vamos a Casanare? de su Predecesor, pronunciado por labios verdaderamente apostólicos, grito sublime de fe y de ardiente amor; grito de una elocuencia más que humana, y que en sí contiene cuanto en larga serie de años comprende la vida entera de un varón apostólico: abnegación, heroísmo, cruz, sacrificio, inmolación total en aras de la caridad: estas hermosas y elocuentes cláusulas: «Por la gran misericordia de Dios podemos deciros con toda verdad, que el mismo clamor sale hoy del fondo de nuestro corazón, que los mismos sentimientos de caridad y amor que abrigaba el alma tierna de Vuestro primer Vicario Apostólico, animan la del que, por voluntad de Dios, viene a ocupar hoy su lugar.

«Iguales son nuestros deseos; iguales nuestras aspiraciones por vuestra dicha y felicidad; e igual también, por la gracia del Señor, nuestra disposición a abrazarnos con la cruz y el sacrificio, con la muerte misma, por la gloria de Dios y el bien de vuestras almas.

«Por lo mismo, pues, reproducir fielmente (cuanto lo inferior de nuestro mérito y virtud lo permitan) el eco de la inspirada voz de nuestro predecesor; seguir derechamente sus huellas en la continuación de la evangélica obra que con tánto acierto inició, trabajando sin descanso por vuestra felicidad temporal y eterna, es nuestro más vivo deseo; ése es nuestro más ferviente anhelo, nuestra única ambición, a la vez que será nuestra gloria y el más honorífico blasón que apetecemos.»

En prueba de lo que acaba de expresarles, como su predecesor escogió por tema de su primera Carta Pastoral a Jesucristo en cuanto es *Camino, Verdad y Vida;* así él tomando de San Ambrosio estas palabras: *Ubi Christus, ibi omnia,* «Donde reina Jesucristo, allí florecen todos los bienes,» traza un tratado completo, una exposición doctrinal con las aplicaciones morales más oportunas y convenientes, acerca de Jesucristo, verdadero Dios y verdadero hombre al mismo tiempo, tan sabia, tan acabada y luminosa, que encanta y embelesa al más indiferente y más frio, persuade y convence al más refractario e incrédulo.

Enamorado su corazón, cual otro San Pablo, del Divino Salvador, no se contenta con darles a conocer a sus fieles casanareños la belleza y santidad infinitas del hijo de Dios, humanado por amor de los hombres, en sus rasgos más principales; insiste una y otra vez, y les presenta ora de un modo, ora de otro, ya en una forma, ya en otra, como si quisiera grabar en sus corazones la figura hermosa de Jesucristo, para que, a imitación del Apóstol, y al estilo de los primitivos cristianos, le conozcan, le imiten y le amen hasta el punto de poder decir con el primero: que *su vivir es Cristo,* y que nada les podrá separar ni arrancar del amor de Jesucristo. ¡Tan grande es el anhelo que demuestra porque conozcan y amen a Jesucristo, piedra angular del edificio cristiano, y mediador primero y principal entre Dios y los hombres!

Consecuente con estos sentimientos, y aprovechándose del aumento de personal que la Provincia le proporciona, amplía y completa ventajosamente la organización que le había dado para la buena administración del Vicariato el Ilustrísimo Padre Moreno, demarcándoles á los Misioneros las secciones que cada cual deberá administrar. Para ello multiplica las visitas pastorales no solamente a los pueblos del pie de la Cordillera, sino también a los de la Llanura, instruyendo a unos, alentando a otros, y animando con su ejemplo a todos.

Mas nadie se figure que en sus excursiones se limite a lo espiritual, sino que, a fuer de sabio y observador, va recorriendo el Vicariato con lapiz y cartera en mano, visitando y anotando cuidadosamente, ahora el curso de un río, después la hacienda *A;* ya el lugar en donde estuvo en otro tiempo la Misión *B;* ya recoge una planta y estudia sus propiedades; si torna a su residencia oficial de Támara, reflexiona y medita detenidamente sobre lo que vió y observó en el pueblo *A*, o en el pueblo *B*, y trata de encontrar el modo mejor de conseguir mayor fruto espiritual por medio de los Misioneros que lo administran. Las cartas que a éstos dirige son otros tantos avisos e instrucciones para el mejor regimen espiritual de los pueblos; testimonio elocuente de esto los siguientes datos que tomamos de *Apuntes para la historia.*

«Allá en la región de Oriente, en el país de los salvajes donde ruge el tigre y brama el león, rey de las selvas, también saben festejar a la Madre de Dios en el misterio de su Concepción Inmaculada. ¡Qué grande y majestuoso es el culto católico en las ciudades, pero, qué especialmente majestuoso y grande aparece en medio de la agreste naturaleza! El celo y los trabajos de los PP. Misioneros Candelarios en Casanare se van dejando ver cada día más. La tierra inculta y llena de maleza, empieza a dar flores y frutos. Uno de esos frutos se revela en la solemne fiesta con que obsequiaron a Maria sin mancha de pecado original los habitantes de Orocué y Tagaste, en todo aleccionados y dirigidos por los PP. Misioneros. Muchos años hacia que en los templos del Señor, en ese pais abandonado y desierto por falta de operarios evangélicos, no resonaban los sagrados cánticos en loor y alabanza de la siempre pura María, esperanza santa del cristiano, y es preciso que se sepa en todo Colombia, que la hermosa región de Casanare progresa en el sentido moral y religioso, base y cimiento del progreso material, y que la cristiana fe, casi extinguida, revive y empieza a ostentar el brillo y esplendor de mejores tiempos,

«Magnificamente adornadas las iglesias de ambos pueblos, centellantes las llamas de más de doscientas luces, presentaban un aspecto delicioso y encantador, nunca visto por sus actuales moradores. Celebróse la fiesta con extraordinario aparato de solemnidad y concurso de fieles. En Orocué, capital de la Intendencia, solemnizó más y más la función el bautismo administrado solemnemente por el R. P. Marcos Bartolomé, Superior de la Misión, a tres indias guahivas, siendo padrinos las personas principales de la población, quienes obsequiaron a las nuevas cristianas con sendos regalos y un espléndido refresco.

«Presencióse también el siempre nuevo y hermoso espectáculo de la primera Comunión que hicieron trece niños, a quienes acompañaron en el sacro convite multitud de personas, y entre ellas las autoridades de la capital. En Tagaste, pueblo fundado por los PP. Misioneros Candelarios, en el cual residen los indios *sálivas,* revistió la fiesta inusitado esplendor. Compuesto el altar y vestida la imagen de la Santísima Virgen por las Hermanas de la Caridad que alli residen, presentaba belleza sin igual. Uniformemente vestidos todos los niños del pueblo, y con traje blanco las niñas, semejaban en torno del altar de María, los coros de espíritus alados que rodean el trono de la Emperatriz de cielos y tierra, allá en el Paraiso, y en el Paraiso se figuraban estar todos los que a las citadas fiestas concurrieron, pues todo de consuno contribuía a forjarse tan bella ilusión.

«La voz potente del Misionero de Dios cantó en elocuente panegírico la singular prerrogativa de la Madre del Redentor del mundo; el P. Marcos Bartolomé en Orocué, y el P. Pedro Cuartero en Tagaste, ambos celosos e infatigables operarios en esa viña del Señor, promovedores de las fiestas, vida y alma del entusiasmo religioso que como grata esperanza se ve pulular en los corazones de los casanareños. Luégo veremos cómo al inaugurar una nueva iglesia en Orocué, fruto de sus fatigas y sudores, se revela más y más este entusiasmo, hijo de la cristiana fe. Después de Dios, a los PP. Misioneros Candelarios ha de darse el honor y la gloria que merecen sus apostólicas labores.

«Otro de los pueblos casanareños que dan testimonio de la labor del Misionero es Támara. Fue capital de la Intendencia, cuando se erigió el Vicariato apostólico, pero de capital tenía sólo el nombre: era un pueblo pobre y miserable y sólo por la posición topográfica y aun más por la bondad de su clima fue honrado con tal distinción; empero no es del progreso

material que vamos a ocuparnos, es del progreso moral que está muy por encima del otro, y es su base y
cimiento. Con indecible consuelo de nuestra alma nos
íbamos haciendo cargo del adelanto espiritual de Támara, manifestado en las cartas que íbamos recibiendo
de nuestras misiones. Al principio de instalarse allí los
Padres, la desierta iglesia, pobre y ruinosa, daba testimonio de la poca fe cristiana que allí reinaba; empezaron los trabajos de los Padres, a su cabeza el señor
Obispo Moreno, y poco a poco se fue transformando
la sociedad de Támara. «Tales son las funciones religiosas que aquí se hacen, me decía el P. Pedro Cuartero, que obliga a la gente a confesar que Támara se
ha transformado en el orden religioso.» Si antes nadie
o apenas alguna que otra persona se confesaba, ahora
ya se dan ordinariamente muchas comuniones; se es-
tableció el Apostolado de la Oración, la adoración perpetua; y la iglesia, antes sola y desamparada, está ya
con Nuestro Amo, y Este constantemente acompañado.
¿No es esto verdadero progreso? Desde que alli se instalaron los Padres Candelarios (hace tres años) hubo
811 bautismos, 657 confirmaciones y 242 matrimonios;
pocos o ninguno de los moradores de Támara que dejaron de existir, murieron sin toda clase de auxilios
espirituales; han disminuido los crimenes, los vicios, la
inmoralidad, de pública se ha ocultado donde no la
puedan ver los hombres, y las costumbres han mejorado notablemente. Eficazmente han ayudado en su
obra evangelizadora y de progreso a los Padres, las
Hermanas de la Caridad, que han sido y son un gran
factor en la consecución del progreso moral de Támara; también hay que consignar que la autoridad civil
ha prestado su valioso contingente con el más decidido
apoyo, castigando con rigor la inmoralidad y los vicios.

«Respecto del progreso material no es gran cosa lo
que se ha podido hacer, porque se tropieza con la falta
de obreros y de materiales. Sin embargo algo ha mejorado la población en edificios nuevos que se han hecho; la iglesia se ha refeccionado en lo posible; el
Ilmo. P. Casas hizo componer el cementerio y arreglar
el camino que a él conduce. «Ahora se puede vivir en
Támara». nos decían personas que habian trasladado
su residencia a la población que entonces era Capital
de la Intendencia; pero a pesar de haber dejado de ser
Capital, la presencia del Obispo, Vicario Apostólico,
que sigue residiendo alli con los PP. Misioneros, será
la poderosa palanca para seguir en la tarea de levantar en alto el progreso de esa población, que está llamada a ser una de las principales del territorio de Casanare.

«Arauca es población de entrada al territorio colombiano: hace el límite de Venezuela y marca la linea
divisoria entre los dos territorios: queda sobre la margen derecha del río Arauca, y está situada frente al
pueblo venezolano del Amparo y distante 2 miriámetros, 5 kilómetros de Guadualito, lugar célebre en la
guerra de la Independencia. Hace un comercio considerable con una parte del Estado de Apure, en Venezuela; fue asiento de aduana nacional; su clima
es cálido y no muy sano. Aquí juzgaron conveniente
los Superiores establecer una misión, y pusieron la
residencia de Misioneros en el año de 1894. Fue el
primer Misionero Candelario el P. Fr. Manuel Fernández de S. José, quien, acompañado de un hermano lego, fue recibido con entusiasmo y secundado
en la empresa de hacer la expedición a Cuiloto, de
que se habla en el Capítulo VII del volumen primero
de estos *Apuntes*, para ver si encontraban indios a fin

de establecer entre ellos otra residencia de Misioneros. Como encontró este Padre el estado moral de la población da lástima y compasión referirlo; pero con la labor del Padre Manuel, la ayuda de otro Misionero, el Padre Santos Ballesteros de S. José, y el auxilio del hermano lego Fr. Diácono Jimenez de la Concepción, empezó a levantar el espíritu religioso, y a progresar verdaderamente, siendo ya la iglesia centro de reunión para muchas personas que antes no la visitaban. Allí oían la voz persuasiva del Ministro de Dios que les predicaba las verdades de nuestra santa religión, la vanidad de los mundanos placeres, y la imposibilidad consignada en los libros santos de servir a un mismo tiempo a dos señores, y con la predicación, los buenos consejos, el ejemplo de las virtudes cristianas y el celo ardoroso que despliegan los Padres Misioneros, se fue reformando la sociedad de Arauca, sin que descuidasen el progreso de la parte material, pues adelantaban el arreglo de la iglesia y casa cural con otras mejoras, cuando estalló la revolución del 95, que echó por tierra tales proyectos, marchitó y deshojó las flores que empezaban a embellecer aquel lugar, amenazó de muerte a los Misioneros, según se indica en la página 349 del volumen I de estos *Apuntes*, y fue la tormenta, que descargando el granizo de la guerra en aquel campo ya cultivado, lo dejó desolado y en inminente peligro hasta de dejar de existir, pues tuvieron que huir los Padres y la gente sensata, convirtiéndose en guarida de los revolucionarios, que a sus anchas y con plena libertad cometían toda clase de felonías y maldades. El cielo en su bondad no permitió por mucho tiempo que esta situación durase, y restablecido el orden y la paz, después de sufrimientos sin número, regresaron los Padres, y esta vez el P. Manuel Fernández, ya no llevaba por compañero de sus apostólicas tareas al P. Santos, quien convertido en esqueleto ambulante por los trabajos y las fiebres, no pudo volver a su residencia, y por orden del Superior fue destinado a sustituírle el P. Pedro Fabo del Corazón de María.

De nuevo en Arauca los Padres Misioneros Candelarios empezaron con calor y brío a desescombrar las ruinas producidas por la tormenta, y bien pronto vieron surgir otra vez el progreso verdadero. Alentadas las familias, que se habían ausentado de la población, donde ninguna garantía de seguridad se les ofrecía, alentadas, repito, con la presencia de los Padres, volvieron y volvió en ellas a revivir el buen espíritu, tomando vuelo el entusiasmo en secundar los esfuerzos de los Padres en su obra redentora. Tuvieron que hacerse cargo los Padres y el Hermano de la dirección de las escuelas, pues comprendieron perfectamente que por los niños habían de regenerar aquella sociedad, ya que ellos son la sociedad del porvenir. Bien hubiera deseado y querido el P. Manuel, según nos decía en una carta, que personas competentes hubieran regentado las escuelas, pues así tenían ese poderoso auxiliar y ellos podían ocuparse en otras obras de redención, empero esas personas no se encontraron por entonces y tuvieron que añadir ese trabajo a la lista de los muchos en que tenían que ocuparse. Una esperanza, sin embargo, les halaga y es la de que pronto vayan Hermanas de la Caridad a descargarles de esa tarea, para cuyo objeto cuentan con la ayuda del Municipio y el auxilio de los fieles, que anhelan la realización de esta idea, y para este fin están ya construyendo una casa para residencia de las Hermanas, quienes abrigamos la esperanza que no tardarán en ir allí. En ésta y en otras obras les ha prestado potente auxilio el doctor Forero, progresista caballero, residente en aquella población y empleado civil en ella, que ha entendido que a la sombra de la paz y de la religión es que progresan los pueblos y se hacen grandes con la verdadera grandeza. Ya tendremos lugar de seguir hablando sobre este asunto.

«Tiempo de labor y de improbo trabajo es para todo Obispo el que dedica a la visita pastoral de su grey; pero cuando las vias de comunicación de los pueblos que tiene que visitar son pésimas y peligrosas, cuando es deletéreo el clima y escasísimos los recursos, como sucede en Casanare, sube de punto el valor del sacrificio, y ninguna frase se encuentra que sea bastante para encarecer el mérito de su labor y de su trabajo; y de aquí podrá deducirse el mérito de todo Misionero, cuya vida en Casanare es casi constantemente la de ir de pueblo en pueblo prestando los auxilios espirituales y ejerciendo las funciones de su sagrado ministerio, pues la escasez de personal entre los Padres impide que haya curas fijos en cada una de las poblaciones del Llano. Por esto el Misionero de Casanare necesita de un valor a toda prueba, de una virtud acrisolada y de un celo verdaderamente apostólico, que infunda en su alma el heroísmo de un sacrificio continuo. Por esto tratamos en las cartas que con frecuencia les dirigimos como Padre y Superior de todos ellos, de infundirles ese valor, de darles ánimo y consuelo, y al contestar a una de esas cartas nos dice el P. Manuel Fernández lo siguiente, que concuerda admirablemente con lo expuesto: «Muchísimo agradezco a V. R. y lo mismo los demás Padres y Hermanos las frases paternales que nos dirigen; y ellas son para nosotros un estímulo más para no desmayar. Mucho tengo en que alabar a Dios por las buenas disposiciones que en todo y para todo tenemos todos los que estamos aqui, a quienes ha tocado en suerte trabajar en este terreno tan árido e inculto. Son tántas las contrariedades, las dificultades, los desengaños con esta gente, son tántos, que esto, que hace resaltar más y más la gracia de Dios en mantener siempre buena disposición en nosotros, hace también sea no sólo útil sino hasta necesario, estímulos de esa naturaleza para no decaer de ánimo. Tengo para mí, P. N., que jamás se puede uno formar fuéra de aquí una idea exacta de lo que entre esta gente sucede; de los inconvenientes físicos y morales que nosotros, sobre todo, encontramos en nuestra misión espiritual y corporal, es preciso verlo y palparlo. Esto sí, esto hace, a mi modo de pensar que sea grande y aun portentoso lo poquito que al parecer hacemos; pero la lucha y el trabajo son incesantes para que eso poco que se ve, salga a flote, como suele decirse: es mucho más lo que sufre el Misionero llevando esta vida de uno a otro de estos pueblos, que viviendo entre los mismos salvajes, hablo así por experiencia propia, y por toda compensación no tenemos otra cosa, y no es poco, sino la satisfacción del deber cumplido. Sabemos que haciendo la voluntad de nuestros Superiores, hacemos la de Dios, feliz reflexión que cicatriza las heridas que tánta pena y trabajo producen! Todo tiene uno que hacerlo aquí, y a todo tiene que someterse, porque en este país, donde es común que *tres y dos no son cinco*, es el pan de cada día encontrar a cada paso contradicciones, tropezar con obstáculos, tener que superar dificultades. En fin, Dios sobre todo, y Él pague a V. R. los sanos consejos y sabias instrucciones que nos da en sus cartas.»

«Con lo que dejamos apuntado podrá comprenderse mejor lo que tiene que sufrir un Obispo al visitar los pueblos de Casanare, y nos evitará tener que hacer repeticiones para que resalte más y más el valor y el mérito de sus labores.

«El día 17 de febrero salió el Ilmo. señor Obispo de Orocué acompañado de los Padres Tomás y Santos, después de tierna y sentida despedida de los de Orocué. Algunos dias se les retrasó la salida de la capital por la *formalidad* de los *baqueanos*, que faltaban a su palabra para el día designado, y no es esto lo que menos pone a prueba la paciencia de todo el que viaja en Casanare. Graves inconvenientes de este género y otros impidieron al señor Obispo dirigirse hacia Arauca para hacer allí la visita según lo deseaba, y se dirigió a los pueblos de Santa Elena, Maní, Chámeza, Tauramena y otros, hasta llegar a Támara, en donde tenía que estar para la Semana Santa.

«¿Qué hizo el Ilmo. P. Casas en dichos pueblos y caseríos del tránsito? Sembrar el bien, predicar la divina palabra, confortar las almas con los Santos Sacramentos de Nuestra Madre Iglesia, instruir a todos en sus más sagrados deberes, derramar a manos llenas el bálsamo consolador de la cristiana fe en las almas heridas por la desgracia, por la miseria y por la desesperación de una vida, imposible de soportar sin esa bendita fe; levantar al caido, consolar al triste, socorrer toda necesidad en cuanto podía, dirimir contiendas, poner fin a pleitos que convierten en infierno el doméstico hogar, cuando debe ser anticipado cielo, y en fin practicar virtudes para corroborar con el ejemplo su palabra y ejercitar las obras de misericordia y caridad cristianas. En todo esto que hizo en los pueblos el señor Obispo, sin descender a detalles, por ahora, fue ayudado por su compañero de visita el P. Tomás

Mártínez, pues. el P. Santos se quedó en Chámeza, donde le fijamos la residencia con el P. Antonino.

«¡ Cuán hermosos son los pasos del que evangeliza el bien y predica la paz! Mucho, muchísimo tiene que sufrir todo el que ha de roturar y trabajar un terreno virgen, lleno de maleza y guarida de inmundos reptiles, pero ¡qué consuelo debe sentir el alma después del trabajo! Tal debió suceder al señor Obispo y su compañero, una vez que llegaron a Támara, pero ¿descansaron allí de sus faenas? El ministro de Dios, que arde en el celo de su causa, no se da momento de tregua ni descanso. No podemos decir, pues, que allí descansaron: allí llegaron rendidos, eso sí, para continuar su ardua labor al día siguiente.»

———

«Támara, 31 de marzo de 1897

«Mi querido P. Santiago:

«Estamos ya de vuelta de nuestro viaje después de dos meses largos de ausencia, buenos y sanos, gracias a Dios, aunque un poquito cansados, como es natural, de tánto trotar por la llanura, o de tánto subir y bajar penosísimas cuestas por la cordillera. ¡Y qué ganas tenía de dar así como un abrazo a este rinconcito de mi habitación, con ser tan oscuro y feo! Porque yo no sé qué dulce atractivo tiene la celdita para los que nos hemos criado en ella: no parece sino que fuéra de ella, aun dejada por el servicio de Dios, no hallamos reposo, más que se empeñen en dárnoslo las criaturas, y en brindarnos con su atractivo lo espacioso del campo, la hermosura de los bosques, lo sabroso del aire libre.

«Algo más larga hubiera sido nuestra visita si la proximidad de las semanas de Pasión y Santa, a más de otras razones, no nos hubieran inducido a suspen-

derla, y tomar un descansito de algunos dias para con-
tinuarla después hasta donde nos lo permita la estación lluviosa que ya se va acercando. Entre tanto,
nuestro descansar será ocuparnos en dar aqui tres dias
de retiro espiritual, y luégo en Pore predicar y confesar cuanto se pueda, y celebrar las funciones eclesiásticas de este santo tiempo de Cuaresma.

«Durante nuestro viaje, qué emociones tan tiernas
hemos sentido a veces, mi querido Hermano! iqué impresiones tan gratas! Muchas veces hemos levantado
la vista al Cielo para bendecir al Señor por su Providencia en favor de una alma que parece no aguardaba
para desprenderse del cuerpo más que el momento de
recibir la absolución que Dios, por nuestro medio le
enviaba, por modo inesperado para ella; o alabar su
Misericordia infinita para con algún pecadorazo que en
su vida apenas se había acordado de Dios y de su
conversión a buena vida. De la magnificencia, poder y
hermosura del Señor no hay que decir cuán frecuentemente se nos ha ofrecido pensar y hablar, porque el
argumento se presenta a cada paso en el monte lo mismo que en el llano, inmensurable espacio que en los
contornos pequeñísimos de una piedra, de una flor, de
un animalito.

«A lo dulce no ha faltado su amargo; quiero decir
que a lo grato de las impresiones no ha faltado el
respaldo de lo triste e ingrato, al recorrer el desolado
campo de nuestras antiguas misiones, al visitar las
ruinas de lo que antes fue Surimena, Casimena, Santiago de las Atalayas, así como de lo que va tendiendo
a desaparecer a paso agigantado, si Dios no lo remedia.

«Hacerle participe de estas impresiones, comuni-
cándole una relación minuciosa de nuestro viaje, fuera,
mi querido Padre, mi más vivo deseo; como lo era

ciertamente cuando, sabida por telégrafo su legítima
curiosidad de tener noticias de nuestra expedición, pasé
por la pena de no podérselas dar, a menos de haberle
enviado apuntes borrosos de lápiz tomados unas veces
cabalgando,, otras sobre rodillas, a la orilla de un $caño$,
cuando no sobre una mesita o un banco que exigían,
por su poca altura, tomar por asiento un tronco, una
piedra o el suelo. En atención a eso, preferí aplazar la
relación deseada a días un poco más tranquilos y sosegados que los que teníamos en los hatos y ranchos,
o en los pueblos que visitábamos, pues en unos y otros
empleábamos el tiempo en cosas de nuestro ministerio,
enseñar la doctrina, confesar y predicar, bautizar, confirmar, hacer informaciones matrimoniales y casar; sin
quedarnos apenas tiempo para otra cosa.

«Esos días de más sosiego pensaba yo haberlos encontrado a nuestra vuelta a casa, pero las ocupaciones
espirituales y religiosas de que hice mención, a más
de las muchas cartas que ha traído el correo en el
tiempo de mi ausencia, y que aguardan contestación,
no los dejarán llegar tan pronto como yo quisiera. Así
que, por caridad, otro placito más le pido para dar
satisfacción a su deseo y el mío.

Entre tanto sírvale como de prenda, o de preámbulo,
si se quiere, a la relación, lo que en general dejo dicho
sobre impresiones y felicidad de nuestro viaje, terminando por hoy con hacer en alguna manera lo que
Tobías el joven hizo al regreso de su viaje, un recuento
de los favores que recibió de su celestial compañero y
un cántico de gracias a Dios. *Me duxit, et reduxit sa-
num* ... El nos ha llevado y traído sin la menor novedad sanos y salvos; nos ha conservado todo el tiempo
en perfecta salud, sin el más pequeño dolor que merezca nombrarse, y librado de muchos peligros de salud.

y vida que El mejor que nosotros se sabe. Ha llenado continuamente nuestras almas de dulce consuelo en las conversiones y enmiendas de vida que ha ido obrando por los puntos donde hemos pasado; y, por lo que hace a nuestro cuerpo, a que nada nos faltase, ha mirado por nosotros con el desvelo del más cariñoso padre, porque parece que movia interiormente en favor nuéstro los corazones de estas pobres gentes para que nos recibieran y sirviesen del modo mejor que les era posible. ¡Pobrecitos! hacían cuanto podían, aunque podían muy poco: sustituían, cuando encontraban modo, la mugrienta totuma y la cuchara de palo, por alguna tacita, o algún platito que tenían reservado quién sabe donde, considerándose muy satisfechos cuando en sus arquillas, o entre sus vecinos, lograban dar con algunas cazuelas de barro, o platos de loza más finos o algún cubierto de metal amarillento que poner a nuestro servicio. De nuestras bestias cuidaban igualmente con todo esmero, proveyéndolas de maíz o caña cuando en el campo no había pasto, dándoles a veces del poquito maíz que para su mazamorrilla tenían reservado, y colgado allá en lo más alto de sus bohíos. Más de una vez se me escapó decir: no harian más estas pobres gentes por el más grande y rico señor que por aquí viniera; ni el mismo Presidente de la República lograra más, ni tendría más comodidades, si no es a fuerza de grandes gastos, y de enviar por delante camareros y pajes.

«Pues bien, por tales y tántos favores y gracias ¿*quid illi poterimus dignum dare?* bendecirle de todo corazón, como lo hizo el anciano Tobias en el magnífico canto que dirigió al Señor.

Así lo hacemos humildemente, y le pido que con nosotros lo haga juntamente con nuestros hermanos y

las muchas personas buenas 'que con su amistad cristiana nos honran, a quienes de todo corazón bendice,
este su afectísimo,

† FR. NICOLAS,
Obispo.»

———

«En carta que nos escribió el P. Manuel Fernández desde Arauca, lugar de su residencia, con fecha
26 de mayo de 1897, carta que llena 27 páginas de
papel de comercio, nos expone detalladamente cuanto
hizo y le acaeció desde que de nuevo se hizo cargo
de la misión de Arauca. Con riqueza de datos y lujo
de amena relación nos da cuenta y razón de su viaje
desde Támara al sitio de su residencia, a donde fue,
obediente a la voz de sus Superiores, en compañía del
P. Pedro Fabo y del H. Diácono Jiménez. «Salimos de
Támara, dice, el día 7 de agosto del año próximo pasado 1896, con rumbo a nuestro destino, contentos y
llenos de entusiasmo, llevando adelante las cargas con
lo necesario para nuestro viaje. Como salimos ya un
poco tarde y el camino estaba cual *barbecho* de nuestro país natal después de unos días de abundante lluvia, no pudimos llegar sino hasta un punto llamado
«Bugío,» distante de aquella ex-capital unas cinco leguas. Aqui fuimos muy bien hospedados por los buenos dueños de aquella estancia, y a la mañana siguiente, después de desayuno, seguimos todos juntos hasta
«La Galera» punto en que nos separamos por ser el
siguiente día Domingo, siguiendo el P. Pedro con el
H. Diácono a Manare, y yo con Isidoro a Moreno, por
suministrar así ocasión a los dos Municipios de oír el
santo sacrificio de la Misa en aquel día de fiesta. El
«Aripora» por donde ellos tenían que pasar se encon-

traba a la sazón muy profundo, teniendo con peligro que buscar el vado, que al fin encontraron, y pasaron sin gran dificultad; llegando a Manare a eso de las tres y media p. m. Poco antes pisaba yo el suelo de la población de Moreno. Aqui tenía que buscar cargueros y bestias que reemplazaran a los que traíamos de Támara, y habiendo dejado convenientemente arreglado en esa misma tarde este asunto, asaz difícil en estas tierras, mayormente en estos meses de invierno, esperé tranquilo amaneciera el domingo para celebrar la santa Misa y hacer alguna pequeña plática al pueblo. Así lo hice, y al medio día me dispuse para ir a encontrar en Manare al Padre y al Hermano, según habíamos convenido. Pasamos el «Ariporo» con gran temor pues iba más crecido que el día enterior, y llegué a Manare a las cuatro p. m. Aquí me informé de que mis hermanos de religión no habían estado ociosos: rosario, plática, Misa habían tenido los vecinos de Manare, que se mostraban agradecidos por tan singulares beneficios. El P. Pedro nos refería las gratas impresiones que le había causado aquel pueblecito tan pintoresco, y más la iglesita con la imagen de la Reina y - Dueña de los Manareños. Permanecimos....» Pero no hay por qué copiar más, atendido nuestro propósito, pues continúa refiriendo que pasaron haciendo el bien posible por dondequiera que iban, que sufrieron trabajos, privaciones, hambre y sed, y que todo lo soportaban con paciencia y hasta con alegría por amor de Dios. Esto es muy propio del Misionero católico; véanse en la historia si hacen lo mismo los ministros protestantes, y establézcase el paralelo para deducir cuál es la religión del verdadero heroísmo. Y como si fueran pocas las penas que afligen el corazón del Misionero, hay que añadir las que le proporciona la vista de las ruinas producidas por la tormenta. Vénse en Casanare aún restos de magnificos templos y bellas poblaciones; las paredes cubiertas de trepadoras, más celosas de conservar como recuerdo aquellas ruinas que los hombres, dan testimonio del apogeo a que llegó aquel país por los esfuerzos del Misionero católico; esto entristece y aflige el corazón en donde se anida la cristiana fe y la sólida virtud; pero más, mucho más le aflige la ruina de las almas, los escombros de las conciencias en las que apenas si queda algún resto de la fe que un tiempo hizo la verdadera felicidad de aquellas gentes. Llegaban nuestros viajeros al pueblo de Tame el día de la Asunción de Nuestra Señora. Veríanse precisados a permanecer allí tres días, y en el deseo de que su permanencia fuera lo más útil posible a sus moradores, determinaron celebrar un tríduo de Misiones. Anunciáronlo aun antes de llegar ellos para que la gente se preparase y «quién lo creyera, exclama en su carta el P. Manuel, a pesar de estar anunciado el triduo y nuestra llegada, con todo y ser ya casi la víspera de su Patrona, Tame, aquel Tame, modelo en tiempos más dichosos de cristiano fervor, estaba frío, indiferente, a juzgar por el abandono y desaseo de la iglesia. Muchas veces había tenido ocasión, P. N., de observar la diferencia grandísima entre el Tame moderno y aquel que fue teatro de acción para el celo de los Padres Jesuítas; pero nunca esta indiferencia había resaltado tanto a mi vista, ni se me había presentado con colores tan negros como en esta ocasión en la que no pude menos de apostrofarlo con aquello de Isaías: «*Sepivi te, lapides elegi ex te, aedificavi turrim, quomodo conversa, etc. etc.*» Con todo, levantando los ojos al cielo, y esperando en Dios, suplicamos a algunas personas que nos ayudaran a limpiar la Casa del Señor y a ponerla en disposición algo decente, para celebrar la fiesta del triunfo de su Santa Madre. Con esto, ya pudimos al siguiente día rezar el santo rosario y hacer algunas exhortaciones a los concurrentes, que por desgracia no. eran muchos a pesar de nuestros esfuerzos. Mas como ʼla palabra de Dios es semilla de tan buena calidad que prende siempre en uno u otro lado hicimos lo que pudimos para esparcirla tanto, que logramos, durante el triduo, que algunas personas se confesaran y comulgaran.»

«Otra de las causas que en Casanare hace sufrir al Misionero y lo contraria en extremo, es la falta de cumplimiento en los compromisos adquiridos por aquella gente, entre la que, como ya se ha repetido en otros lugares, «tres y dos no son cinco,» raro adagio que quiere significar que allí, o entre los casanareños, no hay palabra fiel ni firme, ni aun en los mismos contratos: y que en asunto de viajes, cuando el Misionero tiene formado su itinerario y su plan para aprovechar el tiempo, se encuentra con que aquellos que se comprometieron a facilitarle la realización de ese plan con el pago de sus servicios, que no suelen cobrarlos barato, no le cumplen; esto pone a dura prueba su virtud y su paciencia, y en un caso de esos ve, sin culpa suya, desbaratados hermosos proyectos de hacer bien en las almas en tiempo oportuno y de antemano determinado. «Con un mes de anticipación, habla el P. Manuel, había escrito yo a Arauquita solicitando de un señor si nos podría poner una embarcación capaz en el puerto de Banadía para el día 17 de agosto. Recibí contestación favorable en todo sentido, y el día 20 en que llegamos no se tenía ni noticia siquiera de tal embarcación. Afortunadamente había en el puerto otra, aunque muy pequeña, pero así y todo, preferí aprovechar

22

a unos peones que habian venido desde Tame con
nuestras cargas y que *sabían de agua,* antes que esperar con incertidumbre y entre tánta incomodidad la otra
embarcación que me habia sido ofrecida. Arreglamos,
pues, todo lo conveniente con los peones que teníamos
a nuestra disposición, y apenas amaneció principiamos
a embarcar lo que habíamos traido. Estábamos nosotros ya para embarcarnos y empezar a navegar, cuando
se dejó oír el sonido de la *guarura* (concha de un crus-
táceo) de la embarcación que debía haber estado allí
cinco días antes. Teniendo como teníamos ya compromiso formal con nuestros peones, tuvimos que bajar en
el *bonguito,* dejando el que llegaba aunque mucho más
cómodo; por otra parte teníamos la carga arreglada y
no era cosa de perder más tiempo que es tan precioso.»
Escenas de este género son en Casanare el pan de
cada día, de tal manera que les es imposible al Misionero llevar a cabo un plan para tiempo determinado; tiene que estar a merced de los *baqueanos* y peones y hacerse súbdito de ellos, sin importarles un comino
faltar a su palabra o llegar muchas horas después de
la convenida. Por manera que esto desarma al alma
mejor templada en la virtud de la paciencia, y además,
en ocasiones como la que dejamos escrita, se duplican
los gastos, se agotan los recursos del Misionero, y de
aquí las privaciones hasta del alimento necesario para
la vida.

«Anhelaba el P. Manuel estar en Arauca para el día
28 de Agosto, en que se celebra la fiesta de N. P. San
Agustin, pero, a pesar de haber combinado su plan
para conseguir la realización de su anhelo, se vio frustrado en su esperanza. Un torrencial aguacero, además
de las causas indicadas, les retrasó en su viaje, y hambrientos, mojados y con ese malestar que preludia la

venida de la fiebre, se viéron precisados a arribar a la
orilla del río, en que navegaban, y esto sin tener el
consuelo de poder saltar a tierra, pues estaba toda la
costa anegada. «Esperamos que saliera la luna, dice el
Padre, y guiados por su luz proseguimos nuestra marcha hasta llegar a la primera casa (La Palmita) que se
encuentra antes de llegar a «Todos los Santos,» en donde
descansamos un poco; apenas amaneció continuamos
nuestro viaje hasta llegar a este corregimiento en donde
entramos a las 9 a. m. Las reflexiones que en esa noche
y en la mañana del siguiente día nos ocurrían bien
puede adivinarlas V. R., recordando las circunstancias en que nos encontrábamos en un día tan grande
para toda nuestra Orden; sin embargo ofrecimos a Dios
y a N. P. San Agustin los buenos deseos, y entramos
en busca de algo con qué desayunar, ya que no era
posible celebrar el santo sacrificio de la Misa por falta
de materia para ello. Y como si el dueño de la casa
hubiera estado al corriente de la fiesta que nosotros
celebramos en el templo de nuestros corazones, y del
hambre que teníamos nos preparó y sirvió un espléndido almuerzo con la mejor voluntad. Descansamos unos
momentos después de almorzar y resolvimos embarcarnos de nuevo para hacer nuestra entrada en Arauca
siquiera por la tarde. Así lo pudimos lograr gracias a
Dios, pues antes de ponerse el sol entrábamos ya por
el caño y momentos después desembarcábamos en el
puente que se levanta sobre él, y éramos saludados
cariñosamente por las personas que allí se encontraban
disfrutando de la suave brisa de la tarde que allí se
respira. Sin demorarnos más que lo preciso, nos enca-
minamos a nuestra casita, y desde luégo tuvimos ocasión de admirar la influencia que siempre ejerce en el
corazón humano la idea religiosa, porque a pesar de

no ser la índole de esa gente tan fácil a impresionarse con ella, desde que llegamos y al día siguiente no nos faltaron visitas y aun algunos regalitos y obsequios que nosotros agradecimos en el alma. Entre las personas a quienes estamos reconocidos por sus obsequios y atenciones merece especial mención el entonces Prefecto de la Provincia de Arauca señor don Manuel Forero C., hoy Alcalde de este Municipio. Sea ésta la ocasión de manifestarles ante V. R. nuestra más sincera gratitud y el de que nuestro buen Dios les pague con largueza los favores prestados a estos sus Ministros.»

«Ya en el lugar de su destino nuestros Misioneros, parece lo más natural que, después de un viaje penosísimo de 21 días por agua y tierra, se tomasen algunos días de reposo y descanso, pero nada; desde el siguiente día al de su llegada empezaron a trabajar y poner en práctica los proyectos que el P. Manuel tenía en favor del verdadero progreso de aquella población y de la redentora empresa de las Misiones. Ya indicamos en otro lugar algo de los progresos que se han llevado a cabo en Arauca. Mejora del templo; casa para las Hermanas de la Caridad; Misión de Cuiloto; regencia de las escuelas, pero sin entrar en detalles minuciosos: éstos nos los da a conocer el mismo P. Manuel, quien en su aludida carta dice: «Con fondos que habíamos podido arbitrar el P. Santos y yo en el tiempo anterior a los movimientos políticos, y con los que conseguimos una vez pacificado todo este litoral, tanto de la Honorable Municipalidad de este lugar como de sus vecinos en particular, habíamos podido terminar la refacción de las paredes posteriores y laterales del presbiterio, y aun hacer de nuevo una bonita cúpula con su claraboya sobre él. El frontispicio que es de ladrillo estaba también tan adelantado en su refacción, que ya se dejaba ver ₐlgún tanto la nueva forma, más económica y elegante a la vez, que había de tener en su remate. Esta obra se adelantó algo más durante nuestra ausencia debido a la actividad de don Santiago Mujica C., que había quedado encargado para el pago de los trabajadores, y a la generosidad de la Municipalidad, que, sabedora de la escasez de fondos, había destinado mil pesos más para que no se suspendieran los trabajos. Así y todo no se había podido terminar para cuando nosotros regresamos y fue preciso principiar a recoger nuevos fondos para ver terminada esa parte tan principal de la obra. No fueron cuantiosas las sumas que se recolectaron de los particulares ni ahora ni antes: pero con ellas y las que las señoras recogieron todos los domingos recorriendo las calles de la población, hemos tenido la dicha de ver concluido el frontispicio con sus dos torrecitas a los lados; y gloria sea dada a Dios, es sin disputa ni pueril vanidad el mejor y más lujoso de toda la llanura. Supondrá V. R. que ha sido crecido el gasto que ha habido que hacer para tales refacciones e innovaciones y cierto que así ha sido; pues aunque ha lográdose poner término a todos estos proyectos y reponerse de nuevo algunas ligas-pilares, cada una de las cuales colocada en su puesto ha costado cincuenta pesos ($50) y además se han descargado las dos naves laterales del enorme peso de la teja, que ha sido reemplazada casi en su totalidad por el zinc, con todo alcanza el gasto hecho con la mayor economía a cinco mil pesos ($5,000), cosa que no es para extrañar tánto, si se tiene en cuenta que a lo caro de los materiales por aquí se agrega lo igualmente subido del jornal del peón, quien por aqui ganá tres pesos sencillos por día. Pero no es esto lo que se siente, P. N., sino el que falta aún por refaccionar

algún tanto las paredes laterales del cuerpo de la iglesia, hacerle coro y dos capillas, y echarle buen pavi-
mento; cosas que jamás ha tenido, en lo que, como
V. R. puede suponer, se emplearán aún unos tres mil
pesos ($ 3,000) si ha de quedar en relación con el resto
del edificio, que es todo él, a excepción del frontis, de
cal y canto.»

«Continúa el P. Manuel en su carta dando cuenta
y razón de otras obras de que ya se tiene noticia, y se
esplaya a su gusto hablando largo y tendido sobre la
expedición a Cuiloto de la que ya se tiene algún conocimiento. ¡Cómo se traslucen a través de su escrito
los bellos sentimientos de su corazón! ¡Cómo se ve ti-
tilar esplendorosa la llama de la Fe cristiana y del
celo por la gloria de Dios! Verdaderamente que desde
el cielo será admirado el Misionero católico como un
sér extraordinario en la tierra, pues no es ordinario en
ella, todo lo que vemos y observamos que hace y sufre
el Misionero en Casanare: y si se tiene en cuenta el
carácter del indio; sus inclinaciones y costumbres; su
modo de ser y su singular conducta, resaltará más y
más el heroísmo del Misionero, porque su trabajo no se
ve remunerado en la tierra a causa de la ingratitud de
aquellos por quienes se desvive trabaja. Lo que más
ordinario es entre los indios no se llama fidelidad, antes al contrario la infidelidad es lo que caracteriza su
vida, la ingratitud la que informa sus costumbres, y la
deslealtad lo que rige y gobierna todos sus actos; pues
si están prontos para recibir favores, obsequios y beneficios, no lo están menos para dejar frustradas las
esperanzas de los Padres, de cuya compañía huyen,
como si de ellos no hubieran recibido más que ame-
nazas e insultos. ¿No es verdad que para trabajar con
esta clase de gente se necesita algo más que una bon-

dad innata y un buen carácter a toda prueba? Hé aquí
una de tantas razones que nos dan a entender por qué
el verdadero heroísmo no se encuentra más que en
nuestra religión sacrosanta y bendita, sin que pueda
existir en ninguna otra religión, porque ninguna otra,
fuera de la católica, apostólica, romana, es asistida por
la gracia del cielo, tan necesaria para no sucumbir en
la ruda batalla de la vida.

«Oigamos ahora a otro Misionero. El P. Antonino
residente en Chámeza, nos dice lo siguiente: «Hace
algún tiempo que deseaba escribir a V. R. con alguna
extensión para darle por lo menos alguna noticia que
tuviera relación con el ejercicio de nuestro sagrado ministerio, y empiezo en esta carta a decirle lo siguiente: Abandonadas casi por completo estaban estas almas
cuando nosotros nos hicimos cargo de ellas, pues igno-
raban hasta los rudimentos de la Religión. Hubo pues
que empezar por instruírles en la doctrina cristiana y
predicarles las verdades eternas como se podía hacer a
los niños de la escuela; había por tanto, que hacer un
gasto de paciencia que no es fácil imaginarse si no se
tiene un conocimiento exacto de lo que es el indio en Casanare. A fuerza de repetir las cosas se consigue que
se les quede algo en la cabeza, pero luégo se les olvida por completo, y hay que empezar de nuevo la
misma tarea. Júzguese, pues, qué consumo de paciencia se necesita para esta obra: pero gracias a Dios no
nos falta su santa gracia con lo que algo se hace al
fin en beneficio de estas pobres almas; una sola que
salvemos nos da garantías para entrar en el reino de
los cielos, y esto nos anima y fortalece para seguir
trabajando con todo el celo que debe distinguir al Misionero católico. También le diré algo de lo que vamos
haciendo en bien de estas iglesias (si así pueden lla-

marse porque no son otra cosa que malos ranchos),
pues bien sabemos de que esto ha de redundar en gloria de Dios y provecho de las almas, y además ha de
contribuír al progreso de estos pueblos que en un
tiempo no dejaron de ser de alguna importancia, como
lo están indicando sus mismas ruinas, que denuncian
el abandono lamentable en que se encuentran. Muchas
son las dificultades con que se tropieza para la catequización de estas gentes, pero no es la menor la de
estar regadas por los campos, negándose a reunir por
la falta de costumbre y por el apego que tienen ya a
su terruño; en este sentido hay que trabajar no poco,
pues se muestran reacios à vivir en poblado, condición
indispensable para facilitar nuestros trabajos. Cuánto
tenemos que sufrir en los viajes que tenemos que hacer
para asistir en sus viviendas a los indios, no hay palabras
con qué ponderarlo; pues para poder formarse una idea
exacta de esto, se necesita tener en cuenta, lo ardiente de
este clima y lo que mortifican las muchas plagas que hay;
por otra parte los peligros que a cada paso se encuentran son innumerables, y en los rios y en los montes
y en todas partes amenazan de muerte al que se ve
precisado a viajar por estas inmensas llanuras.»

«No está menos expresivo este otro párrafo que
copiamos de una carta escrita por el P. Pedro Cuartero
con fecha 6 de mayo de 1897: «Con mucho entusiasmo
empecé a trabajar en esta parroquia de Orocué, y al
principio no dejé de hacerme la ilusión de que era secundado en mi trabajo, pero pronto tuve que desilusio-
narme, porque esta gente se cansa pronto de todo. Mi
contento, pues, se convirtió en desaliento, al ver que
poco o ningún fruto sacaba de mi trabajo; pero, ¿qué
hacer? no hay otro remedio que trabajar sin otro estímulo que el premio que Dios nos tiene reservado en

el cielo. Ahora estoy celebrando el Mes de Mayo, por lo cual estoy muy ocupado, pues tengo que enseñar todos los cantos a los niños y niñas a oído, porque aún no saben cantar. A fuerza de ingeniarme va saliendo algo lucido el mes, pero gente no acude mucha, como yo quisiera, a la iglesia, con el fin de que oigan la divina palabra.» «De mis feligreses, dice el P. Jesús Martínez, apenas puedo decir nada aún, pues llevo poco tiempo; pero voy haciendo lo que me parece más conveniente y oportuno para hacerles entrar a todos en el camino del bien; hay gente muy rezagada y perezosa por hábito envejecido, pero iré poco a poco poniendo en práctica lo que el celo de V. R. igualmente que el de S. S. Ilma el señor Obispo se han dignado indicarme o me indicaren en lo sucesivo. Siempre estoy dispuesto a obedecer en todo y por todo a los que hacen las veces de Dios en la tierra, pues sé que así hago su santa voluntad.»

«Nada más hermoso que una alma abnegada que no tiene voluntad propia, pues ella merece en todo porque en todo obedece y en todo hace la voluntad de Dios, que es en lo que consiste nuestra santificación. Por esto se dice que son hermosos los pasos del que predica el bien, del que evangeliza la paz. Por manera que, bien considerado el caso, es digno de santa emulación el Misionero entre sus indios y sus trabajos, mirado por Dios con singular predilección y asistido por su gracia para obviar toda clase de dificultades que el enemigo oponga a su grandiosa empresa. Así se comprende que los Misioneros lleven izado el estandarte de la civilización y del verdadero progreso por todas partes, y que sólo ellos den idea del verdadero heroísmo, que confunde y anonada el falso heroísmo de los

que no obran sino por la mundana gloria y el honor
que les tributa el mundo.

«Empresa ardua verdaderamente es la de catequizar
gentes que se han salvajizado después de haber recibido las aguas del santo Bautismo; puede asegurarse
que son más difíciles de convertir que los infieles o salvajes que nada han oído ni nada saben de la cristiana
Fe; poco o nada puede recabarse de ellos en materia
de mejoramiento en las costumbres y en su conducta;
por este motivo, aleccionados por la experiencia, han
comprendido los Misioneros de Casanare que la esperanza del porvenir son los niños, y de aquí el empeño
que han tenido de poner escuelas, en las que se les
dé cristiana educación y se les forme el corazón y el
alma en el santo temor de Dios, que es el principio de
la verdadera sabiduría. A esto ha obedecido la instalación de las Hermanas de la Caridad en Casanare para
que regenten las escuelas de niñas, quedando a cargo
de los Padres los niños; únicamente así es como se
puede conseguir que haya alguna esperanza de que el
porvenir se presente halagüeño y no se pierda la buena
semilla que con tan buena voluntad siembran los Misioneros en las vastas regiones de Casanare. El R. P.
Marcos, infatigable apóstol del bien, hace ya siete años
en Casanare, se entregó a la ardua y espinosa tarea
de recoger niños para tenerlos cerca de sí y educarlos
a su gusto, haciendo con tal objeto peligrosos viajes
por agua y tierra, exponiéndose a que los padres se
negasen a entregar sus hijos, y a las iras de aquellos,
que creen que los Padres quieren los niños para matarlos, según instrucciones que les dan los malos; mas
nada le arredró al buen Padre y a costa de trabajos y
sacrificios logró reunir un número regular que llevó consigo como una gran conquista. Ya los tiene en la casa,

pero ¿cómo allegar los recursos indispensables para vestirlos y mantenerlos? Este era un problema dificil de resolver, pero el varón de Dios no se amedrenta ante las dificultades, cuando se trata de la salvación de las almas; el caso es que ya lleva algunos años en esta empresa, y hasta ahora nada le ha faltado para sus niños. Oigamos al mismo P. Marcos, quien en carta que nos escribió con fecha 13 de mayo de 1897, dice: «Como ya sabe V. R., cuando yo llegué a esta misión (habla de la Misión de San Juanito o Tagaste, a donde era trasládado por su Superior) no asistían a la escuela sino de seis a ocho niños, y tuve que dedicarme a recoger otros si no queríamos que esto se acabase por completo. Al efecto recorrí todos los ranchos de los indios, y unas veces con medios suaves y otras con poderosas razones, logré recoger cincuenta y dos.

«Todo esto me consoló algo, pero desde luego tropecé con nuevos inconvenientes: era preciso alimentarlos y vestirlos y yo estaba solo para esto: tenia que buscar víveres por los ranchos, pues en Orocué por entonces no se encontraban; me veía precisado a hacer de cocinero, pues no tenía sino dos muchachos que sólo servían para impacientarme y solo tenia que hacer de todo. Me armé de paciencia y encomendé el asunto a Dios y a sus Santos, esperando que el cielo no me abandonaría en la empresa: y así ha sucedido, pues nada me ha faltado hasta ahora y los niños van decentemente vestidos, comen regular y se van educando en la doctrina cristiana, leer en castellano y urbanidad en cuanto cabe, pues son muy pequeños para meterlos en mayores cosas. No dudo que V. R. aplaudirá esta empresa que, según me ha manifestado en alguna de sus cartas, es redentora y el único medio de positiva esperanza para el porvenir: porque en los adultos ya es

dificil sacar partido por mucho que se trabaje en su instrucción, como lo hemos experimentado en los años
que llevamos ya trabajando en esta viña del Señor. El
nos ayuda, indudablemente, y puesta en El nuestra
confianza, no nos hemos de ver defraudados en lo que
esperamos, que es el progreso de este pais en lo espiritual y en lo material.»

«Tales son los sentimientos que animan al Misionero de Casanare, y ellos demuestran hasta la evidencia, que son grandes factores en la verdadera civilización y progreso de los pueblos los Misioneros católicos
sin tener otra mira que la gloria de Dios y la salvación de las almas.»

Así se explica que material y espiritualmente pro-
gresara notablemente por esos años el Territorio de
Casanare, y que al dirigir a sus fieles su segunda Carta
Pastoral pudiera decir con verdad y lleno de positiva
complacencia:

«De lo íntimo del corazón bendecía a Dios el Apóstol San Pablo al escribir por segunda vez a los fieles
de Corinto, exclamando: «Bendito sea Dios, Padre de
Nuestro Señor Jesucristo, Padre de las misericordias y
Dios de toda consolación. (2.ª ad Cor. 1. 3).

«No de otra manera que el grande Apóstol nos
sentimos, amadísimos hijos y hermanos, íntimamente,
movidos a exclamar: ¡Benedictus Deus! en vista del
adelanto espiritual que, llenos de gozo, contemplamos
en nuestra pequeña Iglesia. Cierto que en nuestro gozo
no hay el contraste de dolores y persecuciones que había en el del Apóstol, porque desde que vinimos a
vosotros nada hemos tenido aún que ofrecer al Señor
de padecimientos y tribulación por vuestra parte, antes
bien, todo ha sido motivo para alabarle por su infinita
misericordia; pero con todo, aun sin ese fondo oscuro-

que podría dar realce y mayor intensidad a nuestro gozo, éste es verdaderamente grande, muy grande; tanto, que difícilmente podremos darlo a entender.

¿Habéis visto alguna vez, hijos queridos, cómo se alegra un agricultor a la vista de su campito, cuando éste le va ofreciendo en sus matas y .sembrados el pago de sus trabajos? ¡Cómo goza un jardinero a la vista de las plantas y flores que cultivó con exquisito esmero!

«Pues. semejante a éste es nuestro gozo y contento al contemplar lo que en el campo de nuestro cultivo se va verificando: la tierra seca y dura de antes se va humedeciendo y ablandando con el rocio del cielo; las zarzas y abrojos que antes la cubrían sin piedad por todas partes, van ya dejando aparecer algunas plantitas y flores de virtud, que recrean la vista con su gracia y bello color; el espeso matorral donde anidaba la ponzoñosa víbora, el dañino insecto, el animal inmundo, se va esclareciendo y dando lugar al paso de la luz y del calor, del agua y del rocio que van mejorando el terreno, es decir, que la gracia va entrando donde antes dominaba el pecado, la luz donde reinaba la tiniebla, la buena costumbre, la honradez verdadera, la práctica de piedad donde antes no habían tenido lugar.

«¿Y no nos hemos de alegrar? Ah! Ora es aqui, en esta ciudad, donde la nueva generación se va levantando hermosa, llena de piedad, formada al molde del espiritu cristiano; esa generación que nos llena de dulce esperanza para la formación de las familias venideras, por estar al abrigo del Sagrado Corazón que la vivifica con su calor, y la informa con su gracia, retirándola del altar del vicio, a donde en otro tiempo hubiera ido a rendir su culto. Ora son Nunchia y Marroquín, que ya tienen a su lado al Ministro de Dios, y de- él están recibiendo las gracias y bendiciones del cielo, la regeneración a la vida sobrenatural, el perdón de sus pecados y la reconciliación con Dios; y con esto, la paz del alma, la dulzura de la buena conciencia, la instrucción en la ciencia de la vida, el consejo y el alivio en la tribulación, la fuerza en la tentación, y los mil y mil bienes que consigo lleva a los pueblos el Ministro de Dios. Ya son los pueblos y caseríos que, aunque privados de la compañía constante del Misionero, reciben su frecuente visita, y el auxilio de los Sacramentos y la virtud celestial del sacrificio in-cruento, la enmienda de la vida y la mejora de costumbres, trocando la unión nefanda por el vínculo del matrimonio cristiano, sus hábitos viciosos por las buenas costumbres, como se ve magníficamente en los pueblos que están al Oriente y Norte de nuestro Vicariato Apostólico: Ten, Manare, Pore, Moreno, etc., así como en los que, al Sur, reciben vital influencia de los Misioneros residentes en Chámeza, Pajarito y Zapatosa, El Maní, Santa Elena y otros pueblecitos, ranchos y caseríos.

«Es también Arauca y es Orocué, donde el glacial indiferentismo va ya atendiendo a la voz de la Religión, donde la virtud se va abriendo paso, y el vicio se va avergonzando de parecer con su antiguo descaro; donde, en fin, el resplandor de la cruz va disipando la negra sombra del infierno y del pecado; brillo y resplandor que ya alcanza hoy al pueblo nuevo de los Sálivas, y mañana llegará a Cuiloto y a las rancherías infieles que aún ocupan algún lugar del territorio, en que haya manos que les lleven la antorcha divina.

«Por todas partes, gracias a Dios, va renaciendo la vida; por todos lados principia a germinar la buena semilla, y en esta pequeña porción de la tierra se va,

\.ıgámoslo, vivificando la trasformación que en el universo mundo se verificó en los primeros días del cristianismo, si ya no queremos decir lo que se verificó en los primeros días de la aparición de la tierra a impulsos del Omnipotente *fiat.*

'«Y al contemplar tan dichosa trasformación, ¿cómo no sentir un vivo gozo? ¿Cómo no alegrarse grandemente en el Señor? ¿Cómo no repasar con los ojos arrasados en dulces lágrimas las páginas de los libros en que constan los centenares y millares de bautismos administrados por el Misionero, de confirmaciones conferidas, de matrimonios celebrados, aparte de las innumerables absoluciones dadas al pie del confesonario y en el borde de la tumba?

«¿Cómo no gozarse en ver salvadas a tantísimas almas como se hubieran condenado tal vez de no haber tenido Ministro de Dios que las hubiese reconciliado con El, y llavado al cielo? ¿Y cómo no exclamar con el Apóstol: *¡Benedictus Deus!....* al ver repartida abundantemente su divina gracia en la iglesia y en el campo, en el altar y en el confesonario, al. llegar el hombre a la vida y al partir para la eternidad?

«Todo esto, ¿no habrá de ser para exclamar: ¡Bendito sea Dios?

Estos tan bellos y tan dulces sentimientos de júbilo y entusiasmo sentía y comunicaba a sus amados casanareños el sabio y celosísimo Prelado en veinte días del mes de enero del año de mil ochocientos noventa y siete en la Carta Pastoral que estamos insertando, pero que crecen y suben de punto esos sentimientos y rebosan de su bondadoso corazón cuando se pone a contarles con la intimidad de un padre a sus queridos hijos, lo que ha sentido su alma cabe la Santísima Virgen Manareña en su última visita a su ve-

nerado Santuario y el dulce, consuelo que experimenta
la idea de la inauguración del nuevo templo en Orocué.

«Acabamos, les dice, de llegar de la visita que
hemos hecho a ese Santuario de la Virgen (de Manare),
famoso entre todos los habitantes del Llano; y aun de
más allá del Vicariato, trayendo en nuestra alma uno
de los mayores contentos que puede sentir un Pastor
del místico rebaño, porque hemos presenciado allí una
de esas manifestaciones de la fe, que, en medio del
siglo incrédulo y prácticamente ateo en que vivimos,
dan al espíritu fundada esperanza en el advenimiento
futuro de días mejores para los pueblos en que alum-
bra ese rayito de divina luz, manifestación tanto más
hermosa y consoladora cuanto es más sencilla, más natural y espontánea.

«A los pies de la Virgen hemos visto llegar gentes de todas partes, lo mismo del *reino* que del Llano,
venezolanos que casanareños, de las alturas de Chita
que de las riberas del Arauca; gentes, que con su ofren-
da en la mano, su candela encendida, su limosna y su
ex-voto daban testimonio elocuente de la fe que las
animaba, de su amor y devoción a la Virgen de Ma-
naré, de su confianza grande en ella, no menos que su
profundo agradecimiento a los favores que de ella habían recibido.

«Porque, en verdad, ¿qué otra cosa que fe, amor,
gratitud y confianza pueden significar aquel estar de
rodillas, hora tras hora, con velas ardiendo en la mano,
aquel cuajar de luces el altar y retablo de la Virgen,
aquellas humildes ofrendas, aquellas figuritas de metal
(ex-votos) que, aunque toscamente, representan una cu-
ración obtenida por la mediación de la Virgen en una
mano, en un pie, en la cabeza o en otra parte del cuerpo;

una gracia, por decirlo de una vez, recibida de la Virgen manareña?

«Y lo que más realce da a esta manifestación, mayor valor, es su misma espontaneidad. Ninguna excitación precede a ella, ni la provoca; ningún atractivo de interés, de negocio, de juegos ni de diversiones, que allí no hay, la promueve; es solamente la fe que la informa, la devoción, la que la inspira y le da el sér: ellas son las que dan aliento al peregrinante que va de lejanos puntos para vencer tántas dificultades de caminos, de escaseces, de peligros como se le presentan a cada paso al deslizarse por entre breñas, por entre fangos y lodazales de la cordillera, o al atravesar bosques, esteros, caños y ríos de la llanura: ellas son, y no otra humana causa, las que al visitante de la Virgen le mueven dulcemente a dejar sus viviendas, olvidarse por unos días de su haciendita, abandonar todo lo que en su casita o en su pobre rancho tenían, por ir a postrarse ante el trono de su Señora, de su Madre, de su celestial Bienhechora y rendirle allí su tierno homenaje de afecto, o cumplirle la promesa que le hizo en momentos de peligro, en sus días de angustias y apuros.

«Esto hemos visto con sumo placer, queridos hijos; y la vista de ello, con la de otros rasgos de fe y de devoción, que omitimos por no alargar demasiado esta carta, ancianitos que por última vez iban a despedirse de la Virgen e implorar su asistencia para el día de su paso a la eternidad; tiernecitos niños que sus padres cristianos depositaban en los brazos de la Virgen, fuera de los que presurosos se llagaban al Ministro de Dios para recibir de él la gracia de la confesión y la comunión, en el bautismo y la confirmación y en el Sacramento del matrimonio; la vista de todo esto

23

llenó de consuelo nuestra alma y de dulce gozo nuestro corazón.

«Entonces fue cuando, dulcemente conmovidos, y ¿cómo no estarlo a la vista de tánta fe, de aquella fervorosa actitud de las gentes, de rodillas o de pie, con ceras ardiendo en la mano casi todas, y todas desde luégo, con los ojos fijos en la efigie de la Santisima Virgen?, subimos a la sagrada cátedra, y con todo el fuego que a nuestra voz prestó la inspiración en aquellos momentos, bendijimos la fe que obraba tales sacrificios, si no son prodigios de abnegación cristiana; bendijimos vuestra devoción a la Madre de Dios venerada en aquella santa imagen, y excitamos cuanto pudimos en vuestras almas el amor más ferviente a la Santisima Virgen, juntamente con una confianza ilimitada en la protección de Aquélla que, a la vez que Madre de Dios, es Madre nuéstra, y por lo mismo reúne en sí todos los títulos que podemos desear para acogernos con omnímoda confianza a su amparo y patrocinio.

OROCUÉ

«Disponiéndonos estamos en estos precisos momentos para emprender la marcha a ese lugar, que es actualmente capital de la Intendencia de este territorio.

«Si de Manare hemos vuelto grandemente satisfechos por lo que acabamos de decir, llenos de espiritual contento vamos a enderezar nuestros pasos a Orocué, donde somos ya esperados.

«Cuál sea el motivo de nuestra ida, no os es desconocido a muchos, y sabido de todos podrá ser cuando llegue a vuestras manos esta nuestra carta.

«No es, ciertamente, el presenciar alguno de esos esfuerzos que de vez en cuando hace el brazo del hombre en provecho material de los pueblos, como la ins-

talación de una fábrica industrial, o la inauguración de
una obra que enlaza entre sí, puede decirse, a los pueblos y sus moradores con barras o hilos de hierro,
poniéndolos en comunicación casi instantánea aunque
los separen inaccesibles montañas o abismos de agua.
No es el plácido contemplar cómo el vapor, hendiendo
con majestuoso imperio las olas de caudaloso río, se
acerca a nuestra costa a brindarnos comunicación rápida, fácil y cómoda con otros pueblos, a ofrecer ventajas a la industria, actividad e impulso al comercio;
que esto, como sabéis, está hecho yá, ya tuvo lugar
hace algún tiempo, primero en el Meta y después en
el Pauto, gracias al enérgico arranque de los dueños
del *Libertador* y *Boyacá*, que felizmente han recorrido
una y otra vez esos caudalosos ríos.

«Nada de esto es, aunque si lo fuera, no nos re-
traeríamos de animar con nuestra presencia y nuestra
bendición tales empresas, siguiendo el espíritu de Nuestra Santa Madre la Iglesia, que gustosa bendice, y
bendiciendo anima, y animando impulsa a su total desarrollo esas invenciones del ingenio humano, esas empresas que promueven el bienestar y prosperidad de
los pueblos.

«Nada de esto es, repetimos, aunque virtualmente
sí lo es; todo eso y mucho más es lo que en Orocué
va a tener lugar dentro de muy poco.

«Digámoslo ya sin vueltas ni rodeos.

«En ese pueblo que hemos llamado nuevo, de ayer,
si se quiere, pues apenas llevará cincuenta años de
existencia, y mucho menos de vida civilizada; pueblo
fundado por los sálivas, resto desperdigado de las antiguas Misiones que tan florecientes estuvieron hasta la
primera década de este siglo, acaba de levantarse una
obra, que, dadas las circunstancias, puede bien decirse

extraordinaria: una bonita iglesia de tres naves que, en su género es la primera de todo el Llano.

«Pues bien: a inaugurar esa iglesia vamos; a inaugurar con una Solemne Misa pontifical, previa la bendición litúrgica, ese templo que hoy se levanta al Señor, y que será dedicado a la Santísima Virgen de la Candelaria, nuestra Madre y Patrona.

«Ved si habrá motivo para ir llenos de gozo y de espiritual contento. ¡Ah! ¿Quién había de decir que en esas riberas antes solitarias, habitación antes de fieras, infestadas de caimanes, recorridas sólo por tribus salvajes, había de levantarse con los años un templo como el que hoy está levantado?' ¿Quién dijera a los pobres sálivas que de Macuco pasaron a Guayabal, y de Guayabal a ese punto antes inhabitado, llevando consigo los poquitos restos que guardaban de su antigua iglesia? ¿Quién les dijera que ese nuevo lugar que escogían había de ser, no tardando mucho, el primero en importancia (como capital en lo civil) de todo Casanare, y que aquella triste capillita, *caney*, mejor dicho, donde colocaron las venerandas, reliquias de su iglesia, había de convertirse luégo en un gran templo, que sería superior a todos los templos del Llano? Y a los heroicos Misioneros que ahora hace seis años pisaron por primera vez esas playas que, aunque hermosas, tan ingrata impresión les hicieron, tan solitarias les parecieron y tan tristes, y que más de una vez les hicieron levantar muy alto el corazón hacia Dios, para no desmayar en la empresa.... ¿Quién les dijera que en tan corto espacio de tiempo se haría lo que hoy se ve, y se daría culto al Señor por aquellos mismos que no le conocían o vivían olvidados de El; y habría almas santas que con la pureza de su vida confundieran la inmoralidad que reinaba; con su piedad, edificasen al cristiano tibio, al libertino, al indiferente; y con su instrucción formasen la nueva juventud en el espíritu de Dios y fuesen, digámoslo así, el mejor adorno de la casa que hoy han levantado al Señor? ¿Y quién les dijera también que aquella semilla que fueron a sembrar en Barrancopelado, y que tan poco prendió, y tan de cuajo fue luégo arrancada por mano impía de hombres sin Dios, había de fructificar tan ricamente en tantos otros puntos de Casanare, cómo gracias a Dios, está fructificando hoy?

«Pensar en todo esto, y en la moral indiferencia que reinaba en el punto donde hoy está erigido el nuevo templo, ¿no ha de ser para regocijarnos grandemente en el Señor? ¿Para ir a Orocué llenos de gozo?»

A colmar ese contento venía la siguiente lista estadistica, fruto de su sagaz observación y paciente estudio:

Población	Bautismos	Confirmaciones	Matrimonios.
Támara	811	657	242
Pore	179	»	63
Moreno	192	125	75
Tame	192	»	129
Ten...	147	»	74
Manare	220	123	116
Chire	9	33	»
Sácama	5	.»	
Cravo	4	»	
Pto. de San Salvador	»	33	»
Arauca	287	»	68
Nunchía...	479	575	106
Marroquín	28	174	14
Chámeza	114	459	45
Zapatosa	4	115	2
Pajarito	19	402	9

Población	Bautismos	Confirmaciones	Matrimonios
El Maní...........	35	134	12
Santa Elena.......	6	17	»
Tauramena..........	»	141	
San Pedro de Upía.	»	70	

Orocué y Trinidad: faltan los datos.

La correspondencia de los Padres misioneros que entresacamos de *Apuntes,* demuestra con más elocuencia que todo el razonamiento que pudiera alegarse, cuánto fundamento y sobrado motivo tenía el Ilustrísimo Padre Casas para expresarse en sus Cartas Pastorales con el gozo y entusiasmo que hemos visto, y aun para decir, como alguna vez afirmó, que en ningún otro tiempo, ni aun en el de mayor prosperidad y florecimiento de las antiguas misiones, había estado Casanare tan bien atendido y próspero, en lo espiritual señaladamente, como en esos años que precedieron a la revolución de 1899.

Principiaremos por la carta siguiente:

«Támara, septiembre 5 de 1897.

«Respetado y querido Padre nuéstro Fray Santiago Matute:

«Muéveme a escribir a V. R. hoy, la reciente celebración de la fiesta de N. G. P. S. Agustín. Ya no es sólo en Bogotá y en nuestro Convento del Desierto donde se celebra su fiesta con brillo y esplendor; es también aquí, en estas apartadas y arrinconadas tierras donde de nuevo resuena con verdadera y general simpatía el gran nombre del ilustre Padre y Fundador de nuestra esclarecida Orden, cuya acción siempre benéfica y fecunda, vuelven a sentir los hijos todos de esta histórica región casanareña y a su gloriosa e imperece-

dera memoria, honor y alabanza tribútanse; con fiestas
que, sobre todo en este año, hemos procurado celebrar
con el lujo y la pompa que nuestra honesta y humilde
situación nos lo ha permitido. Una elegante y preciosa
novena precedió a la fiesta en cuestión. La víspera, es
decir, el día 27 de agosto, animadores repiques de campanas y alegres y retumbantes voladores que hendían
los aires, anunciaban no sólo a los habitantes del centro de la población sino también a los que viven diseminados por distintas veredas, que la hora de Vísperas
era llegada ya. Y el templo no tardó en verse todo
inundado de gentes, que, poco acostumbradas a presenciar actos de relativa grandeza como éstos, no pudieron menos de admirar sorprendidos tánta sublimidad
en el canto, tánta solemnidad en el culto, y tánto arte
en el ornato del altar e iglesia. Destacábase en medio
del altar y sobre un fondo que semejaba majestuosa
nube dorada, la gigantesca y arrogante figura del Gran
Padre San Agustín, aplastando la altanera y soberbia
cabeza del jefe donatista, merced a una extraordinaria
y artística iluminación. Fueron honradas las Vísperas
con la asistencia del Ilmo. señor Obispo, y se terminaron con el sublime y brioso himno español *Cantemos
al mundo mil himnos de gloria*, etc., cantado primorosamente por todo el Colegio de niñas de la Presentación.

«Al día siguiente alegre alborada nos hizo saltar
de nuestros lechos muy de mañana, y nos dirigímos a
la iglesia para confesar a multitud de personas que ya
nos estaban aguardando. A la hora de costumbre diose
principio a la Misa solemne de la fiesta, cuyo celebrante
era el P. Alberto, y diáconos, Fr. Luis y el que esto
escribe. El templo no fue capaz de contener tantísima
gente como acudió. El sermón estuvo a mi cargo, y el
canto bajo la dirección de las Hermanas de la Caridad

y del H. Fr. Isidoro, luciéndose a las mil maravillas con una, misa de canto mixto a tres voces, la misma que se cantó en la famosa romería a Nuestra Señora de Valvanera en España. El señor Obispo no pontificó por falta de personal, pero asistió, y al final de la Misa dio al numeroso pueblo la bendición papal y en seguida repitióse el himno. Nos prometemos que el año entrante, si Dios nos da salud y vida, se hará todavía mejor. Y ahora estamos esperando las fiestas de Nuestra Señora de la Salud y de San Nicolás de Tolentino, que también son muy concurridas. En estos mismos momentos en que estoy terminando esta carta, se ha sentido un fuerte temblor, y nos hizo salir precipitadamente a la plaza. Supongo que por ahí también lo sentirían. Ha tenido lugar a las ocho menos cuarto de la noche del día en que fecho esta carta. Al mismo tiempo se desencadenó una furiosa tempestad, cayendo casi sin interrupción tres exhalaciones a unos cuantos metros de la población. Sin más de particular que comunicar a V. R., termino saludándolo y encargándole que salude a los demás de nuestra parte.

«Suscríbome de V. R. como siempre humilde y afectísimo súbdito en el Señor,

FR. TOMAS MARTINEZ»

———

«La carta que precede es un testimonio más del adelanto y progreso que en Casanare se desarrolla a impulsos del evangélico celo del Misionero, quien está llamado a ser el instrumento de que Dios quiere valerse para devolver a tan rica y feraz región el apogeo de grandeza a que un día la elevó la cristiana fe en favor de las almas y de la patria, que a la postre es la que viene a ser la favorecida en los efectos benéficos de la empresa de las misiones.

«Por el programa que vamos a copiar a continuación, se verá que el celo de los Misioneros en Casanare no se limita ni concreta a un sitio y lugar determinado, sino que el radio de su acción bienhechora es tan extenso como el territorio que está encomendado a su cuidado: ya se tiene noticia del entusiasmo que en el señor Obispo y Vicario Apostólico despertó la devoción a Nuestra Señora de Manare, manifestada de modo tan genuino y tierno en solemne ocasión, y de los laudables proyectos que con tal motivo concibió en su mente y empezó desde luego a poner en práctica. A fin de dar impulso a tales proyectos, determinó establecer en el dicho pueblo de Manere una residencia de un misionero por lo menos, y el designado para el caso fue el P. Fr. Alberto Fernández, quien se trasladó a su destino llevando por compañero al Hermano de obediencia Fr. Gabriel Arano. Participe del celo y entusiasmo del señor Obispo, dedicóse con ahínco a llevar adelante la empresa comenzada y en poco tiempo logró reunir unos doce mil pesos de fondos, pedidos de limosna y generosamente donados en su mayor parte por don Ramón Oropesa, para la obra del templo que se piensa levantar a la Reina y Señora de Manare. Véase ahora el programa de las fiestas que este celoso Misionero preparaba para las fechas que en él se citan. Dice así:

«FIESTAS RELIGIOSAS

que en honor de la Santisima Virgen de Manare se celebrarán• en su devoto santuario, en el próximo año de 1898.

Tendrán lugar en el orden siguiente:—Días 2, 3 y 4 de enero. Se celebrará solemne triduo, en el que habrá Misa cantada por la mañana, y por la tarde se cantará el santo rosario en procesión; luégo seguirá un sermón o plática doctrinal, y terminará el acto con la bendición del Santísimo Sacramento.—Día 5 Por la mañana se celebrará la Misa como en los días anteriores, y por la tarde habrá vísperas cantadas de la fiesta, seguidas de una salve solemne y un himno a la Virgen.—Día 6. A las 9 de la mañana será la Misa solemne de la fiesta, en la que, si es posible, celebrará de pontifical Su Señoría Ilustrísima, y habrá sermón, que estará como los anteriores, a cargo de uno de los Reverendos Padres Misioneros, terminando la función con la bendición pontifical solemne.

«Por la tarde tendrá lugar, con la mayor pompa que se pueda, iluminación, cohetes y música, la procesión de la sagrada imagen de la Santisima Virgen, la cual lucirá un magnífico manto, regalo de unos devotos suyos, quienes, en premio de su devoción y obsequio, serán agraciados con la distinción de llevar en sus hombros las andas de la preciosa imagen de Ntra. Señora. A la procesión seguirá una plática que estará a cargo del Ilustrísimo y Reverendísimo señor Obispo, y se dará fin a la solemnidad con la bendición del Santisimo Sacramento. Para mayor solemnidad de la fiesta y mayor provecho espiritual de los fieles, el Ilustrísimo señor Obispo, en uso de las facultades especiales que tiene recibidas de la Santa Sede, se ha dignado conceder INDULGENCIA PLENARIA a los fieles que se confesaren, comulgaren y oraren al Señor por la intención del Sumo Pontífice en este devoto santuario de la Virgen, y además, en virtud de otro Indulto Apostólico, 40 días de Indulgencia por cada uno de los actos religiosos que en él tengan lugar en el día de la fiesta. CASANAREÑOS, ¡A MANARE!—Vuestra proverbial devoción a la Santísima Virgen venerada en este santuario, no necesita, es cierto, de excitación alguna de nuestra parte, pues espontáneamente habéis vénido, una y cien veces, a este lugar, atraídos únicamente por vuestra piedad y amor a la Virgen. Muy a nuestro placer lo reconocemos habiendo sido testigos presenciales de este hecho en muchas ocasiones. Pero sin embargo, permitid que ahora llamemos vuestra atención y os invitemos con entusiasta voz en este año, por ser el primero en que, con solemnidad no conocida en ningún tiempo atrás, se va a celebrar la fiesta de la Santisima Virgen; por concurrir además la circunstancia especial de sacar en procesión la santa imagen, engalanada con el precioso vestido que se le ha regalado, y también por la gracia singular que da la indulgencia Plenaria, que por vez primera se ha concedido en este lugar. ICASANAREÑOS! Nueva éra de vida para este santuario se abre desde esta solemne fiesta, para mayor brillo del culto a la Santisima Virgen, y mayor auge de vuestra devoción a ella. No ignoráis que a principios de este año quedó anunciada, iniciada y como decretada la obra que pensamos llevar a cabo en honra y gloria de la Virgen manareña. Pues bien: llegado há la hora de dar principio formal al acopio de materiales para inaugurarla, poniendo la primera piedra el día que tengamos aquéllos reunidos. Ya la bendita Virgen ha movido dulcemente el corazón de algunos devotos suyos para ayudar poderosamente a la obra; ya hay recogidos algunos fondos, que permiten alentarnos a emprender los primeros trabajos, y esos fondos, de esperar es que habrán de ir en aumento progresivo con vuestra generosa cooperación, con el concurso del rico, con el óbolo de la pobrecita, con el trabajo voluntario del menesteroso, con la ayuda de todos, en una palabra: todos, sin excepción, grandes y pequeños, ricos y pobres. Estad seguros de que la Madre de Dios bendecirá los esfuerzos de todos; que premiará abundantemente vuestras limosnas y sacrificios, y que os conseguirá del Señor las gracias y auxilios espirituales que necesitáis para vuestra felicidad temporal y eterna. ¡A Manare, pues, casanareños! ¡VIVA LA VIRGEN DE MANARE!

«Támara, día de la festividad de los Dolores de la Santisima Virgen, Dominica 3.ª de septiembre de 1897.

El Padre Misionero Párroco de Manare,.

FR. ALBERTO FERNANDEZ.»

————

A corroborar nuestra aserción viene esta otra del mismo:

«Támara, noviembre 30 de 1897.

«R. P. Fr. Santiago Matute, Provincial.—Bogotá.

«Respetado y querido P. N.:

«A mi regreso a Támara en los últimos días del mes pasado, lo primero que pensaba hacer, era despacharme pronto de mi formal compromiso, escribiéndole una larga carta dotada de una bien nutrida relación de la visita pastoral, que durante el mes de octubre hicimos por los pueblos del N. de la cordillera, y luego descansar de la fatiga del viaje, reparando las fuerzas perdidas; pero no me fue posible hacer lo uno ni obtener lo otro: porque encontré muchísimo que hacer, más del que yo esperaba.

«S. S. Ilma. se quedó en el Corozal con el R. P. Alberto con ánimo de continuar la visita hasta en los últimos rincones que le quedaban por esos lados, como el Palmar, La Capilla, Palote, Guamacho y Montesuelto, y pequeños caseríos que forman parte del vecindario de Manare, resultando que me encontré solo, muy solo.

en fiestas de Todos los Santos y de Animas, días pe-
sadísimos porque hubo mucha gente de confesión; tanto
que creí no poder despacharla, a pesar de estar todo
el día ocupado tan sólo en eso, y por la noche hasta
las nueve.

«Luégo, a los tres días, sucedió el primer viernes,
día en que se confiesan, comulgan y tienen su función
de regla las socias del Sagrado Corazón, fuera de las
niñas del Colegio de la Presentación que no bajan de
cuarenta, las cuales se confiesan también ese día. Después ocurrieron varias confesiones al campo, teniendo
que emplear todo el día entre ida y vuelta. De ribete,
en esos días aparecieron como veinte parejas a practicar informaciones matrimoniales procediendo a los casamientos, previos los requisitos necesarios, de manera
que en medio de tánto quehacer se me iba olvidando
ya que tenía que escribir a V. R.; y si no es por una
carta suya que me trajo el correo de la semana pasada, en que me recuerda la cosa, posible fuera que ni
más hubiera vuelto a acordarme de tal compromiso.

«Pero hoy sí voy a hacerlo; no porque esté libre
de quehaceres, sino porque no me parece prudente
hacerle esperar más; aun cuando para ello tenga que
hurtar un buen rato al nocturno descanso.

«Lo que siento es que la carta no podrá ser tan
larga como V. R. desearía tal vez; no por falta de material porque éste abunda, sino por la razón medio indicada, ni tampoco irá muy saturada de vivas y bellas
impresiones por más que sí las hubo, porque para eso
me parece demasiado tarde y también la imaginación
anda ya *tantico* torpe, y *tantico* fría por lo mismo;
pero en fin, ahí va éso.

«Era el ocho de octubre cuando se dio la orden
de partir; pero antes, según nuestra santa costumbre,

nos fuimós para la iglesia; y allí, en traje de viajeros, orámos por espacio de quince minutos; pedimos al Señor un feliz viaje; y a la Santísima Virgen, a quien de veras encomendámos el buen éxito espiritual de la visita, suplicámos nos acompañara. Y llenos de positivo contento por haber sido hallados dignos de emprender un viaje, que nos debía costar abundantes sudores y trabajos que no rechazamos, antes bien, saludamos con gusto, nos lanzámos de lleno al vasto campo de nuestras operaciones del todo espirituales, donde debíamos obtener grandes y gloriosos triunfos, pero después de tenaz y reñido combate con la naturaleza y con el tiempo, que aguardábamos de lo más embravecido; no menos que con otro enemigo muchísimo peor y más temible y atrevido: con una indiferencia glacial y envejecida. Pero la Santísima Virgen, a quien al partir encomendámos la obra, cuidará de nosotros y con su gran poder parará, si es necesario, el curso natural de las lluvias, límpiará el cielo de negros y amenazantes nubarrones, y hará que en vez de agua material, caiga sobre el campo que vamos a recorrer, abundante rocío de celestiales grácias, que ablande rocas y rompa peñascos. (Así decíamos confiando en la Virgen Santisima).

«Así fue, nosotros lo presenciábamos: el mes de octubre, que de ordinario puede ser muy abundante en lluvias que inundan la llanura, y se pone intransitable, se presentó alegre y despejado; y en todo el tiempo que duró nuestra correría, no nos cayó ni una sola gota de agua, encontrándose perfectamente expeditas las vías; y Moreno, Chire, el Puerto de San Salvador, Tame, San Lope, lo mismo que los caseríos todos y ranchos intermedios, serán testigos sempiternos de la fecundidad de la palabra de Dios que, como lluvia de

la hermosa primavera, cayó e hizo prodigios en multitud de corazones que, áridos y secos por la falta de
riegó, estaban ya a punto de espirar. Cierto que no
faltaron lugares ásperos y pedregosos, donde nada, o
muy poco se consiguió; pero en cambio encontramos
otros, y éstos por fortuna fueron los más, que bién
dispuestos y dóciles a las inspiraciones del cielo, no
pudieron resistir a los fuertes impulsos de la gracia, y
se rindieron muy a discreción suya. Díganlo, si no, los
centenares de personas que en los mencionados pueblos se amistaron con Dios por medio del sacramento
de la penitencia, uniéndose muchas de ellas, que hasta
entonces habían vivido amancebadas triste y escanda-
losamente, en matrimonio santo; sobre todo en Moreno
y Tame, pueblos de suyo muy trabajosos en cuestión
religiosa, dieron pruebas abundantes de aprovechamiento
y de que la fe en ellos no está tan muerta como realmente parece; hable también la multitud de enfermos,
agonizantes muchos de ellos, a quienes auxiliámos, ani-
mámos y aun curámos; ¡ah! y si las ochenta y cinco
criaturas que fueron regeneradas con las aguas bautis-
males, y las doscientas setenta y ocho que quedaron
fortalecidas en la fe mediante el sacramento de la confirmación, pudieran levantar muy alto su infantil grito,
testificarían también esta verdad.

«No hay duda, pues, de que el mes de octubre
fue verdaderamente fecundo en buenas obras de santificación a favor de esas pobres gentes; y estoy seguro
que los pueblos todos, lo mismo que los ranchos y
caseríos, por donde anduvimos, recordarán siempre
agradecidos el bien inmenso que por medio de nosotros, dignóse prodigarles; y una vez más se habrán
desengañado de que el Misionero católico no lo lleva
a ellos, por entre sufrimientos mil, ningún otro móvil

que el celo por la gloria de Dios y por la salud temporal y eterna de las pobrecitas almas; sin nada absolutamente de terrenas miras, como tuviera ocasión de verlo al condonarles hasta los derechos, más lícitos y justos, que marca el arancel, de suerte que no sacamos nada ·ni para sufragar los gastos del viaje. Aquí de las malignas y viperinas lenguas, que más de una vez han osado hincar de la manera más vil y cobarde su denigrante pico en la fama más acrisolada de desinterés pura y netamente evangélico del Misionero. Por fortuna los hechos hablan con mucha más elocuencia que todas las fútiles y vanas teorías de los llamados *filántropos* a la moderna. Porque, ¿quién sino el Misionero practica hoy, como siempre, de la manera más heroica, más cabal y más filantrópica la obra de evangelización cristiana, y juntamente con ella la del progreso verdaderamente dicho, sin la menor pretensión humana y obra por el engrandecimiento de sus semejantes, que en pleno siglo XIX están aún *tanquam tabula rasa*, no sólo en cuestión religiosa, sino también y principalmente en lo que llaman progreso, adelanto, luces, etc., etc.? ¿Quién sino el Misionero católico, que por hábito adquirido a fuerza de una constante práctica de abnegada resignación, lánzase impertérrito a un campo donde todo es para él deconocido, contrario y enemigo, donde de día y de noche siente sobre sus espaldas, pero con resignación, el peso enorme de una mortificación no interrumpida, impulsado apenas por la más alta, y por la más noble y por la más pura y recta intención: la de ganar almas para la Religión y para la sociedad, sin que el mundo progresista y filántropo se aperciba siquiera de ello? ¿Quién sino el Misionero católico se hace mártir voluntario de positivo dolor y vierte lágrimas de sincera compasión al ver frustrados en un momento todo el cansancio y todo el sudor de entre el día y luégo en la noche, triste y melancólico, observa que....

> Corre el indio fugitivo
> Y en la maleza se esconde,
> Con las fieras se confunde
> Sin razón y sin motivo.

«Y, no obstante, el Misionero aguarda impaciente el nuevo día para entregarse en seguida a la tarea de ir otra vez en su busca; ¿Y por qué no? Por ventura

> ¿No son sus almas dechado
> Del supremo Creador?
> ¿Por qué ha de estar sin honor,
> Sin esperanza y sin nombre?
> ¿Por qué no ha de quererlo el hombre?
> ¿Por qué no ha de darle favor?

«Así piensa, así discurre el Misionero; y pensando y discurriendo así, piensa y discurre como un verdadero héroe de la Religión, y como el mejor y más práctico bienhechor de la humanidad.

«Basta ya, P. N., y mil perdones, porque después de todo nada le he dicho de tánto que tenía para contarle de la visita; peró, es porque no puedo, no tengo tiempo.

«Su afmo. y humilde súbdito en el Señor,

FR. TOMAS MARTINEZ,
de la V. del Romero.»

Véase también esta otra del P. Fr. Santos Ballesteros:

«M. R. P. Provincial Fr. Santiago Matute—Bogotá.

«Estimado y querido Padre nuéstro:

«Recibí su grata carta de felicitación de Pascuas que muy de corazón le agradecemos, y ya que no se

24

encuentra aquí el P. Antonino, voy yo a contestarle a
V. R., teniendo el gusto a la vez de participarle lo que
por aquí se ha hecho últimamente.

«El R. P. Antonino accediendo a repetidas instancias de los del Maní, se fue para allá, a fin de ejercer
las funciones de su ministerio y volverse lo antes que
le sea posible; creo que dentro de pocos días esté de
regreso aquí.

«Un acontecimiento que hará época en los anales
de la historia de este pueblo tuvo lugar el día 24 del
próximo mes pasado. Fue la bendición y colocación de
la primera piedra para una nueva iglesia, que procuré
hacer con la mayor solemnidad posible, a fin de esti-
mular más y más a estas gentes a que no nos dejen
con la obra comenzada. No han sido pocas ni pequeñas las dificultades que hemos tenido que superar para
poder dar este serio paso, pero hasta ahora hemos salido avante con la empresa; sin economizar por nuestra
parte súplicas, ruegos, viajes a buscar peones y empe-
ños para conseguir los primeros materiales para la obra.
Los días de fiesta pedimos limosna para el nuevo templo, y a pesar de ser muy poco lo que recogemos, confiamos en Dios y en el óbolo de los pobres que no ha
de faltar, para ir despacio levantado la casa del Señor.
No dejamos de solicitar la caridad de los ricos y pu-
dientes, pero he de confesar con pena, que hasta ahora
no son ellos los que más desprendimiento y generosidad han manifestado.

«También hemos comenzado a rozar el bosque para
un potrero en donde tener la bestia que nos sirve para
los viajes a los otros pueblos del distrito, y estamos
pensando en hacer casa cural, pues el rancho en que
vivimos es tan malo y está en tal estado de ruina,

que cuando llueve se inunda y nos es materialmente imposible vivir en él.

«Nada más de particular me ocurre que comunicar a V. R., y deseo que todos por ahí se conserven buenos. Quedando de V. R. afectísimo Hermano y humilde súbdito Q. B. S. M.,

FR. SANTOS BALLESTEROS
de San José.»

———

«Desde Arauca nos escribía el Ilustrísimo P. Casas, si bien muy de prisa, dándonos alguna noticia de su visita por aquellos lados, y son bien dignos de notarse los conceptos que emite S. S. I. en su carta, por cuanto se trata de una población importante de Casanare en la que acaso por vez primera se veía en sus lares Obispo. Trascribimos con gusto algunos párrafos a través de los que se verá, a la par que el celo del señor Obispo, la ruda faena del misionero para conseguir escaso fruto de almas indolentes y perezosas en lo que más debe importarles:

«....Gracias mil al Señor, dador de todo bien; hemos hecho el viaje con toda felicidad, sin novedad alguna. No ha sido poco el provecho espiritual de las almas que hemos encontrado a nuestro paso, pues se han aministrado muchos Sacramentos, por medio de los que Dios sólo sabe el bien que se ha hecho y las resurrecciones espirituales que se han verificado. Es verdadero consuelo en medio de las fatigas de estos viajes tan penosos y mortificantes ver cuántas almas separadas de Dios se reconcilian con El, y entran por el camino de la gracia a sentir los inefables consuelos de nuestra sacrosanta Religión....»

«....¡Cuán cierto es que por donde va el Ministro de Dios, el dispensador de la gracia y de los tesoros

del cielo, va pasando invisiblemente la mano benignísi-
ma del Señor, esparciendo por todas partes riquezas de
misericordia y de gloria, de paz y de bondad! No hay
rocío del cielo, ni nube cargada de lluvia benéfica, que
obre en la tierra y en las plantas lo que en las almas
obra el Supremo Hacedor por medio de sus operarios....»

«....Apenas nos tomamos un momento de tregua
después de llegados a esta importante población, emprendimos la tarea, y por no repetir a V. R. lo mismo
que tántas veces y en obsequio del tiempo que tánta
falta nos hace, no le diré cuánto fue nuestro trabajo
confesando, predicando, confirmando, casando, etc., etc.,
habiendo precedido inmenso trabajo por parte de los
Padres aquí residentes para disponer a ésta gente, de
suyo tan apática e indiferente, a fin de que resultara
más grande fruto de mi visita. Son estos indios como
el hierro, que, si se somete en la fragua del amor de
Dios, se calientan y encienden por el momento; mas si
se deja de golpear un solo instante en el yunque de la
exhortación y del trabajo, ya se enfrían y vuelven a
ser lo que antes eran. Esto, como verá V. R., supone
un trabajo ímprobo por parte del misionero, pero no
hay remedio, hay que hacerlo y hay por consiguiente
que trabajar sin tregua ni descanso para conseguir algo
de esta gente....»

Copiamos de carta de un misionero con fecha 18
de mayo de 1898, lo siguiente:

«En estos momentos acabo de llegar de Pajarito,
en donde he permanecido casi un mes, pues por más
que uno desea desocuparse pronto, cada día se presenta
más que hacer y no se puede. Afortunadamente se apro-
vecha bien el tiempo y da lástima dejar a esta pobre
gente otra vez abandonada; llegó el tiempo de partir

y no puede figurarse V. R. cuán sentidos se quedaron todos, pues desean que uno esté siempre con ellos: ojalá se pudiera, pero en la escasez de personal en que estamos es materialmente imposible. Cuando me vine se quedaron doblando las campanas en señal de sentimiento. Pobres! Celebré la fiesta de San Isidro, y la fiesta de la bendicion. de las campanas con la mayor solemnidad que pude, y con motivo de la traída y bendición de la imagen de la Virgen del Carmen le hicimos también solemne fiesta, aprovechando todas estas funciones para que cumpliesen con el precepto pascual, lo cual hicieron más de 200 personas.»

«....De Tauramena y de San Pedro de Upia ya nos están llamando, y porque creo que habrá mucho que hacer enviaré al Padre Santos lo antes que sea posible. Así tenemos que estar, P. N., de Misioneros ambulantes, pues no es posible otra cosa en atención a las distancias en que se encuentran los pueblos que han encomendado a nuestro cuidado....

Fr. Antonino Caballero.»

«En el mes pasado me hicieron sufrir algo las fiebres que cada día me atacan con mayor fuerza, sea Dios bendito, ya no tengo que envidiar esto a los demás Padres que han estado por aquí, pues también Dios N. S. se ha acordado de mí en este sentido. Añadidas las enfermedades al cúmulo de calamidades que sufrimos por aquí y sumándolas con la ingratitud de los indios resulta una fortuna que creo no envidiarán nuestros enemigos: que el Señor los perdone, pero sí es de desear que ocuparan nuestro lugar una temporada en estos países y con nuestras ocupaciones a ver si les quedaba gana de insultar a quienes ningún mal les hacen y tánto bien procuran para las almas con peligro de su salud y de su vida.... *Fr. Pedro Cuartero.*—Orocué, 3 de mayo de 1898.»

«... Aun cuando ha comenzado la estación de las lluvias, y los aguaceros torrenciales que por aquí caen no sean medicina sabrosa para curar enfermedades sino un peligro inminente para contraerlas, héme aquí, Padre nuéstro, dispuesto a emprender una correría evangélica por los pueblos de Tame, Macaguane, San Lope y demás caseríos, de la cual regresaré, si Dios quiere, a mediados de mayo lo más pronto, y después no faltará en qué ocuparme, ya en Moreno, ya en Sácama a donde tendré que ir pronto por no haber podido ir durante el verano. Muy peligrosos están los caños, pero confianza en Dios que no me ha de suceder nada adverso....*Fr. Alberto Fernández.*—Manare, 16 de abril de 1898.»

«.... Aquí trabajando alguito tanto en el sentido material como en el moral. Muy decaído se encuentra este pueblo, no obstante haberme precedido dos buenos religiosos, que hicieron de su parte todo lo que pudieron para darle animación y vida, pero muy poco fue lo que consiguieron. Según el señor Obispo yo soy el llamado a resucitar este muerto, mas aunqe tengo mi confianza puesta en Dios, lo dudo que sea más afortunado que mis antecesores, pues se opone al esfuerzo de nuestros trabajos la apatía e indiferencia de esta gente... Un dato curioso. Según el señor Obispo, apoyándose en el padrón hecho por los misioneros, Casanare no tiene hoy día ni catorce mil habitantes. Si a pesar de todo esto y de otras cosas tenemos aún buen ánimo y estamos dispuestos a trabajar cuanto podamos en esta viña ingrata que Dios ha encomendado a nuestro cuidado, reto a nuestros calumniadores que nos digan si entre sus filas

se encuentran héroes como los misioneros católicos....
Fr. Marcos Bartolomé.—Nunchia, 24 de mayo de 1898.»

«M. R. P. nuéstro: Adjunto a V. R. el resumen de gastos y entradas habidas en esta casa-Misión durante el semestre que finalizó el 31 de diciembre p. p. Me abstengo de informar a V. R. del modo de ser de esta gente; sólo le diré que según mi humilde entender domina en la generalidad la ignorancia y la indiferencia, de aqui que les importa muy poco cuanto pretendo enseñarles, y solamente aspiran a que sus hijos sepan plantar yuca, plátano y arracacha que son sus alimentos favoritos; esto los retrae de entregarnos sus hijos y miran muy mal si los obligamos a que aprendan algo; no tiene para ellos atractivo el saber que se les cuida y educa ni agradecen que se les dé la comida y el vestido. He deseado imponerme en el idioma de ellos para saber qué piensan y dicen en sus conversaciones de nosotros, pues tengo graves sospechas de que tienen alguna idea supersticiosa con respecto a los misioneros y a las Hermanas, ideas que acaso les han infundido los blancos o racionales, como dicen aquí, porque de otra manera no me explico su misteriosa conducta e ingrato proceder....*Fr. Jesús Martínez.*—San Juanito, (Tagaste) 20 de febrero de 1898.»

«Para los que dicen que los frailes extranjeros hemos venido aquí a enriquecernos, ya que el párrafo de la carta anterior me pone ante la vista el resumen de las cuentas, me permito transcribirlo a fin de que vean el modo de enriquecernos con las ganancias que nos deja el oficio. No es que haya elegido de propósito el documento que inserto, pues con circunstancias desfavorables o en contra de las ganancias son lo mismo los de las otras Residencias.

«Resumen de los gastos y entradas en esta casa-misión de San Juanito, durante el segundo semestre de 1897. Mes de julio.

	Ingresos.	Gastos.
Existencia en caja..............$	47 80	
Recibido del Superior para gastos..	50 ..	
Por tres misas y una salve.......	3 60	
Ingresos por otros títulos........	47 ..	
Gastos en alimentación y medicinas.		86 40
En refaccionar la casa..... :....		49 20
En vestir y asear los niños y en un viaje..................................		48 85
Total es........$	148 40	184 45
Diferencia en contra..................$		36 05

«Con muy poca diferencia dan el mismo resultado los balances de los demás meses y por esto los omitimos. Baste para muestra un botón tomado al acaso, pues de haberlo elegido, aún resaltaría más lo que nos proponemos. Ahora, dígannos por favor si se podrán sostener las misiones de ese modo y sin percibir lo que el Gobierno tiene asignado a ellas como hace tiempo que ya no se percibe en efectivo por las azarosas circunstancias de la época.

«.... Por aquí sin novedad, gracias a Dios, trabajando para llevar adelante y coronar nuestras empresas. Ya tenemos puente sobre el río de la Candelaria que no daríamos por mil fuertes. Sólo nuestro Señor sabe cómo se ha construido, como toda empresa religiosa, siendo el principal apoyo el óbolo del pobre, cuartillo de aqui, cuartillo de allí y mediante el esfuerzo de la pobre gente de estas cercanías. Ya está al servicio y ahora se comprende mejor la falta que hacía. Por lo demás continuamos la obra de la entrada al Convento, según las instrucciones de V. R. y esperamos quede muy hermosa.... *Fr. Marcelino Ganuza.*—Desierto de la Candelaria. Junio 9 de 1898.»

Terminaremos, empero, con lo que sigue:

«Desde que llegué, nos dice el P. Marcos en carta fechada en Nunchia el 5 de julio de 1898, habré confesado más de doscientas personas, número excepcionalmente crecido en comparación de tiempos anteriores.» (Apenas llevaba el citado Padre unos cuatro meses de residencia en dicho pueblo). «Tengo ya establecida, continúa el mismo, la Hermandad del Sagrado Corazón de Jesús compuesta de 112 hermanas. Espero que mañana venga el Hermano Isidoro a terminar un altar mayor y ver de hacer otras mejoras a esta iglesia. Acaba de llegarme un famoso armonio con catorce registros o tiradores que contribuirá no poco al esplendor del culto, y de estímulo para la gente, pero no puede figurarse V. R. cuánto trabajo costó traerlo hasta aqui. Desde Pore lo trajeron entre 36 hombres.»

«....Todo el día de ayer hasta las 8 de la noche nos lo pasamos confesando, qué hermosura! Y lo mejor es que la Santisima Virgen del Carmen, cuya imagen, igual a la de Orocué, se ha bendecido hoy y expuesto al público culto, ha comenzado haciendo prodigios en algunas almas, que extraviadas del camino que conduce al cielo, han vuelto al redil de Jesucristo. Bendito sea Dios!

«Támara, 16 de julio de 1898.

† FR. NICOLAS, Obispo.»

«Arauca, 31 de octubre de 1898 ... No puede figurarse, P. N., cuánto gozamos al recibir carta de V. R. Por desgracia vienen de tarde en tarde y se pierden muchas por la informalidad de los correos y antes es

¿un milagro que lleguen las que llegan. Aquí marchan bien las cosas de la Misión; se han seguido haciendo mejoras en la iglesia, y en lo que se está haciendo mucho bien es en la escuela, regentada, como ya se sabe, por el Padre Pedro y el Hermano Diácono. Se están preparando para presentar exámenes, que espero estarán lucidos y dejarán satisfecho a todo el público. Por lo demás que tengo comunicado a V. R., espero su parecer para ponerlo en práctica, tan pronto como se pueda, pues lo considero del mayor interés para el engrandecimiento de nuestra santa empresa.... *Fr. Manuel Fernández de S. José.*»

«.... Comunico a V. R. que el día 5 del corriente (noviembre de 1897) llegué a ésta (Támara) sano y bueno a pesar del mal camino, peores pasos y frecuentes aguaceros. Al pasar el río Pauto, tuve un pequeño percance, no me detengo a dar detalles sobre esto porque está el correo para salir y no tengo tiempo, sólo diré a V. R. que a no ser por la serenidad que Dios me dio y el saber nadar me hubiera ido muy mal. El peón que conducía la carga se salvó agarrado a ella, pero yo crei que no salia, pues varias veces se consumió con carga y toldo, penetrando por consiguiente el agua en los efectos que iban y dañando varias cosas.... Ahora estamos aquí en las obras del cementerio y potreros. Se trabaja mucho a pesar del mal tiempo, pero Dios da salud; sea El bendito.... *Fr. Gabriel Arano de Santa Ana.*»

» ...No puede figurarse V. R. el triste estado en que se hallan las cosas en la Misión de San Juanito. Me vine de allá a esta casa de Orocué muy desalentado, pues veo que mis esfuerzos son enteramente nulos. Aquella soledad me infunde miedo y espanto, pero es la obediencia, es Dios quien me manda estar allí y volveré contento, y allí estaré mientras V. R. no disponga otra cosa, luégo que aqui tome algún aliento estando algunos dias con el Padre Tomás. Sé que S. R. está enterado de lo que por aquí sucede, y de qué en atención al ningún fruto que se saca y a los muchos gastos que esta Misión origina sin ningún provecho, está dispuesto a retirarnos de aqui. Verdaderamente el cuadro que presenta esta Misión es triste por demás. Se retiran los indios seducidos por los *blancos;* nos quitan y arrebatan los niños que son nuestra esperanza; nos dejan solos, abandonados a los dichos maléficos de estos *racionales,* que de todo tienen, menos del nombre que les dan...¿qué hacer? Me parece muy bien justa su determinación, P. N., por aquello de N. S. J. C. que dice: *Cuando os persiguieran en una ciudad, huíd a otra,* etc....*Fr. Juan Aransay.*—Orocué, 30 de junio de 1898.»

«*Casa-Residencia de PP. Agustinos Recoletos.—Orocué, Junio 30 de 1898.*

«Nuestro querido y respetado P. Santiago: Esta tiene por objeto comunicarle que hace como unos diez dias estoy ya por aqui; y aunque el clima en los primeros dias no me trató muy bien, pero luégo mostróse algo más clemente, y con la ayuda de algunos remedios que las Reverendas Hermanas me proporcionaron a tiempo, ya estoy sintiéndome como en Támara, gordo, bueno y colorado.

«La casa la encontré muy sola; y si no es por un muchacho que me traje de Támara, ¡quién sabe como me viera! Por fortuna las Hermanas se han portado muy bien, y ellas son las que por ahora me pasan los alimentos.

«Hoy espero al P. Juan; y si no viene, tendré que ir yo, porque es un triunfo conseguir un muchacho que

avise allá mi llegada. El no encontrar aquí al P. Juan
fue debido a que el viaje de La Plata a Orocué iba
haciéndose muy largo, por falta de agua en el Pauto
para el vapor: quince días nos costó el tal viaje. Así.
que, cansado el P. Juan de esperar regresó a San Juanito, precisamente el mismo día que llegamos nosotros,
pero él se fue por la mañana (el día 21) y nosotros
llegamos ya muy noche.

«Estoy observando que hay que trabajar muchísimo para conseguir la moralización de estas gentes, que
están muy desmoralizadas. Con la afluencia de tánta
gente forastera, gente *non sancta*, ármase una confusión
babilónica y sodomitica, que sólo el *patas*, que con
ellos anda, los entiende. Poco les gusta ir a la iglesia:
y si van, es a reírse; en cambio, todos los dias tienen
baile y.... etc. El establecimiento de la Intendencia (aunque entre sus empleados cuéntanse algunos muy buenos) del Juzgado y Aduana ha sido, según se ve, para
acabar de arruinar esto. Verdaderamente, hay que orar
mucho, más que hablar, porque la voz del Misionero
es ya impotente para arreglar tánto desarreglo y des-
orden. Haremos nuevas tentativas, si escuchan y obedecen, bueno; pero si no, allá se las vean; si a mí me
pidieran parecer, éste sería, sin duda, el mismo de mis
antecesores.

«Días antes de salir de Támara, recibí una carta
suya, contestación a la que yo le envié con el Hermano Isidoro. Dios Nuestro Señor se lo pague.

El P. Juan, por lo que me cuentan, está muy desalentado y entristecido, no solamente por lo solo (que
igual cosa a mí pasa) sino también porque no puede
hacer cosa. El señor Obispo me indicó el parecer de
V. R., de que sería bueno ir alternando, pero yo le re-
puse el inconveniente que tendría lugar en tal caso,

porque entonces se haria menos, y más ahora que la voy a emprender con las escuelas, única esperanza que nos queda para el porvenir. Mal estamos así, pero yo comprendo, que hoy por hoy no tiene remedio; por lo tanto, ¡sea todo por amor de Dios! y nada más.

«Su siempre afectísimo súbdito en el Señor,»

FR. TOMAS MARTÍNEZ.

«La situación de los Padres Misioneros era verdaderamente insostenible en Orocué y Tagaste (San Juanito) y aunque con gran sentimiento de abandonar aquel campo, comunicámos al Ilustrísimo señor Casas nuestra resolución de retirar la Misión, conviniendo él, por las mismas razones que nos habían obligado a resolver el asunto con el abandono de aquella gente ingrata, en la misma determinación. Partíasenos el alma de dolor al tener que realizarla, e invocámos el auxilio del cielo con la oración, para que se hiciera la voluntad de Dios, y ¡oh prodigio! cuando nos disponíamos a dar la orden de retirada, llegan a nuestras manos las dos cartas, que nos remitió el Ilustrísimo señor Obispo Casas, y que ponemos a continuación:

«San Juanito, 4 de Septiembre de 1898,

«Ilustrísimo y Reverendísimo señor Obispo.

«Ilustrísimo señor:

«Tengo sumo gusto en escribir a S. S. I. y decirle alguna cosa con respecto a esta Misión. Los indios algo se han enmendado desde que S. S. estuvo por aquí. Siempre son indolentes y desagradecidos, como le decía en mi última; pero ya han comenzado a arrimarse hacia el pueblo, y a ser más obsequiosos y complacientes con nosotros. Este cambio tan inesperado en ellos, que, aunque pequeño en sí, relativamente

a estos indios, atendido su carácter y demás, es grande, se debe en parte al cambio de Teniente; pues sabrá
S. S. I. que quitamos al que había y pusimos en su
lugar a Bautista Humege. Con el otro, todos estaban
disgustados, porque no los llamaba nunca, y en virtud
de eso ellos resolvieron reunirse y pedirme que les
nombrara otro Teniente. En efecto, el día de Santiago
vinieron todos ellos aqui a nuestra casa y me pidieron
que nombrara a Bautista, y yo después de haber exa-
minado bien todo, procedí formalmente al nombramiento del nuevo Teniente. Desde entonces todo há cam-
biado como por encanto; los indios ya vienen a misa
los domingos, traen plátanos y todo lo demás que saben
se necesita para los muchachos, sin tener que rogarles
como antes. Ese mismo día del nombramiento yo procuré referirles todo lo de la Misión, todo lo que habian
trabajado por ellos los Padres, y cómo nuestros enemigos los habían engañado y procurado apartarlos de
nuestras enseñanzas; y en consecuencia les exhorté a
que no hicieran caso de todo lo que les dijeran contra
nosotros; que se convencieran de una vez, y ellos me
manifestaron muy buenos deseos. Prometieron traer a
sus hijos a la escuela, y ya han traído muchos de los
que se habían ido; de modo que no está la cosa como
se podrá figurar S. S. por lo que le decía en mi última
y por lo que la Madre Luisa le decia en su carta.

«Todos están conformes en ayudarme a hacer el
convento, el cual haremos en el caño Namare. También
estoy para hacer pronto una sacristía. Para cuando
venga S. S. ya se encontrará con el conuco y la sacristía. Con respecto a recursos hasta ahora marchamos
bien. Yo por mi parte creo que tal vez pueda seguir
la Misión adelante. Humanamente hablando, no es mucho lo que se ve de halagüeño, pero yo tengo mucha

fe y confianza en Dios Nuestro Señor. El hará que podamos hacer algo por estos infelices; y en cuanto a recursos, si es su voluntad que permanezcamos aquí,
también nos proveerá de donde menos pensemos.

«A la Madre Luisa le han escrito de Bogotá que
le tienen preparada una suma regular. Y luégo con el
connuco que vamos a hacer, que será bien grande, tendremos más que suficiente. Ya le digo a S. S. lo que
pienso, porque creo que debo decírselo. Los indios
están muy contentos. Las Hermanas también están con-
tentas y muy buenas de salud sin que le hayan dado
las fiebres a ninguna; y dicen ellas que nunca habia
estado la Misión como ahora; que antes continuamente
faltaban los comestibles y ahora sin saber cómo se
presentan los indios con todo lo necesario. Dios Nuestro Señor y San José son quienes lo hacen todo. Ellos
lo pueden cambiar todo, y por eso no desconfío enteramente. En la escuela hay actualmente 40 muchachos, y
éstos también se han mejorado mucho. Deseo que S. S. I.
se encuentre bueno de salud y sin ninguna novedad.
Besando el anillo de S. S. I. me repito su fiel y último
hijo y súbdito en el Señor,

FR. JUAN ARANSAY.»

«Ilustrísimo señor Fr. Nicolás Casas.

«San Juanito, septiembre 8 de 1898.

«Ilustrísimo señor:

«Deseo que este pobre saludo llegue a sus manos;
y pido a la Santisima Virgen que se halle bien de salud.
Con ésta van tres cartas que he escrito a Su Señoría,
dándole, como quedamos, cuenta de nuestra querida Misión. En mi última le daba muy malos informes, pues
veía con dolor que estos indios se iban llevando poco

a poco sus hijos, y las mil dificultades para conseguir la alimentación y demás: hoy, gracias a Dios, todo como que toma otro giro. Los indios han vuelto a traer a sus hijos sin irlos a buscar ni mucho menos quitárselos; entre chicos y grandes tenemos 40, están contentos y parece que se van amañando, y sus padres se manejan mejor con nosotros, pues se prestan siquiera para buscar «el bastimento» como dicen aquí, y no están así tan ariscos como antes: son sumisos y todo esto se le debe al Reverendo Padre Juan, que con su dulzura, paciencia, abnegación y demás virtudes que le caracterizan, le han hecho amar de estos indios y sin darse cuenta ellos mismos, respetan tanta virtud y han dado sus hijos. Yo por mí, le repetiré lo que le decía en una de mis cartas «que el R. P. Juan es para mi pobre alma su todo, después de Dios. Es un padre, un amigo, un ángel, un sér lleno de caridad, que siempre tiene palabras para consolarme y animarme a llevar mi cruz. Nuestro Señor bendiga a Su Señoría que lo envió y al Reverendo Padre que sufre tanto por el bien de las almas. En cuanto a recursos, gracias a Dios, no nos han faltado. San José está hecho cargo de todo y como él es el Síndico, Tesorero y demás, no permitirá que nos falte lo necesario: en él tenemos puesta nuestra confianza y no será en vano. De Francia me escriben nuestras Madres, y dicen están prontas a ayudar de cuantos modos puedan para que no se acabe la Misión, y de Bogotá una señora me dice tiene una cantidad destinada expresamente para aquí; ya ve, pues, Su Señoría, que San José protege esta pobrecita Misión, tan combatida y que se ha visto a las puertas de la muerte. Es verdad que se lucha y luchará siempre con multitud de inconvenientes, con la ingratitud, terquedad, supersticiones y demás de estos indios, pero ¿qué otra cosa es la que no cuesta en la vida?

y más las obras de Dios, y ésta es de él, puesto que no lleva más fin que arrancarle las almas al demonio para ganárselas a Jesucristo. Yo estoy dispuesta a todo; pero sí, no le puedo negar que seguiría feliz trabajando, porque las almas de estos infelices indios no se perdieran. Espero que Nuestro Señor me ha de conceder volverlo a ver por aquí, y entonces le diré lo que no es posible en una carta.

«Ya comienzan las fiestas de San Miguel; después de ellas veremos si se aumenta el número de niños, pues a la fiesta vienen muchos, y entonces le escribiré otra vez y me extenderé un poco más, pues ya espero haber recibido algo de Su Señoría.

«Las Hermanas le ofrecen sus respetos y esperando su bendición me quedo la última de sus ovejitas,

HERMANA MARÍA LUISA»

«¿No puede efectivamente decirse un prodigio el cambio notable operado en el campo que pensábase abandonar? Por nuestra parte, y lo mismo el señor Obispo, lo consideramos como tal, y como una señal de que Dios Nuestro Señor no permitió que se llevase a cabo nuestra resolución. Esperamos que todo continúe bien y redunde todo en honra y gloria de Nuestro Señor, y por esto retiramos la orden que ya teníamos escrita, dejando permanente la Misión en Orocué y Tagaste (San Juanito).

«Nunchía, 20 de octubre de 1898.

R. P. N. Fr. Santiago Matute.

«Mi querido padre:

«Manifesté a V. R. deseos de decirle algo de los trabajos de esta Misión, y aunque lacónicamente, lo voy a hacer en ésta. Deplorable era el estado en que se encontraba la gente de este pueblo y su iglesia. Pues

25

bien: con la ayuda de Dios he logrado mejorar una y
otra cosa. De más, de cien, parejas que vivian mal he
casado treinta y siete: pasan de quinientas personas las
que se han confesado en el espacio de cinco meses. Ciento
veinte Hermanas del Sagrado Corazón de Jesús me han
ayudado con sus oraciones a conseguir estos frutos.
He logrado reunir fondos para pagar el armonio, de que
hablé a V. R. en otra, para hacer un famoso altar mayor
de que carecía la iglesia y otros tres laterales: he puesto
cielo raso en la iglesia, desde el arco toral hasta la pared
en donde está colocado el altar mayor: he hecho nuevo
el bautisterio; estoy haciendo el coro y una capilla más,
y todo esto con otras mejoras lo pienso inaugurar con
solemnes fiestas....

FR. MARCOS BARTOLOMÉ»

En vista de tan consolador progreso religioso no
es extraño, sino muy natural advertir que en la Carta
Pastoral para la Cuaresma de 1898 principiara el Ilustrísimo Padre Casas por este preámbulo:

«Llenos de gozo en el Señor, Padre de las misericordias y Dios de toda consolación, por la abundancia de bienes espirituales que habíamos observado en
esta porción de la heredad mistica que a nuestro cultivo encomendó el celestial Padre de familias; con una
exclamación de ferviente alabanza a Dios, dábanos
principio a nuestra Pastoral anterior, tomando en nuestros labios las palabras del Apóstol de las gentes; y
de la misma manera pudiéramos comenzar la que hoy
tenemos el gusto de dirigiros, porque, en verdad, no
nos faltan motivos para otra y otra: ¡Benedictus Deus!»
Porque evidentemente la empresa de las misiones de
Casanare progresaba y no como quiera sino muy rápi-
damente bajo la protección visible de Dios Nuestro

Señor, cuya bondad se patentizaba cada vez más cla--
ramente a favor de nuestra Agustiniana Recolección en
esta República de Colombia.

Pero todavía le reservaba una sorpresa más
la divina Providencia, tanto más consoladora cuanto--
era menos esperada de todos nosotros, la cual no fue
otra sino la que hizo prorrumpir al Reverendo Padre
Matute en este grito, que se lee en sus *Apuntes*: «*¡Providencia de Diòs!* Allá en los países orientales se li-
braba lucha a muerte para extinguir el sacro fuego de
la caridad de Cristo, que dio vida y calor a los mismos que de.manera bárbara y salvaje se proponían. ex-
tinguirlo para quedar entre las densas tinieblas del error
y del libertinaje. Cansados del reinado de Jesucristo e
instigados por los secuaces del infierno, pretendían sus--
tituírlo con el reinado del demonio, que es la noche
del pecado, y llevaron a cabo su infame proyecto; y
segaron inhumana y bárbaramente la vida de cien Ministros del Señor, y sembraron la ruina, la desolación
y la muerte por aquellos territorios conquistados palmo
a palmo por los Apóstoles del sagrado Evangelio, e
hicieron imposible la empresa de evangelización y civilización verdadera hecha por los Misioneros católicos
hasta el punto de ahuyentar a los que dejaron con
vida! ¡Desgraciados Filipinos! Qué será de sus habitantes sin los que le dieron la verdadera vida? El
tiempo lo dirá. Se les puede apostrofar con las terribles palabras que el Señor dijo a ciudades ingratas:
«Ay de ti, Betsaida, ay de ti Corozaín! porque si en
Tiro y Sidonia se hubiera hecho lo que se ha hecho
en vuestro favor,» no se hubiera recogido el malhada-
do fruto de la ingratitud. Por esto Dios en su bondad
y providencia sin limites, sacando bien del mal, permitió que los operarios fuesen a trabajar a otra de sus

viñas, y aqui la causa que nos llenó de gozo con la
venida de 30 Misioneros a este pais de Colombia.

«Avisados oportunamente por N. P. Vicario Gene-
raí dimos todas las órdenes del caso, mandámos al
P. Angel Vicente para que recibiera en la Costa los
Misioneros, al Hermano Luis Sáenz para que tuviera
en Honda listas las bestias y útiles de montar, y el
día 30 de noviembre tuvimos el positivo placer de abrazar a 13 nuevos hijos de nuestra amada Provincia de
la Candelaria en Facatativá, donde el siempre bondadoso P. Salazar nos obsequió a todos con un espléndido almuerzo. A la una y media p. m. y en el tren de
pasajeros que sale para Bogotá, en wagón reservado
que galantemente nos obsequió nuestro buen amigo el
señor don Eduardo Gómez Sáiz, Gerente del Ferroca-
rril de la Sabana, partimos todos para la capital en
donde entramos a las tres y media de la tarde, llegando a nuestra iglesia de la Candelaria entre el repique,
de las campanas y los continuos disparos de cohetes,
que daban testimonio de la alegria y del entusiasmo
con que eran recibidos los nuevos Misioneros. Esperaba en la puerta de la iglesia, con el ceremonial que
preceptúan nuestras leyes la Comunidad, que abrazó a
los recién llegados, y después en procesión formada por .
unos y otros se dirigió hasta el presbiterio entre los
acordes de la marcha real española que el órgano hacía resonar por todos los ámbitos de la iglesia. Un
solemne *Te Deum* magistralmente ejecutado por músicos de casa y de fuéra fue el himno de acción de
gracias al Todopoderoso por la feliz llegada de los
nuevos, y terminado, subí a la cátedra del Espíritu Santo en donde dirigí al numeroso auditorio las siguientes
palabras, que copio para memoria, y para que resalte
más y más nuestro gozo por la singular merced que

el cielo nos concedía. «Es lo más natural del mundo, les dije, que en un lugar donde se aumenta el número de los que viven en torno de su plácido calor con un nuevo vástago de la familia, reine verdadera, genuina alegria, signo inequívoco de amor puro y sinceró. Mira el padre y ve la madre en el tierno infante que Dios Nuestro Señor les ha dado, una esperanza más de mayor auxilio para llevar y soportar la coyunda de la vida; un consuelo en medio de los trabajos, penas y calamidades de la existencia sobre la tierra; un báculo o apoyo para su vejez; y lleno su corazón de regocijo, lo dejan rebosar derramándolo por toda la casa en trasportes de gozo y de alegria. Ni les ocurre en medio de la algazara y el contento que el recién nacido se puede morir pronto, ni que lo que esperan que ha de ser motivo de satisfacción y consuelo para la familia, puede trocarse luégo en causa de ruina y desgracia para la misma familia. Nada es capaz de turbar el contento, ni nube alguna cubre el limpido cielo de su espontánea alegria. Ved en lo que a grandes rasgos acabo de bosquejar, un trasunto fiel de lo que entre nosotros hoy sucede. Dios Nuestro Señor en su infinita bondad y misericordia sin limites, sacando de un mal, que siempre deploramos, bien para nosotros, envia nuevos hijos a la Provincia religiosa de la Candelaria, y ésta, cual madre cariñosa los recibe con amor verdadero de madre, los estrecha entre sus brazos, se llena de regocijo y contento, y hace ostentación de una alegria, que no siendo su corazón bastante a contener, la derrama por fuéra en manifestaciones de positiva satisfacción y de gozo sincero. Seáis, pues, bien venidos, adalides de Cristo. No hay por qué deciros a qué venís, ni hay que hacer resaltar vuestro heroísmo, aquí saben lo primero y no dejan de apreciar lo segundo. Llenos de celo por la gloria de Dios y la salvación de las almas os supongo con sobrado fundamento; el campo aquí es vasto, la viña del Señor extensa; sois los operarios de la evangélica palabra que llegáis a la hora del medio día, pero sabéis que os pagará igual salario que a los que trabajan desde las primeras horas de la mañana, si vuestro celo y vuestros esfuerzos suplen el tiempo que ha pasado. Trabajad, pues, como buenos, y vuéstro será el reino de los cielos.»

Terminada esta breve plática, nos prestaron obediencia los nuevos Misioneros, según lo mandan nuestras santas leyes, y entraron en la casa para recibir nuevo abrazo de sus moradores y hospitalidad por unos días, pasados los cuales, siguieron para nuestro Convento del Desierto, én donde les fijamos la residencia. Los nombres de los que vinieron en esa Misión son los siguientes: P. Fr. Jesús Fernández, Presidente; P. Fr. Luis Ayábar; P. Fr. Rufino Pérez; Fr. Robustiano Gil, Diácono; Fr. Regino Maculet, Subdiácono; Fr. Pablo Planillo, Subdiácono; Fr. Guillermo Zabala, Subdiácono; Fr. Francisco Corral; Fr. Ramón Arenal; Fr. Ignacio San Miguel; Fr. Amadeo Alvarez; Fr. Francisco Sola; y el Hermano Lego, organista, Fr. Manuel Pérez; éste quedó en Bogotá para desempeñar el órgano, y los demás, según queda indicado, marcharon al Desierto a vivir en comunidad y prepararse para las misiones u otros destinos a donde los mande la obediencia.

La otra misión que con diferencia de unos días más o menos, salió de España para Colombia... se componía de 17 misioneros, quienes fueron recibidos de la misma manera que queda descrito. Hicieron su entrada en la capital el día 7 de diciembre. Son sus nombres: P. Fr. Bruno Castillo, Presidente; P. Fr. Leonardo Azcona; P. Fr. Gregorio Fernández; Fr. Edmundo Goñi, Subdiácono; Fr. Pablo Alegria, Diácono; Fr. Doroteo Ocón, Subdiácano; Fr. Domidgo Muro, Subdiácoño; Fr. Antonto Sibelo; Fr. Antonio Roy; Fr. Marciano López; Fr. Luciano Ganuza; Fr. Eusebio Larrainzar; Fr. Valeriano Tanco; Fr. Ubaldo Ballesteros; Fr. Julián Ciriza; Fr. Angel Marcos y el Hermano Lego, Fr. Miguel Aizcorbe. Parte de estos Misioneros siguieron para el Desierto, después de unos días de descanso en la capital, y otros quedaron en Bogotá para solemnizar las funciones de Cuarenta Horas, que estaban próximas a celebrarse en nuestra iglesia, y que salieron . lucidísimas, rivalizando en solemnidad y esplendor con las que dejamos descritas en otro lugar de esta obra.»

Estaba, pues, verdaderamente nuestra Provincia de la Candelaria y sus Misiones de Casanare con tan numeroso y notable refuerzo de *Gaudeamus;* el cual una vez dispuesto para 'el sagrado ministerio y distribuido convenientemente por el vasto campo espiritual de nuestro Instituto Recoleto, no es fácil apreciar el impulso vigoroso y extraordinario que recibirían bien pronto todas sus santas empresas, y que de mil amores quisiéramos dejar correr la pluma desde ahora para ponderarlas, engolfándonos en su consideración y grandeza, si no nos detuviera el temor de que resultase este tercer volumen de la *Monografía* demasiado abultado y de mayores proporciones que le hemos prefijado de antemano.

Así que vencidos de este temor, y estimando que conviene más en todo sentido componer el cuarto volumen donde se pueda hacer notar con más holgura y extensión el incremento y esplendor que con dicho refuerzo alcanzó desde ese tiempo en adelante nuestra Provincia de la Candelaria, suspendemos aquí nuestra labor con la esperanza de poder escribir el otro, mediante la ayuda de Nuestro Señor y la protección de la Santísima Virgen de la Candelaria, nuestra dulce Madre y celestial Patrona, para su mayor gloria, honor y alabanza eterna. *Regi saeculorum immortali et invisibili, soli Deo honor et gloria ....*

R. P. Fr. Angel Vicente de la Concepcion,
misionero Candelario, varón apostólico y religioso
austero y observánte.—* 1865. † 1917.

APENDICE

(Véase página 106)

Muy estimado señor Ministro:

Usia me pide consejos para bien implantar y organizar las Misiones entre los indios; yo pensaba excusarme, porque ni me creo capaz de consejos en una materia tan delicada, mientras hay en Bogotá, particularmente entre los RR. PP. Jesuitas, personas de muy grande experiencia acerca de Misiones, siendo ellos en todas partes los misioneros más valientes que tenga la Iglesia; pero la bondad de Usia al dirigirse a mí pudo tanto en mi ánimo, que dije: yo manifestaré al señor Ministro mis pobres ideas sobre Misiones; lo único que me puede sobrevenir será que mis observaciones podrán ponerse · de un lado como inútiles: me quedará entonces la satisfacción de haber mostrado al señor Ministro mi buena voluntad, y esto me basta para observar algún orden en lo que voy a decir; lo dividiré en capítulos que no serán más que cortas indicaciones de lo que yo hice cuando era Misionero entre los Carrianos de la Birmania Oriental.

I. El personal de las Misiones.

Entiendo por personal de las Misiones los Misioneros mismos. El sacerdote que se dedica a la carrrea de las Misiones debe tener dotes particulares, y primero debe ser enteramente desprendido de las cosas de este mundo: debe poder decir con San Pablo: *omnia.... arbitror ut stercora ut Christum lucrifaciam.* Un Misionero que se dedica a las

Misiones por ambición de dinero y de honores o de ganar méritos para obtener puestos, es mejor que se quede en su casa; él no debe tener otra ambición que la de llevar la cruz de los sacrificios y esto a escondidas de todos, nunca tan satisfecho que cuando nadie fuera de Dios los conoce. En fin, debe ser muerto a sí mismo; no debe preferir un lugar a otro; donde quiera que sus superiores lo envíen él está siempre contento, porque él no tiene voluntad propia. Si en este lugar él sufre hambre y sed y todas las molestias, comprendida la más fuerte, que es la ingratitud de los indios, y ve que su trabajo no produce el fruto que esperaba, él no se amilana ni pierde la paciencia, sino que dice: bendita sea la voluntad de Dios. También es menester que excepto los Superiores que pueden ser hombres de edad, los Misioneros sean jóvenes fuertes, sanos y de un carácter alegre y siempre igual. En fin, yo no puedo trazar aquí más que un bosquejo; pero sí no cesaré nunca de encomendar que se tenga gran cuidado con los sacerdotes que se envían a las Misiones, pues la prosperidad de una Misión depende en gran parte de la calidad de los Misioneros.

II. Un local aparente como centro de la Misión.

El Misionero debe estar dispuesto a todos los sacrificios; pero los Superiores que dirigen una Misión deben procurar aliviárselos lo más que sea posible. El Misionero en un pueblo debe conformarse a vivir en una choza como la de los indios, y debe nutrirse de lo con que ellos se nutren; cuando más podrá hacerse fabricar una choza más grande, con las comodidades que su ingenio le pueda sugerir; pero siempre será una choza. Allí la salud del Misionero naturalmente se ve expuesta, y no será extraño si particularmente al principio sufre de calenturas. Es pues necesario que haya una casa en clima bueno, en terreno elevado, que sea de material y a lo menos de madera y que tenga las comodidades que se puedan obtener. Allí se retira el Misionero enfermo para temperar. Esta casa debe colocarse

en un punto de fácil comunicación con el mundo civilizado,
y allí deben tenerse los víveres, las medicinas, todo, en fin,
lo que pueda necesitarse para la Misión.

III. Otros oficios de la casa central.

. ´ Para establecer una Misión, el primer cuidado del Misionero es reunir un buen número de niños y educarlos
cristianamente; es en la generación nueva donde está la
esperanza de la Misión. Para hacer esto, los Misioneros que
están distribuidos en los varios pueblos tienen que tomar
todo el interés para la juventud y cuando haya algunos
que manifiesten capacidad, deben inducirlos los padres a
enviarlos a la casa central. Alli junto a la casa de los Misioneros habrá otra casa destinada a la educación de los
niños. Se les enseñará el Catecismo, a leer, a escribir y a
hacer cuentas. Además de esto se tendrá el cuidado de enseñarles algún arte y en modo particular aficionarlos a la
agricultura. En la Misión que yo dirigía en la Birmania
Oriental, reunimos más de ochenta jóvenes y fuimos los
primeros en introducir la siembra del café en aquellas regiones. Nosotros mismos con la ayuda de los jóvenes plan-
tábamos el semillero a su tiempo, trasportábamos los arbo-
litos, y en poco tiempo tuvimos una plantación de 20,000
árboles de café y 1,000 árboles de quina; el año pasado
la renta del café produjo 2,005 pesos en oro, que es un buen
auxilio para la Misión. Pero al mismo tiempo el ejemplo
nuéstro animaba a los Carrianos que son muy positivistas
y no quieren emprender un trabajo si no están seguros de
que les producirá algo. No sé si los indios se parecerán a
los Carrianos, pero es cierto que si a éstos se les dice:
plantad esto, sembrad aquello, contestan: *Tuza toone,* no
hay esta costumbre entre nosotros; pero si ven prácticamente la cosa y más las ventajas que produce se despier-
tan de su pereza y trabajan. Otra ventaja que ofrece esta
casa de educación es, que si entre el número de estos niños se presentan algunos que muéstren ingenio y vocación,
se pueden enviar al Seminario de Bogotá y educarlos para

el sacerdocio y formar de este modo un clero nativo que asegure el porvenir de la Misión. Además, enseñábamos a estos niños el canto y ellos eran los que oficiaban las misas cantadas, y lo hacían con tánta perfección que dejaban maravillados a los que los oían.

IV. Educación de los niños.

El Misionero no olvida que hasta cuando no podrá educar cristianamente los niñitos, será que habrá adelantado en su trabajo. Nosotros habíamos levantado un establecimiento en madera para 100 niñas y habíamos oportunamente llamado unas Hermanas de la Caridad francesas que reunían estas niñas, las educaban a la aguja, al lavado y al trabajo y particularmente procuraban educarlas en la Religión y en la piedad. Cuando estas niñas volvían a sus pueblos hacían un bien muy grande entre las mujeres.

V. Necesidad de formar Catequistas.

En una Misión de más de 100 pueblos es imposible que se pueda dar un Misionero para cada pueblo. Es mucho al principio, si se pueden enviar 10 o 12 sacerdotes; ¿cómo se hará para instruir tánta gente? Aqui viene oportunísima la casa de educación de los niños; después de 4 o 5 años muchos de estos niños tendrán ya la edad en que puedan ser colocados en los pueblos como catequistas. De oficio es enseñar a todos la Doctrina cristiana, reunir la gente en la choza, que hace vez de iglesia, todas las mañanas y todas las noches vigilar para que no haya desórdenes en el pueblo, escribir al Superior dando cuenta de sus trabajos, reunir la gente cada vez que llegue al pueblo el sacerdote y hacer de intérprete si el sacerdote no esta tódavia suficientemente instruido en la lengua indiana. Nosotros dábamos un pequeño sueldo a los catequistas, sea para animarlos, sea para ayudarlos en sus necesidades y le aseguro que eran la mano derecha del Misionero.

VI. El Superior.

El Superior de la Misión reside en la casa central; dos o tres Misioneros deben vivir con él para atender junto a

la educación de los niños y de las niñas a los intereses de
la Misión y enviar oportunos auxilios a los Misioneros en
los diferentes pueblos. Es muy importante que él convoque
a lo menos una vez al año a todos los Misioneros para
los santos ejercicios y para tratar con ellos de las necesidades de cada Misión. En la buena estación él hará la visita pastoral a los pueblos para confirmar a los niños y
para exhortar a los grandes para que se preparen a recibir
el Santisimo. A fin de amalgamar a los cristianos entre sí,
yo hallé muy oportuno hacer una fiesta una vez al año
en los pueblos por turno. A la fiesta deben concurrir los
cristianos de todas partes, de este modo se conocen entre
ellos y se estrechan los vínculos de la caridad. Yo acos-
tumbraba alegrar la fiesta con fuegos artificiales que pre-
parábamos nosotros de antemano; hacía aprender a los niños
que llevaba conmigo para oficiar la misa solemne un dra-
ma religioso, y lo representaban; además tenía una linterna
mágica en que se representaban los hechos principales de
la Historia Sagrada, los misterios principales y la pasión
de Nuestro Señor Jesucristo, lo que servía como de escuela práctica de muy buen efecto entre los neófitos. El Jefe
del pueblo hacia los gastos de la fiesta, como se anunciaba un año por el otro donde se debia hacer la fiesta, el
Jefe tenía cuidado de reunir 5 o 6 búfalos y suficiente
arroz para mantener a los huéspedes y para acostumbrar
al pueblo y ayudar la Misión, se hacía una colecta que se
aplicaba a las necesidades de la Misión misma. El Superior
debe ser un prodigio de paciencia y caridad con todos,
pero en modo particular con los Misioneros, debe conso-
larlos, animarlos, informarse de sus necesidades y caso
que los viera enfermos mandarlos a la casa central, y si la
enfermedad continuase enviarlos a su tierra para que puedan restablecerse.

VII. Primeros trabajos del Misionero.

Los Misioneros no deben de una vez regarse en los
pueblos. No, ellos tendrán que pasar algún año en la casa

central para aclimatarse y a fin de aprender algo de la lengua indiana. Sería un error predicar en castellano a gente
que no lo entienda. Pero antes que el Misionero pueda
predicar en la lengua indígena necesitará más de dos años,
pero él no dejará por esto de empezar sus trabajos y lo
hará de este modo. Los primeros Misioneros con el auxilio de algún indio inteligente que sepa el castellano y que
nunca faltan, harán la traducción del pequeño catecismo,
escribiendo en letras españolas las voces indianas. Al principio habrá errores, es imposible el evitarlos, pero no importa, poco a poco el Misionero los descubrirá y corregirá.
Con este catecismo en la mano el Misionero irá al pueblo
que le será fijado y palabra por palabra enseñará las oraciones al pueblo; la necesidad en que se hallará de tenerse
que explicar en algún modo lo ayudará inmensamente a
aprender la lengua; hallará mucha dificultad al principio
pero no se pierde el ánimo, adelante, adelante, la perseve-
rancia será por fin remunerada. El Misionero debe persuadirse de que la caridad es el único medio para atraer los
salvajes a la Religión. Yo no creo que los indios estén en
el estado de barbarie en que lo eran las tribus carrianas
que teníamos que evangelizar en la Birmania. Cuando nosotros llegamos a Toangos, ciudad birmana, pero la más
cercana a estas tribus, veíamos a los carrianos bajar de sus
montañas para hacer sus provisiones en la ciudad; los pobres eran casi desnudos, nadie los admitía en sus casas,
todos los despreciaban y nosotros los acogíamos, les dábamos qué comer, los agasajábamos, los vestíamos, nos
hacíamos amigos de los Jefes, en fin, hacíamos todo lo
que podíamos a fin de atraerlos. No pasó mucho tiempo
sin que algunos Jefes oyendo que nosotros queríamos es-
tablecernos entre ellos, nos ofrecían sus casas, nos convida-
ban. Por fin después de haber aprendido un poco de la
lengua birmana, suficientemente para hacernos comprender
de los Jefes que por la mayor parte la conocían, escogí-
mos un pueblo y allá pusimos nuestra casa, una miserable
choza de bambú. Pero ¿ qué quiere U. S.? a pesar de tánto

VII

cariño que les habíamos mostrado en Toangoo, nos miraban con recelo y las mujeres particularmente nos huían con horror; hasta nos consideraban como unos miserables que íbamos a sus pueblos porque estábamos muertos de hambre; pero la caridad todo lo vence; aquella pobre gente enterrada en las montañas sufría de muchas enfermedades y nosotros les dábamos medicinas, les curábamos horribles llagas, vestíamos sus chiquitos, en fin, nos hacíamos todo a todos; por fin ellos decian: *estos blancos son buenos;* nos amaron, sus niñitos hallaron en nosotros otros tantos padres; en poco tiempo reunimos más de 80 jovencitos, los instruímos y bautizamos, les enseñamos a leer y escribir en la propia lengua, habiendo nosotros mismos formado el alfabeto; con una litografía imprimimos los catecismos, etc., etc., hasta que ahora habiendo conseguido una magnifica imprenta hemos podido proporcionar a nuestros catequistas todos los libros que se necesitaban para instruir a los pueblos en nuestra santa religión. Pero para todo esto se necesitaron años de continua labor. Cuando subimos las montañas carrianas no teníamos un cristiano y cuando dejé la Misión por orden del Sumo Pontífice que me llamaba a Roma, dejaba 7.500 cristianos. Pero yo creo que entre los indios la Misión será más fácil, ya porque hay muchos entre ellos que son cristianos, ya porque el prestigio del Gobierno ayuda muchísimo al Misionero en su trabajo regenerador. Pero no me cansaré de repetirlo, caridad, caridad; es con el amor que se vencen los corazones, es con el amor que se planta la cruz. Cristo que es todo amor quiere que la bandera del Misionero sea la caridad.

VIII. En los pueblos.

La caridad del Misionero de boca en boca llega a reconocerse por todos los pueblos y los excita a entrar en la religión. No se debe pretender que el primer movimiento hacia la religión sea enteramente espiritual, antes se puede decir que el salvaje no ve al principio más que su propio interés, ve que los pueblos que abrazan la religión gozan de algunos privilegios, tienen algunas comodidades y les entra la gana de participar de los mismos beneficios.

26

El Jefe se presenta al Superior y dice (a lo menos así hacían los carrianos): queremos un catequista; esto equivalía a decir: queremos hacernos cristianos. Al momento el Superior iba al pueblo que pedía el catequista, los alababa por la buena resolución, procuraba purificar sus motivos carnales, diciéndoles que debían hacerse cristianos únicamente porque era un deber de todo hombre abrazar la verdadera religión, y que los espíritus que ellos adoraban no eran más que demonios, y que si no se bautizaban, muriendo, irían a un lugar de tormento y de fuego, y viendo en la gente buena disposición hacía traer a todos los niños que no tenían uso de razón y los bautizaba, dejaba allá un catequista, hacía que levantaran una choza bien grande que debia servir de iglesia, los animaba y bendecía; los dejaba, en fin, para volver al cumplirse el año; durante este tiempo por obra del Catequista y del Misionero que de vez en cuando los visitaban, la gente se instruia en las cosas de la fé y a la ida del Superior había siempre algunos bautismos de adultos.

IX. Empleo del tiempo en las Misiones.

El Ilustrísimo y Reverendísimo Monseñor Bigandet, Obispo de Rangoon en la Birmania y decano de los Obispos de Indo-China, hombre de grandes conocimientos y de consumada experiencia, en un sínodo que tuvimos en Singapore, emitió el concepto de que seria muy oportuno que los Misioneros aprendieran algún arte, porque como es imposible que el Misionero esté continuamente ocupado en el Ministerio, debe ocuparse en algo los ratos libres; la ociosidad es enemiga del espiritu y expone al Misionero a muchas tentaciones. En muchos la agricultura puede ser una excelente ocupación, en otros la carpintería, en otros el tejer, la pintura, la disecación de los pájaros, la botánica, en fin, cada uno según su particular inclinación escoja una profesión, que les dará muy buenos resultados: 1.º, lo tendrá siempre ocupado; 2.º, dará ejemplo de laboriosidad a los neófitos que en general necesitan un estímulo para darse al trabajo.

Muchas otras cosas habría que escribir si se quisiera dar una idea completa de una Misión, pero U. S. comprenderá que no me es posible y que tendría temor de cansar su paciencia. Más bien diré, si U. S. después de haber leeído estos renglones no los hallare conformes a lo que U. S. esperaba, tenga la bondad de destruirlos. Adiós, muy estimado señor Ministro, créame U. S. su atento servidor y sincero amigo,

† Eugenio
Obispo de Cartagena.

Cartagena, 1.º de Agosto de 1889.

Número 123. — Vicariato de Casanare.

Al señor Ministro de Fomento.—Bogotá.

Nos hemos impuesto en la resolución que por duplicado tuvo S. S. la bondad de enviarnos, relativa al importante asunto «Misiones de Casanare,» y como S. S. nos exige la última resolución, vamos a dársela con toda la sinceridad de nuestro carácter.

A todo edificio hay que darle principio por la base. La base fundamental de las Misiones de Casanare es el establecimiento del Vicariato Apostólico de ese territorio, compuesto de los pueblos de esa región y de los veinte de la falda occidental de la cordillera oriental desde Puebloviejo hasta el Cocuy; esto es, todos los pueblos de la banda oriental del río Chicamocha, cuyo proyecto fue presentado por el Ilustrísimo señor Obispo García, apoyado por los señores Delegados Agnozzi y Matera y aceptado por el Padre Santo, según lo dijo el mismo señor Agnozzi. Este Vicariato debe establecerse así porque sin los veinte pueblos dichos, el Vicariato de Casanare no puede existir, porque no tendrá el Vicario Apostólico en muchos años recursos para vivir, para construir Seminario, casa episcopal, edificio para los Misioneros y hacer los gastos indispensables para atraer a los indios obsequiándolos, pues sin esto bien poco se adelantaría.

Es sabido que en ninguno de los pueblos de Casanare hay locales ni medianamente cómodos para todo esto; y el que los pueblos puedan contribuir para estas necesidades, es obra del tiempo y del trabajo, porque las actuales generaciones no están educadas en el sentido de dar nada.

para el sostenimiento del culto y los Ministros, y esto es un obstáculo para la buena marcha del Vicariato.

El segundo fundamento es el nombramiento de Vicario en propiedad y con todas las facultades que para esto requiere por razón de la distancia y la difícil comunicación con el interior y la Delegación apostólica. Un Vicario sin facultades para fundar un seminario, para conferir las sagradas órdenes, para nombrar curas, para fundar y dividir parroquias, es un• Vicario sin funciones que no puede remediar las necesidades espirituales de los pueblos de Casanare, ni dar impulso al progreso material, intelectual y moral de los hijos de Casanare, es un simulacro de Vicario y nada más. En todos los pueblos de Casanare piden sacerdote al Vicario y el Vicario no puede dárselo, éste los pide al Obispo y el Obispo no los da: ¿cómo pues podrá remediar las necesidades en esos pueblos? Si le piden que en un caserío erija una parroquia que es indispensable para la buena marcha de sus habitantes, si le piden que fije límites a una parroquia cuyo territorio es inconmensurable como sucede allá con mucha frecuencia porque hay parroquias que tienen cincuenta leguas de extensión, nada de esto puede hacer el Vicario y tiene que declararse impotente ante estas justas exigencias; porque sus atribuciones están tan limitadas que en definitiva se reducen a bautizar, confirmar, confesar y casar, y estas no son las atribuciones del Vicario sino las del cura.

Si cuando fui a la visita hubiera llevado sacerdotes o hubiera podido conceder las sagradas órdenes, habia podido reducir muchas tribus y dejádolas establecidas, pero tuve que abandonar el trabajo y retirarme a la entrada del invierno por falta de operarios.

El primer deber de un Obispo es atender a las necesidades espirituales de sus súbditos antes que a su propia comodidad y ventajas, antes que a la extensión de su autoridad y jurisdicción; pero demostrado está que aquel deber no se puede cumplir en Casanare por falta de autoridad y jurisdicción.

Creo, pues, necesario que se erija el Vicariato Apostólico, antes que todo se nombre en propiedad el Vicario y se arbitren los recursos necesarios para emprender las obras que hay que ejecutar en Casanare: antes de esto me parece perdido todo lo que se intente en orden a la reducción de los indígenas, y Nós, en el estado actual de cosas no nos encargaremos de esa obra muy superior a nuestras fuerzas: otra cosa es visitarlos y obsequiarlos para que le vayan perdiendo el horror a los blancos y se acostumbren a ver al Obispo y su comitiva que lejos de hostilizarlos los ama y los defiende: esto sería lo más que en estas circunstancias podríamos hacer como lo dijimos a S. S. en las manifestaciones escritas y verbales que le hicimos y en los mismos términos que se lo propusimos.

Por último, si se erige el Vicariato Apostólico de Casanare, la capital debe ser en uno de los pueblos de la banda oriental del río Chicamocha; porque en bastante tiempo no podrá residir el Vicario en ninguno de los pueblos de Casanare por falta de habitación, pues en uno de los aduares de por allá o debajo de una palmera no será muy saludable la estación.

Dejamos así contestada la nota de S. S. en orden a las Misiones de Casanare.

Nos es muy grato suscribirnos de S. S. obsecuente servidor,

† JUAN NEPOMUCENO
Obispo de Sebastópolis.

Tasco, 19 de julio de 1889.

Popayán, agosto 6 de 1889.

A S. S. el Ministro de Fomento.--Bogotá.

Acuso a S. S. recibo de su atenta nota de julio y del *Diario Oficial* que la acompaña.

Estudiaré con interés la resolución ejecutiva a que S. S. hace referencia, para dar mi opinión, si pudiere formarla, sobre un asunto en que tengo tanta abundancia de buenos deseos como falta de conocimientos prácticos.

Desde ahora puedo informar a S. S. que las poblaciones que en esta Diócesis requieren el socorro de los Misioneros, pueden dividirse en tres clases:

1.ª Pueblos enteramente salvajes y no bautizados, de los cuales hay algunos hacia el Darién y acaso en otros puntos.

2.ª Pueblos de indígenas y de negros bautizados, en los cuales no es posible tener Cura por la grande escasez de clero. En estos pueblos los indígenas no hablan castellano; y tanto ellos como los negros reducen su vida cristiana a hacerse bautizar y a celebrar, cuando pueden, algunas fiestas de santos que les sirven de ocasión y de pretexto para orgías de intemperancia y de libertinaje. Por lo demás, aunque manifiestan cariño y respeto por los sacerdotes, carecen de toda noción de la doctrina cristiana, y en tiempos de revueltas siguen siempre a los peores caudillos y despliegan la ferocidad propia del salvaje.

En este estado se encuentran no sólo los pueblos llamados propiamente de Tierra adentro, sino muchísimos otros situados en las cordilleras que rodean esta ciudad y todos los de la costa del Pacífico y todos los del Chocó, que sin el auxilio de los Misioneros, corren peligro de llegar a una barbarie completa.

3.ª En fin, poblaciones más adelantadas, pero en que la corrupción de costumbres y la ignorancia religiosa toman proporciones alarmantes por la imposibilidad en que el Prelado se halla de tener en cada una de ellas un Cura con residencia permanente.

Anticipo a S. S. este informe para que el Gobierno tenga datos ciertos sobre las necesidades que hay que remediar cuando llegue el caso de tomar alguna providencia en este importantísimo negocio.

Dios guarde a S. S.

† JUAN BUENAVENTURA
Obispo de Popayán.

———

Arquidiócesis de Santa Fe de Bogotá.—Gobierno Eclesiástico.—El Vicario Capitular.—Número 182.—Bogotá, 13 de julio de 1889.

Señor Ministro de Fomento.

He recibido la muy atenta nota de S. S. número 16.285 de fecha 27 de junio, y la copia auténtica de la resolución expedida por ese Ministerio con fecha 19 del mes próximo pasado, que S. S. ha tenido la bondad de remitirme, sobre Misiones y Colonias agrícolas de indígenas; y felicitando por medio de S. S. al Gobierno de la República por el interés que manifiesta en favor del restablecimiento de las Misiones en nuestros territorios, tengo el honor de contestar lo siguiente:

Creo que son muy aptos para las referidas Misiones los RR. PP. Agustinos Descalzos y que en vista de esto y de las buenas disposiciones en que se encuentran de emprenderlas, tanto el Gobierno Civil como el Eclesiástico debemos prestarles toda suerte de apoyo, a fin de que sin ningún obstáculo puedan inmediatamente dedicarse a trabajar en ellas.

En cuanto a los $ 3.000 depositados en el Banco Nacional a mis órdenes, no se puede disponer de ellos, sino para el fin preciso para el cual están destinados por el artículo 9.º de la Convención entre la Santa Sede y la República de Colombia sobre cumplimiento del artículo 27 del Concordato de 1887, y no para excursiones; en caso de que pudiera darse otra inversión a la referida suma, creo que para ello debemos aguardar al Ilmo. señor Arzobispo, a quien corresponde el poder resolver otra cosa en este delicado asunto.

En fin: es mi parecer que dicha importantísima obra de las Misiones se establezca cuanto antes; y entonces y exclusivamente para ello serán destinados todos los fondos de que se pueda disponer; y una vez emprendidas de nuevo, todos trabajaremos como en punto de honor por su progreso y sostenimiento.

Con la más distinguida consideración, tengo el honor de susbribirme muy atento seguro servidor de S. S.,

PATRICIO PLATA

Señores miembros del Consejo de Estado.

Se me ha pasado en comisión el oficio del Ministerio de Fomento, número 16.302 y la resolución adjunta a él, relativa a Misiones y a Colonias agrícolas.

En el número 10 de la citada resolución se dispone que se inquiera la opinión del Consejo *sobre los puntos indicados;* pero en el oficio se dice que el Gobierno, para proceder con acierto en lo relativo a Misiones y Colonias agrícolas, desea que el Consejo de Estado *lo ilustre con sus indicaciones.* Me parece que el oficio modifica la resolución

en cuanto a lo que se quiere que haga el Consejo; y me
parece la modificación muy conveniente, porque no le encuentro objeto a la emisión de concepto sobre puntos ya
resueltos por el Gobierno, al paso que sí lo tiene el manifestar la forma que, a juicio del Consejo, convenga dar a
las Misiones, o sea a la empresa de civilizar a los salvajes.
Por esa razón será éste el punto que examinaré en el presente informe.

Como naturalmente se desea la reducción de los salvajes
existentes en la República a la vida civil en el menor tiempo posible, claro está que el plan general ha de consistir
en encargar las Misiones a uno o más institutos docentes
y darles los recuersos y la protección que necesiten para el
buen éxito de las Misiones. Como creo que en este particular no hay divergencia de opiniones, paso desde luego a
considerar algunos detalles.

Lo primero que se necesita para las misiones son los
Misioneros; y la provisión de éstos puede hacerse trayén-
dolos de Europa, o formándolos en el pais, o empleando a
la vez los dos sistemas.

El traerlos exclusivamente de Europa tiene el grave inconveniente de que no siempre los hay disponibles, y no se
puede contar con reemplazos oportunos; y el formarlos en
el país tiene el inconveniente de que habrá que aplazar por
varios años una obra que es de grande urgencia. Debe,
pues, adoptarse el tercer medio: traer por ahora los que se
necesiten y fundar colegios de Misioneros, sobre base suficientemente amplia para que se formen todos los que se
necesiten.

Dados los Misioneros, viene la cuestión recursos para
fundar las Misiones. Si se quiere, como es natural, una obra
rápida, es preciso que el Gobierno dé los recursos que se
necesitan; pero debe tenerse en cuenta que esos recursos
para cada Misión tienen que ser abundantes al principio, y
que es condición necesaria la de que no falten nunca. Es
preciso, pues, que el Gobierno examine previamente sin
hacerse ilusiones, cuánta es la suma que puede destinar a

las Misiones, para poder saber qué grado de desarrollo se da a éstas. Hecho eso, debe disponerse que dicha suma se pague de preferencia a los demás gastos públicos. Si se han de gastar esos cuántos miles de pesos en emprender una Misión que luégo se arruine, porque se suspenda el pago de la subvención, es mejor no principiar y destinar aquel dinero a otra cosa.

La ruina de las Misiones, y a veces la imposibilidad de establecerlas, viene muchas veces del comercio de los indígenas con los civilizados de las poblaciones o de las comarcas vecinas. La mayor parte de los comerciantes que se ponen en relación con los indígenas, lo hacen con el fin de explotarlos miserablemente para enriquecerse; y como los Misioneros naturalmente han de oponerse a esa iniquidad, resulta que los peores enemigos de las Misiones son los comerciantes. Es preciso, pues, que los Misioneros puedan prohibir o restringir ese comercio, según convenga a cada Misión, y que el Gobierno les dé la protección y la fuerza necesaria para la perfecta eficacia de sus disposiciones.

La existencia de las autoridades laicas en las Misiones es otro de los graves tropiezos para el desarrollo y prosperidad de éstas, cuando dichas autoridades obran con independencia de los Misioneros. El espíritu evangélico guía siempre a los Misioneros; y las autoridades laicas, independientes muchas veces se apartan de ese espíritu, y no pocas se ponen en pugna abierta con él. Nacen de ahí contiendas entre Misioneros y autoridades laicas, que son siempre fecundas en males para la Misión.

Si se quiere el fin es preciso que se quieran también los medios adecuados para conseguirlo. Si se quiere pues, la reducción de los salvajes, y si se conviene en que ella no puede obtenerse sino por la acción benéfica de los Misioneros, es preciso dar a éstos toda la autoridad que necesiten, y no ponerlos bajo la tutela de ninguna autoridad laica que pueda entrabar o dificultar su obra civilizadora.

En cuanto a la manera de proceder, debe ser con un convenio formal hecho con la Santa Sede para todas las

Misiones de la República, o bien, con cada orden religiosa de las que estén en situación de poder encargarse de alguna o algunas determinadas. Esos convenios han de ser muy detallados y muy previsivos; no podrán modificarse sino de común acuerdo por las dos partes contratantes y han de ejecutarse fielmente por ambas.

En resumen, lo que yo creo es que el Gobierno debe dar a los Misioneros el dinero y la fuerza que necesiten para convertir las inmensas regiones salvajes de nuestro país en repúblicas cristianas semejantes a las que los jesuitas fundaron en el Paraguay, conocidas con el nombre de *Reducciones;* y luego que esa magna obra se vaya perfeccionando, en cada localidad se irán incorporando en la Nación y sometiéndolas al régimen común, esas agrupaciones que he llamado repúblicas cristianas á falta de otro nombre más expresivo para el caso.

Tales son las bases generales sobre las cuales debe descansar, a mi juicio, el establecimiento de las Misiones en la República. En el estado actual del asunto, juzgo que no hay necesidad de descender a otros detalles.

En cuanto a las Colonias agrícolas, si ellas han de ser formadas por los salvajes reducidos, deben quedar, como todo lo demás de la Misión, al prudente juicio de los Misioneros; y si han de formarse con gente civilizada, deben separarse absolutamente del ramo de Misiones y estudiar en cada caso especial, la conveniencia de establecerlas, y la mejor forma de de llevarlas a cabo.

Concluyo proponiéndoos el siguiente proyecto de resolución:

«Dígase al Gobierno que el Consejo de Estado es de concepto que el arreglo general de las Misiones en la República debe hacerse de acuerdo con las bases indicadas en el presente informe.

«Esto sin perjuicio de que se lleve a cabo lo dispuesto por el Gobierno en la resolución del Ministerio de Fomento de 19 de junio último, referente al territorio de Casanare, nombramiento de comisionados especiales que visiten las tribus salvajes y demás puntos allí resueltos.»

H. H. Consejeros.

JUAN PABLO RESTREPO

(Se aprobó en 8 de agosto de 1889 esta resolución).

———————

Señor Presidente del Consejo Central de la Obra de la Propagación de la Fé.

En desempeño de la Comisión que Usía se sirvió conferirnos exponemos que en lo tocante a Misiones tienen intervención y facultades la autoridad eclesiástica y la civil. El Consejo Central no puede hacer otra cosa que prestar ayuda a una y otra, en cuanto lo permita su reglamento.

Un plan general de Misiones debe arreglar muchos puntos puramente eclesiásticos que son de la competencia de los señores Obispos. Ahora no puede saberse cómo se concertarán en sí las dos autoridades en lo que concierne a Misiones.

Juzgamos que debe dejarse al Metropolitano el recoger los dictámenes de los otros Obispos de la Provincia eclesiástica, y formular en vista de ellos el plan que desea el Gobierno, a lo menos en cuanto a lo eclesiástico.

Actualmente se halla vacante la Silla Metropolitana, y felizmente se aguarda que dentro de poco sea ocupada por un Prelado, que, por razón de su autoridad y de la práctica que ha adquirido en materia de Misiones, puede arreglar mejor que nadie lo tocante a ellas.

Por tanto, creemos que para dictar cualquier providencia debe aguardarse la venida del Ilustrísimo señor Velasco. Si algo se hiciera antes, es seguro que habría que modificarlo sustancialmente dentro de poco tiempo.

El Ilustrísimo señor Arzobispo y el Gobierno creen que el Consejo Central puede contribuir con sus trabajos al buen éxito de lo que se emprenda en orden a Misiones, todos sus miembros están dispuestos a servir en cuanto puedan y por consiguiente a formar el plan de que habla. el señor Ministro de Fomento.

A lo que este Magistrado desea saber sobre si el Consejo estará dispuesto a contribuir con recursos para las empresas concernientes a Misiones, opinamos que se conteste que el Consejo había recibido sus facultades de la Delegación Apostólica, y que no habiendo en la actualidad en la Arquidiócesis quien represente inmediatamente a la Santa Sede, y no habiendo decidido la autoridad eclesiástica local cuáles sean las atribuciones del mismo Consejo, éste no se considera facultado para disponer de los fondos que recaudó y que tiene en caja, ni cree poder hacer erogación alguna sin orden de la autoridad de quien depende.

En vista de las consideraciones anteriores, hacemos la siguiente proposición: «Contéstese a S. S. el Ministro de Fomento, transcribiéndole el informe anterior y manifestándole que el Consejo ha aprobado su contenido.»

Dios guarde a U. S. muchos años.

RAFAEL M. CARRASQUILLA

JOSÉ MANUEL MARROQUÍN.

Bogotá, 12 de Julio de 1889.

LISTA DE LOS RELIGIOSOS EXISTENTES EN LA PROVINCIA DE LA CANDELARIA

AÑO DE 1889

En Bogotá, capital de la República

Nuestro Padre Fray Ezequiel Moreno del Rosario, Vice-gerente de nuestro Padre Vicario Apostólico.

Nuestro Padre Fray Victorino Rocha de San Luis Gonzaga, Provincial.

Padre L. Fray Martín Diaz de nuestro Padre S. Agustín.

Padre Fray León Caicedo de San Juan Bautista.

Padre Fray Domingo Díaz de San Nicolás.

Padre L. Fray Santiago Matute del Santísimo Cristo de la 3.ª Orden.

En el Convento de El Desierto

Reverendo Padre Fray Ramón Miramón de la Concepción, Prior y Maestro de Novicios.

Padre Fray Gregorio Segura del Carmen, Subprior.

Padre Fray Anacleto Jiménez del Burgo, Catedrático.

Hermanos legos, dos.

Novicios de coro, ocho.

Donados, tres.

En el Curato de Ráquira, Padre Fray Juan Nepomuceno Bustamante de Jesús.

En el Curato de Cucunubá, Padre Fray Bonifacio Giraldo de la Magdalena.

En el Curato de Cite, Padre Fray Tomás Parra del Corazón de Jesús.

AÑO DE 1890

En Bogotá

Nuestro Padre Fr. Ezequiel Moreno del Rosario, Superior de la Provincia.

Nuestro Padre Fray Victorino Rocha de San Luis Gonzaga, Provincial.

Padre L. Fray Martin Díaz de Nuestro Padre San Agustín.

Padre Fray León Caicedo de San Juan Bautista.

Padre L. Fray Santiago Matute del Santísimo Cristo de la 3.ª Orden.

Hermano Lego Fray Robustiano Erice de los Sagrados Corazones.

En el Desierto

Padre Fray Ramón Miramón de la Concepción, Prior y Maestro de Novicios.

Padre Fray Gregorio Segura, Subprior.

Padre Fray Manuel Fernández de San José, Catedrático.

Padre Fray Marcos Bartolomé de la Soledad.

Padre Fray Marcelino Ganuza de la V. de Jerusalén.

Padre Fray Antonino Caballero de la Concepción.

Hermano Lego Fray Luis Sáenz de la V. de Valvanera.

Hermano Lego Fray Isidoro Sáenz de San Nicolás de Tolentino.

Hermano Lego Fray Canuto Gambarte de la Concepción.

Novicios coristas, 5.

Donados, 3.

En el Curato de Ráquira, Padre Fray Anacleto Jiménez de la V. del Burgo.

En el de Cite, Padre Fray Tomás Parra del Corazón de Jesús.

En el de Cucunubá, Padre Fray Bonifacio Giraldo de la Magdalena.

En el de Viracachá, Padre Fray Domingo Díaz de San Nicolás.

AÑO DE 1891

En Bogotá

Reverendo Padre Fray Victorino Rocha de San Luis Gonzaga, Provincial.

Padre L. Fray Santiago Matute del Santisimo Cristo de la 3.ª Orden, Superior de la Casa, en ausencia del Reverendo Padre Moreno.

Padre L. Fray Martin Diaz de Nuestro Padre S. Agustín.

Padre Fray León Caicedo de San Juan Bautista.

Padre Fray Gregorio Segura del Carmen.

Hermano Lego Fray Robustiano Erice de los Sagrados Corazones.

En el Desierto

Padre Fray Ramón Miramón de la Concepción, Prior.

Padre Fray Marcelino Ganuza de la V. de Jerusalén, Catedrático.

Padre Fray Antonino Caballero de la Concepción.

Coristas de votos simples, 2.

Novicios, 3.

Hermano Lego Fray Luis Sáenz de Valvanera.

Hermano Lego Fray Canuto Gambarte de la Concepción.

Hermano Lego Fray Elias Blanco de San Antonio de Padua.

En los Llanos de Casanare

Nuestro Padre Fray Ezequiel Moreno de la V. del Rosario, Superior de la Provincia.

Padre Fray Manuel Fernández de San José.

Padre Fray Marcos Bartolomé de la Soledad.

Hermano Lego Fray Isidoro Sáenz de San Nicolás de Tolentino.

En los Curatos, los mismos que en el año anterior.

AÑO DE 1892

En Bogotá

Nuestro Padre Fray Ezequiel Moreno del Rosario, Superior.

Nuestro Padre Fray Victorino Rocha de San Luis Gonzaga, Provincial.

Padre L. Fray Martin Diaz de Nuestro Padre S. Agustín.

Padre Fray León Caicedo de San Juan Bautista.

Padre L. Fray Santiago Matute del Santísimo Cristo de la 3.ª Orden.

Padre Fray Gregorio Segura del Carmen.

Padre Fray Angel Vicente de la Concepción.

Hermano Lego Fray Canuto Gambarte de la Concepción.

Hermano Lego Fray Cirilo Bellido de la V. de los Milagros.

En el Desierto

Padre Fray Ramón Miramón de la Concepción, Prior.

Padre Fray Antonino Caballero de la Concepción.

Padre Fray Tomás Martínez de la V. del Romero, Catedrático.

Padre Fray Santos Ballesteros de San José.

Coristas de votos simples, 3.

Novicios de coro, 1.

Donados, 2.

Hermano Lego Fray Luis Sáenz de la V. de Valvanera.

Hermano Lego Fray Robustiano Erice de los Sagrados Corazones.

Hermano Lego Fray Elías Blanco de San Antonio de Padua.

En los Llanos de Casanare. (Misión de Orocué y Barrancopelado)

Padre L. Fray Cayetano Fernández de San Luis Gonzaga, Superior de las Misiones.

Padre Fray Manuel Fernández de San José.

Padre Fray Marcelino Ganuza de la V. de Jerusalén.

Padre Fray Marcos Bártolomé de la Soledad.

Hermano Lego Fray Isidoro Sáenz de San Nicolás de Tolentino.

Hermano Lego Fray Diácono Jiménez de la Concepción.

En los Curatos, los mismos que en el año anterior.

AÑO DE 1893

En Bogotá

Reverendísimo Padre Fray Ezequiel Moreno, Obispo electo de Pinara y Vicario Apostólico de Casanare.

Nuestro Padre Fray Nicolás Casas del Carmen, Provincial.

Padre ex-Provincial Fray Victorino Rocha de San Luis Gonzaga.

Padre L. Fray Martín Díaz de Nuestro Padre S. Agustín.

Padre Fray León Caicedo de San Juan Bautista.

Padre L. Fray Santiago Matute del Santisimo Cristo de la 3.ª Orden.

Padre Fray Gregorio Segura del Carmen.

Padre Fray Angel Vicente de la Concepción.

Hermano Lego Fray Canuto Gambarte de la Concepción.

Hermano Lego Fray Cirilo Bellido de la V. de los Milagros.

En el Desierto

Los mismos que en el anterior, más el Padre Fray Alberto Fernández de la V. de Davalillo.

En las misiones de Orocué y Barrancopelado (Casanare)

Los mismos que en el anterior.

En los Curatos, los mismos que en el anterior.

AÑO DE 1894

En la capital, Bogotá

N. P. L. Fr. Nicolás Casas del Carmen, Provincial (español).

P. ex-Provincial, Fr. Victorino Rocha de San Luis Gonzaga (colombiano).

P. L. Fr. Martín Díaz de N. P. S. Agustín (colombiano).

P. Fr. León Caicedo de S. Juan Bautista (colombiano).

P. L. Fr. Santiago Matute del Santisimo Cristo de la 3.ª Orden (español).

P. Fr. Angel Vicente de la Concepción (español).

P. Fr. Tomás Martínez de la V. del Romero (español).

P. Fr. Pedro Cuartero del Pilar (español).

P. Fr. Samuel Ballesteros de la V. Aranzazu (español).

H. L. Fr. Cirilo Bellido de la V. de los Milagros (español).

H. L. Fr. Jacinto Navarro de San José (español).

Convento de El Desierto de la Candelaria

R. P. Fr. Ramón Miramón de la Purisima Concepción, Prior (español).

P. Fr. Marcelino Ganuza de la V. Jerusalén (español).

H. C.ª Fr. Abigail Gómez de la V. de la Merced (colombiano).

27

H. C.ª Fr. Luis Forero de la Santisima Trinidad (colombiano).

H. C.ª Fr. Francisco Vega (colombiano).

H. L. Fr. Luis Sáenz de la V. de Valvanera (español).

H. L. Fr. Elias Blánco de San Antonio de Padua (colombiano).

Novicios, dos.

Donados, tres.

En el Curato de Cucunúbá

P. Fr. Bonifacio Giraldo de la Magdalena (colombiano).

En el Curato de Cite

P. Fr. Tomás Parra del Corazón de Jesús (colombiano).

En el Curato de Ráquira

P. Fr. Anacleto Jiménez de la V. del Burgo (español).

H. L. Fr. Gabriel, Arano de Santa Ana (español).

En las Misiones de Casanare, en la capital (Támara)

Ilmo. Sr. D. Fr. Ezequiel Moreno, Obispo Titular de Pinara y Vicario Apostólico de Casanare (español).

P. L. Fr. Cayetano Fernández de San Luis Gonzaga (español).

P. Fr. Gregorio Segura de la V. del Carmen (español).

P. Fr. Santos Ballesteros de San José (español).

H. L. Fr. Isidoro Sáenz de San Nicolás de Tolentino (español).

En Orocué

P. Fr. Antonino Caballero de la Concepción (español).

P. Fr. Alberto Fernández de la V. de Davadillo (español).

H. L. Fr. Canuto Gambarte de la Concepción (español).

En Barrancopelado

P. Fr. Manuel Fernández de San José (español).

P. Fr. Marcos Bartolomé de la Soledad (español).

H. L. Fr. Robustiano Erice de los SS. CC. (español).

H. L. Fr. Diácono Jiménez de la Concepción (español).

AÑO DE 1895

Casa residencia de Bogotá

N. P. L. Fr. Santiago Matute del Santisimo Cristo de la 3.ª Orden, Provincial y Comisario general (español).

P. ex-Provincial L. Fr. Nicolás Casas del Carmen, electo Obispo-Vicario Apostólico de Casanare (español).

P. Fr. Ramón Miramón de la Concepción (español).

P. Fr. Angel Vicente de la Concepción (español).

P. Fr. Jesús Martínez de N. P. San Agustín (español).

H. Fr. Jacinto Navarro de San José (español).

H. Fr. Canuto Gambarte de la Concepción (español).

En sus casas particulares

P. L. Fr. Martin Diaz de Santo Domingo (colombiano).

P. Fr. León Caicedo de San Juan Bautista (colombiano).

Convento de El Desierto de la Candelaria

P. L. Fr. Cayetano Fernández de San Luis Gonzaga, Prior (español).

Fr. Pedro Fabo del Corazón de Maria, Subdiácono (español).

Fr. Justo Ecay de la V. del Rosario. Subdiácono (español).

Fr. Luis Forero de la Santísidad Trinidad (colombiano).

H. Fr. Julián Bolaños de la V. del Carmen (colombiano).

H. Fr. Serapio-Berrueta de San José, Novicio (español).

H. Fr. Isidoro Madurga del Carmen, Novicio (español).

H. Fr. Esteban León de San José, Novicio (colombiano).

Varios devotos o Donados (aspirantes al hábito).

En el Curato de Cucunubá

P. Fr. Bonifacio Giraldo de la Magdalena (colombiano).

En el Curato de Cite.

P. Fr. Tomás Parra del Corazón de Jesús (colombiano).

En el Curato de Ráquira

P. Fr. Marcelino Ganuza de la V. de Jerusalén, Cura (español).

Fr. Victor Labiano de la Concepción, Subdiácono (español).

H. Fr. Luis Sáenz de la V. de Valvanera (español).

Misiones en los Llanos de Casanare—Casa-residencia en Támara

Ilmo. Sr. D. Fr. Ezequiel Moreno, Obispo Titular de Pinara, Vicario Apostólico de Casanare y Obispo electo de Pasto (español).

P. Fr. Gregorio Segura del Carmen (español).

P. Fr. Pedro Cuartero del Pilar (español).

P. Fr. Alberto Fernández de la V. de Davalillo (español).

H. Fr. Gabriel Arano de Santa Ana (español).

Casa-misión en Chámeza

P. Fr. Tomás Martínez de la V. del Romero, Sup. de la Misión (español).

P. Fr. Juan Aransay del Carmen (español).

H. Fr. Isidoro Sáinz de San Nicolás de Tolentino (español).

Casa-Misión de Orocué

P. Fr. Marcos Bartolomé de la Soledad, Sup. de la Misión (español).

P. Fr. Antonino Caballero de la Concepción (español).

H. Fr. Cirilo Bellido de la Concepción (español).

Casa-Misión de Arauea

P. Fr. Manuel Fernández de San José, Sup. de la Misión (español).

P. Fr. Santos Ballesteros de San José (español).

H. Diácono Jiménez de la Concepción (español).

AÑO DE 1896

En Bogotá, capital de la República

M. R. P. N. L. Fr. Santiago Matute del Santisimo Cristo de la 3.ª Orden, Provincial y Comisario General.

R. P. Fr. Gregorio Segura del Carmen, Secretario de Provincia.

R. P. Fr. Ramón Miramón de la Concepción.
R. P. Fr. Angel Vicente de la Concepción.
R. P. Fr. Samuel Ballesteros de la V. de Aranzazu.
H. Canuto Gambarte de la Concepción.
H. Jacinto Navarro de San José.
Continúan viviendo en sus casas particulares los Reverendos Padres Martin Diaz y León Caicedo.

En el Convento de E! Desierto

R. P. L. Fr. Cayetano Fernández de San Luis Gonzaga, Prior.
R. P. Fr. Marcelino Ganuza de la V. de Jerusalén, Maestro de Novicios.
R. P. Fr. Víctor Labiano de la Concepción.
R. P. Fr. Alberto Fernández de la V. de Davalillo.
H. C. Fr. Luis Forero de la Santisima Trinidad.
H. L. Fr. Julián Bolaños del Carmen.
Novicios, siete.

En el Curato de Cucunubá

R. P. Fr. Bonifacio Giraldo de la Magdalena.

En el Curato de Cite

R. P. Fr. Tomás Parra del Corazón de Jesús.

En el Curato de Ráquira

R. P. Fr. Justo Ecay del Rosario.
H. Fr. Luis Sáenz de la V. de Valvanera.

EN LAS MISIONES DE LOS LLANOS DE CASANARE

Casa-Misión de Támara

Ilustrísimo señor D. Fr. Nicolás Casas y Conde, Obispo Titular de Adrianópolis y Vicario Apostólico de Casanare.
R. P. Fr. Tomás Martínez de la V. del Romero.
R. P. Fr. Jesús Martínez de N. P. S. Agustín.
H. Fr. Isidoro Sáinz de San Nicolás de Tolentino.

Casa-Misión de Arauca

R. P. Fr. Manuel Fernández de San José.
R. P. Fr. Pedro Fabo del Corazón de María.
H. Fr. Diácono Jiménez de la Concepción.

Casa-Misión de Orocué

R. P. Fr. Marcos Bartolomé de la Soledad.
R. P. Fr. Santos Ballesteros de San José.

Casa-Misión de Tagaste

R. P. Fr. Pedro Cuartero del Pilar.
H. Fr. Cirilo Bellido de la Concepción.

Casa-Misión de Chámeza

R. P. Fr. Antonino Caballero de la Concepción.
R. P. Fr. Juan Aransay del Carmen.
H. Fr. Gabriel Arano de Santa Ana.

AÑO DE 1897

Casa-residencia de Bogotá

M. R. P. N. L. Fr. Santiago Matute del Santisimo Cristo de la 3.ª Orden, Provincial y Comisario General.
R. P. Fr. Gregorio Segura del Carmen, Secretario de Provincia.
R. P. Fr. Ramón Miramón de la Purisima Concepción.
R. P. Fr. Angel Vicente de la Purisima Concepción.
R. P. Fr. Samuel Ballesteros de la V. de Aranzazu.
R. P. Fr. Víctor Labiano de la Purisima Concepción.
H. lego Fr. Canuto Gambarte de la Purísima Concepción.
H. lego Fr. Jacinto Navarro de San José.

En sus casas particulares

R. P. Fr. Martín Díaz de Santo Domingo.
R. P. Fr. León Caicedo de San Juan Bautista.

En el convento del Desierto

R. P. Fr. Cayetano Fernández de San Luis Gonzaga, Prior.
R. P. Fr. Marcelino Ganuza de la Virgen de Jerusalén, Maestro de Novicios.
H. lego Fr. Julián Bolaños del Carmen.
Novicios y devotos, 5.

En el Curato de Cucunubá

R. P. Fr. Bonifacio Giraldo de la Magdalena.

En el Curato de Ráquira

R. P. Fr. Justo Ecay de la Virgen del Rosario.
H. lego Fr. Luis Sáenz de la V. de Valvanera.

EN LAS MISIONES DE CASANARE

Casa-misión de Támara

Ilmo. señor D. Fr. Nicolás Casas y Conde, Obispo ti-
tular de Adrianópolis y Vicario Apostólico de Casanare.
R. P. Fr. Tomás Martínez de la V. del Romero.
R. P. Fr. Alberto Fernández de la V. de Davalillo.
H. Fr. Isidoro Sáinz de S. Nicolás de Tolentino.

Casa-misión de Arauca

R. P. Fr. Manuel Fernández de San José.
R. P. Fr. Pedro Fabo del Corazón de Maria.
H. lego Fr. Diácono Jiménez de la Concepción.

Casa-misión de Orocué

R. P. Fr. Pedro Cuartero del Pilar.

Casa-misión de Tagaste

R. P. Fr. Marcos Bartolomé de la Soledad.

Casa-misión de Nunchía

R. P. Fr. Jesús Martínez de N. P. S. Agustín.
H. lego Fr. Cirilo Bellido de la Concepción.

Casa-misión de Chámeza

R. P. Fr. Antonino Caballero de la Concepción.
R. P. Fr. Santos Ballesteros de San José.
H. lego Fr. Gabriel Arano de Sánta Ana.

AÑO DE 1898

En Bogotá

M. R. P. Provincial, Fr. Santiago Matute.
R. P. Fr. Gregorio Segura, Secretario de Provincia.
R. P. Fr. Ramón Miramón.
R. P. L. Fr. Cayetano Fernández.
R. P. Fr. Angel Vicente.
R. P. Fr. Samuel Ballesteros.

R. P. Fr. Víctor Labiano.

R. P. Fr. Bruno Castillo.

R. P. Fr. Gregorio Fernández.

R. P. Fr. Leonardo Azcona.

Hermano Fr. Jacinto Navarro.

Hermano Fr. Manuel Pérez.

En sus casas particulares

R. P. L. Fr. Martín Díaz.

R. P. Fr. León Caicedo.

En nuestro convento de El Desierto

R. P. Fr. Marcelino Ganuza, Presidente y Maestro de Novicios.

R. P. Fr. Jesús Fernández, Subprior.

R. P. Fr. Luis Ayábar.

R. P. Fr. Rufino Pérez.

R. P. Fr. Robustiano Gil.

Fr. Regino Maculet, Diácono.

Fr. Pablo Planillo, Subdiácono.

Fr. Guillermo Zabala, Subdiácono.

Fr. Francisco Corral.

Fr. Ramón Arenal.

Fr. Ignacio San Mguel.

Fr. Amadeo Alvarez.

Fr. Francisco Sola.

Fr. Edmundo Goñi, Subdiácono.

Fr. Pablo Alegría, Diácono.

Fr. Doroteo Ocón, Subdiácono.

Fr. Domingo Muro, Subdiácono.

Fr. Antonio Sibelo.

Fr. Antonio Roy.

Fr. Marciano López.

Fr. Luciano Ganuza.

Fr. Eusebio Larrainzar.

Fr. Valeriano Tánco.

Fr. Ubaldo Ballesteros.

Fr. Julián Ciriza.

Fr. Angel Marcos.
Hermano Fr. Canuto Gambarte.
Hermano Fr. Julián Bolaños.
Hermano Fr. Miguel Aizcorbe.
Tres Hermanos donados.
Varios devotos o aspirantes.

En el curato de Cucunubá

R. P. Fr. Bonifacio Giraldo.

En el de Ráquira

R. P. F. Justo Ecay, Cura párroco.
Hermano Fr. Luis Sáenz.

EN LAS MISIONES DE CASANARE

En Támara

Çon el Ilustrísimo señor Obispo y Vicario Apostólico
D. Fr. Nicolás Casas y Conde:
R. P. Fr. Pedro Cuartero.
R. P. Fr. Jesús Martinez.
Fr. Luis Forero, Diácono.
Hermano Fr. Isidoro Sáinz.

En Nunchía

R. P. Fr. Marcos Bartolomé.
Hermano Fr. Gabriel Arano.

En Manare

R. P. Fr. Alberto Fernández.
Hermano Fr. Cirilo Bellido.

En Arauca

R. P. Fr. Manuel Fernández.
R. P. Fr. Pedro Fabo.
Hermano Fr. Diácono Jiménez.

En Chámeza

R. P. Fr. Antonino Caballero.
R. P. Fr. Santos Ballesteros.

En Orocué

R. P. Fr. Tomás Martinez.

En Tagaste (San Juanito)

R. P. Fr. Juan Aransay.

NECROLOGIA

Desde el año de 1889, fecha en que principió la restauración de la religiosa Provincia de la Candelaria con la llegada de los Padres españoles, han dejado de existir los religiosos siguientes:

Nombres	Patria	Años de edad	Muerte
P. Fr. Juan N. Bustamante de Jesús.	Colombiano.	49	Julio 15 de 1889
P. Fr. Domingo Díaz de S. Nicolás...............	Colombiano.	42	Mayo 14 de 1892
P. ex-Provincial, Fr. Victorino Rocha de S. Luis Gonzaga.............	Colombiano.	82	Julio 10 de 1895
H. Fr. Robustiano Erice de los Sagrados Corazones...	Español........	34	Julio 2 de 1894
P. Fr. Anacleto Jiménez de la V. del Burgo.............	Español........	29	Octubre 14 de 1895

Animae eorum et animae omnium fidelium defunctorum per misericordiam Dei requiescant in pace. Amén.

MONOGRAFIA DE MISIONES CANDELARIAS

Acaba de ver la luz pública el segundo tomo de la obra del M. R. P. Fr. Marcelino Ganuza, A. R., cuyo título es el mismo que encabeza estas líneas; se compone de cuatrocientas cuarenta y una páginas, fuera de un apéndice de cuarenta y cinco hojas que contiene documentos referentes al ramo de la obra y de no pequeña importancia para la historia de nuestra Patria.

Escribir una obra histórica, que a la vez que llene su misión altamente docente y moralizadora, satisfaga las exigencias de la crítica, supone, amén de otras cualidades, una paciencia nada común para buscar y ordenar datos, discreción probada para compulsar documentos y autoridades e ingenio para hacer brillar la verdad sin celajes ni éclipses. De tanto más subidos quilates han de ser las dotes indicadas, cuanto mayor sea el periodo de años cuyos acontecimientos se pretenden narrar, y menos explorado el terreno sobre el cual ha de levantarse el edificio que sirva de monumento perenne consagrado a las generaciones pasadas, y de escuela donde se eduquen e instruyan las presentes y venideras. Que si por otra parte se hace preciso desmentir lo asegurado por otros historiadores hasta la fecha indiscutidos y de grande autoridad, bien se comprende cuán laboriosa es la tarea del moderno historiógrafo.

El autor de *Monografía de Misiones Candelarias* al llevar a feliz remate la empresa a que ha consagrado largas y penosas vigilias, ha demostrado que no sólo posee las cualidades de historiador, sino que tiene arrestos y valor para afrontar y vencer dificultades más graves aún que las apuntadas, y caminar impávi-

do por la senda que habrá de conducirle al término de
su viaje y a la cumbre de la gloria. Porque la *Monografía de Misiones Candelarias* es una brillante apolo-
gía de los Recoletos de San Agustín en aquellas regiones de tántos sudores, fatigas y trabajos, quienes sin
otra arma que la predicación de la paz y del amor,
domaron la fiereza indomable de los naturales, haciéndoles gustar las dulzuras de la civilización cristiana.

El R. P. Marcelino, en el primer tomo de su obra,
desprecia el insubstancial clamoreo de los que blasonan de entendidos y hasta oficialmente osfentan títulos
que suponen, pero no dan ciencia, o por malicia atacan a las Ordenes Religiosas y les obliga a sellar los
labios; se hace cargo de las calumnias levantadas por
el odio sectario contra aquellas beneméritas entidades,
y después de reducirlas a polvo, las avienta con la con-
tundente elocuencia de los hechos, y demuestra la importancia religiosa, política y social de los Misioneros
Candelarios en los diversos puntos de sus Misiones, y
patentiza el modo maravilloso que éstos emplearon en
la misión que por su carácter de religiosos y misioneros les incumbia.

Lo dicho es más que suficiente para formar juicio
del mérito y de la concienzuda labor que entraña la obra
del R. P. Marcelino; pero no está de más indicar brevemente el plan de la Monografía. Empieza el R. P.
Ganuza su obra sentando bases históricas y documen-
talmente indestructibles sobre el origen de nuestra Recolección aquí en Colombia y de nuestras Misiones, las
cuales indudablemente han sido las que mejor han re-
sistido los embates de las revoluciones y las aciagas
vicisitudes político-religiosas. Demuestra que la primera
misión recoleta fue la de Urabá, cuyo florecimiento llegó
hasta verse formados trece pueblos, todo debido al celo

del R. P. Alonso de la Cruz, hombre extraordinario, de voluntad férrea y de santidad nada común. Trata luégo de las misiones del Chocó, de las de la isla de Santa Catalina y archipiélago de San Andrés y Providencia, para pasar inmediatamente a la descripción topográfica de Casanare, y al origen, desarrollo y decadencia de nuestras Misiones en aquella dilatada región y las divide en cuatro etapas, arrancando la primera el año 1662, año en que por vez primera se encargaron nuestros religiosos de aquellas Misiones. A estudiar la segunda y tercera etapa dedica el R. P. Ganuza el segundo tomo y el tercero, sobre la cuarta y última etapa, desde la entrada del Ilustrísimo Padre Ezequiel Moreno hasta nuestros días. Pone de manifiesto el celo y actividad desplegados por los misioneros en la conversión de los indios, y las envidias, persecuciones y martirios de que por esto fueron víctimas; consagra páginas especiales a determinados casos y sucesos, y continúa su tarea al través de intrincados matorrales que despeja con tino y seguridad pasmosos, sin usar otras armas que las bien templadas que supo recoger en los archivos nacional y provincial, y en algunos parciales trabajos históricos.

En cuanto al mérito de la obra, basta decir que ha sido digna del encomio de dos lumbreras de la literatura colombiana: Monseñor Carrasquilla y don Antonio Gómez Restrepo.

Reciba el R. P. Ganuza cordiales felicitaciones por su obra de importancia para la Religión y para la Patria, y con la cual prueba hasta la evidencia que nuestra Provincia de la Candelaria no sólo ha sido conventual sino más que conventual: misionera.

P. QUERUBIN MORA D.
- Candelario.

(De *La Nación*)

LA OBRA DE LOS PP. CANDELARIOS EN COLOMBIA

Con motivo de haber recibido la sagrada orden episcopal el domingo último, el muy Reverendo Padre Fray Santos Ballesteros, conviene hacer conocer de nuestros lectores lo que ha sido para Colombia el establecimiento de la Venerable Orden de Agustinos Recoletos en esta sección de Nuestra Señora de la Candelaria.

Al efecto, tomamos los datos de este modesto artículo, de un libro lujosamente editado en España, en el cual campean los retratos de algunos de los Misioneros, fotograbados de indígenas de Casanare, de los edificios levantados en las soledades del llano, como exponentes de un esfuerzo asiduo y tenaz contra los mil tropiezos que para llegar a Támara, Nunchía, Orocué, Moreno, Manare, Chámeza y demás poblaciones de los Llanos, es menester vencer.

Nacida la Venerable Orden en España, hacia el siglo XVI de la éra cristiana, contribuye como todas las Ordenes religiosas de la época, a dar brillo a la Madre Patria en todos los órdenes de la actividad humana, las ciencias, letras, literatura, etc. El Padre Mateo Delgado funda por los tiempos del Rey don Felipe III el primer convento en el risueño y pintoresco valle de El Desierto, cerca de Ráquira, y desde entonces la obra evangelizadora de los Candelarios, como suele llamárseles, se entrelaza con la historia de Colombia, repercutiendo en la Orden las consecuencias de nuestra accidentada vida independiente. Mas debido a la constante laboriosidad de los directores de la Comunidad, se han vencido las dificultades extendiendo la labor catequista no sólo a las regiones aisladas de Casanare, sino también a otros Departamentos de la República.

XXXVII

La instrucción pública en Colombia ha recibido tam--
bién el impulso de los Candelarios, como lo indican el
Colegio de San Agustín de Támara, sostenido con el
peculio del hoy Ilustrísimo señor Ballesteros, y las
capillas-escuelas de Támara, Moreno, Nunchia, etc., que
le han merecido el aplauso de la Congregación de Propaganda Fide por su oportunidad sociológica.

Ocupados en su labor catequista y educadora,
siempre han tenido tiempo de contribuir a dar brillo a
la literatura patria, como lo demuestran las diferentes
obras escritas por los miembros de la Comunidad:
Excursiones por Casanare, del Padre Delgado; *Apuntes
para la Historia; Contestación a Uribe; Civilización moderna o liberal.* Pero llaman especialmente la atención,
como obras de gran aliento, por la robustez del concepto, la galanura del lenguaje y el esfuerzo científico
que representan, la *Gramática hispano-goahiba.* Y ¿qué
decir de la obra literaria del Reverendo Padre Pedro
Fabo? *Rufino Cuervo y la Lengua Castellana*, obra pre-
miada por la Academia Colombiana de la Lengua en el
concurso de 1912; *Idiomas y Etnografía de la región
oriental de Colombia*, solicitada por los sabios alemanes;
novelas de costumbres y muchas más que en gracia de
la brevedad omitimos.

La propaganda católica por medio de la imprenta,
debe al muy Reverendo Padre Samuel Ballesteros, el
mayor de los impulsos que se le haya dado en Colombia: hacia el año de 1911, patrocinado y sostenido por
el Ilmo. señor Arzobispo Primado, doctor Bernardo
Herrera Restrepo, apareció *La Sociedad*, órgano de la
Cruzada Nacional de la prensa católica, que libró recios
combates con la prensa anticatólica de entonces, sirviendo a la causa conservadora de vocero autorizado,
valiente y definido.

Todos aquellos elementos de civilización y de cultura patrias, han continuado prestando su concurso al país, suprimida *La Sociedad* con *La República, El Catolicismo;* finalmente, son esos mismos elementos los que constituyen hoy día los talleres editoriales de *La Nación.*

Es el Padre Samuel hermano del Ilustrísimo y Reverendísimo señor Santos Ballesteros, cuya fiesta de ordenación episcopal resultó tan brillante y suntuosa como lo merecían las excelsas virtudes del nuevo Prelado.

Como se ve, la obra de los Candelarios en Colombia es fecunda, santa y progresista como las más.

ROBERTO MORA TOSCANO.

(De *La Crónica)*

———

CORRIGENDA

Pág.	Línea	Dice	Léase
13	28	Matheo-Ildefonso	Mathei-Ildephonsi.
16	23	Fr. Manuel Ibáñez	Fray Manuel M.ª Martínez.
35	29	igesia	Iglesia.
48	2.ª	recociendo	reconociendo.
»	15	Delcazos	Descalzos.
80	32	fieta	fiesta.
257	24	en la Candelaria	de la Candelaria.
288	12	Intencia	Intendencia.